V&R

Veröffentlichungen
des Deutschen Historischen Instituts London

Band 18

Publications
of the German Historical Institute London

Volume 18

Vandenhoeck & Ruprecht
Göttingen · Zürich

HELMUT REIFELD

Zwischen Empire und Parlament

Zur Gedankenbildung und Politik Lord Roseberys (1880–1905)

Vandenhoeck & Ruprecht
Göttingen · Zürich

CIP-Kurztitelaufnahme der Deutschen Bibliothek

Reifeld, Helmut: Zwischen Empire und Parlament :
zur Gedankenbildung u. Politik Lord Roseberys (1880–1905) /
Helmut Reifeld. – Göttingen ; Zürich :
Vandenhoeck u. Ruprecht, 1987
(Veröffentlichungen des Deutschen Historischen Instituts London ; Bd. 18)

ISBN 3-525-36303-6

NE: Deutsches Historisches Institut 〈London〉:
Veröffentlichungen des Deutschen ...

Schrift: 9,5/11p Garamond auf dem Fotosetzsystem Monotype Lasercomp
Satz: Tutte Druckerei GmbH, Salzweg-Passau
Druck und Einband: Hubert & Co., Göttingen

Inhalt

Abkürzungsverzeichnis

AHR	The American Historical Review
EHD	Edward Hamilton Diary (für die Jahre 1880–1885 gedruckt, danach British Museum)
EHR	The English Historical Review
f.	(bei Archivangaben) folio
GladP	Gladstone Papers (British Museum)
GP	Die Große Politik der Europäischen Kabinette 1871–1914 (hier die Bde 8 und 9)
Hansard	Hansard's Parliamentary Debates, zitiert: Hansard 3 (207), Sp. = 3. Serie, Bd. 207, Spalte
HJ	The Historical Journal
HZ	Historische Zeitschrift
IFL	Imperial Federation League
IHS	Irish Historical Studies
JBS	The Journal of British Studies
JHI	Journal of the History of Ideas
JICH	The Journal of Imperial and Commonwealth History
JMH	The Journal of Modern History
LCC	London County Council
LL	Liberal League
LQV	The Letters of Queen Victoria, zitiert: LQV 2 (III) = LQV 2. Serie, Bd. 3
LSE	London School of Economics and Political Science
Misc.	*Rosebery*, Miscellanies, Literary & Historical, 2 Bde
NLF	National Liberal Federation
RP	Rosebery Papers (National Library of Scotland, Edinburgh)
Speeches	*Rosebery*, Speeches, 2 Bde

Vorwort

Die vorliegende Arbeit wurde in ihrer ursprünglichen Fassung im Sommersemester 1985 von der Philosophischen Fakultät der Westfälischen Wilhelms-Universität in Münster als Dissertation angenommen. Die bis zum Sommer 1986 erschienene wissenschaftliche Literatur konnte danach noch berücksichtigt werden.

Während der Entstehung der Arbeit habe ich mannigfache Hilfe und willkommenen Rat erfahren, die mich zu Dank verpflichten. An erster Stelle zu nennen ist hier mein verehrter akademischer Lehrer, Herr Professor Dr. Klaus Hildebrand (Bonn), der die Arbeit über alle Stadien hinweg in jeder nur wünschenswerten Weise unterstützt hat. Zeit für mehrere Gespräche fand Herr Professor Dr. Karl Rohe (Essen), der durch bohrende Fragen die Weiterarbeit jeweils von neuem zu bereichern vermochte. Dafür sei ihm ebenso gedankt, wie ich das Interesse zu schätzen weiß, das die jetzige Lady Rosebery (Dalmeny), Herr Professor Dr. Erich Angermann (Köln), Herr Robert Rhodes James M. P. (Cambridge), Herr Professor Dr. Gustav Schmidt (Bochum) sowie Herr Professor Dr. Hans-Ulrich Thamer (Münster) meinem Thema entgegenbrachten, zumal sich der letztgenannte darüber hinaus bereit fand, das Korreferat zu übernehmen.

Dem Beirat sowie dem Direktor des Deutschen Historischen Instituts London, Herrn Professor Dr. Adolf M. Birke, gilt ein besonderes Wort des Dankes für die Aufnahme der Arbeit in die Schriftenreihe »Veröffentlichungen des Deutschen Historischen Instituts London«. Ebenfalls danken möchte ich Herrn Professor Dr. Peter Alter, dessen redaktionelle Betreuung und zahlreiche Korrekturvorschläge der Darstellung zugute kamen. Daß unnachgiebige Kritik immer wieder zur erneuten Auseinandersetzung mit dem Text herausfordert, durfte ich ein ums andere Mal im Gespräch mit Herrn Rainer Lahme erfahren, dem ich dafür ebenso danken möchte wie all jenen, die zu den verschiedenen Fassungen des Manuskripts Korrekturen anregten.

Ein letzter, aber keineswegs der geringste Dank gebührt schließlich der Studienstiftung des deutschen Volkes, deren ideelle und materielle Unterstützung den Gang der Arbeit so förderlich begleitet hat.

London, im März 1987 — Helmut Reifeld

I. Einleitung: Problem, Quellenlage, Methode

»Memorable and deserving of study for many reasons, the last thirty years of the nineteenth century will in no respect demand closer examination from future historians than with regard to the light which they throw upon the working of democratic forms of government in the sphere of foreign affairs«.[1] Mit dieser Einschätzung umschrieb 1899 ein unbekannter Autor ein Problem, das einigen seiner Zeitgenossen als der Kern des Umbruchs erschien, der das politische Leben im spätviktorianischen Großbritannien kennzeichnete. Zweifellos stellte der Übergang von einer durch aristokratische Vorherrschaft geprägten Epoche der Parlamentssouveränität zum Zeitalter der Massen- und Parteiendemokratie für viele Politiker und Gelehrte dieser Zeit die herausragende und richtungweisende politische Tendenz dar. Nur wenigen unter ihnen schien eine Gefahr für die Zukunft Großbritanniens darin zu liegen, daß die Ausweitung der politischen Freiheiten im Innern den Erhalt der britischen Weltmachtstellung nach außen in Frage zu stellen drohte. Ihre Bedenken richteten sich deshalb auf die Verträglichkeit, ja letztlich die Vereinbarkeit von imperialer Außen- und liberal-parlamentarischer Innenpolitik überhaupt.

Um zunächst einige charakteristische Urteile dieser Art anzuführen, sei zum Beispiel auf die Feststellung des ehemaligen konservativen Außenministers und 15. Earl of Derby hingewiesen, der in einem Gespräch mit James Anthony Froude betont haben soll, »that kings and aristocracies can govern empires, but one people cannot govern an other people.«[2] In die gleiche Richtung weist auch die Bemerkung des dritten Earl of Malmesbury, ebenfalls zeitweiliger Außenminister einer Tory-Regierung, der feststellte, »that in a country ruled by the Ł 10 householders *la grande politique* was impossible«.[3] Als drittes Beispiel einer relativ frühen und weit vor der eigentlichen Phase des Hochimperialismus gelegenen Wahrnehmung des Problems sei schließlich noch Richard Cobden zitiert, dessen bekanntermaßen pazifistisches und vermeintlich anti-imperialistisches Politikverständnis ihn um so wachsamer reagieren ließ auf Tendenzen einer Empirepolitik, die in Gegensatz zu stehen schienen zu den liberalen Errungenschaften des Mutterlandes:

1 *Anonym*, Democracy and Foreign Affairs, in: Quarterly Review, Januar 1899, S. 241.

2 Froude an Skelton, o. D., zit. in: *Carl A. Bodelsen*, Studies in Mid-Victorian Imperialism, Kopenhagen 1924, Neudr. London 1960, S. 201 f.

3 Zit. in: *Klaus Hildebrand*, Großbritannien und die deutsche Reichsgründung, in: HZ Beiheft 6 (NF), Europa und die Reichsgründung, hrsg. von *Eberhard Kolb*, München 1980, S. 22 (Hervorhebungen innerhalb von Zitaten sowie deren nicht immer einheitliche Orthographie und Interpunktion entsprechen hier wie im folgenden dem jeweiligen Original).

It is more and more my conviction that the task of governing *despotically* 150 millions of people at a distance of twelve thousand miles cannot be executed by a constitutional Government. It ought to be done, if at all, by a despot, whose rule is concentrated, and less liable to personal changes than our representative forms admit. With a change of Government every six or twelve months it is impossible that we can have a continuous plan or a real responsibility.[4]

Diese Notiz Cobdens vom 16. Oktober 1857, festgehalten kurz nach Ausbruch des Sepoy-Aufstandes in Indien, verweist auf die Umstände, die den zeitlichen Zusammenhang des hier angedeuteten Bewußtwerdungsprozesses kennzeichnen. Es waren die spezifischen militärischen Herausforderungen der sechziger Jahre, beginnend mit dem erwähnten »Indian Mutiny« 1857, dann das britische Interesse am amerikanischen Sezessionskrieg 1861–1865, der Aufstand der indigenen Bevölkerung auf Jamaica im Oktober 1865 und die sich daran anschließende jahrelange Kontroverse über dessen Niederschlag durch den Gouverneur Edward Eyre sowie schließlich der Fenier-Aufstand in Irland 1867, die zusammen genommen für eine breite Öffentlichkeit die Frage nach der Legitimität der imperialen Herrschaft Großbritanniens zu einem mehr und mehr erörterten Gegenstand werden ließen. In den gleichen Zeitraum fielen aber auch die Auseinandersetzungen um eine erneute Wahlrechtsreform, und eine rasch große Verbreitung findende Massenpresse begann, die scheinbar unbegrenzten Möglichkeiten der öffentlichen Meinungsbildung zu entdecken.

Nach Durchführung der zweiten Wahlrechtsreform 1867 und der teilweisen Verwirklichung des »great programme of reforms«[5] der ersten Regierung Gladstone (1868–1874) führten die militärischen Belastungen des britischen Weltreiches im Laufe der siebziger Jahre zu einer kontinuierlichen Verschärfung des beschriebenen Konflikts. Speziell mit Blick auf die kriegerischen Auseinandersetzungen in Afghanistan und Südafrika stellte deshalb der Zeithistoriker George C. Thompson fest, daß diese »were regarded as further manifestations of tendencies adverse to parliamentary institutions and favourable to the rôle of an aggressive military empire«.[6] Zu einem Angelpunkt des öffentlichen Interesses an der britischen Außenpolitik wurde nach dem Kauf der Suez-Kanal-Aktien durch Disraeli 1875 vor allem Ägypten. Insbesondere den sich der Tradition Cobdens verpflichtet fühlenden Liberalen galt es als völlig unakzeptabel, um der Sicherung des Seeweges nach Indien willen einer eventuell notwendigen formellen Annexion Ägyptens zuzustimmen. Den von ihnen als unerträglich empfundenen Konflikt faßte Sir Louis Mallet, Permanent Under-Secretary im India

4 Zit. in: *John Morley*, Life of Cobden, London 1881, Bd. 2, S. 217.

5 *Richard Shannon*, The Crisis of Imperialism 1865–1915, St. Albans 1976, S. 76.

6 *George C. Thompson*, Public Opinion and Lord Beaconsfield 1875–1880, London 1886, Bd. 2, S. 511; auch zitiert von *Peter Marshall*, The Imperial Factor in the Liberal Decline 1880–1885, in: Perspectives of Empire, Essays presented to Gerald Graham, hrsg. von *John E. Flint* und *Glynder Williams*, London 1973, S. 131.

Office und nach John Bright namhaftester Verteidiger des Cobdenschen Erbes, im März 1878 sehr präzise zusammen:

We are carrying on side by side an Imperial and a Democratic policy; in one part of our dominion proclaiming self-government and free institutions with the widest popular suffrage; in another maintaining our hold on vast populations only by a powerful administrative despotism supported by military force.[7]

Die genannten Beispiele wie auch die kurze Skizzierung des historischen Kontextes lassen folgende Überlegungen gerechtfertigt erscheinen. Zum einen erweisen sich die vereinzelten, etwa seit den sechziger Jahren des vergangenen Jahrhunderts auf die möglichen Folgen des angedeuteten Spannungsverhältnisses hinweisenden Stimmen keineswegs als durch den politischen Standort des jeweils Beobachtenden vorgegeben, zumal sich deren persönliche politische Interessen in der Regel auf die Bereiche der Außen- und der Reformpolitik gleichermaßen richteten. Zum anderen dürfte der entscheidende Grund dafür, daß sich dieses Problem lediglich für den Kreis einiger weniger zu einem prägenden Faktor ihrer politischen Vorstellungen entwickelte, darin zu sehen sein, daß es sich nur selten in »objektiv« beschreibbaren Ereigniszusammenhängen widerspiegelte, sondern zunächst und in erster Linie eine Frage der Perzeption und Zielsetzung politischer Handlungs- und Entscheidungsträger darstellte.

Für eine historische Untersuchung, die sich auf das Spannungsverhältnis von außenpolitischem Machterhalt und innenpolitischem demokratischem Konsens im spätviktorianischen Großbritannien konzentriert, genügt es deshalb nicht, sich mit den vielfältigen und gar nicht zu bestreitenden Wechselbeziehungen von Innen- und Außenpolitik im allgemeinen auseinanderzusetzen. Im besonderen gilt es vielmehr, den Urteilen und der Gedankenbildung derjenigen nachzugehen, die die Verträglichkeit von zuvor in gleicher Weise als gültig anerkannten Prinzipien in Zweifel zogen und die den Erhalt sowie die Sicherheit eines weltweiten Empire auf der einen und die Durchsetzung vielseitiger, in der Entwicklung befindlicher Parlamentarisierungs- und Demokratisierungstendenzen auf der anderen Seite für schwer, wenn nicht letztlich sogar für unvereinbar hielten. In diesem Zusammenhang bezeichnet die Kurzformel »Empire und Parlament« zunächst die spezifischen internationalen Belastungen, denen sich das britische Weltreich im ausgehenden 19. Jahrhundert gegenübergestellt sah. Darüber hinaus umfaßt der Begriff Parlament jedoch keineswegs nur die Institutionen in Westminster und Whitehall, sondern in einem umfassenden Sinn den gesamten Bereich des sie tragenden ideologischen Selbstverständnisses, ja der politischen Kultur insgesamt.[8]

7 Zit. in: *R. C. Mowat*, From Liberalism to Imperialism: The Case of Egypt 1875–1887, in: HJ 16 (1973), S. 111.

8 Diese Verwendung des Begriffs Parlament entspricht im wesentlichen der von Karl Löwenstein vorgeschlagenen Formulierung »politisches System«, doch erscheint der

Abweichend von der eingangs zitierten Prognose zählte die hier beschriebene Problematik keineswegs zu den vorrangigen Themen der bisherigen historischen Forschung. Nach wie vor bilden die Wahlrechtsreformen, die damit im Zusammenhang zu sehende Herausbildung des Zwei-Parteien-Systems sowie die Entwicklung eines von rationalen Kriterien geleiteten staatlichen Verwaltungsapparats die Schlüsselthemen zur politischen Geschichte Großbritanniens zwischen 1832 und 1914.[9] Der Aufgabe aber, diese auf ihren inneren Zusammenhang mit der gleichzeitigen Entwicklung der Weltmachtstellung Großbritanniens hin zu analysieren, widmen sich nur wenige Untersuchungen.[10] Während die prinzipielle Unvereinbarkeit von äußerem imperialistischem Machterhalt und der Entfaltung demokratischer Freiheiten im Innern kaum in Zweifel gezogen wird,[11] bleibt der konkrete »eigentümliche Spannungszu-

Begriff »Parlament« im Hinblick auf die besondere Tradition Großbritanniens als der angemessenere. Vgl. *Karl Löwenstein*, Über das Verhältnis von politischen Ideologien und politischen Institutionen, in: *Ders.*, Beiträge zur Staatssoziologie, Tübingen 1961, S. 245–270, vor allem S. 245–249.

9 Eine gute Zusammenfassung dieser Forschungsergebnisse bietet jetzt *W.H. Greenleaf*, The British Political Tradition, Bd. 1: The Rise of Collectivism, Bd. 2: The Ideological Heritage, London/New York 1983. Zur Bedeutung der Wahlrechtsreformen speziell vgl. vor allem Bd. 1, S. 201–221 sowie Bd. 2, passim.

10 Hervorzuheben als eine Arbeit, die sich unmittelbar mit dem beschriebenen Spannungsverhältnis auseinandersetzt, ist die Studie von *Bernhard Semmel*, Democracy versus Empire. The Jamaica Riots of 1865 and the Governor Eyre Controversy, New York 1969. In eine ähnliche Richtung, wenn auch wesentlich allgemeiner gehalten, weist auch *Peter G. Richards*, Parliament and Foreign Affairs, London 1967. Eher der historiographischen Gattung Diplomatiegeschichte zuzurechnen wäre demgegenüber die Untersuchung von *Karsten Schröder*, Parlament und Außenpolitik in England 1911–1914, dargestellt an der englischen Deutschlandpolitik von der Agadirkrise bis zum Beginn des Ersten Weltkrieges, Göttingen 1974. Als äußerst unergiebig müssen allerdings die beiden Arbeiten von *Arthur Ponsonby*, Democracy and Diplomacy. A plea for popular control of foreign policy, London 1915 und von *Lord Hailsham*, The Dilemma of Democracy. Diagnosis and Prescription, London 1978 angesehen werden. Obwohl die umfangreiche Darstellung von *E.J. Feuchtwanger*, Democracy and Empire. Britain 1865–1914, London 1985, das hier angesprochene Konfliktverhältnis in ihrem Titel andeutet, behandelt der Autor die beiden Aspekte eher additiv, ohne ihrem inneren Zusammenhang nachzugehen. Einen knappen Überblick über das Verhältnis von Liberalismus und Außenpolitik auf dem Kontinent bietet jetzt *Lothar Gall*, Liberalismus und auswärtige Politik, in: Deutsche Frage und europäisches Gleichgewicht. Festschrift für Andreas Hillgruber zum 60. Geburtstag, hrsg. von *Klaus Hildebrand* und *Reiner Pommerin*, Köln/Wien 1985, S. 31–46.

11 Grundsätzlich, wenn auch mit Blick auf die Gegenwart, urteilte jüngst *Wolfgang J. Mommsen:* »Offene imperialistische Herrschaft ist mit den Grundsätzen demokratischer, aber auch volksdemokratischer Herrschaft im Prinzip nicht vereinbar«. (Das Ende des Imperialismus und die stetige Wiederkehr imperialistischer Herrschaft, in: Merkur 37, 1983, S. 873).

stand«,[12] der das öffentliche Leben im spätviktorianischen Großbritannien kennzeichnete, ohne jeden Zweifel weiterhin untersuchenswert. Wenngleich sich die Befürchtungen insbesondere William Ewart Gladstones aus den siebziger Jahren, die gesamte britische Politik könne »imperialisiert« werden, als völlig unzutreffend erwiesen, blieb dennoch die »dichotomy between liberalism at home and imperialism abroad« unübersehbar. »It was, however,« so urteilt P. J. Durrans, »an uneasy coexistence and it was to become progressively clearer that British democracy posed a threat to the Empire rather than the reverse«.[13] Aus dieser Perspektive erscheint es berechtigt, »das Verhältnis von Demokratie und Imperium« seit den sechziger Jahren des vergangenen Jahrhunderts als das »Kardinalproblem der britischen Politik«[14] einzustufen.

Hildebrand

Vor dem Hintergrund der hier nur kurz skizzierten Rahmenbedingungen britischer Politik im späten 19. Jahrhundert setzt sich die vorliegende Arbeit speziell mit der Politik, der Persönlichkeit, vor allem aber mit dem politischen Denken Lord Roseberys auseinander. Um diese Konzentration beziehungsweise Einschränkung zu erläutern, sei zunächst auf die auffallende Zurückhaltung, ja geradezu Unsicherheit hingewiesen, die die Einschätzung seines politischen Denkens und Handelns in der englischsprachigen Historiographie immer wieder kennzeichnet. Im Gegensatz zu einer ganzen Reihe lediglich schwärmerischer, aber keinerlei wissenschaftlichen Ansprüchen genügenden Schriften zur Person Roseberys[15] scheinen seine kritischen Biographen eher geneigt, sich dem Urteil der Königin Viktoria anzuschließen, deren Meinung nach Rosebery »never seemed really to know his own mind«.[16] Auch ihnen erscheint seine Position letztlich als »puzzle« oder gar als »complete mystery«.[17] Das Adjektiv, auf das fast die gesamte Sekundärliteratur immer wieder zurückgreift, lautet »enigmatic«, so daß zum Beispiel Geoffrey R. Searle noch in jüngster Zeit resignierend feststellte: »Rosebery is so enigmatic a figure that one can only speculate about what his motives might have been in December 1901«.[18] Unter diesen Umstän-

12 *Theodor Schieder*, Staatensystem als Vormacht der Welt 1848–1918, (Propyläen Geschichte Europas, Bd. 5), Frankfurt 1982, S. 265.

13 *P. J. Durrans*, A Two-Edged Sword: The Liberal Attack on Disraelian Imperialism, in: JICH, 10 (1981/1982), S. 279.

14 *Klaus Hildebrand*, Großbritannien, S. 22, vgl. auch S. 32.

15 Dies gilt beispielsweise für die Arbeiten von: *J. A. Hammerton, S. A. Jeyes, J. Renwick, E. Rodgers* und *E. J. Moyle, J. T. Stoddard, E. H. Thruston* und *A. Wallace* (vgl. Literaturverzeichnis, S. 212f.).

16 Zit. bei: *Robert Rhodes James*, Rosebery. A Biography of Archibald Philip, Fifth Earl of Rosebery, London 1963, S. 362.

17 *E. T. Raymond*, The Man of Promise: Lord Rosebery, London 1923, S. 246; *Rhodes James*, Rosebery, S. 446.

18 *Geoffrey R. Searle*, The Quest for National Efficiency. A Study in British Politics and Political Thought, 1899–1914. Oxford 1971, S. 132 (die Zeitangabe bezieht sich auf Roseberys Chesterfield-Rede vom 16. Dezember 1901; vgl. unten, Kap. IV/4).

den sind es dann leicht nur noch individualpsychologische Erklärungen, zu denen man Zuflucht sucht, und »the erratic and petulant waywardness of Rosebery«[19] dient zur Überbrückung der offenen Fragen, die sich jeder Erörterung seines politischen Handelns immer wieder neu stellen. Hiermit soll keineswegs von der Hand gewiesen werden, daß eine Vielzahl isolierter Äußerungen Roseberys ebenso wie manche Aspekte seines sozialen Verhaltens in der Tat Unverständnis und Irritation bei Zeitgenossen und Historikern hervorrufen mußten; erinnert werden sollte jedoch auch an den Eindruck Robert Blakes, daß »Englishmen instinctively distrust wits and cynics, and are uneasy if they encounter irony or fancy – anyway in politics«.[20]

Der Ertrag einer Untersuchung zur Gedankenbildung und Politik Lord Roseberys wird im wesentlichen davon abhängen, ob es gelingt, einen Mittelweg zu finden zwischen jenem »individualist fundamentalism which can only see ideas as the creation of a unique, azygous consciousness«[21] und der weitgehenden Auflösung des persönlichen Charakters seines Denkens und Handelns in einen größeren, sei es ideengeschichtlichen, sei es diplomatiegeschichtlichen Zusammenhang. Zweifellos wird es im heuristischen Interesse immer wieder hilfreich sein, seine Einstellungen mit denen anderer Zeitgenossen zu vergleichen. Sie erweisen sich jedoch oft als zu spezifisch, um in solchen Vergleichen aufzugehen. Beispielsweise dürfte es schwer fallen, neben Rosebery einen weiteren führenden Vertreter der Liberalen Partei zu finden, der in gleicher Weise von seinen außenpolitischen Überlegungen her Rückschlüsse auf innenpolitische Konsequenzen zu ziehen versucht hat. Auch die Möglichkeiten, Rosebery innerhalb der Gruppe der sogenannten ›Liberal Imperialists‹ oder in seiner Beziehung zu Gladstone, Chamberlain, Salisbury oder Rhodes zu untersuchen, stehen auf einer jeweils zeitlich beziehungsweise sachlich begrenzten Grundlage. Komparatistische Überlegungen können sich somit als nützlich und unter Umständen sogar als notwendig erweisen, den Mittelpunkt dieser Arbeit sollen sie nicht bilden.

Dem politischen Selbstverständnis Lord Roseberys gerecht zu werden verlangt zunächst, seine Gedankenbildung im Hinblick auf ihre verschiedenen Inhalte hin zu rekonstruieren, um sodann die Grundlinien seines Denkens um so deutlicher herausarbeiten zu können. Nicht irreleiten lassen sollte man sich dabei von dem Negativurteil Peter Stanskys, demzufolge Roseberys politische Vorstellungen »lacked coherence, consistency and a clearly defined aim.«[22] Als hilf-

19 *Henry C. G. Matthew*, The Liberal Imperialists. The Ideas and Politics of a Post-Gladstonian Elite, Oxford 1973, S. 287.

20 *Robert Blake*, Disraeli, London 1966, S. 766. In einem ähnlichen Sinne schrieb auch Rosebery: »The English love a statesman whom they understand, or at least think they understand«. (*Rosebery*, Pitt, London 1891, S. 51).

21 *Stefan Collini*, Political Theory and the ›Science of Society‹ in Victorian Britain, in: HJ 23 (1980), S. 229.

22 *Peter Stansky*, Ambitions and Strategies. The struggle for the leadership of the Liberal

reicher dürfte sich demgegenüber die Hypothese erweisen, daß das Bewußtsein des oben aufgezeigten Spannungsverhältnisses von imperialer Außen- und liberal-parlamentarischer Innenpolitik schon sehr früh ein Kriterium seiner politischen Reflexionen bildete. Diesen Überlegungen lag nicht nur die Idee eines konsolidierten Empire zugrunde, das er als den Garanten der nationalen Sicherheit und der internationalen Konfliktregulierung betrachtete. Er stützte sich darüber hinaus auf die Beobachtung innenpolitischer Tendenzen, in deren Konsequenz es zu liegen schien, eine wenn auch imperiale, so doch prinzipiell defensive Außenpolitik zu blockieren, wenn nicht gar zu verhindern.

Zum Charakter des politischen Denkens Lord Roseberys gehörte es ferner, daß sein Verhältnis zum Zeitgeschehen durch aktive Anteilnahme wie durch reflektierende Muße gleichermaßen geprägt blieb. Seine fundierte Kenntnis weltpolitischer und speziell kontinentaler Entwicklungen sowie die Tatsache, daß seine politischen Kategorien vor allem dem späten 18. und frühen 19. Jahrhundert entstammten, verleihen seinen Urteilen oft eine Distanz, die ihre Glaubwürdigkeit eher erhöht. In diesem Sinne eröffnet die Konzentration auf die Person zugleich die Chance, Aufschlüsse über die Zeit zu gewinnen. Insbesondere für die Jahre zwischen 1880 und 1905, in denen er immer wieder aktiv am politischen Geschehen teilnahm, kann deshalb die Annahme als begründet gelten, daß sich in seinem Denken begriffene Wirklichkeit widerspiegelt. Dies bedeutet nicht, Reflexionen vorschnell den Charakter von Sachaussagen zuzusprechen, sondern es beschreibt die Art des Kredites, den dem politischen Denken Lord Roseberys einzuräumen nach Meinung des Verfassers gerechtfertigt erscheint.

Der zeitliche Rahmen der vorliegenden Arbeit resultiert nicht aus einer willkürlichen Entscheidung, sondern ergibt sich im wesentlichen aus Roseberys politischer Biographie. Seine ersten politischen Erfahrungen größeren Stils sammelte Rosebery im Zuge seiner Unterstützung für Gladstone, dessen Wahlkampf 1879/80 in Midlothian zu organisieren er übernommen hatte. Das relativ frühe Ende seines politischen Wirkens kann demgegenüber in dem klanglosen Absterben der Liberal League etwa zwischen 1903 und 1905 gesehen werden. Zweifellos gibt es interessante und aufschlußreiche Äußerungen Roseberys außerhalb wie Phasen völliger Passivität innerhalb dieser Jahre. Sich aber im wesentlichen auf den genannten Zeitabschnitt zu beschränken, liegt auch vom historischen Kontext her nahe. Gladstones zweite Regierungsbildung 1880 markiert in ver-

Party in the 1890s, Oxford 1964, S. 173. Zwar ließen sich, so räumt Joseph Frankel ein, bei einigen Staatsmännern (wie beispielsweise Disraeli, Palmerston, Grey oder Churchill) »schlüssige politische Konzeptionen finden«, »großangelegte außenpolitische Planungen« hingegen seien »der britischen Tradition... fremd« (*Joseph Frankel*, Die geistigen Grundlagen der britischen Außenpolitik, in: Strukturwandlungen der Außenpolitik in Großbritannien und der Bundesrepublik, hrsg. von *Karl Kaiser* und *Roger Morgan*, München/Wien 1970, S. 75).

schiedener Hinsicht einen gewichtigen Wendepunkt in der britischen Geschichte. Angetreten mit dem Anspruch, vor allem in der Außenpolitik neue Wege gehen zu wollen, wurde seine Regierungszeit jedoch zum Beginn der eigentlichen Phase des Hochimperialismus.[23] Gleichzeitig bedeutete sein erwähnter Wahlkampf in Midlothian den Durchbruch für Methoden politischer Öffentlichkeitsarbeit, die ihn zum ersten »plebiszitär«[24] bestellten Premierminister Großbritanniens machten. Gladstones zunehmende Konzentration auf die irische Frage schließlich und das völlige Scheitern seiner kurzlebigen, ausschließlich diesem Problem gewidmeten dritten Regierung 1886 legten die Grundlage für eine (von der relativ kurzen Unterbrechung 1892–1895 abgesehen) fast zwei Jahrzehnte währende konservative Regierungsmehrheit.

Hiermit sind nur einige der wichtigsten Aspekte angedeutet, mit denen Rosebery sich in den Jahren nach 1880 von einem genuin liberalen Selbstverständnis her auseinandersetzte. Seine Überlegungen führten ihn jedoch dahin, daß er spätestens bei der erneuten Regierungsübernahme durch die Liberalen unter Campbell-Bannerman im Jahre 1905 nicht mehr zu erkennen vermochte, was ihn noch mit der »neuen« Politik seiner ehemaligen Partei verbunden hätte.

Bevor im folgenden der Gang der Arbeit vorgestellt und ihre Quellengrundlage erläutert werden, erscheint es sinnvoll, den gewählten Zugang und damit ihren historiographischen Charakter noch ein wenig zu verdeutlichen. Gerade aus der historischen Perspektive, für die die faktische Entwicklung stets den Ausgangspunkt jeglicher Überlegungen bildet, haftet dem politischen Denken und Handeln Lord Roseberys allzu leicht der Charakter des Vergeblichen und Unzeitgemäßen an. Der Vorteil des Historikers jedoch, vieles besser zu wissen, gerät zum Nachteil, wenn er darüber die Möglichkeiten und Grenzen vergißt, die der Perzeption der jeweiligen Zeitgenossen gesteckt waren. Die individuelle Wahrnehmung und Reflexion des an seiner politischen Gegenwart Interessierten können dem Gang der Ereignisse ebenso voraus sein wie dahinter zurückbleiben. Er kann im Rahmen seiner Möglichkeiten, in den Lauf der Dinge einzugreifen, unabhängig von seiner Autorität mehr oder weniger Erfolg haben, aber auch scheitern. Die Angemessenheit seines Weltbildes zur jeweils vermeintlichen Wirklichkeit schließlich darf keineswegs nur in seiner genauen und kritischen Beobachtung der Ereignisse gesucht werden, denn seine Wahrnehmung kann ebenso geprägt sein von Idealen, Ängsten und Irrtümern. In jedem Fall behält allerdings die historische Auseinandersetzung mit den Ebenen individuellen Bewußtseins ihr Eigenrecht neben anderen Ansätzen der Geschichtswissen-

23 Vgl. hierzu: *Wolfgang J. Mommsen*, Der moderne Imperialismus als innergesellschaftliches Phänomen. Versuch einer universalgeschichtlichen Einordnung, in: *Ders.* (Hrsg.), Der moderne Imperialismus, Stuttgart 1971, S. 14–30.

24 *Kurt Kluxen*, Die Umformung des parlamentarischen Regierungssystems in Großbritannien beim Übergang zur Massendemokratie, in: *Ders.* (Hrsg.), Parlamentarismus, Köln 1976, S. 131.

schaft.[25] Sie garantiert, daß nicht dem faktischen Gang der Ereignisse das alleinige Urteil darüber zukommt, was in einer historischen Situation möglich war, und ermöglicht jenen Erkenntnisgewinn, der sich nicht durch die kritische Frage nach dem Gegenwartsbezug und die Verpflichtung auf aktuelle Relevanz vorschnell eigene Schranken setzt.

Sich von diesen Überlegungen her dem »politischen Denken« eines »Praktikers« zuzuwenden spiegelt deshalb weniger ein Interesse an »Ideen«, deren Stringenz und Verankerung, als vielmehr an seinem individuellen Bewußtsein und dessen Zeitbezug. Statt der großen und vorbelasteten Tradition der Ideengeschichte erscheint deshalb der jüngere und etwas bescheidenere Begriff der »Bewußtseinsgeschichte«[26] als der angemessene Orientierungsrahmen. Dieser richtet sich bevorzugt an den Politiker beziehungsweise politischen Entscheidungsträger, weniger an den Literaten oder Philosophen.[27] In dem Maße jedoch, in dem Bewußtseinsgeschichte eine kritische Distanz zur stets linear verlaufenden Ereignisgeschichte aufrechterhält, unterscheidet sie sich auch von der personenbezogenen Politik- oder Diplomatiegeschichte. Eine »detailed and completely adequate study of Rosebery's foreign policy«, wie J. A. S. Grenville sie 1964 forderte,[28] wird deshalb in dieser Arbeit nicht geboten. Wie die jüngst erschienene Studie von Gordon Martel[29] belegt, bedarf eine solche Konzentration auf die

25 Vgl. hierzu *Karl-Georg Faber*, Theorie der Geschichtswissenschaft, 4. Aufl. München 1978, S. 178ff., 205ff. und passim.

26 Begriff und Unterscheidung bei *Heinz Gollwitzer*, Geschichte des Weltpolitischen Denkens, Bd. 2: Zeitalter des Imperialismus und der Weltkriege, Göttingen 1982, S. 13. Vgl. auch: *Ders.*, ebd., Bd. 1, S. 26f. sowie die Unterscheidung bei *Leonara Krieger*, The Autonomy of Intellectual History, in: JHI 34 (1973), S. 499–516. Zum Hintergrund vgl. auch *Ernst Schulin*, Geistesgeschichte, Intellectual History und Histoire des Mentalités seit der Jahrhundertwende, in: *Ders.*, Traditionskritik und Rekonstruktionsversuch: Studien zur Entwicklung von Geschichtswissenschaft und historischem Denken, Göttingen 1979, S. 144–162.

27 Als Beispiel einer literaturgeschichtlichen Analyse mit einer ähnlichen Fragestellung vgl. *Benjamin Evans Lippincott*, Victorian Critics of Democracy. Carlyle, Ruskin, Arnold, Stephen, Maine, Lecky, New York 1964.

28 *John A.S. Grenville*, Lord Salisbury and Foreign Policy, London 1964, S. 29, Anm. 1. Grenvilles Forderung kann als berechtigt angesehen werden hinsichtlich der äußerst unkritischen, anonym veröffentlichten Arbeit: Lord Rosebery and Foreign Policy, London 1901. Eine sehr fundierte Studie legte jedoch bereits 1954 *T.B. Miller* vor: The Foreign Policy of the Gladstone and Rosebery Administrations 1892–1895, unveröff. Ph.D. Thesis, London 1954.

29 *Gordon Martel*, Imperial Diplomacy: Rosebery and the Failure of Foreign Policy, London 1986. Die Untersuchung Martels, die erst nach Abschluß des Manuskripts der vorliegenden Arbeit erschien und deshalb nur begrenzt berücksichtigt werden konnte, wird im wesentlichen der Forderung Grenvilles gerecht. Obwohl sich der Verfasser auf die Amtszeiten Roseberys konzentriert, vermag er dessen Außenpolitik in einen

Außenpolitik Lord Roseberys ihrerseits eines sehr viel weiter gesteckten Rahmens. Denn weder können die Akten seiner beiden relativ kurzen Amtszeiten im Foreign Office als eine hinreichende Quellengrundlage dienen, noch dürfte Rosebery als ein ausschließlich in außenpolitischen Kategorien denkender Staatsmann zu sehen sein. Zweifellos kann im folgenden nicht darauf verzichtet werden, seine Grundsätze speziell im Bereich der Außen- und Empirepolitik herauszuarbeiten, doch erweist sich deren Zusammenhang mit seinen übrigen gesellschaftspolitischen Vorstellungen als wichtiger denn der mögliche Entwurf eines homogenen außenpolitischen Konzepts.

Hieraus ergeben sich zwei Bemerkungen zur Durchführung und materiellen Grundlage der vorliegenden Arbeit. Da sie weder die Ansprüche einer politischen Biographie noch die einer Diplomatiegeschichte zu erfüllen sucht, erscheint eine thematische Gliederung in jeder Hinsicht als vorteilhaft gegenüber einem eventuellen Festhalten an der Chronologie. Ferner dürfte deutlich geworden sein, daß eine quellenmäßige Beschränkung auf das in gedruckter Form vorliegende Material sich als unzureichend erweisen müßte. Als besonders aufschlußreich können gerade seine von zum Teil erstaunlicher Offenheit gekennzeichneten Privatkorrespondenzen und Tagebuchaufzeichnungen angesehen werden.[30] Sie stehen nicht in Widerspruch zu dem Bild, das sich der interessierte Historiker zunächst anhand der veröffentlichten Reden[31] Roseberys zu formen vermag, sondern ermöglichen vielmehr einen Gesamteindruck, der eher durch den Charakter von Geschlossenheit als den von Verwirrung gekennzeichnet ist. Denn sowohl seine öffentlichen wie auch seine privaten Äußerungen vermitteln immer wieder neu den Eindruck, weniger von seiner eigenen Erwartungshal-

aufschlußreichen Zusammenhang der europäischen Balance of Power-Tradition zu stellen. Etwas zu kurz kommen demgegenüber die »imperialistische« Komponente und damit zusammenhängend das Ineinandergreifen von innen- und außenpolitischen Überlegungen im politischen Denken Lord Roseberys (vgl. hierzu auch unten, Kap. IV/3 und V/3).

30 Fast der gesamte Rosebery-Nachlaß wird von der National Library of Scotland verwaltet. Hierzu gehören nicht nur ein großer Teil seiner Tagebücher und Aufzeichnungen, sondern vor allem auch Kopien des überwiegenden Teils sowohl seiner privaten wie auch offiziellen Korrespondenz. Eine Reihe weiterer Schriftwechsel konnte in anderen Nachlässen in Edinburgh, London, Oxford, Cambridge und Liverpool eingesehen werden. Einzig in Privatbesitz und leider unzugänglich bleibt der Teil seiner Tagebücher, der nach Aussage der derzeitigen Lady Rosebery ausschließlich von persönlichem Interesse ist. Diesen Charakter bestätigte in einem Gespräch auch Robert Rhodes James, dem es bisher als einzigem Nicht-Familienmitglied gestattet worden ist, diese Tagebücher einzusehen.

31 Hierzu zählen zum einen seine in Form der Parlamentsprotokolle vorliegenden Stellungnahmen im House of Lords, zum anderen eine Vielzahl von Reden, die entweder als Pamphlete, über zeitgenössische Zeitungen und Zeitschriften oder sogar in gebundener Form verfügbar sind (vgl. Literaturverzeichnis, S. 210f.).

tung gegenüber den jeweiligen Adressaten geprägt zu sein als vielmehr von der Bereitschaft, seinen Überzeugungen unmittelbar Ausdruck zu verleihen.[32] Als weitere Quellengattung sei schließlich noch auf die von Rosebery selbst verfaßten Biographien hingewiesen. Sie lassen sich, ähnlich wie das literarische Werk Disraelis, aber im Unterschied zu den meisten anderen englischsprachigen Biographien dieser Zeit, keineswegs nur als Produkte einer literarischen Gattung lesen, sondern geben in hohem Maße Aufschluß über die politischen Reflexionen ihres Verfassers.

In diesem Zusammenhang erscheint es angebracht, mit wenigen Worten auch den Charakter der wichtigsten Biographien über Rosebery zu erläutern. Von den erwähnten populärwissenschaftlichen Publikationen abgesehen, verdienen insgesamt vier Arbeiten hervorgehoben zu werden. Hierbei handelt es sich zunächst um die beiden frühen, auf einer begrenzten Quellengrundlage basierenden und leider nicht immer zuverlässigen Arbeiten von Thomas F. G. Coates und E. T. Raymond.[33] Wenn auch in seinem Urteil sehr zurückhaltend, so doch quellenmäßig besser abgesichert und sorgfältig gearbeitet ist demgegenüber das Werk des Marquess' of Crewe, einem Schwiegersohn Lord Roseberys.[34] Die vierte Biographie schließlich, die aus einer größeren zeitlichen Distanz heraus verfaßt wurde und die zugleich versucht, dem Stand der historischen Forschung zu Beginn der sechziger Jahre gerecht zu werden, stammt aus der Feder von Robert Rhodes James. Der Autor möchte sie jedoch explizit nicht als eine primär politische Biographie verstanden wissen, zumal ihm gerade Roseberys politisches Engagement als letztlich unklar erscheint und er ihn im Grunde nicht als einen eigentlich politischen Denker zu sehen bereit ist.[35] Zu zeigen, daß gerade

Rhodes James

32 Edward Hamilton, der ehemalige Privatsekretär Gladstones, notierte am 11. Juni 1899 in seinem Tagebuch: »I am sure he [Rosebery, H. R.] is not intentionally deceiving me and others: though he may be deceiving himself, as I believe he is doing«. Gegenüber diesem Eindruck schränkt *Robert Rhodes James* zu Recht ein (auch wenn er damit Hamiltons Vermutung freilich nicht widerlegt): »Rosebery was not deceiving himself; he meant every word«. (The British Revolution, Bd. 1: From Gladstone to Asquith 1880–1914, London 1976, S. 156).

33 *Thomas F. G. Coates*, Lord Rosebery. His Life and Speeches, 2 Bde, London 1900; *E. T. Raymond*, The Man of Promise: Lord Rosebery, London 1923. Während das umfangreiche Werk von Coates zumindest einige Reden von Rosebery enthält, die ansonsten schwer zugänglich wären, bietet die Arbeit von Raymond eine Reihe durchaus interessanter Gedanken.

34 *Marquess of Crewe*, Lord Rosebery, 2 Bde, London 1931.

35 Vgl. *Rhodes James*, Rosebery S. 220–224, 363, 431 f. und 489. Was das politische Denken Roseberys betrifft, so kennzeichnet es eine gewisse Unabgeschlossenheit der Biographie von Rhodes James, daß teilweise äußerst Disparates einfach aneinandergefügt wird, so daß sehr aufschlußreiche Zitate unter Umständen isoliert stehen bleiben, ohne analytisch ausgewertet zu werden (vgl. zum Beispiel S. 134, 201, 412 und 431).

hierin eine Möglichkeit liegt, zu einem besseren Verständnis zu gelangen, bildet ein Anliegen dieser Arbeit.

In diesem Sinne besteht die Aufgabe der ersten drei Hauptkapitel der vorliegenden Untersuchung darin, das Spektrum der wichtigsten und für das politische Handeln Lord Roseberys maßgeblichen Probleme abzustecken sowie ihre Bedeutung im Hinblick auf seine Gedankenbildung zu rekonstruieren. Zunächst gilt es, die beiden zentralen Begriffe Liberalismus und Imperialismus im Verständnis Roseberys zu erläutern. Hierbei ist davon auszugehen, daß in eher konservativer Manier und ganz im Gegensatz zu dem sogenannten »New Liberalism« Rosebery jede Art von Theoriebildung suspekt blieb.[36] Seine Orientierung an der persönlichen Herkunftswelt und der Geschichte des eigenen Landes ließen den schottischen Liberalismus auf der einen und das britische Weltreich auf der anderen Seite zu den beiden maßgeblichen, frühen Inhalten seines politischen Denkens werden. Beide konstituierten für ihn schon sehr bald jenes Spannungsverhältnis, dessen zwei Seiten seiner Meinung nach zwar miteinander vereinbar sein sollten, das sich in der politischen Praxis aber zunehmend als eine Bürde erwies.

Vor diesem Hintergrund ist das zweite Hauptkapitel speziell den Reformvorstellungen Lord Roseberys gewidmet. In zwei Längsschnitten werden zunächst sein Engagement für eine Reform des House of Lords und seine Haltung zu einer eventuell realisierbaren Home Rule-Gesetzgebung für Irland dargestellt. Sodann gilt es, seine spezifischen Vorstellungen zu der bereits zeitgenössisch kontrovers diskutierten Frage nach dem Ziel sozialer Reformen zu erörtern. In dem gleichen Zusammenhang ist schließlich auch sein Plädoyer für eine Reform des Erziehungswesens zu sehen. Besonders in diesen beiden Teilkapiteln wird deutlich, wie sehr Roseberys politische Zielvorstellungen von denen der Mehrheit der übrigen Mitglieder der Liberalen Partei abweichen konnten; sichtbar wird aber auch der Konfliktbereich, in den Rosebery immer dann geriet, wenn er den weiten gedanklichen Bogen zwischen historischer Orientierung und langfristigen Zukunftsvorstellungen, ja zwischen Modernität und Traditionsbindung, in den Bereichen der Tagespolitik umzusetzen versuchte. Zwar resultierte hieraus eine sich zeitweise radikalisierende Zuspitzung seiner Forderungen, häufiger aber neigte er zum resignierenden Rückzug in die Privatsphäre.

Von größerem Enthusiasmus getragen waren dagegen seine Überzeugungen in den Fragen der Empire- und Außenpolitik. Die dominierende Zielsetzung im politischen Denken Lord Roseberys kann thesenhaft darin gesehen werden, das britische Weltreich in seiner bestehenden Form zu erhalten. Praktisch bedeutete dies vor allem, die Rückbindungen der weißen Siedlungskolonien an das Mutterland zu stabilisieren, aber auch, Zivilisation, Missionierung und Rechtssicher-

36 Zum Verständnis des britischen Konservativismus vgl. jetzt *Greenleaf*, Tradition, Bd. 2, S. 189–195. Ein sehr positiv-gefärbtes Bild des »New Liberalism« zeichnet *Michael Freeden*, The New Liberalism: An Ideology of Social Reform, Oxford 1978.

heit in den abhängigen Kolonien zu verbessern, um auf diesem Wege Sicherheit und Wohlstand für Großbritannien durch das Empire zu garantieren.[37] Das britische Weltreich stellte in seinen Augen keinen Selbstzweck, keinen irrationalen und letztlich nicht mehr zu begründenden Wert an sich dar, sondern durfte vielmehr als das vornehmste Mittel angesehen werden, um die Wahrung der wichtigsten nationalen Interessen zu gewährleisten. In diesem Sinne bildete Roseberys häufig wiederholte Charakterisierung des Imperialismus als eines »greater pride in Empire«[38] zugleich das Ergebnis vielschichtiger Überlegungen wie auch das Instrument bewußt kalkulierender politischer Öffentlichkeitsarbeit. Seine Vorstellungen über den Wert des Empire stellten für Rosebery den Kern seines Selbstverständnisses und das Zentrum seines politischen Denkens dar: »The word Empire represents to us our history, our tradition, our race. It is to us a matter of influence, of peace, of civilisation, above all, a question of faith.«[39]

Im dritten Hauptkapitel dieser Arbeit sollen die herausragenden imperialen und außenpolitischen Herausforderungen, mit denen sich Großbritannien in den achtziger und neunzier Jahren konfrontiert fand, aus der Perspektive Roseberys in einen Zusammenhang gebracht und seine Einschätzung und Gewichtung der Vorgänge herausgearbeitet werden. Die einzelnen, jeweils konkreten Problemen gewidmeten Abschnitte dieses Kapitels stehen deshalb zwar repräsentativ für Roseberys Sicht der Dinge, nicht aber für die weltweiten Verpflichtungen Großbritanniens in jenen Jahren. Das Interesse richtet sich in erster Linie auf die Fragen, auf welche Weise Rosebery äußere Veränderungen subjektiv aufnahm und ob er eigene einschneidende Richtungsänderungen in der britischen Außenpolitik durchzusetzen versucht hat. Ferner gilt es zu verfolgen, in welchem Zusammenhang sein entschiedenes Eintreten für den Erhalt des Empire und seine Einschätzung der außenpolitischen Handlungsmöglichkeiten zu

37 *Gordon Martel* charakterisiert diesen Horizont, den eine Konsolidierung des Empire für Rosebery zu eröffnen schien, von vorherein als Illusion: »He convinced himself that he was playing for time, that the colonies of white settlers would grow big and strong, that the Asian and African possessions of the empire would be gradually modernized, that all would be a glorious, coherent whole. The British Empire, he believed, was only just beginning. Statesmen live by these illusions«. (Imperial Diplomacy, S. 222).

38 *C. C. Eldridge* hält diese Formel Roseberys generell für »the simplest and most neutral of all the definitions«. (Victorian Imperialism, London 1978, S. 3) Ihre maßgeblichen Anregungen verdanken die Ausführungen dieses Kapitels jedoch dem Aufsatz von *Karl Rohe*, Ursachen und Bedingungen des modernen britischen Imperialismus vor 1914, in: *Wolfgang J. Mommsen* (Hrsg.), Der moderne Imperialismus, Stuttgart 1971, S. 60–84.

39 Rosebery in Glasgow, 16. November 1900, in: Miscellanies, Literary & Historical, 2 Bde hrsg. von *John Buchan*, London 1921, hier Bd. 2, S. 233 (im weiteren: Misc. 1 oder 2).

sehen sind, ob Veränderungen in den internationalen Beziehungen Einfluß auf seine Zielsetzungen zugesprochen werden kann und ob er bereit war, äußeren Druck ausschlaggebend für sein Handeln werden zu lassen.

Da Empirepolitik nicht in Außenpolitik aufgeht, beide mithin nicht als deckungsgleich angesehen werden können, steht eine Untersuchung der im Denken Roseberys während der achtziger Jahre dominierenden Idee einer »Imperial Federation« am Beginn dieses Kapitels. In einem nächsten Schritt erfolgt sodann die Analyse einiger wichtiger Konflikte, in die sich Empirepolitik im spätviktorianischen Großbritannien verstrickt sah. Während die eher klassische Domäne der Außenpolitik, die Frage nach den Bündnisinteressen und der Interventionsbereitschaft, den Mittelpunkt des dritten Abschnitts bildet, konzentriert sich ein vierter und letzter Abschnitt noch einmal auf die ideologische Zuspitzung des Imperialismus in den Jahren nach der Jahrhundertwende.

Die vorangegangenen Ausführungen übergreifend und in gewisser Weise zusammenfassend, unternimmt das vierte Kapitel den Versuch, einige der charakteristischen Grundmuster im politischen Denken Lord Roseberys herauszuarbeiten. Hierzu zählt vor allem sein spezifisches Verständnis von Liberalismus, das sich zunehmend, wenn auch keineswegs immer unvereinbar, zwischen seinen Vorstellungen von Traditionsbewahrung auf der einen und notwendigen Modernisierungsmaßnahmen auf der anderen Seite polarisierte. Dieses Spannungsverhältnis, das – zeitlich und thematisch übergreifend – Roseberys gesamtes Denken maßgeblich charakterisiert, fand in der Regel einen Ausgleich in der Überzeugung, daß sich alle drängenden politischen Probleme im Prinzip als praktisch lösbar erweisen müßten. Eingeschränkt wurde dieses Vertrauen allerdings mehr und mehr durch zwei Entwicklungslinien, die er ebenfalls mit gleichbleibender Anteilnahme verfolgte.

Hierbei handelt es sich im Hinblick auf das politische System seines Landes um seine Kritik an der beschleunigten Entwicklung hin zu einer Parteiendemokratie, in der sich seiner Meinung nach die Gestaltungsmöglichkeiten des öffentlichen Lebens immer mehr verengten und der auf dem einzelnen Politiker lastende Handlungszwang ständig zunahm. Darüber hinaus gilt es noch einmal, Roseberys Sorge um die Aufrechterhaltung von Kontinuität in der britischen Außenpolitik herauszustellen, die ihm angesichts der zunehmenden internationalen Rivalitäten und der demzufolge global gewachsenen Gefahren für die Weltmachtstellung Großbritanniens als eine Grundvoraussetzung allen politischen Handelns erschien.

In der sich hieran anschließenden Schlußbetrachtung sollen schließlich nicht so sehr die Ergebnisse dieser Arbeit erneut zusammengefaßt, sondern es soll vielmehr darüber hinausgehend der Versuch unternommen werden, den besonderen Charakter des politischen Denkens Lord Roseberys als Kritik an seiner Zeit darzustellen und zu bewerten. In dieser Hinsicht läßt sich sein Denken in einem umfassenden Sinn als eine doppelte Warnung verstehen, und zwar vor den weltweiten Herausforderungen seines Landes auf der einen und vor den ihm im

Hinblick hierauf als unangemessen, ja vielleicht sogar als gefährlich erscheinenden Entwicklungstendenzen des nach wie vor im Prozeß der Demokratisierung begriffenen parlamentarischen Systems auf der anderen Seite. »We were not to be explained out of our liberties«,[40] so erläuterte Rosebery in seiner Biographie des älteren Pitt die unbedingte Vorrangstellung, die seiner Meinung nach der äußeren Macht seines Landes gegenüber der inneren Freiheit zukommen mußte. Und an einer anderen Stelle notierte er, daß eine »sublime disregard of to-day can have no place in the politics of a parliamentary country, but the disregard of tomorrow is scarcely less dangerous.«[41]

40 *Rosebery*, Chatham. His Early Life and Connections, London 1910, S. 434.
41 *Rosebery*, Pitt, London 1891, S. 30.

II. Liberalismus und Imperalismus als frühe Orientierungsmaßstäbe im Denken Lord Rosenberys

1. Schottische Verbundenheit und liberaler Reformgeist

Auf den ersten Blick mag es immer wieder neu verwundern, warum Rosebery sich während der gesamten Zeit seines öffentlichen Wirkens als ein Liberaler verstand. Während die große Bedeutung, die er dem Erhalt des Empire zumaß, sein Vertrauen auf nationale Tradition und persönliche Erfahrung sowie seine Vorstellungen von Religion und politischer Autorität ihn viel eher als einen konservativen Staatsmann ausweisen, blieb er doch bis weit nach der Jahrhundertwende davon überzeugt, daß in den meisten Bereichen der Politik einschneidende Veränderungen durchführbar und damit Verbesserungen des Zusammenlebens sowohl auf lokaler als auch auf nationaler Ebene möglich seien. Diese grundsätzliche Bereitschaft, sich mit Reformideen auseinanderzusetzen und sich auch in der politischen Praxis auf deren experimentellen Charakter einzulassen, bildete für Rosebery schon früh den entscheidenden Grund dafür, nicht im konservativen, sondern im liberalen Lager eine politische Heimat zu suchen.

Mit dem traditionellen Liberalismus verband ihn kein System klar durchdachter und philosophisch abgesicherter Prinzipien. Für sein Denken richtungweisend wurden nicht so sehr abstrakte Ideen einer harmonischen Gesellschaftsordnung oder ein religiös-moralischer Imperativ. Den Ausschlag gab vielmehr sein überzeugter Individualismus, dessen Anliegen es war, dem einzelnen Freiräume zu schaffen, die es ihm erlaubten, seine Lebensbedingungen in eigener Verantwortung zu verbessern. Diesem Individualismus genügte zwar ein Minimum an staatlicher Kontrolle; das Wohlergehen der gesamten Nation blieb jedoch in einem hohen Maße abhängig von der privaten Initiative einzelner. Hierin einen Zielkonflikt zu sehen, beschäftigte allerdings erst in späten Jahren das politische Denken Roseberys. Zunächst und im wesentlichen dienten ihm nur einige wenige prinzipielle Überlegungen als Ausgangspunkte seines politischen Engagements, das in viel höherem Maße geprägt blieb von seinen persönlichen Erfahrungen, die nicht zuletzt auch in der unermüdlichen Auseinandersetzung mit der Geschichte seines eigenen Landes ihre charakteristische Ausprägung fanden.

Liberalismus bedeutete für Rosebery weniger eine festgefügte Ideologie als eine Haltung, eine »attitude of mind«, ja eine Art »moral temperament«.[1] Ähnlich seinem Vorbild Chatham ging es ihm dabei nicht in erster Linie um die Konsistenz seiner Gedanken,[2] sondern um deren Wert für die politische Praxis.

1 *Anonym*, Liberalism Philosophically Considered, in: Westminster Review 132 (1889), S. 340; auch zit. in: *Freeden*, New Liberalism, S. 22.

2 »Pitt thought little of consistency« (*Rosebery*, Chatham, S. 271).

In dieser Vermischung von Theorie und Erfahrung wird auch der ausschlaggebende Grund dafür zu suchen sein, daß er sehr lange davon überzeugt blieb, Liberalismus und Imperialismus miteinander vereinbaren zu können.

Eine traditionelle Hochburg des britischen Liberalismus stellte Schottland dar, von wo aus zahlreiche Einflüsse auf die Politik der Metropole ihren Ursprung nahmen.[3] Trotz seiner Erziehung in Eton und seiner sich oft über lange Zeiträume erstreckenden Aufenthalte in London zählten seine enge Verbundenheit mit Schottland, seine enorme Popularität vor allem in Midlothian und seine stupende Kenntnis der schottischen Geschichte[4] zu den prägendsten und dauerhaftesten Einflüssen auf das Selbstverständnis Lord Roseberys.[5] Bereits im November 1871, also im Alter von nur 24 Jahren, nutzte er die Einladung zur Eröffnung der Edinburgh Philosophical Society zu einem vielbeachteten Vortrag über die Realunion zwischen Schottland und England.[6] In seiner abwägenden Einschätzung dessen, was Schottland durch diese Union gewonnen beziehungsweise eingebüßt habe, wird bereits ansatzhaft eine charakteristische Denkbewegung erkennbar, die, ausgehend von der individuellen Herkunftswelt, letztlich doch dazu neigt, die größere nationale Einheit höher zu bewerten als diese regionale Verbundenheit. Wie wichtig jedoch der Zusammenhang zwischen beidem für die politische Orientierung des einzelnen seiner Meinung nach bleibt, betonte Rosebery in seiner Rektoratsrede vor der University of Aberdeen am 5. November 1880: »While history in general is valuable ... the history of our native country is not merely useful and interesting, but absolutely essential«. Und nicht ohne pädagogischen Impetus fügte er hinzu, »that the knowledge of

3 Vgl. hierzu *David A. Hamer*, Liberal Politics in the Age of Gladstone and Rosebery. A Study in Leadership and Policy, Oxford 1972, S. 20–22. Zur Bedeutung Schottlands für Gladstone vgl. *John Morley*, The Life of William Ewart Gladstone, hier zitiert nach der zweibändigen Ausgabe, London 1908, Bd. 2, S. 581f.

4 Rosebery verfügte über eine der umfangreichsten Bibliotheken zur schottischen Geschichte, die er 1926 zum Teil der National Library of Scotland überließ. Dem internen »NLS-Report by the Standing Committee to the Board of Trustees and Report by the Librarian for the year 1927« zufolge handelte es sich um »the most valuable donation of printed books which the Library has received during its whole history« (S. 6). Darüber hinaus weist ein Katalog der Bestände im Barnbougle Castle, dem persönlichen Zufluchtsort Roseberys auf seinem Landsitz Dalmeny, eine Sammlung von etwa 100000 Pamphleten zur schottischen Geschichte aus.

5 *Gordon Martel* unterstellt Rosebery in bezug auf dessen Auseinandersetzung mit der schottischen Geschichte lediglich ein am politischen Erfolg orientiertes, taktisches Kalkül und behauptet, daß sich Roseberys Interessen für schottische Fragen erst in den späten siebziger Jahren entwickelt habe (Imperial Diplomacy, S. 10f.). Demgegenüber weist *Thomas Kleinknecht* (Imperiale und internationale Ordnung. Eine Untersuchung zum anglo-amerikanischen Gelehrtenliberalismus am Beispiel von James Bryce 1838–1922, Göttingen 1985, S. 59ff. und 152) zu Recht auf die Bedeutung ihrer schottischen Herkunft sowohl für Bryce als auch für Rosebery hin.

6 In: Misc. 2, S. 71–105.

the history of one's native country is not merely an educational advantage, but a positive duty«.[7]

Von seiner Verbundenheit mit Schottland geprägt, blieb nicht nur Roseberys Interesse an Fragen der öffentlichen Erziehung, die dort seit langem als der englischen überlegen gelten konnte. Zumindest bis in die Mitte der achtziger Jahre bildeten immer wieder Reformprojekte, die sich auf eine soziale, rechtliche oder politische Besserstellung Schottlands richteten, den Ausgangs- und Zielpunkt seines politischen Engagements. Hierauf gründete der Ruf, demzufolge Rosebery während der achtziger Jahre als »the supreme champion of Scottish rights«[8] angesehen werden konnte. Mag er die faktischen Möglichkeiten solcher Reformen auch zeitweise überschätzt und sicherlich stets rhetorisch überbetont haben, so scheint doch ein für seine schottische Umgebung mehr als für England charakteristisches, genuin liberales Vertrauen in die Erreichbarkeit eines gesellschaftspolitischen Fortschritts unverkennbar.[9] Es ging ihm hierbei keineswegs darum, Probleme eventuell nur besser zu verwalten oder gar als Mittel der politischen Auseinandersetzung umzufunktionieren, sondern um deren praktische Lösung, um Fortschritt und vor allem um Effizienz.[10]

Die generelle Forderung nach Steigerung der Effizienz in sämtlichen Bereichen des öffentlichen Lebens bildete einen gleichbleibenden Hintergrund nahezu aller seiner Reformvorschläge der folgenden Jahrzehnte. Diese richteten sich nicht nur auf eine Verbesserung der Bedingungen für Schottland, sondern diese Region konnte auch als Vorbild für England gelten. Speziell das schottische Erziehungswesen hielt Rosebery im Vergleich zum englischen für überlegen und damit für effizienter. Wenn auch etwas idealisierend, so doch im Kern seine Überzeugung wiedergebend, stellte er deshalb 1871 im Hinblick auf das Niveau der öffentlichen Erziehung in Schottland fest, »that in every class of the community, from the highest to the lowest, there is a craving for mental improvement.«[11] Mit der gleichen Gewißheit, England hierin voraus zu sein, forderte er zwei Jahre später im Rahmen der Debatte über die »Law Agents (Scot-

7 In: Misc. 2, S. 39–70, hier S. 48 und 50.

8 *Michael Barker*, Gladstone and Radicalism. The Reconstruction of Liberal Policy in Britain 1885–1894, Bristol 1975, S. 66.

9 Vgl. hierzu auch unten, Kap. V/1.

10 Die Forderung nach Effizienz findet sich auch bereits in seiner »maiden speech« vor dem Oberhaus vom 9. Februar 1871, in der Rosebery in bezug auf das vorgelegte Regierungsprogramm die Hoffnung ausdrückte, »that the British Army may by that scheme be raised to a standard of full efficiency«, Hansard 3 (204), Sp. 22. Insofern die Betonung von Effizienz zu dieser Zeit eine rasch zunehmende Verbreitung fand, erscheint die zeitliche Einstufung dieses Gedankens bei *Searle* (National Efficiency) als zu begrenzt.

11 Hansard 3 (204), 9. Februar 1871, Sp. 23.

land) Bill«, »that if it was proposed to level at all it should be by levelling up instead of levelling down«.[12]

Im Vergleich zu seinen verbalen Appellen blieb seine Bereitschaft zur eigenen Mitarbeit innerhalb des institutionalisierten Regierungs- und Verwaltungsapparats von Anfang an weitaus geringer. Noch während seiner ersten Regierung bot Gladstone Rosebery 1872 zunächst eine vakante Mitarbeiterstelle zur Unterstützung seines Außenministers, Lord Granville, dann ein Jahr später die Aufgaben des »Lord-Lieutenant of Linlithgow« an, die Rosebery unter Hinweis auf seine mangelnde Kompetenz und aus privaten Gründen beide ablehnte. Erst auf allseitiges Drängen hin fand er sich schließlich bereit, das zweite Amt vorübergehend auszuüben.[13] Der Grund für diese Zurückhaltung dürfte sowohl in seinem Alter als auch in dem fehlenden Ehrgeiz, möglichst rasch politisch Karriere zu machen, gesehen werden. Hierin deutet sich aber ebenso bereits jene Skepsis an, die ihn im Laufe seines politischen Lebens mit ständig zunehmender Sorge auf das Anwachsen staatlicher Zuständigkeiten in allen Bereichen der Verwaltung reagieren ließ.[14]

Zu einem eindeutigen Engagement entschied sich Rosebery jedoch im Zuge der Vorbereitung der für das Jahr 1880 anstehenden Wahlen. Nachdem er Gladstone seinen Landsitz Dalmeny westlich von Edinburgh als Zentrum für dessen Wahlkampf in Midlothian angeboten hatte,[15] tat er sich nicht nur durch eine tadellose Organisation des Wahlkampfes hervor, sondern übernahm auch einen hohen Anteil der Kosten.[16] Ebenso konnte er bereits seine eigene Beliebtheit in Midlothian zu Gladstones Gunsten geltend machen. Insofern dieses Ereignis jedoch nicht ohne Rückwirkung auch auf ihn selber blieb, stellt Robert Rhodes James durchaus zu Recht fest, daß »for the first time he was genuinely excited by politics«.[17] Die Begeisterung hatte ihren Ursprung allerdings vor allem in seiner persönlichen Beziehung zu Gladstone, die schon seit über einem Jahrzehnt von großen gegenseitigen Sympathien geprägt war und die während des Wahlkampfes in Midlothian ihren Höhepunkt erreicht hatte. Zwar wurde die zunächst gute Beziehung schon sehr bald von ständig wachsenden politischen Differenzen überlagert, doch stellte die Erinnerung an jenes Schlüsselerlebnis, das für Rosebery in einer Art Koinzidenz der Verbundenheit mit Gladstone und mit seiner Grafschaft bestanden hatte, einen persönlichen Wert, ja eine Verpflichtung dar, die ihn bis zu Gladstones Tod 1898 mit dem Führer der Liberalen Partei verband. »I cannot tell you«, so teilte er ihm im April 1880 mit:

12 Hansard 3 (217), 15. Juli 1873, Sp. 389.
13 Vgl. hierzu die Briefe Roseberys an Gladstone vom 16. Februar 1872, 2. Mai 1873 und 25. Mai 1873, GladP 44 288 ff. 1, 5f. und 8f.
14 Vgl. hierzu unten, Kap. II/4.
15 Rosebery an Gladstone, 18. August 1879, GladP 44 288 f. 48.
16 Vgl. hierzu *Crewe*, Rosebery, Bd. 1, S. 124–160 und *Rhodes James*, Rosebery, S. 91–118.
17 *Rhodes James*, Rosebery, S. 101.

»the immense and overpowering sense of relief that I feel after the events which have occured. I always thought that the stimulus and inspiration which Liberalism required must come from you and that the proper tripod for you was Scotland; and if Scotland then Midlothian. The intensity (to put other qualities aside) required was only to be found in Scotland and yourself.«

Und geradezu pathetisch fügte er hinzu: »I have often thought during the last two months that I could not have survived your defeat.«[18]

Roseberys persönliche Beziehung zu Gladstone stellt vermutlich den Punkt innerhalb seiner politischen Biographie dar, an dem man um eine psychologische Erklärung nicht umhin kommt. Das entscheidende Stichwort hierzu lieferte Rosebery selber, als er ebenfalls im April 1880 das ihm von Gladstone angebotene Amt eines Under-Secretary im India Office ablehnte und hinzufügte: »No, with all gratitude to you, I must remain as I am. Yesterday is a day I can never forget, when I sat with you treated like a son and in possession of this high proof of your confidence and esteem«.[19] Die hier beschriebene Erfahrung, das Gefühl, von dem »Grand Old Man« wie ein Sohn behandelt worden zu sein, hatte – wie sich noch über Jahre hinaus anhand seiner Korrespondenz mit Gladstone nachweisen ließe – einen prägenderen Einfluß auf Roseberys Bindung an die Liberale Partei, als dieser jedem einzelnen Sachargument hätte zukommen können.

Roseberys Ablehnung, die Aufgaben eines Under-Secretary im India Office zu übernehmen, lag demgegenüber eine eher ambivalente Haltung zugrunde. Zunächst ging es ihm darum, dem Eindruck entgegenzutreten, Gladstone wolle ihn für seine Hilfeleistung »bezahlen«; darüber hinaus erschien ihm bereits zu diesem Zeitpunkt jedes Amt, in dem er nicht mit Sitz und Stimme im Kabinett vertreten war, als unzureichend. Während er zunächst die weiteren Angebote Gladstones ebenfalls ablehnte, nahm der Druck auf ihn auch von anderer Seite zu. Namentlich William Harcourt, der damalige Innenminister, drängte darauf, Roseberys Hilfe für sein Ministerium zu gewinnen, so daß dieser sich schließlich im August 1881 bereit fand, als Under-Secretary des Home Office die offizielle Vertretung schottischer Interessen vor allem im House of Lords zu übernehmen. Roseberys Anliegen bildete von Anfang an die Errichtung eines eigenen Ministeriums für schottische Angelegenheiten, wie es im Februar 1886 erstmals eingerichtet wurde. Das Ausbleiben eines raschen Erfolgs ließ ihn jedoch bereits im Laufe des Jahres 1882 resignieren. Obwohl er in zahllosen Briefen die Ineffizienz seiner Tätigkeit beklagte, ließ er sich eine Zeitlang von einem Rücktritt abhalten. Nachdem er aber im März 1883 Gladstone vorgeworfen hatte, nie wirklich durchgreifende Reformen geplant zu haben, als er ihm dieses Amt anbot,[20] trat er im darauffolgenden Juni definitiv zurück.

18 Rosebery an Gladstone, 9. April 1880, GladP 44 288 f. 48; auch zit. in: *Crewe*, Rosebery, Bd. 1, S. 132f.

19 Rosebery an Gladstone, 25. April 1880, GladP 44 288 f. 52; auch zit. in: *Crewe*, Rosebery, Bd. 1, S. 135.

20 Rosebery an Gladstone, 24. März 1883, RP 10 022 f. 200.

Die fehlende Bereitschaft Roseberys, sich mit dem oft schwerfälligen, institutionalisierten Prozedere zur Lösung politischer Probleme abzufinden, resultierte zum Teil aus dem altliberalen Vertrauen in den Wert der Selbsthilfe jedes einzelnen. In dieser Hinsicht hielt er die Fähigkeiten der Schotten denen der Engländer für überlegen. In seiner Rektoratsrede vor den Studenten der University of Edinburgh vom 2. November 1882 stellt er deshalb fest: »Scotland has been accustomed to be left much to herself«, um sodann mit dem ihm eigenen Pathos fortzufahren: »Let the Scottish ploughman make it clear that he is better than the ploughman of other countries: the Scottish milkmaid prove that she is a better milkmaid: the Scottish housewife...«[21] und so weiter. Prägnanter als diese sich hinziehende Aufzählung klingt schließlich die Schlußfolgerung, die Rosebery aus seinen Überlegungen zog und in der vor allem die anti-administrative Spitze seiner Ausführungen deutlich wird:

> Let us have a finer, better educated, better lodged, and better nourished race than exists elsewhere; better schools, better universities, better tribunals, ay, and better churches. In one phrase, let our standard be higher, not in the jargon of the Education Department, but in the acknowledgement of mankind.[22]

Der hierin zum Ausdruck kommende Reformgeist gibt in verschiedener Hinsicht Anlaß, über die parteipolitische Heimat Lord Roseberys nachzudenken. Folgt man der überwältigenden Mehrzahl der einschlägigen Arbeiten, so dürften der Beantwortung der Frage nicht die geringsten Zweifel im Wege stehen, da seine soziale Herkunft und Stellung ihn eindeutig als »Whig« ausweisen.[23] Diese Zuordnung fällt um so leichter, je klarer man zwischen Whigs und Radikalen innerhalb der Liberalen Partei unterscheiden zu können meint; doch greift eine solche Gegenüberstellung in vielen Fällen zu kurz. Abgesehen von den allgemeinen Schwierigkeiten, die Konturen der beiden großen Parteien sowie der Grup-

21 In: Misc. 2, S. 106–133, hier S. 119 und 122.

22 Ebd., S. 131.

23 Stellvertretend für diese eindeutige Zuordnung Roseberys zur Whig-Aristokratie wäre zum Beispiel *Algernon Cecil* zu nennen, für den Rosebery »was neither a Tory nor a Liberal, but precisely a Whig«. (Queen Victoria and her Prime Ministers, London 1953, S. 276; vgl. auch *ders.*, British Foreign Secretaries 1807–1916, London 1927, S. 273–275). Eine ähnlich kategorische Einstufung unter den jüngeren Autoren findet sich bei *Searle* (National Efficiency, S. 88), dem Rosebery als »a Whig aristocrat par excellence« gilt. Als modifizierter kann demgegenüber die Einstufung *Cedric G. Lowes* angesehen werden, da es sich im Grunde nur auf die Außenpolitik bezieht, wenn dieser Rosebery als den »last of the Whigs« vorstellt (The Reluctant Imperialists. British Foreign Policy 1878–1902, 2 Bde, London 1967, Bd. 1, S. 193). Ohne neue Einsichten muß dagegen die Lektüre von *Gregory D. Phillips*, The Whig Lords and Liberalism 1886–1893, in: HJ 24 (1981), S. 167–173, bleiben, da Phillips die Whigs kurzerhand mit den späteren Unionisten gleichsetzt, die sich 1886 von den Liberalen abgespalten und etwa 1893 mit der Konservativen Partei assimiliert hatten.

pierungen innerhalb ihrer Reihen klar voneinander abzugrenzen,[24] läßt sich die besondere Position Roseberys keineswegs eindeutig zuordnen. Bereits in den sechziger Jahren verfügte er über gleichermaßen gute persönliche Kontakte zu Gladstone und Disraeli, und auch seine persönlichen Sympathien für die führenden Vertreter der beiden großen Parteien scheinen zu dieser Zeit gleichgewichtig verteilt gewesen zu sein.[25] Den ausschlaggebenden Grund dafür, daß Rosebery sich eher in der Liberalen als in der Konservativen Partei aufgehoben fühlte, wird man (von seiner persönlichen Beziehung zu Gladstone ab 1880 abgesehen) vor allem in seinen eigenen, zum Teil sehr weit reichenden Reformideen sehen müssen. Besonders am Beispiel seiner schon sehr früh entwickelten Vorstellungen im Hinblick auf eine Reform des House of Lords läßt sich zeigen, daß es ihm hierbei weder um ein taktisches Manöver noch um eine nur defensive Maßnahme ging, sondern zum Zukunftsvorstellungen, die einschneidende Veränderungen unumgänglich machten.[26] Solange Rosebery das Gefühl hatte, seiner Zeit gedanklich immer auch voraus zu sein, fand er keine hineichenden Orientierungshilfen im Konservatismus. Erst nach seinem völligen Rückzug aus der Politik, als die Zeit an ihm vorbeizugehen schien und er für seine Ideen keine Resonanz mehr fand, fühlte er sich in einem freilich eher weltanschaulichen als parteipolitischen Sinne konservativ.

Doch unabhängig und autonom blieb auch seine Stellung innerhalb der Liberalen Partei. Weder lassen sich seine Ideen ausschließlich einer der beiden Hauptströmungen von Whigs und Radikalen zuordnen, noch erscheint es überhaupt sinnvoll, Roseberys Vorstellungen von Liberalismus mit dem Selbstverständnis der Liberalen Partei gleichzusetzen. Nicht erst nach seinem Rücktritt vom Parteivorsitz am 6. Oktober 1896 beziehungsweise im Zuge seiner völligen Konzentration auf das Konzept eines »Liberal Imperialism« ab 1899 betonte Rosebery seine zunehmende Distanz. Auch bereits während der achtziger Jahre fiel es ihm oft schwer, seinen Ort innerhalb der Liberalen Partei klar zu bestimmen. Ebensowenig stellten die Orientierungsmöglichkeiten an den Liberalen Traditionen eines Richard Cobden oder John Stuart Mill für Rosebery ein entscheidendes Kriterium dar,[27] wohl aber die Hoffnung, wenn überhaupt, dann noch

24 Für die Liberal Party hierzu noch immer unübertroffen: *John Vincent*, The Formation of the Liberal Party 1857–1868, Harmondsworth 1966. Zur Stellung der Whigs siehe S. 43–48, 58–63 und passim.

25 In hohem Alter berichtete Rosebery, daß im Grunde erst ein Gespräch mit Disraeli 1865 sein Interesse an Politik geweckt habe und es vermutlich einer seiner größten Fehler gewesen sei, sich Gladstone statt Disraeli angeschlossen zu haben (vgl. *Rhodes James*, Rosebery, S. 44 und 486). Diese Aussagen bleiben jedoch retrospektiv; in einem Brief an Lord Granville schrieb er 1869: »but my private sympathies and my reason have been wholly enlisted in the Liberal cause for some years« (zit. ebd., S. 51).

26 Vgl. hierzu unten, Kap. III/1.

27 Beide Namen finden sich bei Rosebery nur sehr selten. In eher polemischer Weise distanzierte er sich sogar von Cobden, als er 1893 der Königin versicherte, daß zwar

am ehesten in der Liberalen Partei seine Vorstellungen durchsetzen zu können, zumal die dominierende Stellung Gladstones bis in die Mitte der achtziger Jahre die übrigen divergierenden Meinungen überlagern oder gar integrieren zu können schien. Zwar lassen sich Roseberys außenpolitische Perspektiven der Tradition Palmerstons zuordnen, und auch seine Skepsis gegenüber jeder weiteren Demokratisierung des Wahlrechts wird die größte Zustimmung aus den Reihen der sogenannten Whigs erfahren haben, doch fühlte Rosebery sich nie ausschließlich dieser Gruppe zugehörig.[28] In seiner Rede in Edinburgh vom 29. Juni 1885 lamentierte er deshalb über die Versuche, die Liberale Partei auseinander zu dividieren, und betonte: »I have no objection to the name of Radical; and I am not aware of any great difference between the politics of Mr. Chamberlain and myself«.[29] Für bedeutender hielt er demgegenüber die Frage nach dem Zusammenhalt der Partei »because united the Liberal party is supreme and invincible«. Nur der »sacred ark of Liberal unity«[30] könne die Partei politisch handlungsfähig erhalten und müsse sich stets als stärker erweisen als alle Partikularinteressen:

> The name of Liberal is quite good enough for me... there is no necessity I know of to stamp ourselves by any particular brand; the name of Liberal is large enough to hold us all; and there is space for all of us in the ranks of the Liberal party.«[31]

Roseberys Verteidigung einer unabhängigen, stets mehr an Sachfragen als an Ideologien interessierten Position läßt von vornherein eine eindeutige Festlegung auf eine der Parteien oder deren Gruppierungen fragwürdig erscheinen. Er orientierte sich vielmehr an dem klassischen Dreiecksverhältnis von Regierung,

die jüngeren Kabinettskollegen sich ihrer außenpolitischen Verantwortung bewußt seien, und fortfuhr: »Some of the older ones, who early in their careers inbibed the sanguine and futile gospel of Mr. Cobden on these questions, and who honestly cling to it, will no doubt remain of their former opinion«, RP 10065 f. 52f.; auch in: LQV 3 (II), S. 299f.

28 Einem eindeutigen Zugehörigkeitsgefühl hätte unter anderem der hohe Vorbildcharakter entgegengestanden, den Rosebery schon früh dem unparteilichen und speziell der korrupten Whig-Oligarchie feindlich gesinnten Lord Chatham zuerkannte. In seiner Biographie des jüngeren Pitt distanzierte er sich explizit von dieser Whig-Tradition des 18. Jahrhunderts. In den Auseinandersetzungen zwischen Charles Fox und Edmund Burke, so führt er aus, sei endgültig ein neuer Liberalismus zum Durchbruch gelangt und die »thick crust of Whiggism was sloughed off«. Im Unterschied zu einem »typical Whig« wie George Grenville hält Rosebery auch Fox in seiner Radikalität eher für einen Liberalen im Sinne des 19. Jahrhunderts, denn sein Liberalismus repräsentiere »less the succession to, than the revolt against Whiggery« (*Rosebery*, Pitt, S. 96 and 112).

29 Rosebery in Edinburgh, 29. Juni 1885, Pamphlet, S. 12.

30 Ebd., S. 13 und 21.

31 Ebd., S. 12.

Parlament und Öffentlichkeit, wie es sich seit dem ausgehenden 18. Jahrhundert herausgebildet und bis zur zweiten Wahlrechtsreform ausgeprägt hatte. Als persönlich wichtigste Stütze galt ihm die öffentliche Meinung, – zunächst in Schottland, später in Großbritannien insgesamt. Doch verstand er sich nicht als deren ausführendes Organ, sondern eher als Vordenker und Sprachrohr eines Nationalgefühls, dem er letztlich mehr Legitimität zuerkannte als Kabinettsentscheidungen und Regierungsbeschlüssen.[32] In diesem Sinne wendet er sich 1881 entschieden gegen die in der »Court of Session (Scotland) Bill« vorgesehene Reduzierung der Richterstellen, und zwar in der Gewißheit, daß »his view to be entirely that of the great mass of the people of Scotland, and not the view of Her Majesty's Government«.[33] Und selbst noch 1896 in seiner aufsehenerregenden Rede in Edinburgh, in der er zu seinem Rücktritt vom Parteivorsitz Stellung nahm, erinnerte er sich: »I have no constituents, or, if I have any constituents, it is the people of Scotland«.[34]

2. Der globale Horizont

Roseberys Vorstellungen über den politischen Wert des britischen Weltreiches kam stets eine zentrale Bedeutung innerhalb seines politischen Denkens zu. Eine angemessene Einschätzung der Probleme jedoch, die sowohl den nationalen Handlungsmöglichkeiten Großbritanniens als auch den internationalen Mächtekonstellationen gerecht zu werden versuchte, bildete sich erst im Laufe der achtziger Jahre heraus. Wie für manchen anderen seiner Zeitgenossen gaben vor allem ausgedehnte Reisen den Anstoß dafür, sich der politischen Bedeutung des Weltreiches bewußt zu werden und gleichzeitig ein von Begeisterung und Anteilnahme getragenes Interesse an dessen Problemen zu entwickeln. Der Zeitpunkt, von dem an sowohl seine politische Reflexion über als auch seine Faszination für das Empire, aus denen sich seine Vorstellungen von Imperialismus im wesentlichen zusammensetzten, ihre charakteristische Ausprägung gefunden hatten, läßt sich relativ deutlich auf seine erste größere Weltreise zwischen September 1883 und März 1884 datieren.[35] Seinen quellenmäßigen Niederschlag

32 Vgl. hierzu unten, Kap. V/1.

33 Hansard 3 (259), 22. März 1881, Sp. 1624.

34 Rosebery in Edinburgh, 9. Oktober 1896, in: Speeches 1, S. 423–468, hier S. 460.

35 Rosebery hatte – abgesehen von seinen Reisen auf den europäischen Kontinent – bereits dreimal (1873, 1874/75 und 1876) den amerikanischen Kontinent bereist, doch gelangten seine Eindrücke und Erinnerungen hieran nicht über den Charakter der Beschreibung hinaus (vgl. hierzu das erstaunlicherweise sogar gedruckt vorliegende: Lord Rosebery's North American Journal 1873, hrsg. von *A. R. C. Grant* und *C. Combe*, London 1967). Seine zweite größere Weltreise, die ihn zwischen Oktober 1886 und März 1887 vor allem nach Indien und Ägypten führte, vermochte demgegenüber

fand dieser »Durchbruch« in den Reden, die er im Dezember und Januar in Sydney, Melbourne und Adelaide hielt und die ihn erstmals als eigenständigen außenpolitischen Denker innerhalb der Liberalen Partei ausweisen.

Bereits vor diesen als »Australian Speeches« bekannt gewordenen Reden hatte der »Faktor Empire« kontinuierlich an Bedeutung in Roseberys Denken gewonnen. In seiner Eröffnungsrede vor dem Social Science Congress am 30. September 1874 in Glasgow standen zwar noch deutlich soziale Probleme im Vordergrund, doch wies Rosebery bereits einleitend darauf hin, daß von deren Lösung nicht nur die ökonomische Vorrangstellung und politische Sicherheit Großbritanniens abhänge, sondern eben auch »the very existence of our empire«.[36] In welchem Maße er gerade nicht im Empire ein mögliches Mittel zur Kanalisierung der sozialen Frage, sondern umgekehrt in deren Lösung die innenpolitische Voraussetzung für die Stabilität der imperialen Ordnungsmacht Großbritannien erkannte, zeigt sich im weiteren Verlauf der Rede. Rosebery verlangte eine um so energischere Hinwendung zu den sozialen und gesellschaftspolitischen Problemen, »for we have no more dominions to explore, our island is no more capable of expansion than a quarter-deck«.[37] Vor dem Hintergrund dieser Überlegungen erschienen ihm offensichtlich alle Versuche, die soziale Frage eventuell exportieren zu wollen, bereits in den siebziger Jahren kaum mehr realistisch. Die Rosebery in seiner Forderung nach sozialen Reformen leitende Vorstellung ging aus von einer Art sozialer Eigendynamik, einem gesellschaftlichen Bewegungsgesetz, das ursprünglich die innere Entwicklung sowohl im Empire als auch im Mutterland prägte, an dessen Stelle aber der Staat um so mehr lenkend eingreifen mußte, je deutlicher die ihm geographisch gesetzten Grenzen sich als unüberwindlich erwiesen: »We are shut up by a sea with our surging myriads – a source of strength if guided and controlled; if not, an immeasurable volcanic power«.[38] Die innenpolitische Ventilfunktion, die in der Ausbauphase des Empire in Gestalt unbegrenzter Emigrationsmöglichkeiten ohne größeres Zutun von staatlicher Seite gegeben war, sollte in Zukunft zum Zwecke der Stabilisierung und des Erhalts des Empire zunehmend durch staatliche Eingriffe gerade auch im sozialpolitischen Bereich ergänzt beziehungsweise ersetzt werden. Hierzu bedurfte es nicht nur vereinzelter Maßnahmen, sondern der faktische Wert und damit die Legitimationsgrundlage des Reiches mußten auf breiter Ebene ins öffentliche Bewußtsein gehoben werden.

Die Errichtung des Empire, sei es in Form der Besiedlung von zuvor unbe-

die Eindrücke der ersten nur noch geringfügig zu ergänzen (vgl. hierzu *Crewe*, Rosebery, Bd. 1, S. 66–83, 175–196 und 282–299; *Rhodes James*, Rosebery, S. 70, 154f., 158 und 195f.).

36 Rosebery in Glasgow, 30. September 1874, in: Speeches 1, S. 1–41, hier S. 3. Von dem Begriff Empire umfaßt werden – vor allem in dieser frühen Zeit – in der Regel nur die weißen Siedlungskolonien und Indien, nicht aber das abhängige Kolonialreich.

37 Ebd., S. 18.

38 Ebd., S. 36.

wohnten, sei es auf dem Wege der Durchsetzung einer »pax britannica« in ehemals unbefriedeten Gebieten, galt Rosebery bereits zu Beginn der siebziger Jahre als eine zivilisatorische Leistung, eine sozialpolitische Errungenschaft, die nicht nur ein Privileg, sondern auch »a sacred trust« darstellte. Dieser klassischen Interpretation imperialer Herrschaft als Treuhänderschaft[39] trat nun die Forderung nach einer effizienteren Ausgestaltung der innenpolitischen Sozialstruktur an die Seite: »We must look to it that the fertile race we send forth to the waste places of the earth is a race, physically, morally, and intellectually equal to its high duties«.[40]

Die nüchterne Einschätzung des Empire als eines unmittelbaren politischen Ordnungsfaktors, worin für Rosebery bereits im wesentlichen dessen politischer Wert gesehen werden konnte, wurde zwar in diesen frühen Jahren noch häufig von einer schwärmerischen Begeisterung überlagert, so daß mit Einschränkung Robert Rhodes James zuzustimmen ist, wenn er insbesondere die romantische Seite der Vorstellungen Roseberys vom Empire hervorhebt.[41] Doch selbst wenn auch in späteren Jahen dessen Rhetorik von »romanticism« geprägt blieb, so verkennt die Betonung dieser eher gefühlsbetonten als nüchternen Seite im politischen Denken Lord Roseberys dennoch die dahinterstehende Ernsthaftigkeit und weiterreichende Bedeutung. Als keineswegs romantisch sollte die Befürchtung eingeschätzt werden, die bereits am Schluß eben jener zitierten Rede von 1874 anklingt, wenn Rosebery vor der leichtfertigen Hoffnung warnt, daß Großbritannien« ... may be an exception to the rule by which nations have their period of growth, and of grandeur, and of decay. It may be that all we most esteem may fade away like the glories of Babylon«.[42]

Die gleiche Sorge findet sich in noch ausgeprägterer Form acht Jahre später in seinen »Australian Speeches« und bildet fortan den zentralen Hintergrund fast aller auf das Empire gerichteten Überlegungen. Gegen Ende seiner letzten Rede in Adelaide am 18. Januar 1884 erinnerte er seine Zuhörer an die Tatsache (»fact«!), »that empires, and especially great empires, when they crumble at all, are apt to crumble exceedingly small«.[43] Das wachsende Bemühen, der erkannten

39 Ebd., S. 36. Die klassische Formulierung dieser Idee, die dem rechtlichen Schutz der jeweiligen Bevölkerung in den Kolonien Vorrang vor möglichem Profitinteresse einräumt, findet sich bei *Edmund Burke* in dessen Rede vom 1. Dezember 1783 zu der von Fox vorgelegten East India Bill (vgl.: The Speeches of the Right Honourable Edmund Burke, 4 Bde, London 1816, Bd. 2, S. 406–491).

40 Ebd., S. 36f.

41 *Rhodes James*, Rosebery, S. 154f., 164, 176, 204 und 341. Rhodes James hält diesen im Grunde völlig unpolitisch verstandenen beziehungsweise der Politik nur übergestülpten »romanticism« für einen gleichbleibenden Charakterzug Roseberys.

42 Speeches 1, S. 38.

43 *Rosebery*, Australian Speeches 1883–1884, Privatdruck, o. O., März 1884, S. 62. Die ausführlichsten Auszüge aus diesen Reden finden sich in: *Crewe*, Rosebery, Bd. 1, S. 177ff.

Gefahr entgegenzuarbeiten, bildete nicht nur die Grundlage seiner Öffentlichkeitsarbeit in Großbritannien ebenso wie auf seinen Reisen, sondern auch ein Kernstück seines Verständnisses von politischer Verantwortung, durch das er sich zweifellos von der Mehrheit der britischen Politiker dieser Zeit (und keineswegs nur der Liberalen Partei) unterschied.

Die vielfältigen Gründe, die Rosebery in seinen fünf großen Reden in Australien für den Erhalt des Empire gelten machte, gruppieren sich zum einen um seinen Begriff der Nation, zum anderen um seine Konzeption des Empire als dem wesentlichen Garanten von Frieden und nationaler Sicherheit. Durch beide Begriffe hob Rosebery sich in prononcierter Weise von der Mehrzahl der übrigen Mitglieder seiner Partei ab, und zwar weniger, weil in ihnen sehr weitreichende Zukunftsvorstellungen zum Ausdruck kamen, als vielmehr durch die gewandelte Setzung seiner Prioritäten, die sich von den klassischen Zielvorstellungen altliberaler Provenienz in erheblichem Maße unterschied. Verantwortung für den Erhalt des Empire konnte aus der Sicht Roseberys nicht lediglich die direkte Verlängerung liberaler, am Modell innenpolitischer Konsensbildung orientierter Prinzipien in die Außen- oder Kolonialpolitik bedeuten, sondern besaß eine genuin andere Qualität. Sie stellte gewissermaßen eine Ergänzung des Liberalismus dar, eine Ausweitung seiner Politik auf ein Gebiet, auf dem traditionelle liberale Orientierungsmuster nicht mehr weiterhalfen. Der hierdurch bedingte Grundkonflikt zwischen einem auf zunehmende Ausweitung der innenpolitischen Freiheiten gerichteten liberal-parlamentarischen Selbstverständnis und dem gesteigerten Interesse an dem Erhalt der äußeren Macht kommt in den Australian Speeches bereits deutlich zum Ausdruck. So bedauert Rosebery in seiner zweiten Rede in Sydney die durch das parlamentarische Prozedere in London bedingte Ineffizienz zahlloser Maßnahmen für das Empire und deutet an, »that we should conduct affairs more silently and more efficiently if we had no one to speak, and if we had one beneficent ruler«.[44] Zwar hält er sogleich eine kritische Distanz zu seinem Vorschlag aufrecht, indem er das Bild, dem jener »beneficent ruler« entsprechen müßte, überzeichnet und es somit als die einzig vernünftige Haltung rechtfertigen kann, sich weiterhin mit der »miserable mediocracy of Parliament« abzufinden. Doch gibt Rosebery im folgenden zu bedenken, daß die politische Verfaßtheit Großbritanniens in der Tat oft zu leichtfertig auf neu besiedelte Gebiete übertragen worden sei und daß einige Politiker in London aus Stolz über die eigene Verfassung diese »too hastily« zu exportieren versucht hätten, ohne zu bedenken, inwieweit die neuen klimatischen, geographischen und soziokulturellen Bedingungen dies gestatteten.[45]

Noch deutlicher wird der oben angedeutete prinzipielle Gegensatz zwischen traditioneller Innen- und einer an den sich abzeichnenden weltpolitischen Herausforderungen orientierten Empirepolitik in seiner Rede in Adelaide vom

44 Ebd., S. 19.
45 Ebd., S. 19f.

18. Januar 1884, in der Rosebery den Konflikt plastisch deutlich zu machen versuchte:

»Our domestic policy for many years past has consisted of pouring new wine into old bottles, and our colonial policy has consisted of pouring old wine into new bottles. I do not believe that we can keep our empire together on the old-bottle principle. I believe that when we have to face new problems we must face them on new lines and by new methods, and disregard some of the old traditions that we have inherited form our ancestors«.[46]

Die Konsequenzen, die Rosebery aus diesen beiden Feststellungen zog, bestanden vor allem in der Ausweitung lokalpolitischer Selbstverantwortung auf der einen sowie einer Föderalisierung des gesamten Weltreiches auf der anderen Seite.[47] Gleichzeitig deutete sich hierin auch Roseberys Verständnis von nationaler beziehungsweise regionaler Zusammengehörigkeit an, von dem aus er die Heterogenität politischer Herrschaft im Empire zu erfassen versuchte. Jedes inkorporierte Teilgebiet verlangte demnach eine seinen spezifischen religiösen, ethnischen und geographischen Bedingungen entsprechende Regierungsform. Praktisch bedeutete dies, daß es möglich sein müsse, politische Macht gleichzeitig in Jamaika absolutistisch, in Gibralta militärisch, in Kanada föderalistisch und in Australien demokratisch auszuüben; daß Großbritannien in Indien die öffentliche Ordnung mit Waffengewalt aufrechterhalte, Ägypten als Protektorat regiere und jede Nationalreligion schütze, soweit dies politisch tolerabel sei. Diese Differenzierung bildete den Kontext, in dem Roseberys berühmt gewordene, jedoch in der Regel isoliert zitierte Äußerung steht, daß es für keine Nation, wie groß auch immer, einen berechtigten Grund geben könne, das britische Weltreich verlassen zu wollen, »because the British Empire is a commonwealth of nations«.[48]

Im Zusammenhang der gesamten Rede zeigt sich ferner, wie sehr diese Äußerung zugeschnitten war auf sein australisches Publikum. Rosebery hatte zunächst betont, daß speziell Australien eine eigene Nation darstelle, seine eigene Geschichte habe und somit seine eigene Identität ausbilden könne. Vor allem auf

46 Ebd., S. 52.

47 Vgl. hierzu unten, Kap. IV/1.

48 Ebd., S. 51. Der Commonwealthbegriff war im Denken Roseberys keineswegs so neu, wie dies in zahlreichen Darstellungen erscheinen mag. So verwendete er ihn bereits 1871, und zwar synonym für die Gesamtheit der britischen Inseln, die er dann 1874 als »the mother of great commonwealths and peaceful empires« bezeichnete (vgl. Misc. 2, S. 104 und Speeches 1, S. 38). Wiederum nur auf Großbritannien bezogen, gebrauchte er den Begriff 1885 (vgl. seine Rede in Edinburgh, in: Speeches 2, hier S. 15), während er später in der Regel die Gesamtheit des Empire damit umschrieb. Zu erinnern wäre im Zusammenhang mit seiner Rede in Adelaide auch daran, daß zu seiner Reiselektüre dieser Zeit unter anderem Adam Smiths »The Wealth of Nations« zählte (vgl. *Crewe*, Rosebery, Bd. 1, S. 189). Zum Commonwealth-Begriff vgl. auch: *Kleinknecht*, Imperiale Ordnung, S. 142–145.

die politische Offenheit und die beispiellosen Möglichkeiten, seine eigene Geschichte zu gestalten, kam Rosebery mehrmals zurück.[49] Doch zeigt sich hierin gleichzeitig die Funktion, die dieses Zugeständnis innerhalb seiner Argumentation einnimmt. Ebenso wie für Großbritannien bedingt diese Freiheit und privilegierte Stellung freilich auch für Australien Verantwortung, und zwar eine Verantwortung, der das Land letztlich nur gerecht werden kann, wenn es die Verbindung mit dem Mutterland aufrecht erhält und dessen Vorrangstellung anerkennt. »Commonwealth of nations« bedeutet für Rosebery nicht mehr (aber eben auch nicht weniger!) als »a congress of races over which Great Britain presides«, und dies »in a very catholic spirit«![50]

Rhetorisch geschickt räumt er ein, daß Großbritannien dieser Vorrangstellung oft nur sehr mangelhaft gerecht geworden sei und sicherlich Australien in vieler Hinsicht vernachlässigt habe. Auch erklärt er gelegentlich das gefühlsmäßige Band für stärker als das faktisch politische, so daß Großbritannien »does not attempt to guide, she does not pretend to control, but she does regard her giant offspring with a pride which it would be the merest affectation to conceal«.[51] Es sollte jedoch keinerlei Mißverständnis darüber bestehen, daß Australien seine politischen Freiheiten und Errungenschaften letztlich nur der imperialen Bindung an das Mutterland verdanke und es nicht in seinem Interesse liegen könne, diese lechtfertig aufs Spiel zu setzen. Je mehr sich das Land darüber im klaren sei, um so weniger könne es wollen, daß die Einheit des Empire verschwinde »like a camp struck noiselessly in the night, or split into isolated and sterile communities, jealous among themelves, disturbed by suburban disputes and parochial rivalries, dwindling possibly, like the Italian States of the middle ages, into political insignificance, or degenerating into idle and polite nonentity«.[52]

Die politische Notwendigkeit, die Einheit des Empire zu erhalten, wird um so deutlicher, je klarer dessen Schutzfunktion erkannt wird. Rosebery beurteilt die Leistung des britischen Weltreiches, innerhalb seines Einflußgebietes Frieden zu garantieren, als einzigartig in der Weltgeschichte.[53] Für Australien bedeute dies, daß es eine »higher and nobler Monroe doctrine«,[54] durch die es den gesamten Pazifikraum von potentiell feindlichen Einflüssen freizuhalten wünscht, nur zusammen mit dem Mutterland aufrechterhalten könne. Ohne Zweifel biete bereits seine geographische Isolation Australien unvergleichliche Vorzüge, und die »nearest belligerent power«, Frankreich, sei derzeit nur bis Neu-Kaledonien vorgedrungen, mithin noch 700 Meilen entfernt. Jederzeit könne jedoch eine

49 *Rosebery*, Australian Speches, S. 51, 57f., sowie seine Rede in Sydney (ebd., S. 27).

50 Ebd., S. 51; vgl. auch S. 58f.

51 Ebd., S. 28.

52 Ebd., S. 61f.

53 »And you may look in all history – I give you the history of the World, from the first book of Genesis downwards – to find another empire of peace« (ebd., S. 26).

54 Ebd., S. 49.

»inimical power« versuchen, die Friedfertigkeit Australiens zu ihrem Vorteil zu nutzen. Für diesen Fall verspricht Rosebery, »that England, if she is to remain England, should have a fleet powerful enough to prevent any hostile fleet with which you could not successfully cope from ever touching these shores«.[55]

Mit den »Australian Speeches« erweist sich das zentrale Grundmuster im Denken Lord Roseberys in seinen groben Zügen als ausgeprägt. Es richtet sich vor allem auf den Erhalt des Empire, das in seinen Augen nicht nur ein gefährdetes, sondern eben auch in hohem Maße erhaltenswertes politisches Gebilde darstellte. Gefährdet sieht er es nicht nur durch die Ansprüche rivalisierender Staaten von außen, sondern auch durch den drohenden Zerfall seiner Einheit im Innern. Diese Doppelbelastung erscheint ihm so groß, »that I sometimes think it will appear to outsiders, as population increases, that either the Empire or the Parliament must break down«! Als erhaltenswert erweist es sich demgegenüber ebenfalls aus dem doppelten Grund, weil es idealiter überall in seinem Einflußbereich eine friedliche Konfliktregulierung ermöglicht und damit die nationale Sicherheit Großbritanniens aufrechtzuerhalten verspricht. Er habe stets den Erhalt des Reiches als einer »communion of races« gewünscht, erklärte Rosebery am 9. Januar 1884 in Melbourne, »but since my visit to Australia it will become a passion with me to endeavour to preserve that union«.[56]

3. Die Einheit von »larger« und »lesser patriotism«

Der auf Rosebery zurückgehende und auch heute noch oft zitierte Begriff des »larger patriotism« wird in der Regel als zu vage und inhaltsleer empfunden, um einer näheren Betrachtung gewürdigt zu werden. Der Versuch, die Bedeutung dieses Begriffs zu bestimmen und ihn dem gedanklichen Zusammenhang, in dem er für Rosebery stand, zuzuordnen, erweisen ihn hingegen als einen Schlüsselbegriff in dessen politischem Denken. Seine Bedeutung richtet sich ebenso auf den Inhalt wie auf die Funktion des Begriffs.

Sein Inhalt ist in enger Verbindung zu sehen mit jenen beiden bereits thematisierten Aspekten, nämlich seiner Verbundenheit mit Schottland und seinem Verständnis von Nation. Rosebery verwendet den Begriff Patriotismus von vornherein nicht isoliert oder gar auf einen regionalen Geltungsbereich begrenzt, sondern in einer Weise abgestuft, daß der Zusammenhang zwischen den lokalpolitischen Erfahrungen jedes einzelnen Bürgers, den Existenzbedingungen der Nation als ganzer und somit schließlich auch der politischen Bedeutung des Empire deutlich wird: »If we see in public affairs not our Empire but our country, not our country but our parish, and in our parish our house, the Empire

55 Ebd., S. 59f.
56 Ebd., S. 56 und 42.

is doomed«.[57] Anders gewendet: Der »lesser patriotism« findet seine notwendige Ergänzung im »larger patriotism«, der wiederum ohne den »lesser patriotism« seiner Grundlage entbehrt.

Bei näherem Hinsehen wird ebenso die Funktion deutlich, die dem Begriff innerhalb der Gedankenbildung Lord Roseberys zukommt. Von einem »larger patriotism« sprach Rosebery erst im Zuge seiner verstärkten Hinwendung zum britischen Weltreich am Beginn der achtziger Jahre. Der Begriff kann deshalb als ein Bindeglied, als eine Brücke angesehen werden, die dazu diente, dem unter den Bedingungen der Zeit vorrangigen Wert, das Empire zu erhalten, eine größere Resonanz zu verschaffen, ohne gleichzeitig die traditionellen Werte des Individualismus und der lokalen Verbundenheit preisgeben zu müssen. Aus der Sicht Roseberys konnte es nicht darum gehen, liberale Wertvorstellungen unter den Bedingungen des Imperialismus unverändert aufrechtzuerhalten, sondern es galt vielmehr, diese Werte den Herausforderungen eines zum Imperialismus gesteigerten Nationalismus anzupassen. Die Funktion, die dem Begriff »larger patriotism« zukommt, zielt in hohem Maße auf eine Identitätsbildung, die die unmittelbare Lebenserfahrung des einzelnen aufs engste mit dem Schicksal des gesamten Weltreiches zu verknüpfen versucht.[58]

Die erste eingehende Auseinandersetzung mit dem Begriff Patriotismus findet sich in der Rede Roseberys als »Lord Rector« vor den Studenten der University of Edinburgh vom 4. November 1882. Dort versuchte er zunächst, sich sowohl von einer beliebigen Verwendung des Begriffs zu distanzieren als auch, diesen von einer voreiligen Festlegung auf bestimmte Inhalte freizuhalten:

»... there is no word so prostituted as patriotism. It is part of the base coinage of controversy. Every government fails in it and every opposition glows with it. ... It urges to heroism, to self-sacrifice, to assassination and to incendiarism. It rebuilt Jerusalem and burned Moscow. It stabbed Marat, and put his bones in the Pantheon. It was the watchword of the reign of terror, and the motto of the guillotine. It raises statues to the people whom it lodges in dungeons. It patronises almost every crime and every virtue in history«.[59]

Gegenüber einem solchen anscheinend beliebigen, jeder leichtfertigen Überinterpretation offenstehenden und im Grunde völlig unreflektierten Patriotismusbegriff bemühte sich Rosebery, diesen auf seinen positiven Kerngehalt zurückzuführen. Im Gegensatz zu einer nur propagandistischen Verwendung des Begriffs, dessen Inhalte dann leicht austauschbar wären, auf der einen sowie einem

57 *Rosebery* in seinem Vorwort zu: *George Robert Parkin*, Round the Empire, London 1892, S. III.

58 Am Beispiel Rosebery läßt sich zeigen, daß dieser Gedanke, den H. John Field als charakteristisch für den Imperialismus der Jahrhundertwende beschreibt, keineswegs in dieser zeitlichen Eingrenzung aufgeht. (Vgl. *H. John Field*, Toward a Programme of Imperial Life, Oxford 1982, S. 232 und passim).

59 In: Misc. 2, S. 109.

unkontrollierten und unkontrollierbaren Wir-Gefühl auf der anderen Seite definiert Rosebery Patriotismus zurückhaltender als »self-respect of race«. Zudem überläßt er es der Entscheidung und dem Verantwortungsbewußtsein des einzelnen, hieraus die jeweiligen Schlußfolgerungen für sein Handeln zu ziehen. Indem er auf negative Abgrenzungen völlig verzichtet, vermeidet er sowohl jede partikulare oder parteipolitische Instrumentalisierung als auch die Verwendung einer anderen Nation als Feindbild. Es geht ihm statt dessen um die Möglichkeit für den einzelnen, in seinem Handeln nicht nur sein eigenes, sondern zugleich das Wohl seiner Nation zu sehen, ja, aus einem »intelligent pride«[60] heraus sein eigenes Interesse in dem der Nation aufgehoben zu wissen. Hierzu bedarf es ebenso einer Grundlage wie auch bestimmter Zielvorstellungen und gewisser Rahmenbedingungen:

»... the patriotism of everyday life must have a practical basis as well as its sentimental colouring. It must supply a want; it must have a reason of existence; nay, it must have outward symbols to cling to. If it has not these, it is a mere hysterical platitude«.[61]

Zu dieser praktischen Grundlage zählt letztlich alles, was die Lebensbedingungen des eigenen Landes verbessert und der »preservation of a national character« dient. Demgegenüber besteht das Ziel, die »reason of existence« dieses Patriotismus nicht nur in dem effizienteren Wettbewerb mit anderen Nationen, sondern eben auch in der größeren Identifizierung des einzelnen mit den »outward symbols«, also vor allem mit der eigenen Nationalkirche, dem eigenen Rechts- und Erziehungssystem sowie der eigenen Lokalverwaltung.[62]

Zur zentralen Bedeutung dieses Patriotismusbegriffs gehört es, daß er gerade nicht in seinen regionalen Bezügen seine Grenze findet. Das nationale Selbstwertgefühl Schottlands, Englands und Irlands, aber auch dasjenige Kanadas, Australiens und Indiens steht jeweils in keinem Gegensatz zum britischen Weltreich, es findet in ihm seine unmittelbare Entspechung. Die Bedeutung und die Rahmenbedingungen dieses »larger patriotism« entsprechen dem auf nationaler Ebene; das Wohl der eigenen Nation fällt zusammen mit dem des Empire. Das Verhältnis zu den Partnernationen sollte keines der Rivalität, sondern der Gemeinsamkeit darstellen, dem letztlich dieselben Ziele zugrunde liegen: »The feeling of affection towards a nationality which is absorbed with others under a common government. The tendency of the age is to the agglomeration of races with a powerful centre«.[63]

Indem »self-respect of race« den Kern jedes Patriotismus darstellt, kann es gar nicht im Interesse des Empire liegen, nationale Unterschiede aufheben zu wollen. Die Vitalität des Empire besteht vielmehr gerade in dieser Vielfalt, so »that it

60 Ebd., S. 109 und 130.
61 Ebd., S. 116.
62 Ebd., S. 116 und 125 ff.
63 Ebd., S. 110.

is good for the empire that we should preserve our nationality«. Am Beispiel der Einigung Italiens, aber in expliziter Abgrenzung vom Römischen Reich führt Rosebery aus:

»That in an empire obliteration is not harmony, nor monotony union, that if a race has ever been a separate civilised nation, it must still contain the qualities which made it so, which are therefore valuable, and part of the common stock of mankind«.[64]

Die Einheit des britischen Weltreiches läßt sich aus der Sicht Roseberys nur aufrechterhalten, insofern nationale Unterschiede möglich bleiben. Die Sorge jeder Nation sollte sich deshalb weniger darauf richten, nicht vereinnahmt zu werden, als vielmehr auf ihren Anteil am Erhalt des Empire, »honouring the common vessel which contains them«. An den Vorteilen, die dies allen Beteiligten eröffnet, dürfte kaum gezweifelt werden: »The advantages of a united government, the strength, the economy, the price of life, are apparent«.[65]

Eine besondere Bedeutung kommt in diesem Zusammenhang vor allem der britischen Krone zu, da Rosebery die Monarchie für das markanteste Symbol, das vitale, einigende Band des Empire und nur durch sie dessen Erhalt für garantiert hielt. In einem seiner Tagebücher notierte er 1896 hierzu:

»The keystone of the Empire is the monarchy. It is the point of cohesion. Where monarchy is to become dependent or extinct with us, the colonies would pair off at once, and the monarchies of Europe would have lost a great motive against combining against us.«[66]

Die Schlüsselfunktion, die Rosebery der britischen Krone für den Erhalt des Empire zuspricht, legt es nahe, anhand des Patriotismusbegriffs weiterzufragen nach dem dahinterstehenden Politikbegriff, nach dem Zusammenhang von Nationalismus, Liberalismus und Imperialismus sowie schließlich nach der Rolle, die der Liberalen Partei im Hinblick auf die Durchsetzung dieser Ideen zukommt. Indem Rosebery Patriotismus weder in einem nur territorialen noch in einem nur rechtlich-nationalistischen Sinne versteht, erklärt er die nationalen Interessen und das jeweilige nationale Selbstwertgefühl zu einem legitimen und maßgeblichen Ausgangspunkt politischen Handelns. Je weniger sich beides jedoch verordnen läßt, sondern das Ergebnis einer sich öffentlich vollziehenden Meinungsbildung darstellt, um so relevanter wird ein Patriotismusbegriff, der der globalen Komplexität der eigenen Lebensbedingungen gerecht zu werden

64 Ebd., S. 121 und 114.

65 Ebd., S. 113.

66 Rosebery, Notiz vom 30. Mai 1896, RP 10 181 f. 28. Ein Jahr später zitierte ihn das Liberal Magazine: »Imperial unity is embodied in the symbol and bond of this Empire – the British Monarchy. I do not for one moment believe that under any other form of government than a limited constitutional monarchy could the British Empire have been formed or could have continued to exist. Under either an absolute monarchy or under a republic it must have crumbled away, if it could ever have been formed«. (Liberal Magazine, Bd. 5, 1897, S. 278).

vermag. Da dies nur begrenzt auf einer rational-reflexiven Ebene möglich ist, bildet der lokale Patriotismus das Modell, analog zu dem das imperiale Engagement der britischen Regierung sich der Zustimmung der Öffentlichkeit sicher sein kann: »Imperialism, sane Imperialism, as distinguished from what I may call wild-cat Imperialism, is nothing but this – a larger patriotism«.[67]

Die zentrale Bedeutung lokaler Selbstverwaltung liegt somit für Rosebery darin, »self-respect« in der Form zu ermöglichen, daß die imperiale Einheit als Voraussetzung, als Bedingung der Möglichkeit dieser Selbstverwaltung anerkannt wird.[68] Für Schottland zweifelte er nicht an der Existenz eines solchen Patriotismus.[69] Aber auch für Großbritannien als ganzes äußerte er die Zuversicht, daß dem gewachsenen Mitspracherecht in der Politik kein Rückgang des Verantwortungsbewußtseins gegenüber dem Empire korrespondiere: »As you have admitted larger and larger numbers of your fellow-countrymen to the suffrage, they each of them feel that their personal name and honour are now implicated in the name and honour of the Empire«.[70]

Von diesem kollektiven Gefühl der Verbundenheit mit dem Weltreich und der Verpflichtung ihm gegenüber werden für Rosebery maßgeblich die Grenzen und Möglichkeiten bestimmt, die einer imperialen Außenpolitik gesetzt sind. Nur solange diesem Patriotismus, »that new spirit which is passing from municipal into imperial politics«,[71] der Vorrang vor jeglichen Partikular- oder Parteiinteressen eingeräumt wird, vermag eine Regierung der Verantwortung gerecht zu werden, die ihr seiner Meinung nach zukommt. Umgekehrt erfüllt der Patriotismus seinen Zweck nicht, wenn er sich mit der einmaligen Zustimmung durch den Akt der Wahl begnügt. Vielmehr bildet er fortgesetzt den Vergleichsmaßstab und damit die Legitimitätsgrundlage regierungsamtlicher Politik: »Government is really but a small matter compared with national character, and it is the respect for, and assertion of, national character that constitutes patriotism«. Zwar vermag auch eine Regierung prägend auf diesen Patriotismus einzuwirken, vor allem jedoch erscheint Rosebery dessen Aufgabe darin zu liegen, kontrollierend und richtungweisend Einfluß auf das Handeln der jeweiligen Regierung auszuüben: »Governments are the mere outcome, the mere casual emanations, of the nation itself. The Nation has the Government under its control; the Government is its servant, not its master«.[72]

67 Rosebery vor dem City Liberal Club, 5. Mai 1899, zit. in: *Coates*, Rosebery, Bd. 2, S.962.

68 Vgl. *Rosebery*, Australian Speeches, S. 21 f.

69 Vgl. seine Rede in Bo'ness vom 31. Oktober 1885, in: Speeches 2, S. 115–136, hier S. 131.

70 Rosebery in Sheffield am 25. Oktober 1894, in: Speeches 1, S. 266.

71 Rosebery in London, 21. März 1894, in: Speeches 1, S. 205; vgl. hierzu auch unten, Kap. V/1.

72 Rosebery in Edinburgh, 4. November 1882, in: Misc. 2, S. 116.

Die Höherbewertung eines patriotischen Nationalgefühls, in dem Rosebery letztlich eine wichtigere Legitimitätsgrundlage seiner Politik erkannte, als sie ihm eine lediglich parlamentarische Mehrheit zu bieten vermochte, bildete nicht erst in den Jahren nach seinem Rücktritt vom Vorsitz der Liberalen Partei 1896 ein maßgebliches Kriterium seines politischen Denkens und Handelns. Bereits im Februar 1885, unmittelbar nach dem Bekanntwerden der Ermordung Gordons in Khartum und angesichts einer erneut drohenden Ausweitung der Spannungen in Afghanistan schrieb Rosebery mahnend an Gladstone:

»But the question now is one less of policy than of patriotism. We have to face a crisis such as rarely occurs in a nation's history, which the nation therefore should face with a united front. The Government at such a juncture has a right to appeal to the public spirit and place under requisition the energies of everybody.«[73]

Hierin wird zugleich die politische Aufgabe deutlich, einer mit Entschiedenheit zum Ausdruck gebrachten und von einer breiten öffentlichen Unterstützung getragenen Forderung eine realisierbare Form und Zielrichtung zu geben. Rosebery hoffte bis weit in die neunziger Jahre hinein, daß die Liberale Partei dem eher gerecht werden könne als andere Parteien. Das gesteckte Ziel verlange Beweglichkeit und Einigkeit zugleich, doch es biete auch die entscheidende Chance, von deren Nutzung die Zukunft der Partei abhängen werde. Seine Mitte der achtziger Jahre oft wiederholte Devise: »Close your ranks«[74] bezog sich deshalb zunächst und unmittelbar auf die Liberale Partei, mittelbar jedoch auf das britische Nationalgefühl und das sich ausbreitende Interesse am Empire. Die Existenzbedingung der Liberalen Partei lag für Rosebery mehr und mehr darin, an der Spitze einer imperialen Bewegung zu stehen und ihr politisch Ausdruck zu verleihen. Seine Definition von Liberalismus, so erklärte er 1885 vor dem Oberhaus, laute deshalb: »movement with and in front of national movements«. Dies beziehe sich nicht auf ephemere Stimmungen, sondern auf »great national movements which are unmistakable, and which, if we do not place ourselves in front of them or move with them, will move over us«. Die Notwendigkeit einer solchen Führung liege nicht nur im Interesse des gesamten Landes, das sich »in the midst of a new and great democratic wave«[75] befinde, sondern ebenfalls in dem der von Aufspaltung bedrohten Liberalen Partei. Auch noch nach der Jahrhundertwende, als er sein Vertrauen in die Liberale Partei lange verloren und seine letzte politische Hoffnung in die überparteiliche Liberal League gesetzt hatte, blieb sein Grundgedanke gleich: »The Liberal League seeks to prove that

73 Rosebery an Gladstone, 8. Februar 1885, »secret«, GladP 44 288 f. 221f.

74 Vgl. hierzu vor allem seine Rede in Edinburgh vom 13. November 1885, Pamphlet, hier S. 17.

75 Hansard 3 (299), 10. Juli 1885, Sp. 264–270, Zitate Sp. 269.

no party has a monopoly of the wider patriotism which includes the whole Empire in its scope«.[76]

Für ihn persönlich stellte dieser Patriotismus den gleichbleibenden Hintergrund dar, von dem seine Suche nach politischen Organisationsformen ausging. Sein Bekenntnis, »that I claim to love my country, Scotland, in particular, but the Empire at large«,[77] hielt er lediglich für seine Umschreibung einer sich ausbreitenden Stimmung, der es politisch Geltung zu verschaffen galt. Der Einsatz für soziale und munizipale Reformen bedeutete hierbei keineswegs einen Umweg, sondern drückte im Grunde den gleichen Gedanken aus: »The larger and lesser patriotisms are one«.[78]

4. Ämter ohne Verantwortung

Roseberys Schwierigkeiten, sich mit den ihm angebotenen und zum Teil von ihm übernommenen öffentlichen Ämtern zu identifizieren, um in jedem Fall zumindest einen geringen, sei es ideellen, sei es persönlichen Nutzen aus den ihm gestellten Aufgaben zu erzielen, lassen sich nur begrenzt von seinem persönlichen Charakter her erklären. Die Tatsache, daß er – abgesehen von der Leitung des Foreign Office – keines der von ihm übernommenen politischen Ämter auf Dauer mit dem gebotenen und von ihm selbst geforderten Engagement auszuüben vermochte, verweist in verschiedener Hinsicht auf seine Einschätzung der sich wandelnden Bedeutung dieser Tätigkeiten.[79] Rosebery leugnete weder, daß die Durchsetzung von politischen Entscheidungen an Institutionen gebunden bleiben müsse, noch, daß dies in der Praxis bestimmten Kontrollen unterliegen sollte. Ebensowenig stellte er den Sinn der selbst von ihm abgelehnten Tätigkeiten prinzipiell in Frage. Seine Bedenken richteten sich vielmehr in der Regel darauf, daß der Charakter der mit diesen Aufgaben verbundenen individuellen Verantwortung tendenziell immer mehr verlorenging zugunsten einer unpersönlichen und nur noch mechanistisch verstandenen Aufgabenverteilung.

Die inhaltliche Wertvorgabe, die Rosebery mit allen politischen Ämtern zu verknüpfen versuchte, nämlich die Verantwortung für den Erhalt des Empire, erschien ihm – trotz aller Forderung nach Effizienz – weniger durch die Perfek-

76 Entwurf einer Erklärung zu den Intentionen der Liberal League vom Mai 1902, RP 10 168 f. 133–138.

77 Rosebery in Glasgow, 10. Oktober 1890, in: Speeches 1, S. 64f.

78 Misc. 2, S. 111.

79 Vgl. hierzu auch *Martel*, Imperial Diplomacy, S. 16ff. Martel interpretiert Roseberys Verhalten als primär voluntaristisch. Demzufolge habe Rosebery den Pflichtbegriff zu einer Art Religion erhoben, um seinem politischen Handeln den Charakter von »selfishness« zu nehmen (ebd., S. 7 und 18).

tionierung des Regierungsapparats gewährleistet als durch das überzeugte Eintreten jedes einzelnen: »The security for national union lies not so much in Parliamentary projects as in the just appreciation of Imperial responsibility«.[80]

Roseberys Urteile über Umfang und Grenzen öffentlicher Aufgaben sind im Zusammenhang der Auseinandersetzungen zu sehen, die etwa seit den achtziger Jahren zwischen Verteidigern eines traditionellen Individualismus und Befürwortern einer zu immer mehr Kollektivismus tendierenden Ausweitung staatlicher Zuständigkeiten geführt wurden.[81] Roseberys Haltung, die sich keineswegs uneingeschränkt den »Individualisten« zuordnen läßt, verdeutlichen folgende vier Aspekte: Zunächst ging es ihm nicht primär um die Erringung politischer Macht als solcher. Er sah nicht nur die Möglichkeiten, durch Übernahme politischer Ämter seine Ziele zumindest teilweise verwirklichen zu können, sondern eben auch die Notwendigkeit, hierfür tendenziell immer weiterreichende Kompromisse eingehen zu müssen. Hiermit in Zusammenhang steht zweitens auch sein Eindruck, daß die Unabhängigkeit und damit die Eigenverantwortung sowohl jedes Ministers als auch jedes Abgeordneten kontinuierlich abnahmen und sich dessen Handlungsspielraum somit immer mehr verengte. Repräsentativität bedeutete in diesem Sinne für Rosebery eo ipso Verantwortung, und eine Ausweitung der Demokratisierung trug seiner Meinung nach eher dazu bei, diese Verantwortung abzubauen als sie zu erhöhen.[82] Eine weitere Sorge Roseberys richtete sich drittens auf die Haltung und die Erfolgschancen jener Politiker, die ihre Tätigkeit zunehmend als »Beruf« aufzufassen schienen und deshalb in ihrem Engagement für eine Sache flexibel bleiben mußten. Obwohl er einräumte: »Office is the natural, legitimate and honourable object of all politicians«,[83] unterschied er in der Regel sehr genau zwischen »politicians« und »statesmen«. Eher zu den Aufgaben eines Staatsmannes zählte er es aber viertens, die Bürger immer wieder an die Verantwortung zu erinnern, die auf jedem einzelnen laste und die in der Aufgabe bestehe, »of carrying this British Empire through the twentieth century«.[84]

Vor dem Hintergrund dieser politischen Wertmaßstäbe erscheint es kaum

80 *Rosebery* in seinem Vorwort zu *Parkin*, Round the Empire, S. IV.

81 Vgl. hierzu vor allem *Stefan Collini*, Liberalism and Sociology. L. T. Hobhouse and political argument in England 1880–1914, Cambridge 1979, S. 13–50 sowie *Greenleaf*, Tradition, insbesondere Bd. 1. Zur Bedeutung dieser Auseinandersetzungen für das politische Denken Roseberys siehe auch unten, Kap. V/1 und 2.

82 Vor diesem Hintergrund stand Rosebery auch der Herausbildung eines »Cabinet System« skeptisch gegenüber: »Cabinet government is not merely a matter of constitutional arrangement; it is a very important learning on Ministerial responsibility«. Rosebery vor dem National Liberal Club, 12. März 1896, in: Liberal Magazine IV (1896), S. 112. Vgl. hierzu auch *John P. Mackintosh*, The British Cabinet, London [3]1977, vor allem S. 173–347.

83 *Rosebery*, Chatham, S. 261.

84 Rosebery in Glasgow, 16. November 1900, in: Misc. 2, S. 260.

verwunderlich, daß das Spannungsverhältnis zwischen seinen Zielvorstellungen und den faktischen Möglichkeiten politischen Handelns Rosebery während der gesamten Zeit seines öffentlichen Wirkens fortwährend in Konflikte brachte. Eine andere Lösung, als sich entweder mit den gegebenen Möglichkeiten zu arrangieren oder zu resignieren, scheint es jedoch für ihn in der Praxis nie gegeben zu haben. Seiner Resignation gingen allerdings zum Teil zähe und anhaltende Auseinandersetzungen voraus, in denen er sein jeweiliges Eintreten für eine Sache entweder mit bestimmten Ämtern zu vereinbaren oder von diesen abzugrenzen versuchte.

Bereits seine Forderung an den Social Science Congress von 1874, die sozialen Bedingungen der arbeitenden Klassen zu erforschen und sinnvolle Lösungsvorschläge zu unterbreiten, verstand er nicht zuletzt in Abgrenzung zu parlamentarischen Gesetzesinitiativen. Seiner Behauptung: »Parliament can give a workman a vote; it cannot give him a comfortable home«,[85] lag bereits die gleiche Skepsis zugrunde, die ihn dreißig Jahre später gegen Protektionismus und die meisten der auf einen Ausbau des Sozialstaates zielenden Maßnahmen protestieren ließ. Zwar leugnete er nie die prinzipielle Verantwortung regierungsamtlicher Stellen in allen Fragen der politischen Entscheidungsfindung, auch wenn er nicht müde wurde, deren Ineffizienz zu beklagen. Die Voraussetzung allerdings, von der er diese regierungsamtliche Verantwortung stets abhängig zu machen suchte, bestand darin, daß diese stark genug und somit fähig sein müsse, eine jeweils getroffene Entscheidung durchzusetzen. Seine jahrelange Begeisterung für Gladstone resultierte nicht zuletzt aus dessen straffer, paternalistischer Parteiführung, mochte es ihm persönlich auch oft schwerfallen, sich dieser unterzuordnen.

Zweifellos läßt sich das aufgezeigte Spannungsverhältnis schon früh in Roseberys politischem Denken erkennen, und dessen potentielle Auflösung in Form einer starken, sowohl handlungsfähigen als auch verantwortungsbewußten politischen Führung scheint sehr wohl langfristig angelegt gewesen zu sein, doch müssen die meisten seiner politischen Schritte zumindest bis zu seinem Rücktritt vom Parteivorsitz 1896 als Versuche verstanden werden, sich mit der bestehenden politischen Ordnung seines Landes zu arrangieren. Insbesondere während seiner zweiten Amtsperiode in den Jahren 1892 bis 1895 trat die Unversöhnlichkeit der hieraus resultierenden Konflikte immer offener zutage.

Bis in die Mitte der achtziger Jahre hatte Rosebery in der Regel versucht, diesen Spannungen dadurch aus dem Wege zu gehen, daß er die Übernahme öffentlicher Ämter von vornherein ablehnte. Seine wiederholte Behauptung: »I do not value office at all« sollte nicht als Koketterie mißverstanden, sondern kann als Ausdruck seines Verantwortungsgefühls gedeutet werden, zumal er in

85 Die Arbeit dieses Kongresses, so stellte er kurz hierauf fest, sei »incalculably more important than the great mass of our parliamentary legislation« (Rosebery in Glasgow, 30. September 1874, in: Speeches 1, S. 3).

demselben Brief fortfährt: »I should feel that I could be of more use both to Scotland and yourself as an independent member than in my present position«.[86] Rosebery ging davon aus, daß die Voraussetzung zur Übernahme eines Amtes darin bestehen müsse, subjektiv wie objektiv in der Lage zu sein, in diesem Amt auch konkret etwas Sinnvolles bewirken zu können. Bis etwa zu Beginn der achtziger Jahre scheinen ihn sogar die Zweifel an seinen subjektiven Möglichkeiten mehr geplagt zu haben als die an seinen objektiven. Sowohl in bezug auf seinen oft labilen Gesundheitszustand, aber auch im Hinblick auf seine Einschätzung seiner fachlichen Kompetenz schrieb er im Juli 1880 an Gladstone: »At present I know I am good for nothing. Whether I shall ever be good for anything is a question I ask myself all day long«.[87]

Sehr rasch nach der Übernahme seiner Tätigkeit im Innenministerium 1881 stieg demgegenüber sein Selbstvertrauen rapide. Dies zeigte sich nicht nur in der Hartnäckigkeit, mit der er sich um die Einrichtung eines eigenen Ministeriums für schottische Angelegenheiten bemühte, sondern auch in seiner Haltung gegenüber Gladstone: »There is and must be complete liberty of action on both sides. What you naturally claim for yourself, you could not wish I know to deny to me«.[88] Nachdem er, enttäuscht über die Erfolglosigkeit seiner Arbeit, das Amt als Under-Secretary im Juni 1883 niedergelegt hatte, erklärte er sogar kategorisch, daß er sich definitiv entschieden habe,

»never to re-enter the Government except as a member of the Cabinet. I can quite understand that you will think this very presumptuous on my part. But the fact is that for office, *quâ office*, I do not greatly care. I am convinced that for me there is no middle term of usefulness between that of absolute independence and cabinet office«.[89]

Eine solche Haltung, die sich auch in anderen Briefen dieser Zeit wiederfindet, kann kaum als Ausdruck eines rigorosen Willens zur Macht gesehen werden, da keinerlei taktisches Kalkül dahinter erkennbar zu sein scheint und er Gladstone auch niemals drängte, ihn ins Kabinett aufzunehmen. Sollte Gladstone das Gefühl haben, so teilte er aber nach Ausbruch der Regierungskrise 1885 mit, daß er, Rosebery, dort wirklich von Nutzen sein können, so wolle er sich dieser Verantwortung keineswegs entziehen.[90] Im März 1885 erhielt Rosebery als Lord Privy Seal den Kabinettssitz, den bis dahin Lord Carlingford innegehabt hatte; den

86 Rosebery an Gladstone, 10. Dez. 1882, RP 10 022 f. 137; auch zit. in: *Rhodes James*, Rosebery, S. 137. (Vgl. auch seine Briefe an Harcourt vom 17. April und 6. Aug. 1881, Harcourt papers dep. 54, 17 und 20f.).

87 Rosebery an Gladstone, 14. Juli 1880, GladP 44 288 f. 56f.

88 Rosebery an Gladstone, 25. Dez. 1882, RP 10 022 f. 165f.

89 Rosebery an Gladstone, 20. Juli 1883, GladP 44 288 f. 175f.; teilweise zit. in: *Rhodes James*, Rosebery, S. 153.

90 »... my call of duty is plain and simple – to place myself at your disposal in the hour of difficulty and disaster«. (Rosebery an Gladstone, 8. Febr. 1885, GladP 44 288 f. 221f).

Zusammenbruch der zweiten Regierung Gladstone vermochte freilich auch er nicht mehr aufzuhalten.

Erst ein Jahr später, als Gladstone im Zuge der Bildung seiner dritten Regierung Rosebery das Außenministerium anbot, hatte dieser die Aufgabe gefunden, die sowohl seinen Interessen als auch seinen Fähigkeiten am ehesten entsprach. Dennoch geäußerte Zweifel an seiner Eignung für dieses Amt klingen nun weitaus zurückhaltender als in den Jahren zuvor und wirken fast schon rhetorisch. Zwar gibt er in seinem Antwortschreiben an Gladstone zu bedenken, ob er nicht für das Foreign Office noch zu unerfahren sei, fährt aber sogleich fort: »Nevertheless, if you wish me to try my hand, and if you have that confidence in me which I have not in myself, I am willing to put my shoulder to the wheel and do my best«.[91] Das Außenministerium bildete das einzige politische Amt, mit dem Rosebery sich nahezu ohne Einschränkung identifizieren konnte, soweit nicht von seiten des Kabinetts versucht wurde, in sein Ministerium hineinzuregieren. Während seiner zweiten Amtszeit von August 1892 bis März 1894 lebte er geradezu eremitenhaft im Foreign Office, arbeitete bis zu 16 Stunden am Tag und interessierte sich nur widerwillig für die Meinungen seiner Kabinettskollegen.[92] Während er großen Respekt innerhalb des diplomatischen Corps genoß,

91 Rosebery an Gladstone, 2. Febr. 1885, GladP 44 289 f. 9f; komplett zit. in: *Rhodes James*, Rosebery, S. 180. Roseberys rascher Sprung in das Außenministerium wurde zwar von seinem liberalen Amtsvorgänger, Lord Granville, der dieser Aufgabe aus Altersgründen in der Tat nicht mehr gewachsen war, nur widerwillig akzeptiert und löste auch unter zahlreichen anderen Parteimitgliedern Erstaunen aus (vgl. *Rhodes James*, Rosebery, S. 178–189); darüber hinaus jedoch fand er im In- und Ausland zustimmende Anerkennung. Nicht nur Queen Victoria, die auf seine Nominierung gedrängt hatte, äußerte sich in einer Reihe von Briefen sehr befriedigt über diesen Schritt, auch sein unmittelbarer konservativer Amtsvorgänger, Lord Salisbury, teilte ihr mit, daß er nach einem Gespräch mit Rosebery zuversichtlich sei, daß dieser die britische Außenpolitik in jeder Hinsicht kontinuierlich fortsetzen werde (vgl. hierzu die Abschriften Crewes aus den Royal Archives in Windsor, in: RP 10 200, hier der Brief Salisburys f. 5 f). Aus Deutschland berichtete die Tochter der Königin und Gemahlin des preußischen Kronprinzen Friedrich Wilhelm (1888: Kaiser Friedrich III.) von einem Gespräch mit Herbert Bismarck, der neben seiner eigenen Freude über Roseberys Ernennung auch die seines Vaters zum Ausdruck gebracht und erklärt habe: »that his father had great confidence in Lord Rosebery's abilities, intentions and energy. This was *quite* sincere, and it was not difficult to see that Prince Bismarck really desires to be well with England« (Kronprinzessin Viktoria an Königin Viktoria, 5. Febr. 1886, RP 10 200 f. 342).

92 In einem Brief an Herbert Bismarck vom 18. Juli 1893 notierte er: »London is emptying fast, but, as for me, I shall never leave it till I leave life or office«. Einige Zeilen weiter fährt er sodann lakonisch fort: »Future statesmen will have to be all ›blood and iron‹ to lead this life. Which allusion leads me to send my warm good wishes to your father«. (RP 10 201/2 f. 320; vgl. hierzu auch *Rhodes James*, Rosebery, S. 269–281). Daß Rosebery die Strenge eines solchen Arbeitsethos' für notwendig und angemessen

ermöglichte ihm dies nur temporär, den Konflikten innerhalb der Regierung aus dem Wege zu gehen. Die Fraktionen, die sich im Kabinett gegenüberstanden, zwangen ihn schließlich, die Diskrepanz zwischen seinen politischen Überzeugungen und seinem Verantwortungsgefühl als Außen- beziehungsweise ab März 1894 als Premierminister auf der einen und den Interessengegensätzen innerhalb der Regierung auf der anderen Seite in einem offenen Konflikt auszutragen,[93] an dessen Ende sein völliger Rückzug aus der Parteipolitik stand.[94]

Seine Erfahrungen im Foreign Office hatten Rosebery in der Überzeugung bestärkt, daß Regierungsverantwortung unablösbar bleiben müsse von einem Höchstmaß an Handlungs- und Entscheidungsfreiheit. Dies bedeutete keineswegs eine Ablehnung von Regierungskontrolle, ja nicht einmal ein prinzipielles Urteil gegen »limited government«; es bildete aber einen entschiedenen Protest gegen innerparteiliche Uneinigkeit bei gleichzeitiger Regierungsverantwortung. »While I was at the Foreign Office«, so schrieb er zwei Monate nach seinem Wechsel in die Downing Street, »I had to do much on my own responsibility as all Foreign ministers should. The administration by the Cabinet of Foreign affairs was in my opinion the cause of the disasters of that period as regards external policy«.[95] Was aber für den Außenminister galt, konnte nicht weniger für den Premierminister gelten. Rosebery hatte die Nachfolge Gladstones erst nach langem Zögern und gegen große innere Widerstände angetreten. Das Drängen seiner Freunde, die Intervention der Königin und selbst die Tatsache, daß sogar Anhänger Harcourts ihn, Rosebery, für den besseren Kandidaten hielten, reichten nicht aus, ihn von der Notwendigkeit dieses Schrittes zu überzeugen.[96] Als ausschlaggebend kann demgegenüber seine Überlegung angese-

hielt, betonte er unter anderem auch in seiner Rede in Battersea vom 15. Nov. 1893: »one has to live almost a monastic life in the office which one administers« (Speeches 1, S. 134).

93 Zwar sehr ausführlich, jedoch im Hinblick auf die Rolle Roseberys unbefriedigend dargestellt wird dieser Konflikt von *Stansky*, Ambitions and Strategies, der die Rivalitäten innerhalb der Liberalen Partei um die Gladstone-Nachfolge unter der Prämisse beschreibt, daß jeder Politiker primär nach persönlichem Machtgewinn strebte, und beurteilt dann dessen Handeln nach dem Geschick, jede sich bietende Gelegenheit in diesem Sinne für sich auszunutzen. Hierbei unterstellt er fortwährend taktisches Kalkül, das er schließlich als konfus oder als Irrtum entlarven kann (vgl. zum Beispiel S. 141, 146, 152, 216ff.). Da er auch Rosebery allein nach diesen Politikerqualitäten beurteilt, bleibt ihm dessen Verhalten letztlich unverständlich.

94 Vgl. hierzu auch unten, Kap. V/2.

95 Rosebery an Kimberley, 16. Mai 1894, Kimberley papers 10 243 f. 21f.

96 Vgl. hierzu *Crewe*, Rosebery, Bd. 2, S. 434–443; *Rhodes James*, Rosebery, S. 294–337 sowie auch *Hamer*, Liberal Politics, S. 187ff. Roseberys eigene Notizen und Darstellung dieses Vorganges wurden unter dem Titel »Mr. Gladstone's Last Cabinet« und unter seinem Namen veröffentlicht in: History Today, Teil 1: Dec. 1951, S. 31–41; Teil

hen werden, daß er seine Außenpolitik unmöglich unter einem Premierminister Harcourt hätte fortsetzen können. Sein Anspruch auf Kontinuität verlangte, daß er das Amt des Premierministers selber übernahm.

Der negative Effekt, den seine sechzehnmonatige Amtszeit als Premierminister auf Roseberys Denken ausübte, kann kaum überschätzt werden. Sie bestätigte ihm die Unversöhnlichkeit seines eigenen Verständnisses von Verantwortung mit der sich immer deutlicher herausbildenden parteipolitischen Praxis und wirkte auslösend für einen gesundheitlichen Zusammenbruch und seine psychische Verbitterung.[97] Es war deshalb keineswegs im Affekt formuliert, sondern entsprach seiner nahezu ins Grenzenlose angestauten Skepsis, wenn er im April 1894 an den Bischof von Rochester schrieb:

»I am sick to death of the eternal babble and bustle of parliament – such endless parade of work with so little done; of the whole system of politics which amounts to so little more than that the outs shall become the ins. So strong is this feeling in me that I doubt my being long a minister or even a politician«.[98]

Hatte er zunächst noch versucht, die Handlungsfreiheiten, die er sich als Außenminister weitgehend sichern konnte, auch für seine Aufgaben als Premierminister zu erhalten, so erwiesen sich seine faktische Macht und seine subjektiven Durchsetzungsfähigkeiten hierfür als unzureichend. Angesichts seiner offenen Kontroverse mit Harcourt, dessen führende Rolle im House of Commons sich der Kontrolle und dem Einfluß Roseberys entzog, verlangte er von diesem: »By all means. But one thing must be clear. I cannot have any conditions imposed on me, which have not been accepted by previous Ministers. I must either be a real Prime Minister or I will not be Prime Minister at all«.[99]

An der tatsächlichen Gespaltenheit seiner Regierung zwischen den sogenannten »Little Englanders« und den Imperialisten änderte diese Forderung nicht das geringste. Eine Zeitland mochte Rosebery noch gehofft haben, die konkrete

2: Jan. 1952, S. 17–22 (vgl. hierin vor allem Teil 1, S. 39f. und Teil 2, S. 18, 20 und 22 sowie hierzu auch *Rhodes James*, Rosebery, S. 294 Anm. 1 und S. 498–512).

97 Mit dem Wechsel in die Downing Street nahm Roseberys ohnehin pathologische Schlaflosigkeit untragbare Ausmaße an (vgl. *Rhodes James*, Rosebery, S. 275). In einem nicht abgesendeten Brief an seinen Freund T. W. Reid klagte er rückblickend: »No one knows the physical distress which these long speeches to large audiences impose on me – the wakefulness before and after«. (14. Nov. 1902, RP 10058 f. 79f.) In einer persönlichen Notiz vom 26. Febr. 1897 nannte er diese Zeit eine »revolting experience« und fügte hinzu: »that it will take some time to wash out of my mouth the taste of the last administration« (RP 10 177 f. 103).

98 Rosebery an den Bischof von Rochester, 5. April 1894, RP 10 093 f. 23f.; teilweise zit. in *Hamer*, Liberal Politics, S. 250.

99 Rosebery an Harcourt, 4. März 1894, Harcourt papers dep. 57; 16f. Komplett in: History Today, Jan. 1952 (vgl. oben S. 49 Anm. 96), hier S. 21.

Regierungsarbeit könne die bestehenden Risse überbrücken,[100] doch blieb ihm im Rückblick auf seine Amtszeit nur das Resümee: »I have held office for a short time in my life but never power. I would never hold office again without power, and it is humanly speaking impossible that I should ever hold it with power. If I did it would come too late«.[101]

Neben den inhaltlichen Differenzen bildete vor allem das institutionelle Ungleichgewicht zwischen seiner eigenen relativ schwachen Stellung im House of Lords und der starken Stellung Harcourts im House of Commons einen Hauptgrund für die Ausweglosigkeit einer Lage, in der er sich als »almost impotent and helpless«[102] empfand. Wie auch immer die Zukunft der Liberalen Partei aussehen könne, so schrieb er zwei Monate nach dem Ende seiner Amtszeit an Asquith, eine Situation müsse unter allen Umständen vermieden werden: »That the party should be led by a Commons Castor and a Peer Pollux who disagree on every subject and who communicate on none«.[103]

Was die Zukunft der Liberalen Partei anging, deren neue Führungspersönlichkeiten er namentlich in Grey und Asquith zu erkennen glaubte, bekundete er wiederholt die Hoffnung, daß sein Rücktritt und die enorme Niederlage, die die Partei bei den Wahlen im Juli 1895 hinnehmen mußte, ihr Anlaß bieten würden, zu einer neuen, einheitlichen Politik zurückzufinden. Für sich selber jedoch sah er in der Parteipolitik keine Basis mehr, seine politischen Vorstellungen zu verwirklichen, zumal ihm die Parteien insgesamt in einer Entwicklung begriffen schienen, die seinen Vorstellungen von politischer Verantwortung diamentral entgegenstand.[104] Ein Staatsmann wie Pitt, so schrieb er 1892 an Randolph Churchill, habe in dieser Zeit kaum noch eine Chance, es sei denn, er passe sich den veränderten Bedingungen an, doch ginge damit zwangsläufig eine Einbuße an Macht und Charme einher:

»A statesman in 1892 must I suppose have a dash of the demagogue. He has to deal with three new conditions at least.
A democratic constituency.
A powerful and penetrating press.
A web of caucus.

100 In einem Brief an James Bryce vom 6. Jan. 1895 schrieb Rosebery: »I think our present anxieties may be blessings in disguise if they induce common sense and a manly readiness to face responsibility; if, too, they prick some bubbles« (Bryce papers, UB 15).

101 Rosebery an T.W. Reid, 14. Nov. 1902, »never sent«, RP 10 058 f. 79f.

102 Rosebery in Edinburgh, 9. Okt. 1896, in: Speeches 1, S. 461 (vgl. hierzu auch unten, Kap. III/1).

103 Rosebery as Asquith, 12. Aug. 1895, RP 10 131 f. 13f.

104 Zu seinem nach der Jahrhundertwende unternommenen Versuch, parallel zur Liberalen Partei und potentiell in diese integrierbar, die Liberal League aufzubauen, vgl. unten Kap. IV/4; zu seiner Kritik an der Parteiendemokratie vgl. unten, Kap. V/2.

It is very interesting to calculate who of the various Prime Ministers of the century would best have adapted themselves to these new conditions. Perhaps Palmerston in his prime, or Disraeli. But for all that, I am not quite convinced of the correctness of the general belief that the best and most durable ministry in our democracy will resemble a well oiled water cock. Many ministries however will be launched and submerged before we ascertain the exact nature of our present constitution«.[105]

Dieses Zitat verdeutlicht den Hintergrund, vor dem Rosebery versuchte, sein Verständnis von politischer Verantwortung mit den Herausforderungen der Zeit in Einklang zu bringen. Besonders in einer Krisensituation würde Großbritannien eines Staatsmannes bedürfen, der sich im Geflecht von Regierungsapparatur und Parteienbürokratie nicht verbrauchen, sondern beide seinerseits beherrschen und sich über deren Schranken gegebenenfalls hinwegzusetzen fähig sein würde. Es drückt ferner ein tiefes Mißtrauen aus gegen ein rein mechanistisches Verständnis von Politik, das davon ausgeht, deren Leistungsfähigkeit eher durch eindeutig verteilte Kompetenzen als durch eine größere Eigenverantwortung jedes einzelnen Entscheidungsträgers verbessern zu können. Ein solcher »well oiled water cock«, so fürchtete Rosebery, werde mehr Kräfte verbrauchen als er freisetze. Die einzige Möglichkeit, dieser Negativentwicklung entgegenzuwirken, hatte für Rosebery von Anfang an in der sich aus ihrer Geschlossenheit ergebenden Handlungsfähigkeit der jeweiligen Regierungspartei gelegen. In den Mittelpunkt der Rede, in der er seinen Rücktritt vom Parteivorsitz begründete, stellte er deshalb zugespitzt die These: »That a united party behind an inferior leader is more efficacious than a disunited party with the best leader that ever lived«.[106] In dieser Betonung der Einheit konnte natürlich kein Ersatz für Inhalte liegen. Sie bildete lediglich die Conditio sine qua non jeder Regierungsverantwortung in der modernen Parteiendemokratie. Angesichts seiner Erfahrung der völligen Absenz einer solchen Einheit konnte er es nicht als Lösung ansehen, sich der Oppositions- beziehungsweise der neuen Regierungspartei anzuschließen. Seine Bereitschaft, sich auch weiterhin für eine Politik einzusetzen, für die der Erhalt des Empire im Vordergrund stand,[107] ließ ihn noch eine Zeitlang nach Ansätzen suchen, die ein politisches Handeln außerhalb der beste-

105 Rosebery an Randolph Churchill, 20. Jan. 1892, RP 10 202 f. 70–72. Daß der Name Gladstone in Roseberys Überlegungen nicht auftaucht, sollte nicht weiter verwundern, denn er hegte inzwischen nicht nur starke Zweifel an dessen außenpolitischer Kompetenz, sondern hatte verschiedentlich auch Gladstones gesamte Politik seit 1880 als verfehlt bezeichnet. In der eindeutigen Berufung auf Disraeli hingegen könnte durchaus eine gewisse Affinität zur Politik einer Tory Democracy gesehen werden. Vgl. hierzu auch seinen Essay über Randolph Churchill, in: Misc. 1, S. 275–372.

106 Rosebery in Edinburgh, 9. Okt. 1896, in: Speeches 1, S. 465 f.

107 Vgl. hierzu zum Beispiel seine Rede in Edinburgh vom 25. Okt. 1898, in: Misc. 2, S. 187–207, vor allem S. 196 und 204–207.

henden Parteienlandschaft ermöglichten. Doch auch in diesen Jahren bestätigte sich sein Eindruck, daß die innenpolitische Entwicklung Großbritanniens einer solchen Politik in zunehmendem Maße entgegenstand. Bereits 1888 hatte er seine Zuhörer in Leeds ermahnt: »You must be prepared in some respects to diminish your own insular freedom of action on behalf of your giant offspring abroad. But to my mind the sacrifice is worth it«.[108]

108 Rosebery in Leeds, 11. Okt. 1888, in: Speeches 1, S. 56.

III. Reformpolitik zwischen Radikalisierung und Resignation

1. Die Reform des House of Lords

»The danger of the House of Commons«, schrieb 1867 Walter Bagehot in seinem berühmt gewordenen Essayband über die britische Verfassungsordnung,[1] »is, perhaps, that it will be reformed too rashly; the danger of the House of Lords certainly is, that it may never be reformed«. Anstatt daß es die Notwendigkeit erkenne, durch rechtzeitige Reformen seine Effizienz zu steigern und dadurch seine Überlebenschancen zu sichern, drohe dem Oberhaus mehr und mehr ein Zerfall von innen. Vor allem seine einseitige Festlegung auf die Vertretung der »landed interests« verstellte ihm in den Augen Bagehots seine Möglichkeiten, die Exekutivgewalt zu kontrollieren und allzu abrupten Veränderungen vorzubeugen.

Unter einer stärker systematischen Fragestellung als Bagehot hatte bereits sechs Jahre zuvor John Stuart Mill in seinen »Considerations on Representative Government« auf die Notwendigkeit einer Reform des House of Lords hingewiesen.[2] Sein Haupteinwand richtete sich gegen die völlige Unausgewogenheit in der Zusammensetzung beider Kammern des Parlaments, durch die speziell das Oberhaus seine prinzipielle Funktion nicht mehr zu erfüllen vermochte. Diese bestand seiner Meinung nach darin, durch einen im Grunde gleichgewichtigen Anspruch auf Repräsentativität sowie durch überzeugendes »special training and knowledge« ein geeignetes Korrektiv gegenüber dem Unterhaus darzustellen, das die erste Kammer nicht nur sinnvoll ergänzte, sondern sie auch davor bewahrte, dem »corrupting influence of undivided power« zum Opfer zu fallen. »An aristocratic House is only powerful in an aristocratic state of society«. Die Verschiebung der parlamentarischen Gewichte in Großbritannien erforderte deshalb aus der Sicht Mills eine Demokratisierung des House of Lords, und zwar in der Form, daß den im Unterhaus versammelten Vertretern des ganzen Volkes eine ausgewogene Repräsentation von gewählten Vertretern aus Justiz, Diplomatie, Wirtschaft, Wissenschaft, Militär und Civil Service gegenübergestellt wäre: »If one is the People's Chamber, the other should be the Chamber of Statesmen«. Nur wenn das Oberhaus nicht mehr ausschließlich begrenzte Klasseninteressen vertrete, sondern mit einem gewissen »democratic feeling« sein Ge-

1 *Walter Bagehot*, The English Constitution (Fontana Edition), Glasgow 1963, S. 121–149, hier S. 149.

2 Im folgenden zit. nach *John Stuart Mill*, Utilitarism, Liberty, and Representative Government (Everyman's Library), London 1976, S. 324–331.

wicht neu zur Geltung bringe, könne es jenes »centre of resistance« darstellen, dessen insbesondere die Demokratie dringend bedürfe.

Ohne direkt an Mill anzuknüpfen,[3] finden sich auch in den Vorstellungen Roseberys viele der Gründe wieder, die der liberale Theoretiker zuvor herausgestellt hatte. Zwar ging es auch Rosebery von vornherein um eine maßgebliche Stärkung der zweiten Kammer, doch stand dahinter weniger ein prinzipielles Interesse an deren Demokratisierung, als vielmehr das Ziel, angesichts des in dieser Hinsicht bereits stark gewandelten Charakters des Unterhauses einen gleichgewichtigen Machtfaktor zu erhalten, der einem weiteren einseitigen und unkontrollierten Machtzuwachs auf seiten der ersten Kammer Schranken zu setzen vermochte. So deutlich wie nur sehr wenige Angehörige des House of Lords außer ihm glaubte Rosebery für das Oberhaus die Gefahr zu erkennen, als Institution auf absehbare Zeit durch die politische Entwicklung überrollt und obsolet zu werden. Denn klarer als Bagehot hatte er die Veränderungen erkannt, die durch die Wahlrechtsreformen seit 1832 eingetreten waren. Diese hatten zwar die Legitimitätsgrundlage des House of Commons kontinuierlich verstärkt, die des House of Lords jedoch gleichzeitig unterminiert. Die notwendige Konsequenz konnte in seinen Augen nur darin liegen, durch einen selbstbewußten und rechtzeitigen Reformakt die Handlungsfähigkeit des Oberhauses zu revitalisieren und somit gleichzeitig einer weiteren Entmachtung durch das House of Commons vorzubeugen.

Die von Rosebery in mehreren Anläufen geforderte Bereitschaft, durch einschneidende Maßnahmen das eigene politische Gewicht auf eine neue und tragfähige Grundlage zu stellen, bedeutete für die große Mehrheit des viktorianischen Adels eine Überforderung. Solange das politische Geschehen in den vertrauten Bahnen zu laufen schien, dachte man darüber nach, welche Handlungsmöglichkeiten jeweils von Fall zu Fall offenstanden. Auf langfristig angelegte Tendenzen aber präventiv Einfluß auszuüben, ging – zumal wenn es die eigene Machtstellung betraf – über die gemeinsame Konsensfähigkeit weit hinaus. Als eines der ersten Mitglieder des House of Lords hatte Lord Salisbury die Veränderungen erkannt, die sich für die Stellung des Oberhauses im letzten Drittel des 19. Jahrhunderts anbahnten, und versucht, dem drohenden Machtverlust durch frühzeitige Maßnahmen entgegenzusteuern. Nicht zufällig und keineswegs nur aus rhetorischen Gründen bildete gerade Salisburys Initiative von 1869 für Rosebery einen wichtigen Anknüpfungspunkt, von dem er bei seinem ersten auf eine Reform des Oberhauses zielenden Antrag 1884 ausgehen konnte.

Nachdem Disraeli die Frage, ob die Intention Gladstones, die Irische Kirche zu entstaatlichen, überhaupt in den Kompetenzbereich das House of Commons

3 Rosebery zitiert Mill lediglich in seiner Oberhausrede vom 19. März 1888, Hansard 3 (323), Sp. 1564, und 1894 glaubte er sich zu erinnern, daß auch »so keen and ardent a Radical as John Stuart Mill« gegen die absolute Macht einer Kammer gewesen sei (Rosebery in Bradford, 27. Okt. 1894, in: Speeches 1, S. 277).

falle, 1868 zu einem zentralen Wahlkampfthema erhoben hatte, blieb nach dem überwältigenden Wahlerfolg der Liberalen dem House of Lords kaum noch eine Chance, die entsprechende Gesetzesinitiative[4] auf »normalem« Wege zu Fall zu bringen. Da auch Königin Viktoria davon abriet, es über dieser Frage zwischen den beiden Häusern des Parlaments zu einem Eklat kommen zu lassen, entwickelte Salisbury nun eine subtile Theorie, die eine Duldung des Gesetzes durch das House of Lords rechtfertigen sollte. Zu diesem Zweck erklärte er es zu einer Hauptaufgabe des Oberhauses, darüber zu wachen, ob Mehrheitsentscheidungen des Unterhauses tatsächlich dem Willen der Nation entsprechen: »We must decide whether the House of Commons does or does not represent the full, the deliberate, the sustained convictions of the body of the nation«.[5] Konnte hierdurch im konkreten vorliegenden Fall dem House of Commons die Repräsentativität seiner Entscheidung konzediert werden, so implizierte der prinzipielle Anspruch, »... that the nation is Master, though the House of Commons is not«,[6] weitreichende Konsequenzen! Salisbury versuchte nicht nur, eine ausschlaggebende Entscheidungsgewalt des Oberhauses zu etablieren, sondern sein Anspruch lief theoretisch darauf hinaus, in geradezu plebiszitärer Weise jede wichtige Entscheidung zurückzubinden an ein unmittelbares Mandat beziehungsweise ein Referendum.[7] In der Praxis freilich brauchte es zu derart gravierenden Maßnahmen gar nicht erst zu kommen, da Salisbury sich einer konservativen Mehrheit im Oberhaus sicher sein konnte und deshalb ein »appeal to the people« nur

4 In der »Disestablishment Act« von 1869 wurde die anglikanische Kirche in Irland als Staatsorgan abgeschafft und zu einer sich selbst regierenden Körperschaft umgewandelt, die Abgaben nur noch von ihren Mitgliedern einzuziehen berechtigt war. (Vgl. hierzu *James C. Beckett*, The Anglo-Irish Tradition, London 1976, S. 110).

5 Salisbury am 17. Juni 1869, Hansard 3 (197), Sp. 82–96, hier Sp. 83.

6 Salisbury an Lord Carnarvon, 20. Febr. 1872, zit. in: *Lady G. Cecil*, Life of Robert, third Marquess of Salisbury, 4 Bde, London 1921–1932, hier Bd. 2, S. 25.

7 Es lag in der Dialektik dieser Theorie, daß sie letztlich die Grundlage bot für die Durchsetzung der Parliament Act von 1911, durch die eine maßgebliche Entmachtung des Oberhauses durchgeführt wurde, nachdem diese Frage zuvor in den Dezember-Wahlen des Jahres 1910 zum entscheidenden Wahlkampfthema erhoben worden war. Einzelstudien zur Entwicklung der Diskussion um eine Reform des House of Lords finden sich nur wenige, da diese Frage in der Regel lediglich ein Unterkapitel im Rahmen von Gesamtdarstellungen bildet. Zu nennen wären neben der älteren Arbeit von *Emily Allyn*, Lords versus Commons. A Century of Conflict and Compromise 1830–1930, Philadelphia 1931 vor allem: *H. J. Hanham* (Hrsg.), The Nineteenth Century Constitution, Cambridge 1969 und *Godfrey H. L. LeMay*, The Victorian Constitution. Conventions, Usages and Contingencies, London 1979. Nach wie vor aufschlußreich bleibt auch die zeitgenössische Untersuchung von *Albert Venn Dicey*, Law and Public Opinion in England during the Nineteenth Century, London 1905, während das Urteil des Historikers *William E. H. Lecky*, Democracy and Liberty, 2 Bde, London 1896 eher impressionistisch und teilweise polemisch ausfällt (vgl. Bd. 1, S. 299–390).

dann angedroht zu werden brauchte, wenn die Liberale Partei die Regierung stellte.

Einer Voraussetzung bedurfte es allerdings auch in den Augen Salisburys noch, bevor das Oberhaus seiner hohen Aufgabe gerecht werden konnte, und genau diese bildete den Punkt, an den Rosebery fünfzehn Jahre später anknüpfen konnte. Der Mangel des House of Lords, so erläuterte Salisbury im April 1869, liege darin, daß es im Laufe der Zeit seinen Anspruch auf Repräsentativität eingebüßt habe:

We want a larger infusion from those large classes among whom are to be found so much of the wealth and power of the country. We belong too much to one class, and the consequence is that, with respect to a large number of questions, we are all too much of one mind... We want, if possible, more representation of diverse views, and more antagonism on certain subjects«.[8]

Dieser Vorwurf einer unzureichenden Repräsentanz stand auch im Mittelpunkt der beiden Haupteinwände, mit denen Rosebery im Juni 1884 seinen Antrag begründete, »that a Select Committee be appointed to consider the best means of promoting the efficiency of this House.« Bevor er seinen ersten Vorwurf, die mangelnde Effizienz des Oberhauses, näher erläuterte, erinnerte er in einem weit ausholenden historischen Rückblick sein Auditorium daran, daß »this House has never considered its position as a whole«. Er hingegen sei davon überzeugt, daß keine politische Institution »can afford to remain motionless, and seal itself against the varying influences of time«.[9] Als die beiden wesentlichen neuen Faktoren, die die seit sechs Jahrhunderten überdauernde legislative Maschinerie des Oberhauses in Frage stellten, nannte Rosebery die sich ausbreitende Massenpresse auf der einen und das riesige Kolonialreich auf der anderen Seite. Sachverstand und Erfahrung, die zur Behandlung dieser Probleme notwendig seien, könnten nur mangelhaft zur Geltung kommen, wenn die Mitgliedschaft in der zweiten Kammer nicht durch Wahl, sondern durch den Zufall der Geburt bestimmt würde. Solange das zum Teil sicherlich vorhandene personelle Gewicht nicht durch die Einführung neuer repräsentativer Elemente gesteigert würde, sei das Haus dazu verurteilt, in seiner »artificial legislative atmosphere«[10] zu verharren.

Auch Roseberys zweiter Einwand, die abnehmende Popularität des House of Lords, resultierte aus der Einseitigkeit der Interessen, die sich in ihm vertreten

8 Salisbury am 9. April 1869, Hansard 3 (195), Sp. 461–465, hier Sp. 465. Aus dieser Rede zitiert Rosebery ausgiebig in seinem Antrag auf Bildung eines »Select Committee« vom 20. Juni 1884, Hansard 3 (289), Sp. 937–958 (im weiteren zitiert nach dem Ausdruck in: Speeches 2, S. 3–31).

9 Ebd., S. 3–7.

10 Ebd., S. 13. Als Vergleichsgröße diente Rosebery »the most powerful and efficient Second Chamber that exists in the world«, der Senat der Vereinigten Staaten (vgl. ebd., S. 7–14).

finden. Neben den Anliegen der Kirche seien es lediglich das »hereditary principle, and landed property«, die sich in ihm Geltung verschaffen könnten, während vor allem die Anliegen des Empire, speziell der Kolonien, »very inadequately represented«[11] blieben. Wie bereits Salisbury und ähnlich wie Mill und Bagehot forderte Rosebery ferner eine stärkere Einbeziehung der »commercial and mercantile interests«, ging dann aber weit über jene hinaus, wenn er es als ein »element of the weakness of your Lordships' House« bezeichnete, »that you have no representatives of the labouring classes«. In diesem Monitum spiegelt sich das Ausmaß, in dem für Rosebery die Absicht, die Effizienz und Popularität des Oberhauses zu steigern, bereits über alle bis dato diskutierten Projekte hinausging. Hierin zeigt sich zugleich der Kernpunkt der Gemeinsamkeit mit Salisbury, der darin bestand, durch eine Steigerung des Anspruchs auf Repräsentanz der wachsenden Dichotomie zwischen bloßen Eigentumsinteressen auf seiten des Oberhauses und den im Unterhaus vertretenen Interessen einer breiten Öffentlichkeit entgegenzuwirken. Rosebery unterscheidet sich demgegenüber von Salisbury, dessen »weighty testimony« er (oft unbemerkt) in zahllosen Formulierungen übernahm, durch die Art und Weise dieser geforderten Steigerung. Ihm ging es von vornherein um mehr als nur eine Verbesserung der obstruktiven Widerstandskraft des Oberhauses, sondern er verlangte einschneidende und vor allem präventive Reformen, die dem Oberhaus wieder den Anspruch auf eine gleichberechtigte Stellung neben dem House of Commons ermöglicht hätten, wie diese in der Zeit vor der ersten Wahlrechtsreform von 1832 bestanden hatte. Während die Forderung nach einer völligen Abschaffung des House of Lords sich Mitte der achtziger Jahre erst sehr begrenzt Gehör zu verschaffen vermochte, warnte Rosebery:

»It will be too late to move for any Select Committee of Inquiry when the voices that demand abolition become loud and universal. ... Bodies that begin to reform themselves when the hand of the destroyer is on them do not live to complete the operation«.[12]

Die unmittelbar bevorstehende dritte Wahlrechtreform fordere dazu auf, den zu erwartenden und für das Oberhaus unter Umständen destruktiven Folgen dieses Prozesses zuvorzukommen. Eine solche Reform »may surely be called a moderate and a Conservative proposition«, denn: »The truest conservatism consists in seasonable, moderate, and timely reform«.[13] Ein solcher Konservatismusbegriff diene weder den tagespolitischen Interessen der Konservativen noch denen der

11 Ebd., S. 17. Mit »colonies« dürften hier vermutlich nur die weißen Siedlungskolonien gemeint sein.

12 Ebd., S. 23. Ebenfalls 1884 hatte sich auf dem radikalen Flügel der Liberalen Partei mit Charles Bradlaugh, Wilfred Lawson, Prof. Beesley und Henry Labouchère eine kleine Gruppe gebildet, die ein »Democratic Committee for the Abolition of the House of Lords« aufzubauen versuchte. (Vgl. hierzu *Allyn*, Lords, S. 124).

13 Speeches 2, S. 28 (vgl. hierzu auch unten, Kap. V/1).

Liberalen Partei. Für Rosebery resultierte er vielmehr – ganz im Sinne Edmund Burkes – aus einem Verantwortungsbewußtsein, »that not merely governs the present, but points a finger to the future, and a finger to the past«.[14]

Die Forderung nach einer Reform des House of Lords wurde während der folgenden zwei Jahrzehnte zu einem Ceterum censeo fast aller Reden Roseberys, und nicht selten traten die unmittelbaren Probleme, die den Anlaß zu seinen Stellungnahmen gebildet hatten, dahinter zurück. So wurde bereits drei Wochen nach seinem erfolglosen Antrag vom 20. Juni 1884 die Diskussion um die dritte Wahlrechtsreform und die vom Oberhaus geforderte Neueinteilung der Wahlkreise[15] für Rosebery zu einer Auseinandersetzung um die Legitimität des House of Lords. Statt seine Kräfte zu überschätzen, sollte dieses in seinen Augen eher bemüht sein, zunächst sein reales politisches Gewicht zu erhöhen: »If this House is to be strong, its authority should be founded, not on the letter of the law, but on good sense and on practical considerations«.[16] Solange sich das Oberhaus lediglich auf den Versuch beschränken wolle, »to dam a torrent of popular feeling«, laufe es viel eher Gefahr, »to stir up a conflagration of which neither you nor I can pretend to see the limits«. Diesen Brand dann noch einzudämmen, würde ihm allerdings die notwendige Unterstützung fehlen. Da Rosebery davon ausging, daß die Gesetzesinitiative des Unterhauses von der Mehrheit der Bevölkerung getragen würde, sprach er dem Oberhaus ausdrücklich die moralische Rechtfertigung ab, seine Zustimmung zu verweigern. Könne man allerdings vom Gegenteil ausgehen, dann sei ein solches Vorgehen natürlich vollkommen gerechtfertigt.[17]

Auch in seinen Wahlkampfreden im Oktober 1885 bildete die Forderung nach einer Reform des Oberhauses ein vorrangiges Anliegen Roseberys. Neu hinzu traten nun aber deutliche Abgrenzungen seiner Vorstellungen zu denen anderer Mitglieder der Liberalen Partei und die Hervorhebung von vier Prinzipien, auf die sich eine solche Reform richten sollte. Anlaß zur Abgrenzung bot Rosebery

14 Ebd., S. 31. Für *Burke* verkörperte der Staat, wie er es in einer der zentralen Aussagen seiner »Reflections on the Revolution in France« formulierte, »a partnership... between those who are living, those who are dead, and those who are to be born«. (Hier zitiert nach der Everyman-Edition, London 1910, S. 93).

15 Während Salisbury zunächst versuchte, über die Zurückweisung des Wahlgesetzes durch das Oberhaus eine Auflösung der Regierung Gladstone zu erreichen, setzte schließlich die Mehrheit der Konservativen im House of Lords die Kopplung dieses Gesetzes mit einer »Redistribution Bill« durch, deren Neueinteilung der Wahlbezirke in einer gemeinsamen Kommission von Liberalen und Konservativen festgelegt worden war. Die Königin hatte zu dieser moderaten Politik geraten, nachdem Gladstone angedroht hatte, daß eine erzwungene Auflösung des Unterhauses »would certainly end in organic changes, detrimental to the dignity and authority of the House of Lords«. Gladstone an Queen Victoria, 14. Juli 1884, LQV 2 (III), S. 517f.

16 Rosebery am 8. Juli 1884, Hansard 3 (290), Sp. 407–424, hier Sp. 416.

17 Ebd., Sp. 414 und 420–422.

jene wachsende Gruppe radikaler Liberaler, die, angeführt von Charles Dilke, Joseph Chamberlain und schließlich auch John Morley, immer entschiedener eine völlige Abschaffung des House of Lords forderten. Ihnen gegenüber verteidigte Rosebery die Notwendigkeit einer zweiten Kammer und empfahl, erst dann an eine Auflösung zu denken, wenn sinnvolle Reformversuche sich als untauglich erwiesen hätten.[18] Um hierüber Klarheit zu gewinnen, schlug er die Einrichtung einer überparteilichen »independent authority« vor, die ein Reformmodell ausarbeiten solle, das sich an vier Prinzipien orientieren müsse:[19] An erster Stelle stand ein »principle of delegation«, dessen Zweck darin bestand, die Zahl der Angehörigen des Oberhauses zu reduzieren. Als zweites ging es Rosebery um die Möglichkeit, einzelne Mitglieder eventuell auch wieder ausschließen zu können. Drittens sollte ein »principle of comprehension« Vertretern sowohl der Kolonien als auch anderer christlicher Kirchen den Weg ins Oberhaus freimachen. Das vierte Prinzip schließlich zielte darauf, es jedem Peer freizustellen, sich ins Oberhaus wählen zu lassen oder unter Umständen auch für das Unterhaus zu kandidieren.

Detaillierte Ausführungen zu diesen Prinzipien finden sich in seiner Rede vor dem Oberhaus vom 19. März 1888. Zwar formulierte er seinen Antrag auf Bildung eines Ausschusses diesmal etwas allgemeiner als vier Jahre zuvor, doch machte er demgegenüber seine Zielvorstellungen um so deutlicher.[20] Besonderes Gewicht legte er ferner auf die Umstände, die eine Reform des House of Lords mit jedem Tag dringender erscheinen ließen, da die Kluft zwischen den beiden Kammern ansonsten unüberbrückbar zu werden drohe. Im Unterschied zu seinem Antrag vom 20. Juni 1884 habe das danach verabschiedete dritte Wahlrechtsgesetz inzwischen eine völlige Disproportionalität zwischen den bei-

18 Rosebery in Wrexham, 26. Oktober 1885, in: Speeches 2, S. 99–101 und S. 112f; ähnlich in seiner Rede in Bo'ness, 31. Oktober 1885, ebd. vor allem S. 117–120.

19 Rosebery in Wrexham, ebd., S. 104f.

20 Der von Rosebery geforderte Ausschuß sollte nicht, wie 1884, speziell Vorschläge zur Steigerung der Effizienz erarbeiten, sondern generell »to inquire into the constitution of this House«; vgl. Hansard 3 (323), Sp. 1548–1576, vor allem Sp. 1568–1572. Die in seiner Rede in Wrexham genannten vier Prinzipien wiederholte und ergänzte er dahingehend, daß er zunächst empfahl, die bestehenden Rahmenbedingungen und Begriffe beizubehalten; neu gewählte Peers sollten lediglich »Lords in Parliament« genannt werden. Ferner sollte vor allem die persönliche Verantwortung jedes Mitgliedes erhöht und klar festgelegt werden, unter welchen Umständen Peers, die sich als »unfit or unworthy to be legislators« erwiesen hätten, wieder ausgeschlossen werden könnten. Eine verbreiterte »popular basis« müßte zudem für einen freien und ungehinderten Wechsel der Mitglieder sorgen, um so Stagnation zu verhindern, während jedoch die Anteile der vertretenen Gruppen gleichbleibend festgelegt sein sollten. Besonderen Nachdruck legte Rosebery noch einmal darauf, daß auch die Kolonien durch »Agents-General« vertreten sein sollten, und daß britischen Adligen zusätzlich die Möglichkeit eingeräumt werden müsse, sich auch ins Unterhaus wählen zu lassen.

den Kammern des Parlaments an die Stelle der rechtlichen Gleichrangigkeit treten lassen. Die ausschließliche Demokratisierung des House of Commons bilde eine »propelling power«, die nach der Beschleunigung von 1867 nun »immeasurably multiplied by the Act of 1884« worden sei, und so die Stellung des House of Lords in eine Anomalie verkehrt habe, die den »noble Lords« reichlich Anlaß »for painful reflection« bieten müsse. Gegenwärtig sei es unmöglich geworden, »[to] rest either on tradition, descent, or even genius: what is required is the broad basis of popular interest and popular support«.[21] Die Liste der hieraus resultierenden Mängel wird weiterhin angeführt von dem nicht einmal mehr theoretisch zu rechtfertigenden »hereditary principle« dem Fehlen wirklicher Verantwortung, so daß das Haus allenfalls noch zur Dignität der Krone, nicht aber der der Legislative beitragen könne. Auf den ersten Blick stelle es sich zwar so dar, wie Lord Salisbury gefordert habe, daß die Aufwertung der rechtlichen Stellung des Oberhauses »must be at the expense of the power of the House of Commons«. In Wirklichkeit jedoch bedeute dies nur die Wiederherstellung des in der Verfassung angelegten Gleichgewichts zwischen beiden Kammern.[22]

Die Aufnahmebereitschaft für die Reformvorschläge Roseberys blieb indessen 1888 ebenso gering wie vier Jahre zuvor. Mitglieder seiner eigenen Partei wie der Earl of Kimberley oder Earl Granville äußerten zögernd ein gewisses Verständnis und erklärten sich bereit, dem Antrag zuzustimmen, während das Hauptargument der Gegenseite sich darauf richtete, daß es der Würde des Hauses unangemessen sei, seine Existenzberechtigung in einem Ausschuß prüfen zu lassen. Salisbury gab der Debatte schließlich noch eine eher tagespolitische Wendung, indem er die von Rosebery monierte »preponderance of the Tory Party« ausschließlich in die Verantwortung der Politik Gladstones stellte, der durch sein Vorgehen im Jahre 1886 eine Mehrheit der Konservativen im Oberhaus auf unabsehbare Zeit festgeschrieben habe.[23]

Auch im Laufe der neunziger Jahre wurden die ursprünglich überparteilich und in relativ langfristigen Dimensionen gedachten Reformvorschläge Roseberys von seiten Dritter, und zwar nicht zuletzt aus seiner eigenen Partei, immer

21 Ebd., Sp. 1554ff. und 1560f.

22 Wie eine Tagebuchnotiz Edward Hamiltons andeutet, ging es Rosebery in dem Bemühen um eine Neugestaltung des Kräfteverhältnisses zwischen Ober- und Unterhaus nicht zuletzt darum, die Handlungsfreiheit der Exekutive auf eine solidere Grundlage zu stellen: »Rosebery is all for as little Parliamentary interference as possible with the Executive Government« (EHD, 2. Okt. 1887, zit. in: *Martel*, Imperial Diplomacy, S. 56).

23 Vgl. Hansard 3 (323), Sp. 1576ff., hier Sp. 1592f. Roseberys Antrag wurde schließlich mit 97 gegen 50 Stimmen zurückgewiesen. In der Tat war der Anteil der liberalen Lords nach 1886 auf zeitweise unter ein Fünftel gesunken. Auch erst jüngst kreierte Peers, wie z. B. der 1884 von Gladstone vorgeschlagene »poet laureate«, Tennyson, traten 1886 zur konservativen Seite über (vgl. *LeMay*, Victorian Constitution, S. 149f.).

wieder in die Interessen der Tagespolitik hineingezogen. Insbesondere während seiner Zeit als Premierminister mußte Rosebery die Erfahrung machen, daß seine prinzipiellen Forderungen kaum anders verstanden wurden denn als Teil aktueller Regierungspolitik. In welchem Maße er hierbei zunehmend in die Defensive geriet, spiegelt sich in dem ausgiebigen Briefwechsel, den er zwischen März und November 1894 mit der Königin führte,[24] und in dem er in sehr moderatem Ton seine bekannten Positionen erläuterte. Nachdrücklich versuchte er, die seinen Vorschlägen gegenüber nur sehr wenig aufgeschlossene Königin Viktoria davon zu überzeugen, daß dieser konstitutionelle Konflikt »in a time of calm like the present« beigelegt werden müsse, um eine spätere »wilder policy« zu vermeiden: »Later on, in time of passion, nothing less than revolutionary proposals will satisfy«.[25] Es stellte eine erhebliche Eintrübung ihres bis dahin engen Vertrauensverhältnisses zu Rosebery dar, daß die Königin in dessen Ideen lediglich eine Existenzbedrohung für das »ONLY REALLY independent House« zu sehen vermochte. Gegenüber diesem ungebrochenen, den Veränderungen der Zeit lediglich ängstlich begegnenden Bild, wies Rosebery eindringlich darauf hin, daß er selber im Grunde den einzigen »moderating influence in this matter« verkörpere. Während er die Hälfte seines Kabinetts, die in der Tat das Oberhaus abzuschaffen beabsichtige, in dieser Frage gegen sich habe und somit nach allen Seiten hin kämpfen müsse, hätte er gehofft, zumindest Ihre Majestät davon zu überzeugen, daß seine Politik »is sound in itself, essentially conservative in the best sense, and the one best calculated to avert evils which might wreck and ruin much in the Constitution which he desires to preserve«.[26]

Die Erfolglosigkeit seiner Politik, der Dissens innerhalb seiner eigenen Partei und die Tatsache, daß ihm das Forum des Unterhauses weiterhin verschlossen blieb und er statt dessen allein auf der öffentlichen Plattform die Chance hatte, eine breitere Resonanz zu finden, verstärkten seine Antipathie gegen das Oberhaus in dessen bestehender Form und brachten mehr und mehr einen Ton der Unversöhnlichkeit in seine öffentlichen Reden. So empfahl er Gladstone 1892, angesichts seines »rooted distaste for the atmosphere and habit of the House of Lords« nicht ihn, sondern Lord Kimberley mit der Führung der Partei im Oberhaus zu betreuen.[27] Gleichzeitig warf er dem Oberhaus öffentlich vor, durch seine Immobilität überhaupt erst die Unruhe, Agitation und schließlich Revolution zu provozieren, die sich zunehmend formiere.[28] Obwohl sich sämtliche seiner Befürchtungen der vergangenen zehn Jahre bewahrheitet hätten, fühle er sich dort wie ein Prophet, »crying in the wilderness« gegen eine Institution, die sich gegenüber jeglicher Reformpolitik lediglich noch als eine »permanent bar-

24 Vgl. LQV 3 (II), S. 384–449.
25 Ebd., S. 432 (sowie RP 10 066 f. 197).
26 Ebd., S. 384, 441 und 447.
27 Rosebery an Gladstone, 19. August 1892, RP 10 145 f. 1 f.
28 Rosebery in Bradford, 27. Okt. 1894, in: Speeches 1, S. 283.

rier« auswirke.[29] Es sei weder die Institution überhaupt, die er angreife, noch einzelne ihrer Mitglieder, sondern »[the] indefensible, the one-sided, the anomalous, the mediaeval control that they exercise over legislative work«.[30]

Nach den Erfahrungen seiner Amtszeit vermochte Rosebery weniger denn je eine mögliche Lösung des Konflikts innerhalb einer lediglich zwischen parteipolitischen Divergenzen oszillierenden Tagespolitik zu erkennen. Ähnlich wie für die irische Frage bedurfte es seiner Meinung nach auch für die Reform des House of Lords eines Konsenses zwischen beiden Parteien über Ziel und Durchführung einer solchen Reform, da nur so eine Situation vermieden werden könne, in der dem Land eine aus der weitere Entwicklung der Probleme und den Umständen resultierende Lösung aufgezwungen würde. In diesem Sinne notierte er im Sommer 1898 »that the House of Lords can never be efficiently dealt with by one party alone but by both. One party will have to be frightened into cooperation, the other party will have to be educated into compromise«.[31]

Anders als die irische Frage gehörte die Reform des Oberhauses nicht mehr zu den erklärten Zielen der 1902 gegründeten Liberal League, da diese sich auf die Bereiche Empirepolitik und Sozialreform konzentrierte und sich zudem bewußt außerhalb des bestehenden Institutionengefüges zu entwickeln versuchte. Nach deren Scheitern konnte auch die erneute Regierungsübernahme durch die Liberale Partei im Dezember 1905 für Rosebery keinen Grund darstellen, wiederum die Initiative für eine Reform zu ergreifen, für die er sich über zwei Jahrzehnte hin engagiert hatte. Zwar übernahm er 1908 noch einmal den Vorsitz in einem Ausschuß, der Reformvorschläge ausarbeiten sollte, doch erklärte er sich schließlich mit dessen Bericht nicht einverstanden und legte einen eigenen »minority report« vor.[32] In den für die Zukunft des House of Lords entscheidenden Auseinandersetzungen der folgenden drei Jahre entfaltete sich Rosebery erneut zu einem der vehementesten Verteidiger der prinzipiellen Notwendigkeit einer zweiten Kammer.[33] Dieses überzeugte Eintreten für ein Zweikammerparlament bildete letztlich das einzig herausragende Charakteristikum seines sporadischen politischen Auftretens in den Jahren 1909 bis 1911. Darüber hinaus versuchte er zunächst, das Oberhaus von dessen (in seinen Augen gefährlichen) Obstruktionspolitik gegen das Budget Lloyd Georges abzubringen, und bemühte sich

29 Rosebery in Edinburgh, 17. März 1894, in: Speeches 1, S. 176 sowie Rosebery in Cardiff, 18. Jan. 1895, ebd., S. 329.

30 Rosebery in London, 5. Juli 1895, ebd., S. 350.

31 Rosebery in Gastein, persönliche Notiz vom 2. Aug. 1898, RP 10 177 f. 106f.

32 Beide Berichte gingen unbeachtet zu den Akten. (Vgl. hierzu *Allyn*, Lords, S. 178).

33 Bereits 1904 hatte Rosebery die Existenz des House of Lords als die »only arena for free discussion left to us« verteidigt; Hansard 4 (130), 23. Febr. 1904, Sp. 708. Und 1907 setzte er sich gegen eine Reform-Bill der Regierung Campbell-Bannerman dafür ein, daß »the thinking part of the country would prefer a House of Lords unreformed to no Second Chamber at all«. Hansard 4 (174), 7. Mai 1907, Sp. 16–29, hier Sp. 26.

anschließend, auf den Gegenkurs der Regierung Asquith mäßigend einzuwirken.[34] Dem Parliament Act von 1911 stimmte er zwar nach langem Zögern zu, entschied sich jedoch gleichzeitig, das House of Lords ab sofort nicht mehr zu betreten.

2. Home Rule als Modell für »devolution«?

Während des gesamten für die vorliegende Arbeit eingegrenzten Untersuchungszeitraums bildete die irische Home Rule-Forderung ein Kernproblem der britischen Innenpolitik und des britischen Herrschaftsverständnisses. Durch die Initiative Gladstones von 1886 (und erneut 1893), diese Forderung zum Hauptinhalt seiner Politik zu erheben, wurde sie in besonderer Weise zu einem Problem innerhalb der Liberalen Partei. Zwar hatte die irische Frage schon seit Beginn der achtziger Jahre eine gewichtige Stellung in den politischen Auseinandersetzungen eingenommen, 1886 hingegen wurde sie für kurze Zeit zu einem übermächtigen, alle anderen Kontroversen in den Hintergrund drängenden und alternative Projekte blockierenden Faktor der britischen Politik. Für die Liberale Partei markierte das Jahr 1886 die Peripetie in einem Drama, in dem Rosebery glaubte, Akteur und Zuschauer zugleich sein zu können. Seine Distanz zu diesem Problem rührte daher, daß es ihm weder primär um Irland noch um die Liberale Partei an sich ging, sondern daß diese Frage für ihn nur im Zusammenhang mit anderen, ihm als drängender erscheinenden Problemen ein besonderes Gewicht gewann. Gleichzeitig erkannte Rosebery aber auch deutlicher als alle übrigen beteiligten liberalen Politiker die möglichen imperialen Rückwirkungen der Home Rule-Forderung und damit deren Bedeutung für das britische Herrschaftsverständnis überhaupt.

Überblickt man die Auseinandersetzung darüber, was für die achtziger Jahre unter dem Begriff der irischen Frage zusammengefaßt werden kann,[35] so lassen

34 Zum ersten vgl. seine Rede vom 24. Nov. 1909, Hansard 5 (4), Sp. 942–954; zum zweiten seine zahlreichen Beiträge zu dieser Debatte zwischen Februar 1910 und August 1911, Hansard 5 (5 bis 9). Nahezu unbeachtet blieb auch sein Antrag vom 14. März 1910 auf Umwandlung des gesamten Oberhauses in ein Komitee, das dann eine gleichzeitig von ihm vorgelegte Resolution beraten sollte, in der er erstens eine zweite Kammer forderte, zweitens, daß diese aus dem bestehenden House of Lords hervorgehen solle, sowie drittens die Aufhebung des »hereditary principle«. Vgl. Hansard 5 (5), Sp. 140f. sowie *Allyn*, Lords, S. 190f.

35 Als zeitgenössische Untersuchungen hierzu wäre vor allem hinzuweisen auf die von *James Bryce* edierte Aufsatzsammlung: Handbook of Home Rule, being Articles on the Irish Question, with preface by the Right Hon. Earl Spencer, 2. Aufl. London 1887 sowie auf die hervorragende Analyse von *Albert Venn Dicey*, England's Case against Home Rule, 3. Aufl. London 1887. Abgesehen von den Biographien bleibt unter den älteren Arbeiten noch immer unentbehrlich *J. Lawrence Hammond*, Gladstone and the

sich im wesentlichen drei Aspekte unterscheiden. Ein Hauptproblem der Londoner Parlamentsarbeit stellte die sogenannte Home Rule-Partei dar, die mit in der Regel 80 bis 86 Abgeordneten die große Mehrheit der irischen Bevölkerung repräsentierte. Ihr Führer, Parnell, hatte bereits in den siebziger Jahren Berühmtheit erlangt durch seine geschickte und provozierende Obstruktionspolitik, die zugleich seine Geringschätzung gegenüber dem britischen Parlament demonstrieren wie auch Konzessionen von diesem für Irland erzwingen sollte. Seine Partei stellte im Grunde einen Fremdkörper in Westminister dar, der sich gegenüber den beiden etablierten Parteien neutral verhielt und allen Problemen, die nicht Irland betrafen, nur ostentatives Desinteresse entgegenbrachte.

Einen zweiten Aspekt bildete die Aufrechterhaltung der sozialen Ordnung in Irland, wo die Gegensätze zwischen Pächtern und Gutsbesitzern ständig von neuem eskalierten und sich Ausweisung und Willkür auf der einen sowie Boykott und Rebellion auf der anderen Seite unversöhnlich gegenüberstanden. Die Ursache hierfür bildeten gravierende Strukturprobleme der irischen Wirtschaft. Der teilweise Zusammenbruch einer funktionierenden Judikative auf dem Lande und ein wachsender Verlust von Rechtsbewußtsein auf beiden Seiten stellten die Folge dar. Durch ihre doppelte Politik von »coercion« und »conciliation« gelang es der zweiten Regierung Gladstone nicht, die zunehmenden Spannungen beizulegen.

Als dritter Aspekt der irischen Frage bleibt schließlich noch die Diskussion um eine Reform der lokalen Selbstverwaltung zu nennen, die eine Einschätzung der Stellung Irlands innerhalb des britischen Herrschaftsverbandes verlangte. Als ein Teil des Vereinigten Königreiches hätte Irland prinzipiell gleichbehandelt werden müssen, während seine drohende Unregierbarkeit jeden möglichen Vergleich mit Schottland und Wales in Zweifel zog.

Vor allem dieser dritte Aspekt bestimmte in der Regel Roseberys Einschätzung der irischen Frage. Unter den wechselnden Begriffen »federation«, »local government« und schließlich »devolution« versuchte er immer wieder, den Blick nicht nur auf Irland zu beschränken, sondern eine Verbindung herzustellen mit

Irish Nation, London 1938. Aus der Fülle jüngerer Studien wäre hinzuweisen auf die minutiöse Darstellung von *Alistair B. Cook* und *John Vincent*, The Governing Passion. Cabinet Government and Party Politics in Britain 1885–86, London 1974 sowie auf die beiden Arbeiten von *Lewis Perry Curtis*, Coercion and Conciliation in Ireland 1880–1892. A Study in Conservative Unionism, Princeton/London 1963 und: Anglo-Saxons and Celts. A Study of Anti-Irish Prejudice in Victorian England, Bridgeport 1968. Die Politik der Liberalen Partei beleuchten besonders *Hamer*, Liberal Politics, und *Paul Felix Thiede*, Chamberlain, Irland und das Weltreich 1880–1895, Frankfurt 1977; während sich Aufschluß über die irische Seite vor allem finden läßt in *Peter Alter*, Die irische Nationalbewegung zwischen Parlament und Revolution. Der konstitutionelle Nationalismus in Irland 1880–1918, München/Wien 1971 und in *Conor Cruise O'Brien*, Parnell and his Party 1880–1890, Oxford 1957.

prinzipiellen Problemen des britischen Weltreiches. Rosebery ging es dabei in erster Linie nicht um moralische Schuld oder um historische Verpflichtungen. Sein Anliegen bildete der Erhalt des gefährdeten britischen Herrschaftsverbandes. Es hätte deshalb zeitgenössisch kaum Verwunderung zu erregen brauchen, wenn er 1894 Salisburys Formulierung aufnahm, derzufolge England als der gegenüber Irland »predominant partner« anzusehen sei, da eine solche Einschätzung sich auch schon zehn Jahre früher in seinen öffentlichen Äußerungen finden läßt.

Eine der ersten schriftlich fixierten Auseinandersetzungen Roseberys mit dem Irland-Problem bildet ein Memorandum von Anfang Mai 1882,[36] dem ein längeres Gespräch mit Lord Frederick Cavendish, dem neu ernannten Chief Secretary für Irland, vorausging. Hierin verteidigt Rosebery zunächst die Ausnahmegesetzgebung (»coercion«) der Regierung Gladstone, durch die der Rechtsweg für Verhaftungen in der notwendigen Weise erleichtert würde: »There are irreconcilables in Ireland«, so begründete er seine Einschätzung, »whom it is necessary to keep out of the way«.[37] Fortgesetzte Verhaftungen schienen Rosebery unvereinbar mit der kurz zuvor bekannt gewordenen Kontaktaufnahme Gladstones mit dem im Kilmainham-Gefängnis in Dublin inhaftierten Parnell.[38] Das tiefe Mißtrauen, das Rosebery dem Führer der irischen Home Rule-Partei entgegenbrachte, bildete ein wesentliches Motiv für seine Vorbehalte, die er in den folgenden Jahren im Hinblick auf die Irland-Politik Gladstones zum Ausdruck brachte. Doch lag seine Skepsis keineswegs nur in der Person Parnell begründet. Durch dessen Freilassung, so überlegt Rosebery in jenem Memorandum weiter, habe Gladstone sich unnötig unter Erfolgszwang gesetzt und leichtfertig wertvollen Handlungsspielraum preisgegeben. Das Vertrauen, das er Parnell eingeräumt habe, könne nun von diesem ebenso dazu benutzt werden, ihn, Gladstone, unter

36 Abgedruckt in *Rhodes James*, Rosebery, S. 128f.

37 Ebd. Dieser Einschätzung Roseberys ähnelte durchaus auch die Harcourts, der im Dezember 1883 Gladstone eindringlich daran erinnerte: »that the mass of the Irish people hate England with a bitter and irreconcilable hatred« und daß England nur durch Gewaltmaßnahmen in der Lage bleiben würde, Irland zu regieren (vgl. *Alfred George Gardiner*, The Life of Sir William Harcourt, 2 Bde, London 1923, hier Bd. 1, S. 497). Auch Harcourt fand sich 1886 nur zögernd bereit, Gladstones Home Rule-Vorlage zu unterstützen.

38 In Form eines indirekten, mysteriösen Briefwechsels hatte Gladstone im April 1882 mit Parnell vereinbart, diesen und einige Gesinnungsgenossen gegen die Zusage freizulassen, daß sie sich um eine Eindämmung der Unruhen in Irland bemühten und versprachen, nur noch parlamentarisch zu agieren (vgl. hierzu vor allem *J. Enoch Powell*, Kilmainham – The Treaty that never was, in: HJ 21 (1978), S. 949–959). Dieser »Vertrag«, dessen Zustandekommen Gladstone zunächst geheimzuhalten versuchte, der jedoch durch den sofortigen Rücktritt des Chief Secretary for Ireland, William E. Forster, Publizität erlangte, stellte den Beginn der politischen Annäherung zwischen Gladstone und Parnell dar.

Druck zu setzen. Für sich persönlich sah Rosebery hierin bereits einen hinreichenden Grund zum Rücktritt, da er nicht langfristig mit einer Politik in Verbindung gebracht werden wollte, die er weder rechtfertigen noch verteidigen könne, sondern für einen »fatal mistake«[39] hielt.

Bevor Rosebery 1886 Gladstones Politik zustimmen und dessen Home Rule-Vorlage unterstützen konnte, bedurfte es weiterer intensiver Auseinandersetzungen mit diesem Problem. Von den Motiven Gladstones ließ er sich hierbei nur sehr begrenzt überzeugen. Die Gründe, die ihn zu einer Lösung des Irland-Problems drängten, waren anfangs eher negativer Art, während er etwa seit dem Herbst 1885 versuchte, ihnen eine positive Wendung zu geben, indem er die erneut vom Chamberlain in die Diskussion gebrachten Vorschläge für eine umfassende Reform der lokalen Selbstverwaltung aufnahm und in den Mittelpunkt seiner Überlegungen stellte.

Zunächst erkannte er in der irischen Frage lediglich ein Hindernis, ein »appalling problem«, das die gesamte Londoner Regierungsarbeit belastete. In diesem Sinne führte er 1884 Irland als eine der wichtigsten Ursachen an, die einer angemessenen Empirepolitik noch im Wege stünden: »It wastes our time, exhausts our energies, blocks all legislation, and is a public misfortune to our country«.[40] Selbst noch im Juni 1885, als er bereits ansatzhaft in der Reform der lokalen Selbstverwaltung eine mögliche Entlastung des »Imperial Parliament« erkannte, zögerte er zunächst, Irland hierin voll einzubeziehen.[41] In dieser Zurückhaltung spiegelte sich nicht nur seine anhaltende Skepsis gegenüber einer allzu gutgläubigen »Lösung« der irischen Frage, sie verweist zudem auf den engen Zusammenhang zwischen seinem Interesse an einer Entlastung des Parlaments auf der einen und der notwendigen Aufrechterhaltung der Entscheidungsautonomie Londons auf der anderen Seite: »I am not particularly anxious to govern Ireland from England, but I am much less anxious to be governed from Ireland in England«.[42] Dies setzte voraus, daß der dominierende Einfluß der irischen Abgeordneten in Westminster, die 1885 zum Zünglein an der Waage jeder Regierungsmehrheit geworden waren, aufgehoben würde. Einschneidende Maßnahmen in bezug auf die irische Frage sollten nach der Überzeugung Roseberys unabhängig getroffen werden von dem Einfluß und dem in seinen Augen unzuverlässigen Verhalten der irischen Abgeordneten: »I think the Irish vote should

39 Ebd. Seine nur zweitrangige Stellung sowie seine »personal devotion« gegenüber Gladstone ließen Rosebery den Gedanken an einen Rücktritt zunächst zurückstellen, bis er ihn nach der brutalen Ermordung Cavendishs und des Permanent Secretary, T.H. Burke, im Dubliner Phönix Park am 6. Mai 1882 bis auf weiteres aufgab. Mit dem ihm eigenen Pathos notierte er in seinem Tagebuch: »All hands are wanted at the pumps«. (RP 10 176 f. 49f.; auch zitiert in: *Rhodes James*, Rosebery, S. 130).

40 Rosebery in Adelaide, 18. Jan. 1884, in: Australian Speeches, S. 54.

41 »The question of Irish local government must be treated by experts, must be met by experts« (Rosebery in Edinburgh, 29. Juni 1885, Pamphlet, S. 15).

42 Rosebery in Sheffield, 20. Oktober 1885, in: Speeches 2, hier S. 64.

no longer be a factor in the British Parliament, and ... that we ought to govern Ireland, or endeavour to legislate for Ireland, without reference to the Irish vote«.[43] Noch pointierter freilich, aber für sein Denken charakteristisch, formulierte er einen Monat später auf einem Bankett der Liberalen Partei in Edinburgh suggestiv die Frage: »Do you wish to deal with Ireland as a law-giver or as a huckster?«[44]

Die Wiedergewinnung der Entscheidungsautonomie allein konnte jedoch nicht als hinreichend angesehen werden, um einer »Lösung« des Irland-Problems näherzukommen, da dessen Komplexität zum Teil nicht nur völlig unvereinbare, sondern auch ganz und gar unberechenbare Aspekte einschloß. Jeder direkte Vergleich mit anderen Teilen des Empire erschien Rosebery deshalb unangemessen, weil die »one great and essential difference« zwischen Irland und den Siedlungskolonien darin bestehe, »that the colonies are loyal, and Ireland, I greatly fear, is not«.[45] Die Frage, vor die sich Rosebery (wie auch die Mehrzahl der politischen Entscheidungsträger in London mit ihm) 1885/86 gestellt sahen, reduzierte sich in ihrem Kern daher zu einer nach dem geringsten Übel: Sollten sie versuchen, durch eine in beide Richtungen intensivierte Fortsetzung der doppelten Politik von »coercion« und »conciliation« die Union aufrechtzuerhalten, wenn auch mit der großen Wahrscheinlichkeit, daß diese weiterhin die eigenen Handlungsmöglichkeiten einschränkte und daß Irland sich im Falle einer erneuten Ausweitung der Spannungen eventuell gewaltsam aus dieser Bevormundung befreite? Oder sollten sie Irland eine wie auch immer modifizierte, im letzten wahrscheinlich doch auf völlige Loslösung hinauslaufende Art von Selbstregierung gewähren, die dann für die protestantische Bevölkerung Ulsters ebenso wie für die britische Politik insgesamt eine Vielzahl noch völlig unabsehbarer, in ihren Auswirkungen sich unter Umständen aber als weitaus gravierender erweisende Folgeprobleme nach sich zu ziehen drohte?

Rosebery gelangte weder 1885/86 noch in den folgenden Jahren zu einer überzeugenden, eindeutigen und umfassenden Antwort auf diese Frage. Seine Zustimmung zu Gladstones Irland-Politik 1886 lieb vage, seine Haltung zur Home Rule-Vorlage passiv.[46] In den Monaten vor Bildung der dritten Regie-

43 Rosebery in Paisley, 15. Oktober 1885, in: Speeches 2, hier S. 34.

44 Rosebery in Edinburgh, 13. November 1885, Pamphlet, S. 29.

45 Rosebery in Paisley, 15. Oktober 1885, Speeches 2, S. 35. Auch *Cook* und *Vincent* gelangen unter anderem zu dem Ergebnis: »There are strong reasons for thinking a solution was almost impossible in 1886« (Governing Passion, S. 162).

46 Während seiner gesamten Amtszeit in dieser sogenannten Home Rule-Regierung Gladstones weisen die Parliamentary Debates keine einzige Stellungnahme Roseberys zu diesem Problem beziehungsweise zur Verteidigung seiner Regierung aus (vgl. Hansard 3, Bde, 304–306). Nach ihrem Zusammenbruch im Juli dichtete er lediglich süffisant: »Alas, for human hope and human plan/Short cuts, dear friends, are perilous to man/Strong he goes forth, with aspiration big,/Returning often prostrate in a gig« (RP 10 177 f. 179). Mit zunehmender Distanz jedoch wurde sein Urteil über die Irland-

rung Gladstone im Februar 1886 warnte Rosebery diesen lediglich wiederholt vor einer Zusammenarbeit mit Parnell: »I have the strongest opinion«, so schrieb er eindringlich, »that any step of the kind on your part at the moment might be fatal to our cause and party«.[47] Nachdem es im Januar 1886 dann doch faktisch zu dieser Koalition gekommen war, obwohl Gladstone Rosebery zuvor wiederholt versichert hatte, im Hinblick auf eine Lösung des Irland-Problems keine weiterreichenden Initiativen geplant zu haben,[48] richtete Rosebery seine Aufmerksamkeit ab Februar nahezu ausschließlich auf seine neuen Aufgaben als Außenminister.

Die einzig mögliche positive Wendung, die die Diskussion um Home Rule für Irland in den Augen Roseberys hätte nehmen können, wäre ihre Integration in eine umfassende Reform der lokalen Selbstverwaltung gewesen. So steht dieser Gedanke während der folgenden zwei Jahrzehnte stets im Zentrum seiner Argumentation, insofern er zur anhaltenden Home Rule-Diskussion Stellung nahm. Im Unterschied zur Home Rule-Politik Gladstones, die die Diskussion um »Local Government« aus den frühen achtziger Jahren gewissermaßen ablöste, hätte eine solche Verwaltungsreform an der legislativen Souveränität Westminsters festgehalten und vor allem die Zuständigkeiten der exekutiven Behörden in Dublin positiv festgelegt, statt diese – wie Gladstone es tat – nur negativ abzugrenzen. Hierdurch hätte London auf spezifisch regionale Bedingungen eingehen und zum Beispiel Sonderregelungen für Ulster kontrollieren können. Der dieses Konzept leitende Gedanke bestand darin, daß es unabhängig davon, welche administrativen Aufgaben im einzelnen auch immer delegiert werden mochten, ausgeschlossen werden konnte, daß der Grad der Unabhängigkeit Irlands umschlagen konnte in eine völlige Loslösung von Großbritannien.

Ein derartiger Vorschlag Chamberlains, der in Gestalt seines »Central Board«-Entwurfs im Mai 1885 vom Oberhaus zurückgewiesen worden war, fand nach anfänglichem Zögern sehr bald die Zustimmung Roseberys.[49] Anders als Cham-

Politik Gladstones immer negativer. Seit dieser sich zum Home Ruler erklärt und eine Regierung gebildet habe, um diese Idee in die Tat umzusetzen, so notierte er 1898, sei zwar das Problem im wesentlichen gleichgeblieben: »The result was that he smashed the Liberal Party, and reduced that party ... to a subordinate position« (Memorandum vom 28. Juli 1898, RP 10 177 f. 118–121). Vor dem City Liberal Club weitete er am 19. Juli 1901 sein Urteil sogar noch aus und erklärte, »that the separation which took place in 1886 was in reality due far more to the foreign policy of the Government from 1880 to 1885, culminating in the fall of Khartum and the death of Gordon, than in any particular animosities in regard to the Irish question« (Liberal Magazine, Bd. 9, 1901, S. 388).

47 Rosebery an Gladstone, 12. Dez. 1885, GladP 44 288 f. 279–284. Vgl. auch seinen Brief an Gladstone vom 13. Nov. 1885, RP 10 023 f. 114–118.

48 Vgl. seine beiden Briefe an Rosebery vom 24. Dez. 1885 und 1. Jan. 1886, RP 10 023 f. 139f und 143f.

49 Vgl. hierzu vor allem *Christopher H. D. Howard*, Joseph Chamberlain, Parnell, and the

berlain glaubte er von vornherein, hierin zugleich ein Modell für Schottland, England und eventuell auch andere Teile des Empire sehen zu können. In seiner Rede in Edinburgh vom 29. Juni 1885 postulierte er es als eine der wichtigsten Aufgaben der künftigen Regierung, Vorschläge auszuarbeiten, wie den einzelnen Gebieten des Vereinigten Königreichs »the largest possible amount of local self-government, consistently with the unity of the Empire« gewährt werden könne. Dies entsprach zum einen Roseberys Idee einer Einheit von »larger« und »lesser patriotism«, da es dem Verantwortungsgefühl des einzelnen neue Aufgaben bot, zum anderen hoffte Rosebery, »[to] relieve Parliament of much of its drudgery, and reconvert what is rapidly becoming a parochial assembly into an Imperial Parliament«.[50]

Sein primäres Interesse am Erhalt sowohl der Einheit des Empire als auch einer starken Zentralregierung in London mußte Rosebery jeden auf Irland begrenzten Lösungsversuch als fragwürdig erscheinen lassen. In einer integrierten Reform der lokalen Selbstverwaltung hingegen erkannte er nicht nur »the tendency of the age«, sondern sogar »on the whole, a wholesome tendency«, ein Gegengewicht (»counterpoise«) gegenüber möglicher Disloyalität und eine einfache Quelle des nötigen Selbstvertrauens für die Lösung großer Probleme.[51] Der »true spirit« des britischen Weltreiches, so schrieb er im Mai 1886 an seinen Privatsekretär und Vertrauten, Munro-Ferguson, liege darin, »that every part of it should be contented and ruled so far as may be by its own representatives, consistently with that imperial duty which is as dear to us as to any of our opponents«.[52] Dies bedeute zwar, daß die irische Frage einer Lösung nähergebracht werden müsse und nicht auf Dauer nur durch Ausnahmegesetze regiert werden könne; jede einschneidende Maßnahme hätte aber in Einklang stehen müssen mit dem Erhalt des britischen Herrschaftsverbandes insgesamt. Aus diesem Grunde richtete er zwei Tage später seinen »humble protest« an Gladstone, indem er ihn aufforderte, seine Irland-Politik nicht weiter abzukoppeln von den übrigen Problemen der Außen- und Empirepolitik. Eine einseitige Maß-

Irish ›central board‹ scheme 1884/85, in: IHS 8 (1952/53), S. 324–361. Chamberlains Entwurf sah vor, daß eine Zentralbehörde in Dublin (zunächst »central board«, später »Irish board« genannt) vor allem mit einer Reform des Erziehungswesens, der gesamten Infrastruktur und sogar einer Landreform beauftragt werden sollte, und zwar nicht zuletzt mit dem unausgesprochenen Ziel, durch diese mit Arbeit und Verantwortung überlastete Behörde die irische Home Rule-Forderung zu absorbieren. Noch etwas unsicher in der Terminologie hatte Rosebery während einer Sitzung auf einem Zettel an Chamberlain notiert: »I am a Scottish home-ruler as well as Irish« (zit. in *Rhodes James*, Rosebery, S. 167).

50 Rosebery in Edinburgh, 29. Juni 1885, Pamphlet, S. 14f.

51 Rosebery in Paisley, 15. Oktober 1885, in: Speeches 2, hier S. 45.

52 Rosebery an Munro-Ferguson, 4. Mai 1886, RP 10 017 f. 23.

nahme könne auf den ersten Blick vielleicht als nützlich erscheinen, langfristig jedoch zerstöre sie das Empfinden (»sentiment«) des britischen Parlaments.[53]

Nach dem für die Liberale Partei ruinösen Scheitern der Home Rule-Politik Gladstones von 1886 versuchte Rosebery weiterhin, den Parteiführer von seinem Konzept einer einseitigen Lösung für Irland abzubringen und die Home Rule-Forderung zunehmend als eine imperiale Frage zu behandeln. Während er zunächst sogar auf eine erneute Zusammenarbeit mit dem Chamberlain-Flügel hoffte,[54] empfahl er Gladstone nach 1889, einen »Central Board«-Vorschlag »like Chamberlain's« neu aufzugreifen.[55] Unverkennbar mischte sich aber zunehmend Resignation in seine Überlegungen, die eine unmittelbare Lösbarkeit der irischen Frage tendenziell in Zweifel zogen und sie deshalb um so mehr unter andere Probleme subsumierten. Wiederholt betonte er nun, selber kein Home Ruler oder zumindest »not an enthusiastic Home Ruler« zu sein.[56] Er glaube nicht daran, so schrieb er in diesem Brief an Königin Viktoria weiter, daß Home Rule »a certain panacea for the secular ills of Ireland« bedeuten könne, und sei nur begrenzt bereit, sich für diese Reform einzusetzen. Alles in allem jedoch halte er sie für »the most practicable or least impracticable method of governing that country, and, indeed, until it shall have been tried, he knows of no alternative: for he believes that were the hope of Home Rule to be removed the latent forces of anarchy and revolution would break out with renewed horror.« Aber selbst diese Revolutionsangst ließ ihn kurze Zeit später, im September 1893, die zweite Home Rule-Vorlage nur mit gedämpfter Überzeugung vor dem Ober-

53 Rosebery an Gladstone, 6. Mai 1886, GladP 44 289 f. 38.

54 Mit Bezug auf die ab Mitte Januar 1887 auf Initiative Harcourts stattfindende Round Table Conference, die eine Reintegration der Radikalen um Chamberlain in die Liberale Partei erreichen sollte, schrieb Rosebery am 11. Januar 1887 aus Kalkutta an Gladstone: »I am confident that a common ground of action can be discovered for I know your moderate and conciliatory frame of mind« (GladP 44 289 f. 65 f.). Rosebery hatte die Intransigenz Gladstones jedoch weit unterschätzt, da dieser einen Monat später die Konferenz platzen ließ, obwohl seine Vertreter Harcourt, Morley und Herschell sich bereits weitestgehend mit Chamberlain und Trevelyan geeinigt hatten. Vgl. hierzu *Michael Hurst*, Joseph Chamberlain, the Conservatives and the succession to John Bright 1886–1889, in: HJ 7 (1964), S. 64–93, vor allem S. 77.

55 Rosebery an Gladstone, 11. Aug. 1889, GladP 44 289 f. 92–99. Von den Übereinstimmungen zwischen Rosebery und Chamberlain im Hinblick auf die irische Frage berichtet auch *John Morley*, Recollections, 2 Bde, London 1917, hier Bd. 1, S. 296f.

56 Hier aus einem Brief an Queen Victoria vom 9. Juni 1893, RP 10 065 f. 4f.; teilweise zit. in: LQV 3 (II), S. 262, dem auch die folgenden Zitate entstammen. Bereits in seiner Rede in Paisley vom 15. Okt. (Speeches 2, S. 41), auf die er sich auch in den neunziger Jahren noch des öfteren bezog, hatte er festgestellt: »I don't suppose I am a Home Ruler«; und in einem Brief an den Herausgeber des Liverpool Daily, E. Russell, vom 18. Febr. 1902 (RP 10 131 f. 293f.) notierte er: »I have not been what is called a Home Ruler«.

haus verteidigen. »I am not certain about anything with regard to Ireland«, so erklärte er einleitend, und er spreche somit lediglich »as a witness, but not as an enthusiastic witness, in favour of Home Rule«.[57] Aus einer inneren Distanz heraus nahm Rosebery im Grunde gar nicht zu der eigentlichen Vorlage Stellung, sondern versuchte lediglich, die allgemeine Richtung zu rechtfertigen, in die diese Politik zu führen schien. Er vermied eine inhaltliche Auseinandersetzung mit den Einzelproblemen der Vorlage, indem er sie insgesamt als die letzte Möglichkeit darstellte, die der Handlungsfreiheit Westminsters geblieben sei: »All other policies we had tried and failed; this alone remained, and we tried it«.[58] Zudem behalte die Entscheidung gezwungenermaßen experimentellen Charakter, so daß die Autorität Londons letztlich nicht in Zweifel gezogen zu werden brauche.[59]

Innerhalb der doppelten Begründung, die Rosebery für seine Haltung gibt, erweist sich die negative als interessanter denn die positive. Ein demokratisch verfaßtes Gemeinwesen, so führt Rosebery aus, sei auf Dauer gar nicht fähig, nur mit Ausnahmegesetzen zu regieren. »Coercion is a valuable instrument, but coercion demands continuity«. Als demokratischer Staat könne Großbritannien nicht jene »perpetual dictatorship« in Irland errichten, die notwendig wäre, um die von Salisbury geforderten »20 years of resolute govenment« auch praktisch durchzuführen. Der Londoner Regierung bleibe deshalb kaum eine andere Wahl, als sich auf den Versuch einzulassen, den diese Home Rule-Vorlage darstelle.[60] Positiv erkannte Rosebery demgegenüber eine Stärkung des Empire in der Möglichkeit, die Handlungsfähigkeit seiner Zentralregierung unter Beweis zu stellen, statt sich im Mutterland selber ständig Hilflosigkeit demonstrieren lassen zu müssen.[61] Es bilde eine »reproach to our Empire, to our Government,

57 Hansard 4 (17), Sp. 380–403, hier Sp. 386 und 393. »Home Rule is not a fanaticism«, so erklärte er an dieser Stelle weiter, »it is not a question of sentiment; it is scarcely even a question of history. It is not a counsel of perfection; but it is on the whole, the best of our courses to be pursued in dealing with a highly critical and complex subject«.

58 Ebd., Sp. 397. Rosebery verschafft sich an dieser Stelle noch einmal erneut Distanz dadurch, daß er das Scheitern der ersten Vorlage von 1886 als keineswegs bedauerlich bezeichnet. Die Liberale Partei habe so erstens ihre Politik mit der der Konservativen Partei vergleichen, zweitens sich ein besseres Bild der irischen Fraktion verschaffen und drittens sich von den angeblichen Überzeugungen der abgespaltenen Unionisten überzeugen können.

59 Es kennzeichnet sowohl die prinzipielle Reformbebreitschaft Roseberys als auch seine gleichzeitige Skepsis gegenüber den Erfolgsaussichten administrativer Entscheidungen, wenn er pauschalierend erklärt: »All legislation is experimental, and Irish legislation is necessarily experimental« (Ebd., Sp. 402 f.).

60 Ebd., Sp. 396 und 400 f.

61 »It is because I wish to avert a practical dismemberment of the Empire that I stand before your Lordships as a supporter of Home Rule to-night« (Ebd., Sp. 399; vgl. auch Sp. 387 und 403).

and to our Parliament«, wenn Großbritannien »at the core of our Empire« offen seine Ohnmacht eingestehen müsse.[62]

Entschlossenheit, die Entscheidungsgewalt letztlich in der Hand zu behalten, trat um so mehr in den Vordergrund, als Rosebery nach der Zurückweisung der Vorlage durch das Oberhaus im September 1893 im Hinblick auf die Möglichkeiten einer Irland-Gesetzgebung weitgehend resignierte.[63] Vor jeder weiteren derartigen Konzession, so stimmte er im März 1894 Salisbury voll und ganz zu, müsse England, »as the predominant Member of the partnership of the Three Kingdoms«,[64] von deren Angemessenheit und Rechtmäßigkeit überzeugt werden. Die Notwendigkeit einer Vorrangstellung Englands, so ergänzte er im folgenden Jahr, drücke nicht nur »the result of my deepest and most conscientious convictions« aus, sie repräsentiere auch »the common sense of the Irish question«. Es stehe somit völlig außer Frage, daß jede Entscheidung über ein Irland-Gesetz in London getroffen werden müsse.[65]

Die einzige in seinen Augen sinnvolle und mögliche Maßnahme, an der er auch über die Jahrhundertwende hinaus noch festhielt, blieb eine breit angelegte Delegierung von Verwaltungsautonomie innerhalb des gesamten Vereinigten Königreichs, zu der die Home Rule-Vorlage von 1893 eventuell ein Modell hätte bieten können.[66] Sein Interesse an einer solchen »devolution« zielte in erster Linie auf eine Entlastung des völlig überbürdeten »Imperial Parliament«, das seinen weltweiten Verpflichtungen nicht mehr die nötige Zeit widmen könne. In einer »large measure of devolution, subject to imperial control« liege demgegenüber »the secret of the future working of our Empire«.[67] In diesem Sinne zählte

62 Ebd., Sp. 398f.

63 Vielleicht könne die Zeit dereinst noch etwas zur Lösung der irischen Frage beitragen, bemerkte Rosebery vor dem City Liberal Club am 20. April 1894, Liberal Magazine, Bd. 2 (1894), S. 114; und an Kimberley schrieb er am 21. Juli 1896 mit Bezug auf die Irish Land Bill der neuen Regierung Salisbury, daß jeder so abstimmen solle, wie er es für richtig halte: »I do not summon anybody; and, though I shall be present, I shall take no part« (Kimberley papers 10 247 f. 24).

64 Hansard 4 (22), Sp. 32. Rosebery wiederholte diese Formulierung am 14. Aug. 1894 sowie mit besonderem Nachdruck am 15. Aug. 1895, Hansard 4 (28), Sp. 971 und (36), Sp. 44. Auch in verschiedenen Briefen griff er diesen Begriff auf.

65 »You must legislate for Ireland«, lautete die Schlußfolgerung Roseberys; Hansard 4 (36), Sp. 43–45.

66 In seiner Rede vor dem Oberhaus schränkte er ein: »I myself would have preferred some scheme of devolution which would have been applicable to all countries alike in the United Kingdom«. Bevor es jedoch hierzu kommen könne, müsse das Irland-Problem beiseitegeschafft werden: »We want to get Ireland out of the way in order that the time and energy that it engrossed in our Parliament might be better given to other purposes«; Hansard 4 (17), Sp. 398.

67 Rosebery in Cardiff, 18. Januar 1895, in: Speeches 1, S. 328. In dem gleichen Sinne hatte er am 12. März 1894 vor dem Oberhaus erklärt: »I believe that the maintenance

es auch zum Konzept der Liberal League, daß »a scheme of Universal Local Government for Great Britain and Ireland« »will relieve our congested Parliament and our still more congested Downing Street«.[68] Unter keinen Umständen dürfe dies aber zu einer legislativen Loslösung Irlands führen: »I am not prepared at any time, or under any circumstances, to grant an independent Parliament in Dublin«.[69]

Es entbehrt nicht einer gewissen Ironie, wenn Rosebery 1909 dem Oberhaus dafür dankte, ein Home Rule-Gesetz verhindert zu haben und hinzufügte, »that the last remaining obstacle to Home Rule, the only remaining barrier to the establishment of Home Rule, is the House of Lords«.[70] Den Hintergrund hierfür bildete in erster Linie die Furcht vor einer revolutionären Ausweitung der Feindseligkeiten, deren Ursachen zu beseitigen es keine Lösung mehr zu geben schien, deren Folgen es aber unter Kontrolle zu halten galt. Ferner spielte auch schlicht Resignation mit hinein, wenn er feststellte: »We do not, and never shall, thoroughly understand the Irish character«.[71] Die irische Frage war und blieb somit für Rosebery ausschließlich ein politisches Problem, dem man auch nur innerhalb der politischen Möglichkeiten mehr oder weniger gerecht werden konnte. Bereits für den jüngeren Pitt habe »the Irish question in its most menacing and formidable shape« die größte innenpolitische Belastung dargestellt: »An aspect which it retains to this hour. It has never passed into history, for it has never passed out of politics«.[72]

3. Sozialreform als überparteiliche Aufgabe

Das Eintreten für nationale Interessen im allgemeinen beziehungsweise öffentliche Reformprojekte im besonderen stellte für Rosebery zu keinem Zeitpunkt lediglich die Verpflichtung der einen oder der anderen Partei dar. Die Aufgabe der jeweiligen Regierung bestand aus seiner Sicht darin, richtungweisend bestimmte Reforminteressen oder -projekte zu unterstützen, nicht aber deren Durchführung und Verwaltung in jedem Fall ganz in die eigene Regie zu übernehmen. Auf dem Gebiet sozialer Reformen im weitesten Sinne lag für ihn das Ziel der Politik in der Schaffung von Rahmenbedingungen, die auf legislativer Ebene sicherstellten, daß der notwendigen Eigeninitiative von Korporationen,

of this Empire depends, not on centralisation, but on decentralisation«; Hansard 4 (22), Sp. 33.

68 Rosebery in Leeds, 30. Mai 1902, LLP 12, S. 5.

69 Rosebery in Liverpool, 14. Febr. 1902, LLP 3, S. 12.

70 Hansard 5 (4), 24. Nov. 1909, Sp. 953.

71 Hansard 4 (36), 15. Aug. 1895, Sp. 44.

72 *Rosebery*, Pitt, S. 172.

lokalen Selbstverwaltungskörperschaften oder auch von einzelnen Individuen der notwendige Handlungsspielraum eingeräumt und deren Bereitschaft, Eigenverantwortung zu übernehmen, keine parteipolitischen Schranken entgegengesetzt wurden. Dies entsprach nicht nur klassisch-liberalen Prinzipien, sondern in vieler Hinsicht auch der Tradition Großbritanniens, dessen Innenpolitik seit Jahrhunderten stärker von lokalen als von nationalen Institutionen geprägt worden war.

Trotz seiner wiederholten Mitarbeit an außer- beziehungsweise überparteilichen Reformprojekten und seiner generellen Überzeugungen im Hinblick auf die Dringlichkeit sozialer Verbesserungen blieb Roseberys Sachkenntnis in diesen Fragen stets allgemein und schemenhaft. Anders als im Bereich der Außenpolitik gelangte er in der Wirtschafts- und Sozialpolitik nur selten über Leerformeln hinaus, seine Stellungnahmen zu konkreten Inhalten fielen fast immer vage aus, Details blieben ihm fremd. Roseberys Haltung zu Fragen der Sozialfreform entsprang häufiger prinzipiellen Überlegungen als der Auseinandersetzung mit bestimmten Einzelproblemen. Ein feines Gespür zeigte er demgegenüber für sich andeutende Richtungsänderungen innerhalb der Sozialpolitik, deren rasch wachsende Bedeutung sowohl für die Innen- als auch für die Außenpolitik er schon früh erkannt hatte. Bereits in seiner Rede vor dem Social Science Congress von 1874 wies er darauf hin, daß das Gewicht sozialer Reformen in einem Maße steige, »that we may be approaching a period of social revolution«.[73] Eine Erläuterung der Umstände für einen solchen gesellschaftspolitischen Umbruch findet sich in seinen öffentlichen Äußerungen jedoch erst etwa zehn Jahre später, als er innerhalb desselben thematischen Kontextes ausführte: »It was all very well when you had a Parliament of boroughmongers fifty years ago. It was all very well even when you had a Parliament of a more restricted suffrage than you have now.« In einer Zeit aber, in der sämtliche Schichten der Bevölkerung (»all classes«) im Parlament vertreten seien, müsse gerade den neuen Problemen der Sozialpolitik eine weitaus größere Beachtung geschenkt werden als in der Vergangenheit: »Until you have good homes and fair opportunity for the people, you have a source of danger in your multiplying population, growing up in so restricted a space«.[74]

Den mittelbaren Hintergrund der Sorge Roseberys bildete der seit dem Ende der siebziger Jahre zunehmende Einfluß des sozial-radikalen Flügels innerhalb der Liberalen Partei. Im Unterschied zu den älteren »Radikalen« wie vor allem Cobden, Bright, Mill oder selbst Gladstone richtete der neue »Social Radicalism« beziehungsweise »New Liberalism«[75] seine Aufmerksamkeit nicht nur auf einzel-

73 Rosebery in Glasgow, 30. Sept. 1874, in: Speeches 1, S. 38.

74 Rosebery in Sheffield, 20. Okt. 1885, in: Speeches 2, hier S. 58f.

75 Aus der Fülle der zu diesem Themenbereich vorliegenden Literatur sei vor allem hingewiesen auf *Peter F. Clarke*, Lancashire and the New Liberalism, London 1971; *H. V. Emy*, Liberals, Radicals and Social Politics 1892–1914, Cambridge 1973; *Free-*

ne Reformprojekte, die jeweils den Interessen einer bestimmten Minderheit entsprachen, sondern versuchte – den veränderten Bedingungen des parlamentarischen Systems Rechnung tragend – Reformvorhaben zu koppeln und ihre Rangfolge nach Prinzipien festzulegen, deren Kriterien keineswegs nur aus sachlich-pragmatischen Überlegungen resultierten. Was im mittelviktorianischen Großbritannien oft nur schlicht als Reform bezeichnet worden war, wurde nunmehr integriert in einen Katalog von Sozialreformen, und traditionelle Philanthropie wurde in beschleunigter Weise abgelöst von sowohl ethisch, als auch sozialpolitisch begründeten neuen Gesellschaftsvorstellungen.

Diese Entwicklung verlangte zunehmend nach der Einführung neuer Konzepte in die Parteipolitik sowie nach einer theoretisch fundierten Programmatik, wie sie in von Jahr zu Jahr differenzierterer Form namentlich von der 1877 mit Zentrum in Birmingham gegründeten National Liberal Federation (NLF) vorgelegt wurde. Daß dieser neue »Radikalismus«, der in den neunziger Jahren auch viele der unter anderem von den sogenannten »Liberal Imperialists« vorgetragenen Effizienzforderungen in seine Zielsetzungen aufnahm, zeitweise in Rosebery eine neue Führerfigur gefunden zu haben hoffte, die die traditionelle »single issue«-Politik Gladstones abzulösen vermocht hätte,[76] beruhte nicht auf einer möglichen Unkenntnis der Ziele und Wertvorstellungen Roseberys, sondern läßt sich sehr wohl inhaltlich begründen. Rosebery zeichnete sich nicht nur durch eine enorme Popularität nach außen und durch deutliche Führungsqualitäten innerhalb der Partei aus, er unterstützte ebenso viele der Einzelforderungen dieses neuen Liberalismus. Im Anschluß an ein Gespräch mit Rosebery notierte Edward Hamilton 1892, daß die Liberale Partei Rosebery dringend benötige, da weder Harcourt noch Morley und schon gar nicht Gladstone die Forderungen der Zeit zu erkennen in der Lage seien: »›Cobden-ism‹ was coming to an end; new doctrines were being developed; and fresh wants were being created. He [Rosebery, H. R.] did not feel at all sure that the aspirations of the new democracy would be realised; but at any rate experiments on new lines

den, New Liberalism (vor allem S. 92 und 167), sowie auf die ebenfalls bereits zitierte Arbeit von *Hamer*, Liberal Politics.

76 Beatrice Webb faßte die Erwartungen, die einige der Fabier an Rosebery geknüpft hatten, zusammen, als sie am 26. Juli 1901 in ihrem Tagebuch notierte: »Rosebery is bound by no ties and can do the necessary work of the iconoclast of the Gladstonian ideals. Rosebery's business is to destroy Gladstonianism. Whether or not he is to become a real leader depends on whether he has anything to put in the place of a defunct Liberalism. Mere Imperialism will not do: that the other side have. Now supposing he fails, as I think we will fail, to be constructive, then he leaves the field open to Asquith, Grey and Haldane with a good deal of the rubbish cleared away«. (The Diary of Beatrice Webb, hrsg. von *Norman* und *Jeanne Mackenzie*, Bd. 2: 1892–1905, All Good Things in Life, London 1983, S. 215).

would have to be tried, and tried by those who had loosened their old moorings«.[77]

Stand Rosebery somit vielen inhaltlichen Forderungen der »Social Radicals« keineswegs ablehnend gegenüber, so bedeutete die Form ihrer Durchsetzung für ihn dennoch die sukzessive Ablösung bewährter Tradition durch das, was er und andere mit dem Begriff Sozialismus assoziierten. Rosebery schloß sich in keiner Weise der Meinung Harcourts an, dessen Eindruck zufolge »we are all socialists now«.[78] Es ging ihm im Gegenteil darum, soziale Reformen nicht in Abhängigkeit zu bringen von den jeweiligen Interessen neuer, breiter Wählerschichten, sondern sie möglichst unabhängig von der jeweiligen Politik der beiden großen Parteien einem System lokaler Selbstverwaltungen zu unterstellen; Sozialreform sollte in seinen Augen nicht auf Druck von unten zustandekommen und damit nur bestimmten Klasseninteressen entsprechen, sondern in einem möglichst überparteilichen Sinne nach Kriterien der sachlichen Dringlichkeit behandelt werden. Für die Politik der Liberalen Partei bedeutete dies, Verantwortung von vornherein zu delegieren, statt sich in Parteiprogrammen auf bestimmte Reforminhalte festzulegen, durch die im Falle der Regierungsübernahme der eigenen Entscheidungsfreiheit bereits ihre Grenzen vorgegeben wären.

Rosebery schätzte in der Tat »the increasing importance of municipal as compared with parliamentary life« für die Innenpolitik Großbritanniens sehr hoch ein. Die entscheidenden Vorteile »in the administration of the municipal council as compared with so august a body as Parliament«[79] lagen sowohl in den besseren

77 EHD, 18. Dez. 1892 (48 659 f. 60); auch zit. bei *Hamer*, Liberal Politics, S. 232.

78 In einem Brief an J. M. Davidson vom 25. Aug. 1896 (RP 10 131 f. 94) weist Rosebery es entschieden zurück, als »Socialist« bezeichnet zu werden, und stuft jene, seinerzeit oft zitierte Äußerung Harcourts als »a good deal beyond the truth« ein. Demgegenüber betonte Beatrice Webb schon 1890: »At last I am a socialist!« Und kurz darauf stellte sie fest: »Rosebery is the best of the lot, and has with astute perception perceived the present drift towards socialism« (The Diary of Beatrice Webb, Bd. 1: 1873–1892, Glitter Around and Darkness Within, London 1982, hier Eintragungen vom 1. Febr. und 31. Dez. 1890, S. 322 und 349). Da Rosebery später zahlreiche Forderungen der Fabier unterstützte, stufte er diese als »not Socialism at all« ein, sondern vor allem im Hinblick auf London als »a vital necessity for a great city«. (Zit. in *A. M. McBriar*, Fabian Socialism and English Politics 1884–1918, 2. Aufl. Cambridge 1966, S. 195).

79 Rosebery in Glasgow, 10. Okt. 1890, in: Speeches 1, S. 64–79, hier S. 70. Zwei Jahre später, anläßlich der Eröffnung einer neuen Bibliothek in Whitechapel, erklärte er: »But what I always think is, perhaps, the most striking feature of our life in this country is this – that we have under the storms and turmoils of our political controversies a municipal life always silently proceeding, which is absolutely untouched and unaffected by the storms and strifes of parties«. Sollte die Parteipolitik zu einer »mere scene of violence and corruption, slander and malignity« verkommen, so bliebe immer noch in Form der Lokalverwaltung ein »perfectly safe and solid substratum« (Rosebery in Whitechapel, 25. Oktober 1892, in Speeches 1, S. 80–90, hier S. 81).

Möglichkeiten, regionale Schwerpunkte zu setzen, als auch in der größeren Nähe zur und damit der unmittelbaren Identifikationsmöglichkeit für die jeweils betroffenen Bevölkerungsteile. Munizipale Sozialarbeit erschien Rosebery weniger als ein Schritt in Richtung auf »socialism«, denn als eine Möglichkeit, diesen zu kanalisieren. Er verschwieg jedoch keineswegs den außenpolitischen beziehungsweise imperialen Zusammenhang, durch den die Sozialpolitik eine zusätzliche Bedeutung gewann:

»Remember this, politics of the present, and still more politics of the future, are the politics of the poor. We, in the future, I hope, are not likely because of that to dismiss or to neglect our imperial duties, but we shall have to take care of those upon whom these imperial duties devolve«.[80]

Um seinerseits den imperialen Herausforderungen gerecht werden zu können, müsse deshalb das Londoner Parlament ein um so stärkeres Interesse daran haben, die Behandlung der sozialen Frage weitestgehend zu dezentralisieren. Nicht der Imperialismus konnte eine Lösungsmöglichkeit der sozialen Frage darstellen, sondern auch um des Imperialismus willen bedurfte die soziale Frage einer Lösung.

Innerhalb der Liberalen Partei wandte sich Rosebery in diesem Zusammenhang gegen die wachsende Macht der NLF, die mit dem Newcastle Programme von 1891 sehr viel Aufsehen erregt hatte, sowie gegen den vermeintlich progressiven Flügel in Gestalt der »Little Englanders«, dessen Anteil an der Arbeit der NLF im Laufe der neunziger Jahre wesentlich an Bedeutung gewann. Außerhalb der Partei bildete demgegenüber seine Mitarbeit im London Country Council (LCC) den markantesten Beleg für Roseberys Interesse an der Durchsetzung sozialer Reformen.[81] Nach seinem jahrelangen Engagement für die Imperial Federation League (IFL) konzentrierte er ab 1889 für mehrere Jahre zeitweise seine gesamte Aufmerksamkeit auf diese neue Körperschaft, deren experimentellem Charakter er eine große Bedeutung beimaß.[82]

80 Rosebery in Glasgow, ebd., S. 72. Im Mittelpunkt der sozialreformerischen Forderungen Roseberys standen vor allem die Lebensbedingungen der arbeitenden Bevölkerung, deren Gesundheit, Wohnverhältnisse und Ausbildung er stets als unzureichend betrachtete, während ein anderes viel diskutiertes Thema dieser Zeit, die Einführung von »old-age pensions«, kaum seine Aufmerksamkeit fand (vgl. hierzu unter anderem *Freeden*, New Liberalism, S. 200–206).

81 Anderen Formen der Unterstützung (wie Reden oder finanziellen Beihilfen) kommt keine herausragende und deshalb vergleichbare Bedeutung zu. Roseberys Mitarbeit in der überparteilichen IFL hingegen, der eine eindeutig auf das Empire gerichtete Perspektive zugrunde lag, sowie seine Zielvorstellungen für die Liberal League werden jeweils Gegenstand eines gesonderten Kapitels (vgl. unten Kap. IV/1 und 4; zu seiner Kritik an der Liberalen Partei vgl. unten, Kap. V/2).

82 Vgl. *Crewe*, Rosebery, Bd. 1, S. 311, Bd. 2, S. 360 und 431. *John Morley* hebt hervor, daß Roseberys Mitarbeit im LCC »his industry and competence in handling laborious

Die Gründung des LCC im Januar 1889 stellte eine unmittelbare Folge der County Councils Act von 1888 dar, die in der Konsequenz der durch die drei Wahlrechtsreformen vollzogenen Demokratisierung lag, indem sie auch die Wahlmöglichkeiten innerhalb der Lokalverwaltung vereinheitlichte. Darüber hinaus sollte das Gesetz die rechtliche wie soziale Stellung der in ihrer Vielfalt geradezu chaotisch sich entwickelnden Institutionen koordinieren und stärken, zumal diese sich seit Jahrzehnten als wirksamste Träger zur Behebung sozialer Mißstände erwiesen hatten.[83] Als Rosebery sich im Januar 1889 zum ersten Vorsitzenden des LCC wählen ließ, bestand sein Hauptanliegen darin, eine unter allen Umständen von Parteiinteressen unabhängige Verwaltungskörperschaft aufzubauen, die möglichst neutral und nach rationellen, wirtschaftlichen Effizienzkriterien arbeitend, die gravierenden sozialen Probleme der Stadt in Angriff nahm, um aus London »not a unit, but a unity«[84] werden zu lassen. Nachdem er seinen durch großen Erfolg gekennzeichneten Vorsitz im Juli 1890 niedergelegt hatte,[85] fand er sich im März 1892 nur sehr zögernd bereit, hierfür erneut zu kandidieren, da in seinen Augen das LCC seinen überparteilichen Charakter bereits eingebüßt hatte.[86] Als seine wiederaufgenommene Arbeit ihm diesen Eindruck bestätigte, traf er drei Monate später erneut zurück.

public business and his knowledge of the ways of diverse social strata« weithin deutlich gemacht habe (Recollections, Bd. 1, S. 318).

83 Bis zum Teil weit ins 20. Jahrhundert hinein lagen die Armenfürsorge, der Wohnungsbau, der gesamte Bereich des Sanitär- und Gesundheitswesens sowie Regelungen der öffentlichen Ordnung ausschließlich in der Verantwortung einzelner lokaler Behörden (»boards«), deren Zahl bis Ende der siebziger Jahre auf über 700 angestiegen war, beziehungsweise der unabhängig hiervon arbeitenden Stadtverwaltungen (»municipal boroughs«). Da jedoch deren Kompetenz- und Zuständigkeitsbereich einer Entscheidung Westminsters unterlagen, hatte das Parlament im ausgehenden 19. Jahrhundert jährlich etwa 300 sogenannte »Local Acts« zu verabschieden. Einen guten Einblick in diese Entwicklung bietet die Arbeit von *Derek Fraser*, Power and Authority in the Victorian City, Oxford 1979, der anhand detaillierter Einzeluntersuchungen nicht nur zu der These gelangt, »that there are as many variations on the municipal theme as there were towns« (S. 157), sondern auch einheitliche Entwicklungslinien herauszuarbeiten vermag (vgl. vor allem S. 149–173).

84 Vgl. hierzu *Crewe*, Rosebery, Bd. 1, S. 329–338 und *Rhodes James*, Rosebery, S. 197–199 (Zitat hier, S. 199). Beide Autoren sehen in Roseberys erfolgreicher Arbeit als Vorsitzender des LCC eine sehr wichtige Voraussetzung seiner späteren Tätigkeit als Premierminister.

85 Der Grund für diesen Rücktritt dürfte einerseits in dem enormen Zeitaufwand zu sehen sein, der mit dem Amt verbunden war, während andererseits seine Frau, die ihn stark unterstützt hatte, zunehmend Anzeichen einer Krankheit zeigte, die im November 1890 zu ihrem frühen Tod führen sollte. Weder Crewe noch Rhodes James nennen einen konkreten Anlaß für seinen Rücktritt.

86 Dringend nahegelegt, nicht erneut zu kandidieren, hatte ihm auch einer seiner engsten Vertrauten, *Reginald Brett*, und zwar unter anderem, weil Roseberys »first duty is to

Der Anspruch auf Überparteilichkeit, den Rosebery zur Voraussetzung seiner Mitarbeit an der Lokalverwaltung erhoben hatte, fügte sich ein in deren traditionellen Charakter. Seine Vorstellungen einer innenpolitisch von mächtigen, lokalen Selbstverwaltungskörperschaften geprägten Nation orientierte sich an dem Bild einer zum Teil vorindustriellen, »klassenlosen« Gesellschaft, in der trotz Wahlrechtsreformen die Interessen von Aristokratie und freiem Unternehmertum nur unwesentlich beschnitten worden waren. Bis etwa in die achtziger Jahre hinein entsprach dieses Bild durchaus dem gesellschaftspolitischen Alltag.[87] Angesichts der beschleunigten Entwicklung der Parteiendemokratie mußte es jedoch immer fragwürdiger erscheinen, ob soziale Reformen sich langfristig überhaupt noch anders als über Parteiprogramme realisieren ließen. Unklar bleibt ferner, inwiefern Rosebery wirklich davon ausging, die zum Zwecke der Effizienzsteigerung geforderte Professionalisierung und Spezialisierung in immer mehr Bereichen der öffentlichen Verwaltung auf Dauer vereinbaren zu können mit der gleichzeitigen Aufrechterhaltung des traditionellen »amateur system«.[88]

Roseberys Forderung nach Überparteilichkeit resultierte kaum aus einer bloßen Liebe zu antiquierten Formen des politischen Alltagslebens, sondern bedeutete in gewisser Weise deren Idealisierung aus dem Interesse der Abwehr eines sich rasch etablierenden »municipal socialism«. In welchem Maße das LCC in wenigen Jahren zu einem »testing ground for collectivist ideas«[89] geworden war, spiegelt sich in einer Einschätzung Roseberys vom September 1893. Im Rahmen der Home Rule-Debatte bezeichnete er die Errichtung des LCC als »an infinitely more perilous experiment than the establishment of an Irish Parliament could ever be«, denn hier seien auf engstem Raum »all the revolutionary elements«[90] zusammengeschlossen, wie dies zu keinem Zeitpunkt in der Geschichte des Landes bisher der Fall gewesen sei.

Obwohl Fragen der Sozialpolitik während der neunziger Jahre für Rosebery

Imperial politics« und er »too big for the place« sei. Journals and Letters (1870–1930) of Reginald Viscount Esher, hrsg. von *M. V. Brett*, 4 Bde, London 1934–1938, hier Bd. 1, 19. Januar 1892, S. 155.

87 Vgl. *Gustav Schmidt*, Politischer Liberalismus, »Landed Interests« und organisierte Arbeiterschaft 1850–1880. Ein deutsch-englischer Vergleich, in: Sozialgeschichte Heute. Festschrift für Hans Rosenberg zum 70. Geburtstag, hrsg. von *Hans-Ulrich Wehler*, Göttingen 1974, S. 274.

88 Die Beibehaltung eines, wie Winston Churchill es einmal genannt hat, »happy-go-lucky amateur system« führte im ausgehenden 19. Jahrhundert dazu, daß in vielen Bereichen des Civil Service »the generalist controlled the specialist and technician as he controls him still« (*P. J. Waller*, Town, City and Nation: England 1850–1914, Oxford 1983, S. 290).

89 *Shannon*, Crisis of Imperialism, S. 238. *Rhodes James* hält Roseberys mangelnde Durchsetzungsfähigkeit im LCC lediglich für einen persönlichen »basic defect« (Rosebery, S. 490).

90 Rosebery am 7. September 1893, Hansard 4 (17), Sp. 403.

zeitweise stark in den Hintergrund getreten waren, bildeten sie auch weiterhin einen zentralen Bestandteil seines Verständnisses von Liberalismus. Vor allem als Premierminister, jedoch allenfalls bis zu seiner Niederlegung des Parteivorsitzes im Oktober 1896, verhinderte Rosebery die Annahme des Newcastle Programme zur offiziellen Richtlinie der Liberalen Partei.[91] Angesichts seiner gleichbleibenden Effizienzforderungen und bestärkt durch den Eindruck einer sich verschärfenden internationalen Konkurrenzsituation, zählten soziale Reformen zu den Kernzielen der Liberal League. Deren außerparteilicher Charakter ermöglichte es darüber hinaus, eine sozialreformerische Innenpolitik und eine imperiale Außenpolitik in einen unmittelbaren Zusammenhang zu bringen: »Social Reform is bound up closely with national efficiency and imperial responsibility. The efficiency of the nation must depend on the well-being, physical, moral, and intellectual, of the people«. Vorrangiges Ziel müsse es deshalb sein, »to rescue a large proportion of the population from the thraldom of drink, to provide the labouring classes with homes compatible with the moral decency and physical health, to raise the material and moral minimum of life«. Die Liberal League steht dafür ein, so Rosebery, »that the cause of Liberalism will better be served by concentration on practical points than by enumeration of multitudinous proposals which there is no power to carry into effect«.[92]

Aus der Sicht Roseberys vermochte weder die Liberale Partei in ihrer bestehenden Form noch die Konservative Partei der notwendigen Verbindung von sozialer Reformpolitik und Imperialismus gerecht zu werden. Im Unterschied zu den die Konservative Regierung unterstützenden liberalen Unionisten, stellten ihre konkreten Vorschläge zur »domestic legislation« das entscheidende Charakteristikum der Liberal League dar.[93] »For from my point of view«, so hatte Rosebery 1900 erklärt, »there is not a close in the darkest quarters of Glasgow, or a crofter's cabin in the Hebrides, which is not a matter of imperial concern«.[94]

91 Roseberys positive Leistungen im Bereich der Sozialpolitik während seiner Amtszeit als Außen- und Premierminister in den Jahren 1892 bis 1895 betonte jüngst *David Powell*, The Liberal Ministers and Labour, 1892–1895, in: History 68 (1983), S. 408–426. Besonders hervorgehoben zu werden verdient die durch ihn erreichte Schlichtung des Bergarbeiterstreiks im November 1893 sowie sein Eintreten für einen acht-stündigen Arbeitstag (vgl. ebd., S. 418 und 424f.).

92 Aus dem Entwurf einer Erklärung Roseberys zu den Intentionen der Liberal League vom Mai 1902 (RP 10 168 f. 133–138).

93 Rosebery in Liverpool, 14. Februar 1902, in: LLP (3), S. 15. Prononciert formulierte Rosebery am Schluß dieser Rede, daß gerade die Fragen der Sozialpolitik »are questions of Empire. They are questions of Empire as truely as any questions of territory, because they relate to the well-being and development of the race, and which is to animate, inspire and develop that Empire«. (Ebd., S. 17).

94 Rosebery in Glasgow, 16. November 1900, in: Misc. 2, S. 261. Um noch einmal die Kontinuität dieses Gedankenganges zu verdeutlichen, sei daran erinnert, daß Rosebery bereits 1874 eindringlich gefordert hatte, Großbritannien müsse eine »fertile

Während die Liberale Partei allerdings Ansprüche und Erwartungen aufbaue, die sie nachträglich nicht zu erfüllen vermöchte, vernachlässige die Konservative Partei diesen Bereich völlig. Salisbury selbst hielt Rosebery entgegen, daß dessen »indifference to domestic questions and opposition to all reform is repellent to me«.[95] Die einzige Alternative hierzu verkörpere demnach die Liberal League, da sie gerade in Fragen der Sozialpolitik konkrete, aber gemäßigte Ziele verfolge und deshalb nur einen »measured and practical progress«[96] verspreche. Das entscheidende Kriterium hierfür bildete für Rosebery gegen Ende seiner aktiven politischen Arbeit jedoch mehr denn je die Frage der Vereinbarkeit jeglicher Sozialreformen mit den Zielen einer imperialen Außenpolitik:

»We regard the Empire as a sacred trust, not merely outside these islands, but within these islands, and in that manner our Imperialism affects our home politics, because we believe and we have constantly maintained that a prime necessity of the Empire is an imperial race, and that from that point of view social legislation is as true Imperialism as any expedition, however far it may reach, and we believe that a drink-sodden population inhabiting fevered and contaminated slums is not the true basis of a prosperous Empire«.[97]

4. Die Reform des Erziehungswesens: Eine Aporie im Denken Lord Roseberys

Neben der Reform des House of Lords und der Idee einer Föderalisierung des Empire bildete das Ziel einer tiefgreifenden Verbesserung des Erziehungswesens das dritte der Reformprojekte, die Rosebery persönlich am stärksten beschäftigten. Speziell die Liste der von ihm geforderten Sozialreformen wurde fast immer angeführt von Verbesserungsvorschlägen im Erziehungswesen, und in kaum einem anderen Reformbereich wird deutlicher, wie sehr Rosebery von der Erreichbarkeit eines gesellschaftspolitischen Fortschritts überzeugt sein konnte. Zudem wirft dieser Aspekt erneut ein bezeichnendes Licht auf sein Verständnis von nationaler Gemeinschaft und Liberalismus. Er lenkt aber auch den Blick auf ein Geflecht von Vorstellungen, die systematisch zu durchdenken Rosebery fernlag und deren innere Stimmigkeit von ihm nicht in Frage gestellt worden zu sein scheint.

Im Unterschied zur Reform des Oberhauses zählte die Bildungsreform bereits

race« in alle Gebiete seines Weltreiches entsenden können, »a race, physically, morally, and intellectually equal to its high duties« (Rosebery in Glasgow, 30. Sept. 1874, in: Speeches 1, S. 36f.).

95 Rosebery an Goldwin Smith, 18. April 1902, RP 10 131 f. 300f.

96 Rosebery an Lord Sefton, 11. August 1902, RP 10 131 f. 311.

97 Rosebery in London, 10. Juni 1904, in: LLP (144), S. 4; auch in: Liberal Magazine 12 (1904), S. 395f.

seit den sechziger Jahren zu den drängenden und heftig diskutierten Fragen der britischen Innenpolitik.[98] Im Vergleich zu den Vereinigten Staaten von Amerika, Frankreich, der Schweiz und insbesondere fast allen deutschen Kleinstaaten erschien das englische Erziehungssystem als in besorgniserregender Weise rückständig.[99] Es erschien immer mehr Politikern unvorstellbar, daß Teile der Bevölkerung das Wahlrecht erhielten, die nicht einmal lesen konnten.[100] Ferner drohte der Rückstand der technischen Ausbildung sich nachhaltig auf die Stellung Großbritanniens im internationalen Wettbewerb auszuwirken. Während die meisten jener Entdeckungen, die den Industrialisierungsprozeß vorangetrieben hatten, als Einzelleistungen in einem außeruniversitären Bereich zustandegekommen waren, fand der allgemeine Aufschwung der Wissenschaften im 19. Jahrhundert kaum einen Niederschlag im öffentlichen Bewußtsein Großbritanniens. Vor diesem Hintergrund bedeutete die Umwälzung des Erziehungswesens, die durch die Gesetze von 1870, 1891 und 1902 gekennzeichnet ist,[101] keineswegs nur einen ehernen Kampf gegen den weitverbreiteten Mangel an

98 Einen knappen Überblick zur Entwicklung des Erziehungswesens in Großbritannien bietet *Greenleaf*, Tradition, Bd. 1, S. 183–194.

99 Auf Beispiele hierzu wurde bereits von zeitgenössischen Politikern und Autoren und in deren Nachfolge bis heute immer wieder hingewiesen. Aus den Publikationen der letzten Jahre seien stellvertretend für viele genannt: *George Haines*, Essays on German Influence upon English Education and Science 1850–1919, Hamden (Conn.) 1969; *Günter Hollenberg*, Englisches Interesse am Kaiserreich. Die Attraktivität Preußen-Deutschlands für konservative und liberale Kreise in Großbritannien 1860–1914, Wiesbaden 1974, vor allem S. 249ff; *Joseph Ben-David*, Centers of Learning. Britain, France, Germany, United States, New York 1977 sowie die anregende Studie von *Peter Alter*, Wissenschaft, Staat, Mäzene. Anfänge moderner Wissenschaftspolitik in Großbritannien 1850–1920, Stuttgart 1982 (dort auch eine umfassende Bibliographie).

100 Grundkenntnisse im Lesen und Schreiben besaßen 1850 unter den männlichen Erwachsenen in England lediglich 69%, in Schottland immerhin 89%. Bis zur Jahrhundertwende stieg dieser Anteil auf 96 beziehungsweise 98% (vgl. *Shannon*, Crisis of Imperialism, S. 498, Anm. 5).

101 Das Reformgesetz von 1870 verlangte, daß jedem Kind ein Schulbesuch in zumutbarer Entfernung möglich sein müsse und unterstellte die Kontrolle frei gewählten, lokalen Behörden. In der Konsequenz dieses Gesetzes lag 1880 die Einführung der allgemeinen Schulpflicht. Ihr folgte 1891 die Abschaffung der Schulgebühren auf dem Grundschulsektor und ein wesentlicher Ausbau der »technical education«, 1902 schließlich wurden die 1870 geschaffenen und inzwischen auf eine Zahl von über 2500 angewachsenen Schulbehörden wieder abgeschafft und ihre Aufgaben den Stadt- beziehungsweise Kreisverwaltungen unterstellt. Zudem wurden sowohl die Grundschule als auch die weiterführende »secondary education« finanziell entlastet. (Vgl. hierzu *Robert C. K. Ensor*, England 1870–1914, Oxford 1936, S. 146–152, 316–322, 355–358 und 536–539 sowie *Shannon*, Crisis of Imperialism, S. 86–91, 222f. und 302–306).

Bildung. Sie kann vielmehr auch als ein Krisensymptom des liberalen Staates verstanden werden, der sich aus dem Interesse an Selbsterhaltung gezwungen sieht, seine traditionelle Rolle als Schutzherr individueller Freiheiten aufzugeben zugunsten staatlicher Kontrolle, Intervention und Reglementierung.[102]

Was die Vergleichbarkeit des institutionalisierten Erziehungswesens anging, so diente Rosebery zwar immer wieder Schottland als ein wertvoller Maßstab, er teilte aber auch die weitverbreitete Meinung in bezug auf den hohen Vorbildcharakter, der der Schweiz und den deutschen Kleinstaaten hinsichtlich ihrer öffentlichen Erziehung zukam. Speziell Sachsen erschien ihm als »the best educated country in the world«, und in Württemberg, so seine Überzeugung, »every individual... above the age of ten can read and write«.[103] Hieraus erklärte sich für Rosebery nicht nur der rasche Aufstieg Deutschlands als Industrienation, auch für das vergleichsweise geringe Ausmaß sozialer Spannungen und für die schließlich erreichte Reichseinigung erschien ihm das allgemeine Bildungsniveau in einem hohen Maße als Ursache mitverantwortlich zu sein.

Auf eine allgemeine Formel gebracht, stellte es für ihn eine »self-evident proposition« dar, »that in these days knowledge is strength and immediate strength«. Es kennzeichnet Roseberys hohe Wertschätzung der Bildung, daß er die Anwendbarkeit dieser Formel keineswegs nur auf die Bereiche Wirtschaft und Gesellschaft beschränkte, sondern sie unmittelbar auch im Bereich der internationalen Beziehungen für gültig hielt. Denn gerade das Erziehungswesen, so fährt er fort, habe die »exploded doctrine of the balance of power« mit neuem Leben erfüllt, so daß in ihm mehr als je zuvor für die Zukunft eine »peaceful method of supremacy«[104] zu sehen sei. Die britische Bevölkerung müsse nun erkennen, wie achtlos sie diesen Bereich vernachlässigt habe und wie wenig »the true leverage of empire« in militärischer Stärke allein als vielmehr in der Verbesserung des Erziehungswesens liegen müsse. Da es nicht mehr um die Eroberung neuer Gebiete gehen könne, sondern allein darum, »to husband our powers«, zähle eine wesentlich verbesserte allgemeine Erziehung zu den vorrangigen Forderungen für den Erhalt des Empire. Es bilde eine »imperative duty... to institute a directly compulsory education«. Zwar würden viele hierin noch immer eine wenig liberale Maßnahme sehen, doch stelle die Selbsterhaltung der staatlichen Gemeinschaft eine moralische Pflicht dar, die durch eine »interference with individual liberty«[105] nicht außer Kraft gesetzt werden könne.

Auch während der folgenden Jahrzehnte bot der Vergleich mit Preußen-Deutschland Rosebery wiederholt Anlaß, seine Zuhörer daran zu erinnern, daß ihr Land noch keineswegs in Fragen des Erziehungswesens in die vorderste

102 Vgl. hierzu auch *Lothar Gall*, Zu Ausbildung und Charakter des Interventionsstaates, in: HZ 227 (1978), S. 552–570.

103 Rosebery in Glasgow, 30. September 1874, in: Speeches 1, S. 1–41, hier S. 11 und 16.

104 Ebd., S. 14f.

105 Ebd., S. 13–21.

Reihe unter den Industrienationen vorgerückt sei. England habe nach wie vor, so erklärte er zum Beispiel im Mai 1896, »a great leeway to make up with other countries – such as Germany and Switzerland«.[106] Speziell auf dem Sektor der Industrieproduktion mache sich dort die starke Berücksichtigung von Fächern des technischen Bereichs sowohl innerhalb der staatlichen Erziehung als auch in der universitären Forschung zunehmend bezahlt. Anlaß zu wirklichem Umdenken jedoch stellte erst die Erfahrung der technischen Unzulänglichkeiten dar, mit denen sich Großbritannien während des Burenkrieges konfrontiert fand.[107] Dennoch blieben große Bereiche der Forschung auch weiterhin angewiesen auf die Initiativen privater Mäzene,[108] unter denen der Name Rosebery nicht selten zu den bedeutendsten zählte, zumal ihn herauszustellen der Popularität eines Projekts in der Regel sehr zuträglich war. Besonders hervorzuheben wären in diesem Zusammenhang seine in ihrer Bedeutung nicht zu unterschätzende Mitarbeit an der Gründung der London School of Economics and Political Science (LSE), für die Rosebery sich zunächst finanziell engagierte und schließlich 1901 das Ehrenamt eines Präsidenten übernahm.[109] Große Beachtung fand ferner seine Unterstützung für die Errichtung des Imperial College of Science and Technology, als dessen Vorbild die »Königlich Technische Hochschule zu Berlin« in Charlottenburg diente und das deshalb kurz »a London ›Charlottenburg‹« genannt wurde.[110]

106 Rosebery in Newton Abbot (Devonshire), 15. Mai 1896, in: Speeches 1, S. 386.

107 Diese Beobachtung bildet eine der zentralen Thesen der Studie von *Peter Alter* (Wissenschaft, vgl. S. 9, 16 und passim). Als Symptome dieses Umdenkungsprozesses wäre unter anderem hinzuweisen auf die Errichtung einer obersten staatlichen Erziehungsbehörde (»Board of Education«) 1902, während es aber erst 1959 zur Bildung eines »Ministry for Science« kam. Jedoch wurden zwischen 1900 und 1909 den bestehenden Universitäten in Oxford, Cambridge, Durham und London weitere sechs neu hinzugefügt (Birmingham, Manchester, Liverpool, Leeds, Sheffield und Bristol; vgl. hierzu die Tabelle bei *Alter*, ebd., S. 43).

108 Auch die Bedeutung des privaten Mäzenatentums legt *Alter* eingehend dar (vgl. vor allem S. 47–74). Neben der Förderung durch das Industrie- und Handelsbürgertum nennt Alter (außer dem siebten Duke of Devonshire, dem fünfzehnten Earl of Derby und dem Duke of Norfolk) Rosebery als einen der vier maßgeblichsten Förderer aus dem Bereich des Hochadels (ebd., S. 58).

109 *Alter* hält Rosebery für den »neben Richard B. Haldane wohl einflußreichsten Förderer« der 1895 gegründeten LSE. Daß als weitere Namen der Duke of Devonshire, Balfour, Chamberlain, Ripon und Milner, nicht aber Unterstützungen der Wirtschaft zu nennen sind, führt er »auf die ursprünglich sozialreformerische, antikapitalistische Ausrichtung der Hochschule« zurück (ebd., S. 59f.).

110 Auf die Gründungsgeschichte des 1907 eröffneten Imperial College geht *Alter* sehr ausführlich ein (vgl. S. 169–198). Wenn er jedoch feststellt, daß Rosebery in diesem Prozeß letztlich als »Aushängeschild« (S. 177) gedient habe, so mag dies in mancher Hinsicht zwar stimmen, sollte aber als Aussage über Rosebery im Zusammenhang

Aufschlußreicher als eine Aufzählung der von ihm geförderten Projekte dürfte es sein, den Blick erneut zurückzurichten auf seine ursprünglichen Intentionen, auf das Pathos, das er stets Fragen der Erziehung entgegenbrachte, und auf die Hebelkraft, die ihm hierin für alle Bereiche der Politik zu liegen schien. In seiner bereits zitierten Rede von 1874 erschien es ihm als eine »hackneyed conclusion«, daß bezüglich aller gesellschaftlichen Probleme »the sole remedy ... is education, a humanising education«.[111] Aus der Sicht Roseberys ließen sich politische Defizite, die auf einen Mangel an Bildung in der Bevölkerung zurückzuführen waren, auch nicht anders, sei es durch Macht nach innen oder nach außen, sei es durch noch so kluge und wohlwollende Bevormundung, auf Dauer kompensieren. Darüber hinaus ging es ihm – oft vor aller Politik – auch um das humanistische Ideal einer Menschenbildung, die die Nation eint und den einzelnen zu einem autonomen, vertrauenswürdigen Glied dieser Gemeinschaft werden läßt. Allein charakterliche Stärke, begünstigt durch eine überlegene ethnische Disposition, sei es, die den einzelnen befähige, »the responsibilities of manhood and the citizenship of a great empire«[112] auf sich zu nehmen. Diese Charakterbildung ging für Rosebery über den engeren Bereich der Kultur weit hinaus, da sie weniger auf eine Elitebildung innerhalb der Nation als vielmehr der Nation als ganzer zielte. Den Ausgangspunkt einer solchen »formation of individual character« sollte stets von neuem die Kenntnis der Geschichte des eigenen Landes und seiner aktuellen Probleme bilden. In der Auseinandersetzung mit Aufstieg und Niedergang eines Landes »inseparably connected with some great man«, finde der einzelne jede notwendige Orientierung für sein Handeln und es entstehe jenes Gemeinschaftsgefühl, durch das »the race might preserve its liberties and assert its independence«.[113]

gesehen werden mit dessen in den Jahren 1903–1905 insgesamt stark zurückgehenden politischen Aktivitäten.

111 Rosebery in Glasgow, 30. Sept. 1874, in: Speeches 1, S. 9.

112 Rosebery am 5. Nov. 1880, Rektoratsrede an der University of Aberdeen, in: Misc. 2, S. 39. Vergleichbar mit dem Begriff Nation fand der Begriff Rasse (teilweise sogar als »Race« großgeschrieben) im spätviktorianischen Großbritannien eine ebenso verbreitete wie unvorbelastete Verwendung.

113 Ebd., S. 45, 52 und 60. Speziell der Lektüre von Biographien erkannte Rosebery einen hohen Stellenwert für die Ausbildung eines individuellen Charakters zu. Bereits in einer Notiz aus dem Jahre 1872 stellte er fest, daß durch die intensive Auseinandersetzung mit einer großen Persönlichkeit »we ourselves are led to place the finger on parts of our own mechanism which we had ignored before but which we know by finding them reproduced in the consciousness of another«. Er empfahl als »the surest way of self-knowledge«, daß jeder zumindest einmal pro Jahr die wichtigsten Eindrücke und Stationen seines Lebens schriftlich festhalten solle. Darüber hinaus eröffne die Lektüre von Biographien ein wesentlich besseres Verständnis historischer Zusammenhänge als die bloße Ereignisgeschichte: »History becomes more real, more familiar, more so to speak human, when viewed through the medium of biography« (RP 10 189 f. 86–89; teilweise zitiert in: *Rhodes James*, Rosebery, S. 60).

Ideen und Überzeugungen, die sich zu einem gemeinsamen Selbstverständnis einer Nation verfestigt haben, garantierten für Rosebery nicht nur deren Zusammenhalt, sondern auch deren Weiterentwicklung. Technischer Fortschritt und Innovationen resultierten deshalb nicht aus den zufälligen Bedingungen des Augenblicks, sie erschienen ihm letztlich als »caused by the progress of enlightened ideas within the nation«.[114] Um diese Eigendynamik des Geisteslebens in Gang zu halten, um das ständige Fortschreiten seiner Ideen zu ermöglichen, empfahl Rosebery ferner die unausgesetzte Lektüre der eigenen Nationalliteratur. Hierzu bedurfte es seiner Meinung nach eines kostenlosen Schulbesuchs, einer großen Zahl frei verfügbarer Büchereien sowie preisgünstiger Ausgaben aller klassischen literarischen Texte. Der gemeinsame Schulbesuch von Kindern aus allen Schichten könne einem gefestigten Nationalgefühl nur förderlich sein; in Schottland jedenfalls habe diese Praxis seit Jahrhunderten ein »robust democratic feeling« erzeugt und es gelte, an diese auf John Knox zurückgehende »ancient boon« anzuknüpfen, »that of free schools giving elementary and even a higher class of education to every child in the country«.[115] In dem gleichen Sinne erklärte er einige Jahre später an anderer Stelle, daß Bücher überhaupt als »the great democratic agent of the world« angesehen werden könnten. Diese Demokratisierung, so fügte er jedoch sogleich hinzu, verstehe er nicht »in the sense of levelling, it is democratising in the sense of elevating«.[116]

Die Realisierung einer solchen im wesentlichen freien, eher auf Förderung denn auf Reglementierung hin orientierten Bildungspolitik erschien Rosebery als eine politische Verpflichtung sowohl gegenüber der Vergangenheit als auch gegenüber der Zukunft seines Landes. Britische Kinder sollten in dem Bewußtsein aufwachsen, »that they inhabit not an island but an Empire... and it is on the character of each child that grows into manhood within British limits that the future of our Empire rests«.[117] Insbesondere in einer Zeit, in der eine immer größere Zahl von Bürgern das Wahlrecht erhalten habe, müsse es als um so notwendiger angesehen werden, daß »each of them feel that their personal name and honour are now implicated in the name and honour of the Empire«.[118]

Eine wesentliche Verbesserung der Bildungschancen zählte für Rosebery zu den drängendsten Maßnahmen, durch die »this enormous, this incalculable po-

114 Rosebery am 4. Nov. 1882, Rektoratsrede an der University of Edinburgh, in: Misc. 2, S. 117

115 Rosebery in Bo'ness, 31. Okt. 1885, in: Speeches 2, S. 123f.

116 Rosebery zur Eröffnung der New Library in Whitechapel, 25. Okt. 1892, in: Speeches 1, S. 80–90, hier S. 86f. Wie wenig allerdings diese seit den siebziger Jahren sehr verbreitet eingerichteten öffentlichen Bibliotheken praktisch genutzt wurden, beschreibt *Waller*, Town, City and Nation, S. 313f.

117 Rosebery in seinem Vorwort zu dem Buch von *George Robert Parkin*, Round the Empire, London 1892, S. III

118 Rosebery in Sheffield, 25. Okt. 1894, in: Speeches 1, S. 266.

pulation« in den politischen Entscheidungsprozeß hätte integriert werden können. Gelänge es nicht, der »greatest peril of all, the peril of ignorance« zu begegnen, so läge darin »a danger for England such as war has never given her«.[119] An Eindringlichkeit gewannen seine Forderungen nach Reformen im Bildungswesen noch einmal angesichts der Erfahrungen des Burenkrieges. »Educate, educate, educate«, so schärfte er im Mai 1902 seinen Zuhörern ein, »we are led to hope that that gospel of efficiency had received a universal application«.[120] Insofern der Erziehung nicht nur eine soziale, sondern in hohem Maße auch eine imperiale Bedeutung zukam, richtete sich dieser Appell in der Sache weniger an eine breite Bevölkerungsschicht als vielmehr an die jeweiligen staatlichen Organe, deren größte Herausforderung es nach wie vor sei, »[to] stimulate education, and, that is more important and much more difficult, [to] stimulate the thirst for education«.[121]

Allerdings fand nicht jede Reform des Bildungswesens Roseberys uneingeschränkte Unterstützung. Als eine Grundvoraussetzung betrachtete er vielmehr ihre religiöse und parteipolitische Neutralität. Besonders deutlich wird dies in der Debatte um die »Education Bill«, die in der zweiten Hälfte des Jahres 1902 mit großer Lebhaftigkeit geführt wurde. Da die Gesetzesvorlage der Regierung Balfour die genannte Bedingung ganz und gar nicht zu erfüllen schien, entwickelte er sich nicht nur sehr rasch zu einem ihrer energischsten Kritiker, sondern er distanzierte sich auch öffentlich von der Meinung Haldanes, derzufolge diese Vorlage immer noch besser sei als gar keine und eine künftige liberale Regierung deren Fehler ja durchaus noch korrigieren könne.[122] Der Tory-Charakter des Gesetzes lag im wesentlichen darin, daß die lokalen Schulbehörden, die durch den großen Einfluß der Nonkonformisten sich weitestgehend der Kontrolle der Staatskirche entzogen hatten, nun aufgelöst und einer eindeutig konservativ geprägten Zentralverwaltung unterstellt wurden. Zudem sollten in Zukunft auch Konfessionsschulen aus öffentlichen Mitteln unterstützt werden, was jedoch fast ausschließlich Schulen der Church of England Vorteile zu bringen versprach.

In Roseberys Ablehnung des Gesetzes lediglich das obligatorische Verhalten eines Oppositionspolitikers sehen zu wollen, griffe wesentlich zu kurz.[123] Zu den spezifischen Kennzeichen der Vorstellungen Roseberys für eine Reform des Er-

119 Rosebery in London, 21. März 1894, ebd., S. 207f.

120 Rosebery in Leeds, 30. Mai 1902, LLP (12), S. 7.

121 Rosebery in London, 25. Nov. 1903, LLP (106), S. 15f.

122 Rosebery in London, 16. Okt. 1902, LLP (29), S. 8. In dieser Rede legte Rosebery auch Wert auf die Unterscheidung, daß »the ideal, logical, and philosophical view of education is that the State should be solely responsible for secular education, and that the Churches should be responsible for religious education« (ebd., S. 7).

123 Zu Roseberys Kritik vgl. die Debatte vom 5. und 9. Dezember 1902, Hansard 4 (116), vor allem Sp. 99–113 und 412–414.

ziehungswesens zählte nicht nur, daß dieses von parteipolitischen und konfessionellen Interessen freigehalten werden müsse; er glaubte sogar, daß es in der Konsequenz einer wachsenden Unabhängigkeit des Denkens liegen werde, Parteipolitik überhaupt zu überwinden. In einer persönlichen Notiz vom August 1898 erklärte er die Entwicklung zu einer Parteiendemokratie deshalb für einen Irrweg, weil zum einen über die gewichtigen politischen Fragen kaum noch prinzipieller Dissens bestehen könne, zum anderen, »because the wider education of politicians and people alike makes them more intelligent, more tolerant, more large-minded«.[124] Die Zielvorstellung, die sich hierin ausdrückt, verweist keineswegs auf einen unkritischen, geradlinig denkenden Fortschrittsoptimismus, sondern auf ein Ideal, dessen Zwiespältigkeit Rosebery offensichtlich nicht in jeder Hinsicht klar erkannt hatte. Den Inhalt dieses Ideals bildete die Vorstellung einer homogenen nationalen Gemeinschaft und damit – infolge verbesserter Bildungsmöglichkeiten – einer verantwortungsbewußten, vertrauenswürdigen Öffentlichkeit. Der von Rosebery so oft geforderten Fähigkeit zu einem »independent thinking«[125] unterlag unausgesprochen die Annahme, daß es ›objektive‹, nationale Interessen gebe, die zu erkennen jeder über kurz oder lang fähig sein müßte. Hiermit zusammen hängt ferner seine Überzeugung, daß auch im Zeitalter des Massendemokratie Fragen der Außenpolitik sowie des Erhalts des Empire ihre traditionelle Vorrangstellung in der Politik und somit auch im öffentlichen Bewußtsein behaupten könnten.

Obwohl diese Überzeugung schon während seiner Zeit als Premierminister, spätestens aber mit dem ausbleibenden Erfolg der Liberal League stark zurückging, resultierte hieraus keine Zurücknahme des Ideals einer selbstbewußten, politisch aufgeklärten Öffentlichkeit. Zwar sah Rosebery durchaus die oft leichte Beeinflußbarkeit auch eines tendenziell unabhängigen Denkens, doch erkannte er nicht, daß Bildung und Aufklärung ebensogut einen Herrschaftsanspruch zur Folge haben können, der allem entgegenstand, was er als nationale Interessen erkannt hatte. Auch im spätviktorianischen Großbritannien gab es jedoch weder einen überzeugenden Grund zu der Annahme, daß ein weitgehend demokratisiertes Gemeinwesen der Außenpolitik eine selbstverständliche Vorrangstellung innerhalb der öffentlichen Interessen einzuräumen bereit bleiben würde, noch, daß sich überhaupt eindeutige politische Prioritäten langfristig auf dem Wege der öffentlichen Erziehung vermitteln ließen. Es muß als eine Aporie im Denken Lord Roseberys angesehen werden, wenn er glaubte, eine Erziehung zum »independent thinking« zugleich auf bestimmte politische Inhalte verpflichten zu

124 Notiz Roseberys vom 2. Aug. 1898, RP 10 177 f. 106f.

125 Diese Forderung stand zum Beispiel im Zentrum seiner Rede zur Eröffnung der »Free Library at Shepherd's Bush« vom 25. Juni 1896 (Speeches 1, S. 408–415), in der er die Presse als »one of the greatest enemies of independent thinking« bezeichnete und seine Befürchtung wiederholte, daß »intellectual apathy is the great danger of our nation at this time« (ebd., S. 410 und 412).

können. Mögen ›objektive‹ außenpolitische Interessen auch noch so evident sein, nichts garantiert ihren Primat (und damit die Bedingung ihrer Durchsetzung) in einer modernen demokratischen Gesellschaft.

IV. Das Empire als Garant des Friedens und der nationalen Sicherheit

1. Das Ziel einer »Imperial Federation«

Die Gründung der Royal Colonial Society 1868 wie auch das gleichzeitige Erscheinen von Charles Dilkes »Greater Britain« markieren gemeinhin den Beginn eines neuen, rasch wachsenden Interesses am Erhalt des Empire. Sich verschärfende wirtschaftliche Spannungen, die Entwicklung der Nationalstaaten auf dem Kontinent und die Separationsbestrebungen zum Beispiel der Fenier in Irland boten reichlich Anlaß, die Existenz des Empire in seiner bestehenden Form zunehmend als wertvoll zu betrachten. Den Beispielen der Vereinigten Staaten von Amerika und des Deutschen Reiches folgend, erschien die Föderalisierung des Reiches als ein möglicher Weg, seinen Zusammenhalt zu gewährleisten. Dieser »imperialism of unity« stellte gewissermaßen einen Mittelweg dar zwischen den beiden Extremen eines vor allem in den neunziger Jahren aufstrebenden, zügellosen »imperialism of expansion« und der noch in den sechziger Jahren vorherrschenden Überzeugung, daß es zum unvermeidlichen Schicksal der Kolonien gehöre, früher oder später ihren eigenen Weg gehen zu müssen.

Obwohl Disraeli in seiner Rede im Crystal Palace vom 24. Juni 1872 den Erhalt des Empire zu einem der Hauptziele seiner Politik erklärt hatte,[1] stellte das zunehmende Interesse am Weltreich zu keinem Zeitpunkt das ausschließliche Anliegen nur einer einzelnen Partei dar. Sowohl die Begeisterung für als auch die Skepsis gegenüber dem neuen Begriff »imperialism«[2] standen stets quer zu den Trennungslinien zwischen den politischen Gruppierungen. Ebensowenig gestalteten sich die Auseinandersetzungen analog zu den ökonomischen Interessen der Kontrahenten; die entscheidenden Impulse des »imperialism of unity« waren

1 *Richard Shannon* weist zu Recht darauf hin, daß das zentrale Anliegen der Imperial Federation League (IFL) bereits in dieser Rede Disraelis deutlich zum Ausdruck kommt (Crisis of Imperialism, S. 106). In ganz besonderer Weise gilt dies – ein Punkt, den Shannon gar nicht erwähnt – für die inhaltliche Zusammengehörigkeit von »colonial self-government« und »imperial consolidation«, die sowohl von Disraeli als auch später von Rosebery ausdrücklich betont wurde. Vgl. *Theodor Edward Kebbel* (Hrsg.), Selected Speeches of the late Right Honourable the Earl of Beaconsfield, 2 Bde, London 1882, Bd. 2, S. 523–535, hier S. 530.

2 Noch 1878 äußerte sich der kurz zuvor von seinem Amt als Colonial Secretary zurückgetretene Earl of Carnarvon erstaunt über diesen völlig neuen Begriff »imperialism« (vgl. Carl A. Bodelsen, Studies, S. 127). Neben dieser Studie von Bodelsen bieten die beiden älteren Arbeiten von *Seymour C. Y. Cheng*, Schemes for the Federation of the British Empire, New York 1931 und von *John E. Tyler*, The Struggle for Imperial

und blieben allgemein politischen Ursprungs. Indem sich sowohl das Lager derer, die an einer Verbesserung der militärischen Verteidigungsmöglichkeiten interessiert waren, als auch jene, denen es primär um engere Handelsbeziehungen ging, in der Bewegung für eine »Imperial Federation« zusammenfanden, wurde diese sehr bald zu einem wichtigen Zentrum der Befürworter imperialer Einheit.

Die Auseinandersetzungen über die Frage, ob eine Föderalisierung des britischen Weltreiches möglich und davon eine Festigung seines Zusammenhalts zu erwarten sei, reichen bis in die frühen siebziger Jahre zurück.[3] Ihre größte Intensität und Popularität erlangten sie jedoch im Zusammenhang mit der Gründung und der Arbeit der Imperial Federation League (IFL) in den Jahren nach 1884. Anlaß zu diesen Diskussionen bot nicht zuletzt die merkwürdige Verfaßtheit des britischen Empire, das im internationalen Vergleich weder politisch noch konstitutionell eindeutig als eine Einheit aufgefaßt werden konnte und dessen mehr oder weniger autonom regierte Teilstaaten sich keineswegs durch koordiniertes politisches Handeln oder zumindest eine übergreifende gemeinsame Zielsetzung auszeichneten. Ob unter diesen Umständen eine Föderalisierung des Reiches zu seinem Erhalt hätte beitragen können, bildet eine von vielen kontrafaktischen Fragen der britischen Empiregeschichte.[4] Rosebery jedenfalls hielt diese Frage 1884 für »more important than the franchise question which is now agitating the country«.[5]

Unity 1868–1895, London 1938 nach wie vor einen guten Einblick. Deren einheitlich herausgestellte Epochengrenze um 1870 hat nun jedoch *Ged Martin* in Zweifel gezogen: Empire Federalism and Imperial Parliamentary Union 1820–1870, in: HJ 16 (1973), S. 65–92; sowie ders., The Idea of ›Imperial Federation‹, in: *Ronald Hyam* und *Ged Martin*, Reappraisals in British Imperial History, London 1975, S. 121–138). Zum Hintergrund vgl. auch *Karl Dietrich Erdmann*, Wandlungen des britischen Reichsbewußtseins vom 19. zum 20. Jahrhundert, in: Saeculum 2 (1951), S. 595–617.

3 Das akademische Interesse an Fragen der Föderalisierung stand in Zusammenhang mit den Debatten um die »Comparative Method«, die – provoziert durch die Wissenschaftsentwicklung in Deutschland – im letzten Drittel des 19. Jahrhunderts sämtliche geisteswissenschaftlichen Disziplinen in Großbrtiannien in ihren Bann zog. Stefan Collini zählt die Föderalisierungsdebatte nach der Wahlrechtsreform und neben Home Rule zu den gravierendsten dieser Zeit (vgl. *Stefan Collini* u. a., That noble science of politics. A study in nineteenth-century intellectual history, Cambridge 1983, S. 220–225, 230–232 und 361).

4 *Wolfgang J. Mommsen* erscheint es rückblickend als eine »paradoxe Situation, daß gerade das hochimperialistische Bedürfnis nach stärkerer strategischer Absicherung der Kolonien, nach territorialer Abrundung, um rivalisierenden Ansprüchen zuvorzukommen, verbunden mit einem direkten Engagement des Staates, die Stabilität des britischen Empire, als eines in seiner Binnenstruktur äußerst fluiden Herrschaftsverbandes zu beeinträchtigen begann«. *Ders.*, Das britische Empire. Strukturanalyse eines imperialistischen Herrschaftsverbandes, in: HZ 233 (1981), S. 317–361, hier S. 352.

5 Rosebery vor dem 17. Trades Union Congress, 11. Sept. 1884, zit. in: *George Bennett*

In seinem Aufsatz über »Lord Rosebery and the Imperial Federation League, 1884–1893« hat Michael David Burgess zu Recht festgestellt, daß in der bisherigen Forschung zu Rosebery dessen Mitarbeit in der IFL nur in einem unzureichenden Maße berücksichtigt worden sei.[6] Die Vernachlässigung läßt sich wohl nur bedingt auf eine mangelhafte Quellenbasis zurückführen, sondern sollte in Zusammenhang gesehen werden mit jenem in der Forschung weit verbreiteten Gesamteindruck, demzufolge Roseberys politisches Handeln als letztlich rätselhaft und unverständlich gelten darf.[7] In dieses Bild paßt dann allzu leicht auch Roseberys Mitarbeit in der IFL, deren Zielsetzung ohnehin als vage und viel zu idealistisch gilt. Übersehen wird hierbei freilich, in welch hohem Maße diese Vagheit bewußt den Intentionen Roseberys entsprach. Für ihn (ebenso wie für Seeley, Froude und andere) stellte die Liga weder den Versuch dar, akademische Überzeugungen in die Praxis umzusetzen, noch wurde sie als ein mögliches Sprungbrett im politischen Machtkampf angesehen; statt dessen sollte sie zum Sammelbecken einer überparteilichen Massenbewegung werden, die nicht in ein Korsett gezwängt werden konnte, wohl aber eines Forums bedurfte, um alle Teile des Empire in einen Prozeß des Meinungsaustausches und der Meinungsbildung einzubeziehen. Hierin entsprach sie zwar dem Enthusiasmus und der Empirebegeisterung der achtziger Jahre, doch hätte es vermutlich in der Tat

(Hrsg.), The Concept of Empire. Burke to Attlee 1774–1947, London 1953, Neudr. 1967, S. 289.

6 *Michael David Burgess*, Lord Rosebery and the Imperial Federation League, 1884–1893, in: New Zealand Journal of History 13 (1979), S. 165–181, hier S. 168. Burgess wiederholt beziehungsweise ergänzt hier die entsprechenden Ausführungen aus seiner Dissertation: The Imperial Federation Movement in Great Britain, 1869–1893, Leicester 1976. Für eine Zusammenfassung der akademischen Debatte um das Konzept einer Imperial Federation vgl. auch seinen Aufsatz: Imperial Federation. Edward Freeman and the intellectual debate on the consolidation of the British Empire in the late nineteenth century, in: Trivium, St. David's University College, Lampeter 13 (1978), S. 77–94 (im weiteren jeweils zitiert als: Rosebery, Dissertation und Imperial Federation). Burgess' Kritik an der Vernachlässigung der IFL in den Rosebery-Biographien kann vor allem in bezug auf *Rhodes James* als berechtigt angesehen werden, dem diese Organisation, der Rosebery immerhin sechs Jahre vorsaß, nur am Rande erwähnenswert erschien (vgl. S. 160 und 201). Während *Crewe* dieser Tätigkeit ganze sechs Seiten widmet (vgl. Bd. 1, S. 308–316), findet sich bei *Raymond* nur eine indirekte Anspielung (vgl. S. 76).

7 *Burgess* weist vor allem auf den Teil der Korrespondenz Roseberys mit Munro-Ferguson hin, den Rosebery nach einem persönlichen Zerwürfnis 1916 verbrannt haben muß. Angesichts der erhaltenen Korrespondenz jedoch sowie der zahlreichen Reden und Stellungnahmen in der zwischen 1886 und 1892 erschienenen Monatszeitschrift »Imperial Federation« sollte dieser Verlust nicht überbewertet werden. Gestützt auf die »definitive biographies« (!) folgt allerdings auch Burgess der Einschätzung Roseberys als »puzzle« und »enigmatic character« (vgl. *ders.*, Rosebery, S. 168f., 178f. und passim).

konkreter Zielvorgaben bedurft, um sie als Institution in das 20. Jahrhundert hinüberzuretten. Nachdem sie sich bereits jahrelang über die beiden unglücklich gewählten und zweifellos zu Recht umstrittenen Begriffe »Imperial« und »Federation« aufgetrieben hatte,[8] brach sie – vor die Forderung gestellt, ihr Programm zu konkretisieren – 1893 auseinander.

Nach dem Tode des ersten Vorsitzenden der IFL, William Edward Forster, im April 1886 wurde Rosebery am 3. Juni zu dessen Nachfolger gewählt. Die Feststellung, daß die Wahl seiner Popularität wegen erfolgt sei,[9] trifft zwar zu, insofern er zu diesem Zeitpunkt als Außenminister vollauf beschäftigt war, doch sagt sie noch nichts aus über sein Eintreten für eine Sache, die er aus einer Reihe prinzipieller Überlegungen heraus unterstützte. Bereits auf der Gründungsversammlung der IFL am 29. Juli 1884, an der auch Rosebery aktiv teilnahm, hatte er die Idee einer Föderalisierung Australiens als eine Möglichkeit begrüßt, um dessen Bindung an Großbritannien zu festigen und zu erhalten. Sein Vorschlag stand in Einklang mit den Reden, die er kurz zuvor in Sydney und Adelaide gehalten hatte. Er verdeutlicht zudem zwei Aspekte, die für Roseberys Verständnis des Föderalisierungs-Gedankens als wichtig gelten können. Zum einen ging es ihm in erster Linie und bis auf weiteres wahrscheinlich ausschließlich um den engeren Zusammenschluß der weißen Siedlungskolonien mit Großbritannien; zum anderen verwendete er den Begriff »federation« in einem derart weiten Sinn und deshalb staatsrechtlich sicherlich unhaltbar, daß letztlich jede Verfassungsform darunter subsumierbar gewesen wäre, die eine engere politische Bindung an das Mutterland ermöglicht hätte.[10]

In seiner weit gefaßten und von konkreten rechtlichen Bedenken ungetrübten Sicht der Dinge lag auch die entscheidende Voraussetzung für die Offenheit Roseberys gegenüber einer eventuellen Home Rule-Lösung für Irland. In diesem Sinne schrieb er zum Jahresende 1885 an seinen Freund Reginald Brett:

»I cannot understand people preferring separation to Home Rule. I detest separation, and feel that nothing could make me agree to it. Home Rule, however, is a necessity both for us and for the Irish. They will have it within two years at the latest, Scotland will follow, and

8 Vgl. hierzu *Burgess*, Imperial Federation, und *Kleinknecht*, Imperiale Ordnung, S. 188–200. Im Jahre 1891 hatte Rosebery noch einmal vergeblich versucht, die Bezeichnung »National Federation League« in die Diskussion zu bringen.

9 Vgl. *Burgess* Rosebery, S. 167 sowie *Tyler*, Struggle, S. 112. Tyler weist besonders auf Roseberys mäßigenden Einfluß innerhalb der IFL hin und betont die erhöhte Glaubwürdigkeit, die die Liga unter seinem Vorsitz in einer Periode konservativer Regierungen als überparteiliche Organisation gewann.

10 Vgl. seine beiden Reden in Sydney und Adelaide, in: Australian Speeches, vor allem S. 22 f. und 52. Wie sehr es ihm letztlich nur um die zu erreichende Einheit des Empire ging, wird deutlich, wenn er allgemein von den Plänen spricht, »that have been suggested for the union or federation of the Empire«. (Ebd., S. 52).

then England. When that is accomplished Imperial Federation will cease to be a dream. To many of us it is not a dream now, but to no one will it be a dream then.«[11]

Hierin spiegelt sich nicht nur die Begeisterungsfähigkeit, die Roseberys Denken noch Mitte der achtziger Jahre kennzeichnete; es wird auch der Horizont deutlich, vor dem sich seine Vorstellungen von Föderalisierung bewegten. Ihm erschien Home Rule ursprünglich nicht als eine Maßnahme, die einen Ablösungsprozeß Irlands von Großbritannien hätte einleiten können, sondern als erster Schritt in eine Richtung, in der schließlich auch Australien, Südafrika und Kanada ein vergleichbarer Status zugekommen wäre wie Irland, Schottland und Wales. Den Wert einer solchen weltweiten, verfassungspolitischen Umwälzung für Großbritannien schätzte Rosebery hierbei ungewöhnlich hoch ein. In einer rechtlichen Gleichstellung Irlands mit den weißen Siedlungskolonien glaubte er nicht nur ein wertvolles Mittel zu erkennen, um der belastenden Illoyalität der Nachbarinsel langfristig entgegenzutreten; ihm erschien auch eine engere Bindung der künftigen Dominions an das Mutterland als eine notwendige Belebung des britischen Selbst- und Herrschaftsverständnisses: »They will bring the large freedom of new countries, the sturdy independence of natures tested among difficulties, and the self-reliance engendered by the simple solution of great problems«.[12] Den friedenstiftenden Einfluß, der in seinen Augen ursprünglich von Großbritannien über das Empire auf die ganze Welt ausgegangen war,[13] hoffte Rosebery auf diesem Wege wieder auf die britischen Inseln zurückführen zu können. Ein solcher Gedanke entsprach seinem Bild der Empireentwicklung als eines natürlichen, organischen Bewegungsgesetzes, das, wenn es nicht voranschreitet, notwendig zurückfällt. Da die territoriale Ausdehnung jedoch zwangsläufig an ihre Grenzen gestoßen sei, müsse ihr nun ein engerer Zusammenschluß nach innen folgen: »I believe that the tendency of the age is towards Local Government«. Hierin liege sowohl für die Kolonien als auch für Großbritannien »on the whole, a wholesome tendency. ... How much better off we should be then«, so fragte Rosebery rhetorisch, »than under the present centralized system!«[14]

In der Überzeugung, daß der Zerfall des Empire unaufhaltsam einsetzen würde, wenn Großbritannien die Chance seiner Weiterentwicklung verstreichen ließe, stimmten zweifellos die maßgeblichen Initiatoren der IFL überein. Diese These durchzieht nicht nur das epochemachende Werk des Gründungsmitglieds, John Robert Seeley, »The Expansion of England«, dessen Lektüre auch

11 Rosebery an Brett, 23. Dezember 1885, zit. in: *Crewe*, Rosebery, Bd. 1, S. 279.

12 Rosebery in Paisley, 15. Oktober 1885, in: Speeches 2, S. 45.

13 Die Gewißheit, daß die britische Flagge stets als »a flag of peace« gehißt worden sei, bildete für Rosebery Grund genug für die Behauptung, »that our colonial enterprise has been a benefit to the world at large«. (Ebd., S. 37).

14 Ebd., S. 41 und 45. In diesem Sinne spricht Rosebery auch pauschal von »federal relations with Ireland« (ebd., S. 46).

auf Rosebery einen zweifellos prägenden Einfluß ausgeübt haben muß.[15] Auch William Edward Forster erklärte auf der von ihm geleiteten Gründungskonferenz: »It must be clear that the relations of our Colonies with the mother-country must ultimately end either in disintegration or in some form of Federation«.[16] Dieser verbreiteten Zeitmeinung gab auch Rosebery Ausdruck, als er im September 1886 ausführte: »In these days we cannot fail to recognize that the tendency of the various portions of this Empire, whether at home or abroad, must be either one way or the other, must either tend to separation or must tend to close union«.[17]

Ebensowenig wie für Seeley darf diese Alternative als ein Versuch Roseberys mißverstanden werden, weitere Expansionsmöglichkeiten für das britische Weltreich vorweg zu legitimieren. Der Kern seines Gedankenganges lag vielmehr in der Überzeugung, daß die Einheit des Empire in seiner bestehenden Form gefestigt und erhalten werden könne, ohne daß Großbritannien weitere politische Verantwortung für kolonialen Neuerwerb und eventuelle Konflikte mit rivalisierenden Staaten auf sich nehmen müsse. In dieser Hinsicht habe Großbritannien seinen Fleiß und seinen Ehrgeiz (»ambition«) reichlich unter Beweis gestellt, erklärte Rosebery im Mai 1887. Jetzt komme es primär darauf an, die eigene Standfestigkeit zu erhöhen und jene Art von »self-control« zu üben, »which enables you to plant yourself firmly in the ground, so that you may mark, or leap, or strike the easier as you may prefer«.[18]

Es stand für Rosebery offensichtlich zu keinem Zeitpunkt in Zweifel, daß der unter dem Begriff »Imperial Federation« angestrebte engere Zusammenschluß des Empire nicht auf legislativem Wege, durch einen politischen Akt von oben, sondern wenn, dann nur durch die breite Forderung aller Beteiligten und damit durch eine Art akklamatorischer Legitimation von unten erreichbar sein müßte: »The impulse for Imperial Federation must not come from Parliaments, but from

15 *John Robert Seeley*, The Expansion of England, London 1883, neu hrsg. von John Gross, Chicago/London 1971, vgl. vor allem S. 37, 48, 83, 88, 107f. und 237. Rosebery las dieses zwischenzeitlich erschienene Werk nach der Rückkehr von seiner Weltreise Anfang 1884. Unmittelbar nach seiner Ernennung zum Premierminister im März 1894 bestand seine erste Amtshandlung darin, Seeley den Adelstitel »K. C. M. G.« anzubieten: »I only kissed hands this afternoon and am anxious without delay to offer you the Colonial order« (Rosebery an Seeley, 5. März 1894, RP 10 130 f. 3).

16 Imperial Federation: Report of the Conference held 29 July 1884, at the Westminster Palace Hotel, London 1884, S. 27.

17 Imperial Federation, The Journal of the Imperial Federation League, 1886, 1 (9), S. 260. Am 21. März 1888 erläuterte Rosebery auf dem Annual Meeting der IFL: »Our work has been and is this – under a firm belief that the bonds which unite the Empire must either become stronger or weaker, our endeavour has been to make them stronger«. Imperial Federation, Journal, 1888, 3 (4), S. 1.

18 Rosebery am 4. Mai 1887, in: Imperial Federation Journal, 1887, 2 (6), S. 127f.

the people«.[19] Er drängte deshalb auf die Errichtung einer ständigen Kommission, die sich aus Vertretern aller »self-governing colonies« zusammensetzen und diese dazu anhalten sollte, Möglichkeiten zu diskutieren und Vorschläge für geeignete Schritte auf dem Weg zu einer Föderalisierung zu unterbreiten. Nur durch eine kontinuierliche, sich über Jahre erstreckende Meinungsbildung könne allen Gliedern des Empire das Gefühl vermittelt werden, »that we are not lecturing them on what it would be good for them to do, not trying to raise a responsive echo in the Colonies to answer the voice which comes from the mother country«.[20] In der gleichen Zuversicht, auf diesem Wege Fortschritte zu erzielen, erklärte er noch vier Jahre später auf einer Versammlung der IFL in Edinburgh, daß sein eigenes Konzept allein darin bestehe, »to endeavour so to influence public opionion at home and in the colonies that there shall come an imperious demand from the people of this country, both at home and abroad, that this federation should be brought about«.[21]

Mit einer ähnlichen Beharrlichkeit lehnte Roseberys es über Jahre hinweg ab, die IFL auf bestimmte Föderalisierungsmodelle festzulegen. »I should exceedingly regret to see any such scheme evolved«, erklärte er bereits auf der Gründungsversammlung, »even if it were a practicable and workable scheme, because it would have the stamp of haste upon it, and would not commend itself to the country«.[22] Die frühzeitige Festlegung auf ein Modell, das letztlich nicht aus den Interessen der Sieldungskolonien resultierte, barg in seinen Augen die Gefahr, die Selbstverwaltungsrechte dieser Kolonien zu unterminieren, indem es zu viele Zuständigkeiten zentralisierte und damit die Londoner Verwaltung von vornherein weiter überbürdete. Darüber hinaus erschien ihm eine eindeutige schriftliche Fixierung als praxisfremdes Produkt theoretischer Spekulation und als solches mit dem britischen Verfassungsdenken unvereinbar. Statt dessen vertraue er darauf, daß den generellen Vorteilen einer »Imperial Federation« mit der Zeit eine größere Überzeugungskraft zukäme und die Liga deshalb bis auf weiteres ganz auf Festlegungen in Einzelfragen verzichten könne: »Federation, in my

19 Rosebery im Sept. 1884 in Aberdeen, zit. in: *Rhodes James*, Rosebery, S. 160.

20 Report of the Adjourned Conference and of the first Meeting of the League, held Nov. 18, 1884, London 1884, S. 17.

21 IFL, Journal, 1888, 3 (12), S. 245; auch zit. in: *Burgess*, Rosebery, S. 174. Burgess glaubt, in der Argumentation Roseberys einen Zirkelschluß erkennen zu können, indem dieser zunächst die Möglichkeit einer »Imperial Federation« abhängig macht von einer »wide-spread« public demand«, sich dann aber weigert, diese eindringliche Forderung durch mögliche Zielvorgaben anzuregen, und sich mit der Vorstellung begnügt, daß eine »union of sympathy« faktisch erreicht sei, sobald sie weltweit gefordert würde. Man mag dies zu Recht idealistisch nennen; ein Zirkelschluß wäre es aber nur dann, wenn Rosebery das Zustandekommen einer »closer union« zur Voraussetzung der allgemeinen Forderung nach ihr erklären würde (vgl. ebd.).

22 Imperial Federation, Report of the Conference, S. 39.

view, does not necessarily imply a written constitution«, erklärte er im Mai 1888, »the constitution will come when it is wanted, and not before«.[23]

Burgess hat zu Recht auf den evolutionären Charakter der Föderalismus-Vorstellungen Roseberys hingewiesen,[24] dem es zunächst nur darum ging, auf einer möglichst breiten Basis Interesse und Zustimmung für den Erhalt des Empire zu gewinnen und auf dem Wege regelmäßiger Konferenzen gemeinsame Zielvorstellungen sich herausbilden zu lassen. Die Colonial Conference von 1887 hatte nicht nur das gesamte Spektrum bestehender Meinungsunterschiede deutlich gemacht, sondern auch gezeigt, daß ohne eine forcierte Lenkung der Diskussion rasche Fortschritte nicht zu erwarten waren.[25] Roseberys Geduld dagegen und seine Bereitschaft, den Kontroversen ihre Zeit zu lassen, standen nicht nur den Interessen der Aktivisten[26] innerhalb der IFL entgegen, sie verstellten ihm auch den Blick für die völlig gegenläufigen Tendenzen eines wachsenden Nationalismus in den weißen Siedlungskolonien. In diesem Sinne überschätzte er zwar bei weitem das Engagement von seiten der Kolonien, nicht aber die praktischen Möglichkeiten der IFL. Mit zunehmender Distanz jedoch trat mehr und mehr Skepsis an die Stelle seines ursprünglichen Enthusiasmus.[27] Nach 1887 unterstützte er nicht mehr das Bemühen der IFL, Lord Salisbury zur Einberufung einer weiteren Kolonialkonferenz zu drängen, und seine wenigen Stellungnahmen von 1891 legen sogar den Eindruck nahe, daß angesichts einer Vielzahl von Bedenken seine ehemalige Empire-Begeisterung verloren gegangen zu sein scheint. In einem Brief an den Sekretär der Liga, Arthur Loring, monierte Rosebery im März 1891 das zu große Entgegenkommen Großbritanniens gegenüber den Kolonien. Solange diese zwar finanzielle und militärische Unterstützung erhielten und jegliche rechtlichen Privilegien genießen dürften, ohne gleichzeitig Verpflichtungen zu übernehmen, solange könne von seiten der Kolonien kein Interesse an einer engeren rechtlichen Bindung an das Mutterland erwartet werden. Der IFL gab Rosebery daher abschließend den Rat: »You must

23 Imperial Federation, Journal, 1888, 3 (4), Supplement, S. 1 f. Im Januar 1888 gelangte auch Lord Rendel, der Freund und Vertraute Gladstones, zu der für ihn neuen Erkenntnis, daß Rosebery über »no real scheme for Colonial Federation« verfüge. (The Personal Papers of Lord Rendel, hrsg. von *Frederick E. Hamer*, London 1931, S. 183).

24 *Burgess*, Rosebery, S. 170 sowie *ders.*, Dissertation, S. 243.

25 Vgl. hierzu *Tyler*, Struggle, S. 115–136 und 176.

26 Hierzu zählten vor allem die beiden Initiatoren der IFL, F.P. de Labillière und F. Young, sowie eine Reihe weiterer Mitglieder (vgl. *Tyler*, Struggle, S. 107–114; *Burgess*, Rosebery, S. 175).

27 Rosebery, der sich von den Richtungsstreitigkeiten innerhalb der Liga weitgehend fernhielt, distanzierte sich etwa ab 1888 kontinuierlich von seiner Mitarbeit. Ab Januar 1889 widmete er sich fast ausschließlich dem LCC, während er sich nach dem Tode seiner Frau im November 1890 vorübergehend ganz aus dem öffentlichen Leben zurückzog.

remove the question from the ground of sentiment to the more impregnable position of cash«.[28]

Angesichts der zum Teil berechtigten Kritik an den praktischen Führungsfähigkeiten Roseberys und dessen eigener Abwendung von der IFL sollte nicht die zentrale Idee in Vergessenheit geraten, der er jahrelang Resonanz zu verschaffen versucht hatte und an der er auch über sein Ausscheiden hinaus noch festhielt. Der Angelpunkt dieser Idee lag in der Versöhnung von kolonialer Selbstbestimmung und imperialer Einheit, die ihm insofern realisierbar erschien, als jedes Glied des britischen Weltreiches »should be contented and ruled so far as may be by its own representatives, consistently with that imperial unity which is as dear to us as to any of our opponents«.[29] Von diesem Kerngedanken ausgehend hielt Rosebery zum einen eine Art von Föderalisierung trotz der territorialen Zerrissenheit des Empire gerade deshalb für möglich, weil eine weltweite Präsenz der Navy und damit die globale Verteidigungsfähigkeit des Empire auch im Interesse jeder Kolonie hätten liegen müssen; zum anderen hoffte er, durch eine kontinuierliche Konsensbildung auf der Ebene ständiger Kommissionen und jährlich tagender Konferenzen jede abrupte Veränderung im Verfassungsgefüge des Weltreiches vermeiden zu können. In dem Maße jedoch, in dem er gegen Ende der achtziger Jahre die Erfahrung machen mußte, daß seine Vorstellungen sich als zu anspruchsvoll erwiesen, um von einer breiten Basis getragen zu werden, rückte der Erhalt des Empire für ihn mehr und mehr in den Bereich der Außenpolitik. 1892 hielt Rosebery Großbritannien für das einzige Land in Europa, dessen Außenpolitik letztlich nicht von kontinentalen Interessen und Strategien geprägt sei, sondern von dem Wunsch, das Empire in seiner bestehenden Form zu erhalten: »We have been pulled out of Europe by the great Empire which has been growing up outside these islands during the last forty years«. Die »Eastern Question« liege deshalb für Großbritannien letztlich in Indien, seine »Western Question« in Kanada und Australien, im Bering Meer und vor Neufundland. Indem dieses Weltreich Großbritannien gewissermaßen bei seinen Rockschößen aus dem europäischen Mächtesystem herausgezogen habe, sei es zu bestimmenden Faktor der Außenpolitik geworden: *»Our foreign policy has become a colonial policy*, and is in reality at this moment much more dictated from the extremities of the Empire than it is from London itself«.[30] Dies sei zwar eine neue und beachtenswerte Tatsache, so schließt Rosebery seine Rede, aber keine, die zu bedauern er persönlich einen Grund sehe.

28 Rosebery an Arthur Loring, 13. März 1891, zit. in: *Burgess*, Rosebery, S. 176.

29 Rosebery an Munro-Ferguson, 4. Mai 1886, RP 10 017f. 23; auch zit. in: *Burgess*, Dissertation, S. 187.

30 Rosebery vor dem City Liberal Club, 23. März 1892, in: Imperial Federation, Journal, 1892, 7 (4), S. 76. Vgl. zu dieser Einschätzung auch: *Ronald Robinson, John Gallagher* with *A. Denny*, Africa and the Victorians. The Official Mind of Imperialism, London 1963, S. 231.

2. Konsolidierungspolitik zwischen Rückzug und Expansion

Zwischen der ersten Amtszeit Lord Roseberys als Außenminister von Februar bis Juli 1886 und dem Zeitraum zwischen August 1892 und Februar 1894, in dem er zum zweiten Mal das Foreign Office leitete, hatte sich die internationale Stellung Großbritanniens in verschiedener Hinsicht gewandelt. Während die Politische Führung in Großbritannien zu Beginn der achtziger Jahre noch mehrheitlich davon ausging, mit den Mitteln einer friedlichen Konfliktregulierung ihre Besitzstände wahren und somit den Status quo auf Dauer erhalten zu können, hatten sich die internationalen Spannungen in den letzten zwei Jahrzehnten des 19. Jahrhunderts in einem Maße verschärft und die kolonialen Rivalitäten zwischen den Großmächten teilweise so sehr zugespitzt, daß auch militärische Verstrickungen zunehmend als möglich angesehen werden mußten und strategische Überlegungen oft den Vorrang vor politischen erhielten. Obwohl noch auf der Berliner Kongokonferenz 1884/85 ein multilateraler Konsens über die Stellung des Kongo-Freistaates erzielt und theoretisch die Kriterien festgelegt werden konnten, an denen sich jede künftige koloniale Inbesitznahme in Afrika zu halten hatte, trug diese Einigung dennoch in den folgenden Jahren eher dazu bei, den Wettbewerb anzuheizen, als ihn zu reglementieren. Praktisch stellte die Berliner Kongokonferenz den letzten erfolgreichen Versuch dar, im Rahmen des traditionellen Konzerts der europäischen Mächte internationale Konflikte zu lösen. Die zunehmende Isolation Großbritanniens, das in diesem Konzert über siebzig Jahre hinweg eine dominierende Stellung eingenommen hatte, wurde immer häufiger mit dem nun teilweise auch zynisch gemeinten Epitheton »splendid« versehen.[31]

Ebenso wie einige seiner Zeitgenossen reagierte auch Rosebery mit kaum zu übersehender Skepsis auf diese Veränderungen. In welchem Maße sich seine Einschätzung der Ziele und Herausforderungen der britischen Empirepolitik von den achtziger zu den neunziger Jahren gewandelt hatte, wird deutlich, wenn

31 Aus der Vielzahl der Gesamtdarstellungen zur internationalen politischen Entwicklung im Zeitalter des Imperialismus seien unter den jüngeren Arbeiten herausgehoben: *Rudolf von Albertini*, Europäische Kolonialherrschaft 1880–1940, Zürich 1976; *Winfried Baumgart*, Der Imperialismus. Idee und Wirklichkeit der englischen und französischen Kolonialexpansion 1880–1914, Wiesbaden 1975; *Max Beloff*, Imperial Sunset, Bd. 1, Britain's Liberal Empire 1897–1921, New York, 1969; *Cedric J. Lowe*, The Reluctant Imperialists; *Gordon Martel*, Imperial Diplomacy; *Wolfgang J. Mommsen*, Der europäische Imperialismus. Aufsätze und Abhandlungen, Göttingen 1979; *Gustav Schmidt*, Der europäische Imperialismus, München 1985; *Richard Shannon*, Crisis of Imperialism; *Hans-Ulrich Wehler* (Hrsg.), Imperialismus, Berlin 1970. Unter den älteren Arbeiten bleiben neben der bereits genannten von *Robinson* und *Gallagher* nach wie vor unverzichtbar: *William L. Langer*, European Alliances and Alignments 1871–1890, New York (1931) ²1950 und ders., The Diplomacy of Imperialism, 1890–1902, New York (1935) ²1956.

man zum Beispiel seine Rede vor dem Trades Union Congress vom 11. September 1884 mit seiner Rede vor dem Royal Colonial Institute vom 1. März 1893 vergleicht. In seiner Rede von 1884 herrschte noch deutlich eine globale Perspektive vor, die geprägt war von der Überzeugung, »that the continuance of the British Empire is a matter of great interest both to ourselves and the friends of freedom throughout the world«.[32] Hieran knüpfte Rosebery die Zuversicht, daß der notwendige Konsolidierungsprozeß des Reiches sowohl von den Kolonien als auch von allen Bevölkerungsschichten des Mutterlandes mitgetragen werden würde. Bedenken, daß eine weitere Expansion des Reiches die zwangsläufige Konsequenz der Konsolidierungspolitik bilden und die Interessen rivalisierender Staaten ihr Widerstände entgegensetzen könnten, tauchten zu dieser Zeit in den Überlegungen Roseberys nur sehr selten auf. Seine Forderung nach »greater pride in Empire«[33] bedeutete deshalb weder ursprünglich noch notwendigerweise ein mörderisches Wettrennen um die letzten weißen Flecken auf der Karte von Afrika.

Eine prononciert nationale Perspektive prägte demgegenüber seine Rede von 1893. Sie war überschattet von dem Gefühl der politischen Unsicherheit und Bedrohung, der Großbritannien aufgrund seines weltweiten Empire mit jedem Tag mehr ausgesetzt zu sein schien. Nicht mehr Konsolidierung lautete das entscheidende Stichwort, sondern »extension«, und deren Hauptgegner sah Rosebery nicht zuletzt auch in den Reihen seiner eigenen Partei:

»It is said that our Empire is already large enough and does not need extension. That would be true enough if the world were elastic, but, unfortunately, it is not elastic, and we are engaged at the present moment in the language of mining in ›pegging out claims for the future‹. We have to consider not what we want now, but what we shall want in the future. We have to consider what countries must be developed either by ourselves or some other nation, and we have to remember that it is part of our responsibility and heritage to take care that the world, as far as it can be moulded by us, shall receive the Anglo-Saxon and not another character«.[34]

32 Rosebery vor dem 17. Trades Union Congress, 11. Sept. 1884, hier zit. nach *Bennett* (Hrsg.), The Concept of Empire, S. 288–291, hier S. 290.

33 Diese Formulierung Roseberys, die er vor allem in den neunziger Jahren häufiger verwendete, umschreibt in knapper Form ein zentrales Motiv seines Eintretens für den Erhalt des Empire (vgl. z. B. seine Rede vor dem City Liberal Club vom 5. Mai 1899, in: *Coates*, Rosebery, Bd. 2, S. 962).

34 Da Roseberys Formulierung des »pegging out claims for the future« zu einem weit verbreiteten Schlagwort wurde, findet sich zumindest dieser Teil des Zitats in rund der Hälfte der Sekundärliteratur. Hierbei haben sich mit der Zeit zwei Fehler eingeschlichen, und zwar steht gelegentlich anstelle von »future« das Wort »posterity« und statt des 1. März wird die Rede auf den 1. Mai datiert. Als zuverlässige Quelle sollte – zumindest im Hinblick auf das Datum – die Times vom 2. März 1893 gelten können. Die obige Wiedergabe bestätigt under anderem *Trevor R. Reese* (The History of the Royal Commonwealth Society 1868–1968, London 1968, S. 78), der sich auf das Ar-

Dieses Erbe und die mit ihm verbundene Verantwortung, so führte Rosebery weiter aus, dürften nicht zum Gegenstand von Parteirivalitäten werden. Sie stellten eine Verpflichtung der gesamten Nation dar, der diese sich auch nur als ganze stellen könne und müsse.

Angesichts der sich wandelnden und zum Teil sehr persönlichen Akzentsetzungen Roseberys muß es als problematisch gelten, ihn eindeutig einem bestimmten Typus des imperialistischen Politikers zuzuordnen. Während Bernard Porter ihn in eine Reihe mit Chamberlain, Milner und Curzon stellt, für die seiner Meinung nach die Expansion des Empire einen Selbstzweck darstellte, hebt Robert Rhodes James ihn ausdrücklich von diesen ab und betont, daß es keinen nobleren Aspekt in Roseberys Leben gebe als dessen »Imperial concept«.[35] Einerseits kennzeichnen Roseberys Denken und Handeln nicht die gleiche zurückhaltende Skepsis und pessimistische Zukunftsperspektive, die für sein Vorbild auf dem Gebiet der Außenpolitik, Lord Salisbury, als charakteristisch gelten können; andererseits erkannte er wesentlich deutlicher als Chamberlain und Milner die bereits reale Überbürdung des Empire und die damit verbundene ständige Gefahr eines »over-commitment«. Ganz und gar fern lag Rosebery zweifellos die äußerst paradoxe Vorstellung Gladstones, den Erhalt des Empire von jeglichem imperialistischen Engagement abkoppeln zu können.[36] Ähnliche Meinungsunterschiede, wie sie über die politische Position Roseberys bestehen, lassen sich auch im Hinblick auf eine Einschätzung seiner faktischen Leistungen als Außenminister aufzeigen. Während Algernon Cecil noch die Meinung vertrat, Rosebery habe keinerlei »deep impression« auf die Außenpolitik seines Landes hinterlassen, erkannten Robinson und Gallagher in ihm »no more than an unsuccessful Salisbury«. Weitaus positiver beurteilt Lowe die Tätigkeit Roseberys im Foreign Office, die er angesichts der begrenzten Möglichkeiten durch beachtenswerte Erfolge gekennzeichnet sieht.[37] Ein außer-

chivmaterial des Royal Colonial Institute stützt. Hiermit überein stimmt auch *Rhodes James* (Rosebery, S. 284). In deutscher Übersetzung findet sich dieses Zitat bereits in *Heinrich Friedjung*, Das Zeitalter des Imperialismus, 1884–1914, 3 Bde, Berlin 1919–1922, hier Bd. 1, S. 73.

35 *Bernard Porter*, The Lion's Share, A Short History of British Imperialism 1850–1970, London 1976, S. 137; *Rhodes James*, Rosebery, S. 157 und 410f. Rosebery selbst sprach im Hinblick auf Chamberlain und Milner von »wild-cat Imperialism« (vgl. *Coates*, Rosebery, Bd. 2, S. 962).

36 In diesem Sinne behauptete Gladstone 1881 über die Liberale Partei: »While we are opposed to imperialism, we are devoted to the empire«. (Zit. in: *Deryck M. Schreuder*, Gladstone and Kruger. Liberal Government and colonial ›Home Rule‹ 1880–1885, London 1969, S. 47).

37 *Algernon Cecil*, in: The Cambridge History of British Foreign Policy, Bd. 3, 1866–1919, Cambridge 1923, S. 613; *Robinson* und *Gallagher*, Africa, S. 255; *Cedric J. Lowe*, Reluctant Imperialists, Bd. 1, S. 167f. und 193ff.

ordentlich vorteilhaftes Bild zeichnet jetzt Gordon Martel, der Roseberys Leitung des Foreign Office als sehr souverän darstellt und erst in dem Augenblick von »failure« redet, als Roseberys Bemühungen um eine Zusammenarbeit mit Rußland Anfang 1895 von dem Ausbruch des chinesisch-japanischen Krieges durchkreuzt wurden.[38]

In der Tat sollten die jeweils nur sehr kurzen Zeitspannen, die Rosebery als Außenminister zur Verfügung standen, und die relative Isolation, in die er sich innerparteilich gedrängt fand, bei der Einschätzung seiner Entscheidungen gebührend berücksichtigt werden. Beides in Rechnung gestellt, werden jedoch zwei Kennzeichen deutlich, die für seine Außenpolitik als in besonderer Weise charakteristisch gelten können. An erster Stelle steht sein Bemühen um eine größtmögliche Kontinuität in allen Fragen der Außenpolitik. Die Begründung für dieses Ziel läßt sich weder in seinen persönlichen Sympathien für Lord Salisbury noch in den durch die Amtsführung vorgegebenen Sachzwängen finden. Es hat vielmehr seine Grundlage in Roseberys Verständnis von Außenpolitik überhaupt und spiegelt zudem den überparteilichen Anspruch wider, von dem seine außenpolitischen Überlegungen ausgingen. Ein zweites Charakteristikum liegt in dem Bemühen um ein Minimum an Öffentlichkeit, das sich nicht nur gegen die Presse und das Parlament richtete, sondern das er auch, da er nicht – wie Salisbury – zugleich sein eigener Premierminister war, gegenüber seinem Kabinett durchzusetzen versuchte. Hierin lediglich einen Hang zur Geheimdiplomatie sehen zu wollen, verkennt sein verzweifeltes Ringen darum, auch unter den erschwerten Bedingungen der Massen- und Parteiendemokratie noch das ihm notwendig erscheinende Maß an politischer Handlungs- und Entscheidungsfreiheit aufrechtzuerhalten.

a) Der Dauerkonflikt um Ägypten und den Sudan

Die Sicherung des Seeweges nach Indien kann neben der unmittelbaren Verteidigung Indiens in Asien für die spätviktorianische Epoche als das wichtigste strategische Kalkül in den Überlegungen britischer Empirepolitik angesehen werden. Mit der Fertigstellung des Suezkanals 1869 und dem Erwerb des maßgeblichen Aktienanteils durch Disraeli 1875 rückte der östliche Mittelmeerraum und speziell die Durchfahrt durch die Suezkanalzone in das Zentrum britischen Sicherheitsinteresses. Konnte die britische Regierung Ende der siebziger Jahre noch darauf vertrauen, daß angesichts ihrer gemeinsam mit Frankreich sichergestellten finanzpolitischen Kontrolle über Ägypten dessen formale politische Selbständigkeit gewährleistet bleiben könne, so führten die Aufstände unter der Führung des Obersten Arabi Pascha bis zum Sommer 1882 zum innenpolitischen Zusammenbruch des Landes. Da das französische Parlament ein koordiniertes Vorgehen gegen die Aufständischen verweigert hatte, sah die Regierung

38 Vgl. *Martel*, Imperial Diplomacy, S. 244–251.

Gladstone sich ab Juli 1882 zu einer einseitigen Intervention gezwungen. Der Bombardierung Alexandrias am 11. Juli folgte die schrittweise Besetzung des Landes durch britische Truppen, die mit dem Sieg General Wolseleys bei Tel el Kebir am 13. September 1882 ihren vorläufigen Abschluß fand.

Die Entscheidung zur Okkupation Ägyptens zog eine Reihe sowohl innen- als auch außenpolitischer Folgeprobleme nach sich. Außenpolitisch bedeutete sie den Beginn einer Politik, durch die Großbritannien sich konsequenterweise zu einem immer weiter nach Süden reichenden Engagement auf dem afrikanischen Kontinent gezwungen sah, das sich dann in der Faschoda-Krise 1898 zu einem der gefährlichsten Konflikte des späten 19. Jahrhunderts zuspitzte.[39] Innenpolitisch führte die Besetzung zu einem mittelbaren Bruch innerhalb des Kabinetts Gladstone sowie zu einer von fortgesetzten Schwankungen und Unsicherheiten gekennzeichneten Haltung der Regierung Gladstone im Hinblick auf die ägyptische Frage. Während die Mehrheit der Kabinettsmitglieder einen sofortigen Truppenrückzug begrüßt hätte, ließ die innenpolitische Lage Ägyptens wenig Zweifel daran, daß ein solcher Schritt unmittelbar den erneuten Zusammenbruch der politischen Ordnung zur Folge gehabt hätte.[40]

Da eine Stabilisierung der innenpolitischen Verhältnisse in Ägypten auf Jahre hinaus ebensowenig in Aussicht stand wie eine Überwindung seines finanziellen Bankrotts, sah Gladstone sich über mehr als zehn Jahre hinweg zwar immer wieder zu der Absichtserklärung veranlaßt, die britischen Truppen aus Ägypten zurückziehen zu wollen, ohne aber jemals wirklich die Verantwortung für einen solchen Schritt zu übernehmen. Eine anhaltende Herausforderung für die Besatzungsmacht stellte speziell die unbefriedete Situation im Sudan dar, der zwar ab 1883 nominell der ägyptischen Kontrolle unterlag, von wo aus jedoch die Aufständischen unter dem Mahdi Mohammed Ahmed zwischen 1881 und 1898 in immer neuen Anläufen versuchten, den Ostsudan unter ihre Kontrolle zu bringen und somit Ägypten ständig von Süden her bedrohten.

Für Rosebery stand zu keinem Zeitpunkt in Zweifel, daß die Wahrung der britischen Sicherheitsinteressen in der Suezkanalzone unter diesen Bedingungen eine direkte politische Kontrolle Ägyptens unverzichtbar machte. Bereits 1882 verteidigte er die Besetzung des Landes gegenüber John Bright, der aus Protest gegen die Bombardierung Alexandrias sein Ministeramt niedergelegt hatte, und

39 Zur Initialwirkung der Besetzung Ägyptens als Bruch mit dem traditionellen Prinzip der Nichteinmischung in innerkoloniale Konflikte vgl. *Robinson* und *Gallagher*, Africa, S. 465 sowie *David K. Fieldhouse*, Die Kolonialreiche seit dem 18. Jahrhundert, Frankfurt 1965, S. 146.

40 Zur Entwicklung der Lage in Ägypten vgl. jetzt: *David Steele*, Britain and Egypt 1882–1914: the Containment of Islamic Nationalism, in: *Keith M. Wilson* (Hrsg.), Imperialism and Nationalism in the Middle East. The Anglo-Egyptian Experience 1882–1982, London 1983, S. 1–25 Interessant, wenn auch fast ausschließlich die Perspektive Evelyn Barings wiedergebend: *R. C. Mowat*, From Liberalism to Imperialism: The Case of Egypt 1875–1887, in: HJ 16 (1973), S. 109–124.

zwei Jahre später lehnte Rosebery den ihm von Gladstone angebotenen Kabinettssitz mit der Begründung ab, das inkonsequente Vorgehen der Regierung in der ägyptischen Frage nicht mittragen zu können.[41] Der entscheidende Unterschied zwischen seiner politischen Einschätzung und der Gladstones bestand 1884 darin, daß es Rosebery nur folgerichtig erschien, auf den notwendig gewordenen ersten Schritt der Okkupation auch den zweiten der Errichtung einer stabilen Herrschaft, gegebenenfalls eines Protektorats, folgen zu lassen, während Gladstone im Gegensatz hierzu nach Wegen suchte, den ersten Schritt wieder zurückzunehmen, ohne jedoch den Eindruck aufkommen zu lassen, der übernommenen Verantwortung nicht gerecht werden zu können. Dies erschien Rosebery allerdings als miteinander völlig unvereinbar. Unter den aktuellen Bedingungen müsse das vitale Interesse Großbritanniens darin bestehen, so erläuterte er präzise in einem Brief an Gladstone im November 1884, der übernommenen Verantwortung gerecht zu werden, und dies bedeute:

»That we cannot leave Egypt without having established there a Government stable and strong as regards to the country itself, independent and respectable as regards other states. This we must do both for our own honour as having shattered what Government there was; and also for our own interest, to prevent Egypt becoming a focus of intrigue and offering an opportunity of occupation to other powers«.[42]

Ohne seine Meinung in der Sache geändert zu haben, erklärte sich Rosebery knapp drei Monate später dennoch zur Mitarbeit im Kabinett bereit, da nach dem Eintreffen der Nachricht von der Ermordung General Gordons in Khartum das Ansehen Großbritanniens in seinen Augen immer größeren Schaden zu nehmen drohte. Nachdem im März 1883 ein ägyptischer Militärtrupp unter Hicks Pascha von den Horden des Mahdi blutig niedergemetzelt worden war, hatte die Londoner Regierung versucht, die Ägypter zur Räumung des Sudan zu drängen. Gordon, der den Auftrag erhalten hatte, die Evakuierung zu überwachen, wurde im Januar 1885 selber ein Opfer der Derwische, während ein von London zu spät entsandter Hilfstrupp erst drei Tage nach seiner Hinrichtung in Khartum eintraf. Für die Regierung Gladstone bedeutete der Vorfall nicht nur einem enormen Prestigeverlust, er wurde zum Symbol der »increasing debility and incoherence of the Liberal cabinet«.[43] In dieser Situation hielt Rosebery es

41 Vgl. hierzu EHD, Bd. 2, S. 728–731 und *Crewe*, Rosebery, Bd. 1, S. 161 und 211–218.

42 Rosebery an Gladstone, 11. November 1884, GladP 44 288 f. 214–216.

43 *Shannon*, Crisis of Imperialism, S. 166. Eine Untersuchung darüber, in welcher Form und in welchem Ausmaß das Schicksal Gordons in den folgenden ein bis zwei Jahrzehnten als Argument im Rahmen politischer Auseinandersetzungen eingesetzt wurde, könnte einen eigenen Beitrag zur Geschichte des imperialistischen Denkens darstellen. Wertvolle Hinweise hierfür bietet *John M. Mackenzie*, Propaganda and Empire. The Manipulation of British Public Opinion 1880–1960, Manchester 1984, S. 5, 18, 28, 51, 150 und 213ff.

für seine Pflicht, durch eigene Einflußnahme im Kabinett den Schaden so gering wie möglich zu halten und eine in Zukunft konsequente Politik zu unterstützen. Konnte er hierdurch auch den Zerfall der zweiten Regierung Gladstone nicht mehr aufhalten, so schaffte er sich doch eine wichtige Voraussetzung für die Übernahme des Außenministeriums im Februar des folgenden Jahres.

Obwohl während der sechs Monate, in denen Rosebery zwischen Februar und Juli 1886 das Foreign Office leitete, die Lage an der Nordwestgrenze Indiens und besonders die Spannungen auf dem Balkan die größere Aufmerksamkeit auf sich zogen, bildete die ägyptische Frage den Gegenstand der einzigen ausführlichen Stellungnahme, die Rosebery in dieser Zeit vor dem Oberhaus abgab. Einige unabhängige Mitglieder des Hauses hatten Anfang April beantragt, den seit sieben Jahren auf Gibraltar inhaftierten Zebehr Pascha aus humanitären Gründen freizulassen, zumal dessen Rückkehr in den Sudan einen mäßigenden Einfluß auf das politische Klima des Landes auszuüben könne.

Rosebery nahm diesen Antrag zum Anlaß, in dezidierter Weise die Prinzipien darzulegen, die in seinen Augen die Politik Großbritanniens gegenüber dem Sudan leiten sollten. Demnach habe weder der Khedive von Ägypten noch das britische Kriegsministerium ein Interesse daran, angesichts der unleugbaren Verbindungen Zebehr Paschas mit den sudanesischen Aufständischen diesen in absehbarer Zeit freizulassen. Es stelle eine »criminal carelessness« dar, so Rosebery,[44] diese Bedenken geringer zu gewichten als die zugegebenermaßen schwache rechtliche Grundlage für eine weitere Inhaftierung.[45] Faktisch befinde Großbritannien sich mit den Aufständischen im Kriegszustand, und solange seine Regierung nicht beabsichtige, ihre direkte Kontrolle auch auf den Sudan auszuweiten, gebe es keinen Grund, dorthin einen Vermittler zu entsenden. Sollte eine solche Maßnahme dennoch als sinnvoll erscheinen, so käme zweifellos nur jemand in Frage, über dessen politische Integrität der britischen Regierung keinerlei Zweifel vorlägen.

Die Entschiedenheit, mit der Rosebery für eine Ablehnung dieses Antrags plädierte, entsprach seinem unbedingten Bemühen, jeder weiteren möglichen militärischen Verstrickung von britischer Seite aus dem Wege zu gehen. Wie bereits aus einem Memorandum für Lord Hartington vom April 1885 deutlich wird, hielt Rosebery es für eine militärische Überforderung Großbritanniens, gleichzeitig neben der anhaltenden Kriegsgefahr mit Rußland im Nordwesten des indischen Subkontinents auch noch in dem zweiten wichtigen Kofliktherd,

44 Rosebery am 5. April 1886, Hansard 3 (304), Sp. 712–720, hier Sp. 717.

45 »I am afraid I cannot argue this case constitutionally. I admit there is no Constitutional argument I know of to be raised for detaining Zebehr Pascha; but there are in Egypt at this moment considerations which overrule all other considerations«. Es gelte, von vornherein der Möglichkeit vorzubeugen, »to create again a state of things such as that which caused such infinite disaster and distress in this country last year« (Ebd., Sp. 718).

dem Sudan, die militärische Präsenz verstärken zu müssen. Sein dringender Rat lautete deshalb, zwar in Ägypten in vollem Umfang militärisch präsent zu bleiben, die Situation im Sudan jedoch im Rahmen der gegebenen Möglichkeiten zu kalmieren.[46]

Auch während der folgenden Jahre hielt er daran fest, daß Großbritannien die vorhandene Truppenstärke aufrechterhalten solle, darüber hinaus aber keinen Anlaß bieten dürfe, der erneute Konflikte provozieren könne. Gleichzeitig unterstützte Rosebery die Versuche Salisburys, auf dem Verhandlungswege eine Entspannung der ägyptischen Frage im Rahmen der internationalen Beziehungen zu erreichen. Da sich allerdings das Verhältnis zu Frankreich infolge der Besetzung von 1882 kontinuierlich verschlechtert hatte, befürchtete Salisbury eine wachsende Abhängigkeit Großbritanniens vom Deutschen Reich.[47] Um deshalb das direkte britische Engagement in Ägypten abzubauen, ohne gleichzeitig an Einfluß zu verlieren, hoffte Salisbury, die unmittelbar von Großbritannien wahrgenommene Verwaltung sukzessive dem türkischen Sultan als dem obersten Lehnsherrn überlassen zu können.[48] Diesem Ziel galten die Verhandlungen, die Sir Henry Drummond Wolff zwischen 1885 und 1887 in Kairo und Konstantinopel führte.[49] Als schließlich der Sultan die mühsam ausgehandelte Konvention 1887 auf französischen und russischen Druck hin doch nicht ratifizierte, blieb Großbritannien keine andere Wahl, als für die Konsequenzen seiner Interessen in Ägypten auch weiterhin die volle Verantwortung selber zu tragen.

Ebenso wie für Salisbury stand auch für Rosebery Ende der achtziger Jahre fest, daß nur auf dem Wege einer Stabilisierung der britischen Kontrolle in Ägypten die Sicherheitsinteressen ihres Landes in der Kanalzone langfristig gewahrt werden konnten. Bei den Politikern ging es primär, wenn nicht gar ausschließlich, um die strategische Bedeutung Ägyptens im Hinblick auf den Suezkanal, und sie trugen hiermit der Tatsache Rechnung, daß sich das Zentrum der internationalen Aufmerksamkeit in dieser Region im Laufe der achtziger Jahre in gewisser Hinsicht von Konstantinopel nach Kairo zu verschieben begann.[50]

46 Memorandum Roseberys vom 14. beziehungsweise 16. April 1885, RP 10 132 f. 38–48. In welchem Maße diese Sorge auch weiterhin seine Überlegungen leitete, belegt sein Memorandum vom 14. Juli 1886, RP 10 132 f. 79–82.

47 In diesem Sinne informierte Baring Rosebery am 9. Februar 1886, also unmittelbar nach dessen Einzug ins Außenministerium: »Berlin, not Cairo, is the real centre of gravity of Egyptian affairs«. (Zit. in: *George N. Sanderson*, England, Europe and the Upper Nile 1882–1899, Edinburgh 1965, S. 21).

48 Salisbury schwebte ein schrittweiser Abzug der britischen Besatzungstruppen innerhalb von fünf Jahren vor, jedoch unter dem Vorbehalt, im Konfliktfall jederzeit erneut wieder eingreifen zu dürfen (vgl. *Langer*, Alliances, S. 428ff).

49 Zur Korrespondenz Roseberys mit Drummond Wolff 1886 vgl. *Crewe*, Rosebery, Bd. 1, S. 272–274.

50 Vgl. hierzu: *Robinson* und *Gallagher*, Africa, S. 254ff. Beide Autoren betonen nach-

Während Rosebery es für selbstverständlich hielt, den zur Durchsetzung britischer Interessen notwendigen Preis zu zahlen, stellte sich ihm der größte Widerstand in dieser Frage innerhalb seiner eigenen Partei entgegen. In der Einschätzung dessen, was aus der Sicht der Suezkanalzone als notwendig angesehen werden konnte, vertraute Rosebery besonders dem Urteil des als äußerst kompetent angesehenen britischen Generalkonsuls in Kairo, Evelyn Baring (ab August 1892 Lord Cromer). Die weitreichenden Meinungsunterschiede mit Gladstone bestanden demgegenüber sowohl in der Einschätzung des französischen Anspruchs, vorrangig in der ägyptischen Frage konsultiert zu werden und hierüber einseitig mit London verhandeln zu können, als auch in der Frage jeglicher Ausweitung des britischen Engagements in und über Ägypten hinaus.

Daß unter Umständen tiefgreifende Konflikte innerhalb der vierten Regierung Gladstone unvermeidbar sein würden, zeigte sich bereits wenige Wochen nach deren Bildung, als Gladstone sich im November 1892 auf den Versuch des französischen Botschafters in London, William Waddington, einließ, an Rosebery vorbei direkt mit Paris über die ägyptische Frage zu verhandeln. Rosebery wertete diesen persönlichen Affront zwar in erster Linie als eine grobe Verletzung der diplomatischen Etikette durch Waddington, doch trug er auch maßgeblich zu einer rapiden Verschlechterung seiner Beziehungen zu Gladstone bei.[51] In seinen Augen konnten entweder nur der Sultan als oberster ägyptischer Lehnsherr oder sämtliche europäischen Großmächte gemeinsam als Verhandlungspartner angesehen werden. Der prinzipiell dritten Möglichkeit, einem bilateralen Arrangement zwischen Großbritannien und Frankreich, stand Rosebery von vornherein mit großer Skepsis gegenüber. »I think that you and I are quite agreed in the denial of the French right of separate treatment«, so erinnerte er Gladstone im Mai 1893, und fuhr fort: »When they declined to join us in 1882 and left on us the sole burden and heat of the day, that put an end to our partnership«. Über die Tatsache hinaus, daß Frankreich seiner Meinung nach 1882 aus der gemeinsamen Verantwortung für Ägypten ausgetreten sei, nannte

drücklich, daß es namentlich Salisbury weder um die Kap-Kairo- noch um die Niger-Nil-Linie ging, und daß die »trading prospects of the east African hinterlands and the Lakes left him cold« (Ebd., S. 290). Dies kann – ursprünglich zumindest – in gleicher Weise für Rosebery gelten. Was die Verlagerung der außenpolitischen Aufmerksamkeit Londons von Konstantinopel nach Kairo betrifft, so hat jüngst *Keith M. Wilson* versucht, diese »klassische« Interpretation zu revidieren und die Kontinuität der Vorrangstellung Konstantinopels herauszustellen. (Constantinople or Cairo: Lord Salisbury and the Partition of the Ottoman Empire 1886–1897, in: Ders. (Hrsg.), Imperialism and Nationalism in the Middle East. The Anglo-Egyptian Experience 1882–1982, London 1983, S. 26–55).

51 Vgl. hierzu: *Rhodes James*, Rosebery, S. 266–274. In einem Brief an Gladstone vom 7. November 1892 forderte Rosebery diesen nachdrücklich dazu auf, Waddington daran zu erinnern, »that the most convenient course is to treat foreign policy through the Foreign Office« (Zit. in: *Miller*, Foreign Policy, S. 163; vgl. auch ebd. S. 163–175).

Rosebery als weitere Gründe für eine Ablehnung des französischen Anspruchs auf Mitsprache: »It frees our hands: and it forms a valuable assistance in future negotiation«. Auf der politischen Ebene bedeutete dies, daß Frankreich für eine bilaterale Verständigung in der ägyptischen Frage zumindest in anderen Bereichen der Außenpolitik die Bereitschaft hätte signalisieren müssen, der britischen Seite entgegenzukommen: »The mere readiness to negotiate separately with France is a concession for which we may ask a return.«[52]

Demgegenüber gestalteten sich die von Rosebery gesuchten Möglichkeiten einer direkten Verständigung mit dem Sultan[53] in der ersten Hälfte der neunziger Jahre wesentlich schwieriger als fünf Jahre zuvor. Zum einen bildete die vom Sultan nicht ratifizierte Drummond-Wolff-Konvention von 1887 eine Gesprächsgrundlage, hinter die Großbritannien nicht völlig zurückgehen konnte, ungeachtet der Truppenverstärkungen, die in der Zwischenzeit notwendig geworden waren.[54] Zum anderen stellten das Beharren Gladstones, diese Frage stets ausführlich im Kabinett zu diskutieren, und die hieraus resultierenden unvermeidlichen Meinungsunterschiede ein großes Hindernis für die von Rosebery geforderte eigene Handlungs- und Entscheidungsfreiheit dar.

Die Meinungsverschiedenheiten innerhalb des Kabinetts spitzten sich erheblich zu, als im Januar 1893 die Autorität Großbritanniens in Ägypten in eine ernsthafte Krise geriet.[55] Der junge Khedive, Abbas II., hatte, ohne Cromer zu konsultieren, den anglophilen ägyptischen Premierminister, Mustafa Pascha Fehmy, entlassen und versucht, ihn durch den in britischen Augen unannehmbaren Fakhrey Pascha zu ersetzen. Cromer verlangte hieraufhin nicht nur die sofortige Wiedereinsetzung Mustafa Pascha Fehmys, er empfahl der Londoner Regierung zudem eine »sharp lesson« gegen den Khediven, forderte eine sofortige

52 Rosebery an Gladstone, 22. Mai 1893, zit. nach *Miller*, Foreign Policy, S. 175.

53 In diesem Sinne instruierte Rosebery zum Beispiel am 1. Februar 1893 den britischen Botschafter in Paris, Marquis of Dufferin: »We only recognized in this matter the Sultan as Suzerain and the Great Powers collectively«. (Zit. in *Miller*, The Egyptian Question and British Foreign Policy, 1892–1894, in: JMH 32 (1960), S. 5 sowie etwas ausführlicher in: *ders.*, Foreign Policy, S. 166).

54 Rosebery erkannte diese Notwendigkeit bereits im Januar 1890, als er an James Bryce schrieb: »I fear the Egyptian snake is scotched and not killed and that we must increase the occupying force« (Rosebery an Bryce, 20. Januar 1890, Bryce papers UB 15). Interessanterweise waren es auch Rosebery und Bryce, die als die beiden einzigen führenden liberalen Politiker 1890 die stratetische Bedeutung des Helgoland-Sansibar-Vertrages für die Stellung Großbritanniens in Afrika erkannten und folglich die Regierung Salisbury in dieser Frage unterstützten (vgl. *Rhodes James*, Rosebery, S. 201). Es sei ihr »aktualisierter Empiregedanke«, so stellt *Thomas Kleinknecht* fest, der zwischen »den beiden Schotten Bryce und Rosebery ... die wohl stärkste politische Interessenverbindung« darstellte (Imperiale Ordnung, S. 152).

55 Vgl. hierzu: *Miller*, Foreign Policy, S. 149–161, und *Martel*, Imperial Diplomacy, S. 98ff.

Truppenverstärkung und erwog, die ägyptischen Schlüsselministerien vorübergehend durch die britische Armee besetzen zu lassen.[56] Rosebery konnte ihn aber nicht in allen Punkten unterstützen, zumal ihm vage und in ihren Folgen unkalkulierbare Drohgebärden als ein ungeeignetes Mittel der Politik erschienen. Er hielt Cromer deshalb von spektakulären Aktionen zurück und legte ihm nahe, Riaz Pascha als Kompromißkandidaten zu akzeptieren. Um so nachdrücklicher setzte Rosebery sich demgegenüber für die geforderte Truppenverstärkung ein, für die er schließlich die Zustimmung des Kabinetts nur aufgrund seiner gleichzeitigen Zusicherung erhielt, sich erneut und verstärkt um eine Verhandlungslösung zu bemühen.[57] Da er deren Erfolgschancen jedoch für ziemlich gering hielt, hatte er noch im Herbst 1892 Konsultationsbemühungen des türkischen Botschafters in London, Rustem Pascha, mit dem Hinweis zurückgewiesen, daß Großbritannien erst wieder über Ägypten verhandeln könne, wenn sich die öffentliche Ordnung dort stabilisiert habe.

Nach der Krise im Januar 1893 schienen allerdings direkte Verhandlungen mit dem Sultan die letzte Möglichkeit darzustellen, der Einflußnahme anderer Großmächte, speziell Frankreichs, aus dem Wege zu gehen. In einer Depesche an Lord Cromer vom 3. Februar 1893, in der Rosebery die Grundsätze der künftigen britischen Politik in der ägyptischen Frage darlegte, stand zwar die Beachtung der Interessen der übrigen europäischen Mächte immerhin an erster Stelle. Dennoch legte er den Hauptakzent seiner Ausführungen eindeutig auf die Fortsetzung des eingeschlagenen Kurses, also auf die Sicherstellung der britischen Interessen in der Suezkanalzone und die Ablehnung eines übereilten Truppenrückzugs aus Ägypten. Auch an die Adresse seiner Kabinettskollegen gerichtet, faßte er deshalb zusammen:

»that for the present there is but one course to pursue; that we must maintain the fabric of administration, which has been constructed under our guidance, and must continue the process of construction, without impatience, but without interruption, of a stable administration and judicial system, which shall afford a reliable guarantee for the future welfare of Egypt«.[58]

Aus dieser Perspektive konnte ein völliger Abzug der britischen Truppen aus Ägypten innerhalb weniger Jahre angesichts der nach wie vor äußerst labilen

56 Vgl. *Miller*, The Egyptian Question, S. 3ff.

57 Vgl. hierzu Roseberys Schriftwechsel mit Königin Viktoria, LQV 3 (II), S. 204–211. Mit welchem Nachdruck sich Rosebery bei Gladstone für eine Truppenverstärkung einsetzte, belegt sein Brief vom 19. Januar 1893 (GladP 44 290 f. 80): »Prevention is better than cure at all times, certainly in this instance. ... Cromer may possibly take too gloomy a view of the situation. But he does not take a gloomier than I do. We have only a respite by the settlement of yesterday. And though it may be desirable to evacuate Egypt we cannot be jockeyed or intrigued out of it«.

58 Rosebery an Cromer, 3. Februar 1893, RP 10 026 f. 90–93. Wie die meisten Depeschen ging auch diese in gedruckter Form allen Kabinettsmitgliedern zu.

Verhältnisse im Lande für Rosebery keinen realistischen Verhandlungsgegenstand darstellen. Als deshalb Rustem Pascha im Auftrage des Sultan zum Abschluß der in den folgenden Monaten inoffiziell geführten Verhandlungen einen solchen Rückzug innerhalb von zwei Jahren forderte, bestätigte dies Roseberys Erwartung, daß akzeptable Verhandlungsergebnisse in der gegebenen Situation kaum im Bereich des Möglichen lagen. Die Bedingungen änderten sich erst, als sich im August 1893 die Nachricht bestätigte, daß im Herbst dieses Jahres nicht nur ein von Frankreich und Rußland gemeinsam durchgeführtes Flottenmanöver im Mittelmeer stattfinden, sondern auch für die Zeit danach ein russisches Geschwader dort stationiert bleiben solle. In der Erwartung, daß der Sultan angesichts der nunmehr doppelten Bedrohung der Meerengen an einer engeren Verständigung mit Großbritannien interessiert sei, schlug Rosebery ihm am 13. September eine Konvention vor, in der nur festgelegt werden sollte, daß sich beide Parteien in fünf Jahren über einen Rückzugstermin für die in Ägypten stationierten britischen Truppen zu einigen hatten.[39] Zwar ließ der Sultan sich Ende 1893 nicht auf den Vorschlag Roseberys ein, doch suchte er im Juli des folgenden Jahres eine umfassende Verständigung mit Großbritannien, zu der auch die Annahme der Konvention hätte zählen können.[60]

Die Haltung Roseberys in bezug auf eine britisch-osmanische Zusammenarbeit hatte sich zwischenzeitlich jedoch gewandelt. Angesichts der neuen französisch-russischen Kooperation hatte die Mehrheit im Kabinett den erweiterten Flottenbauprogrammen Lord Spencers zugestimmt.[61] Rosebery ging es nun in erster Linie um die Fähigkeit Großbritanniens, seine Interessen im Mittelmeer selber zu verteidigen. Sollte es dennoch die Unterstützung anderer Mächte benötigen, so hoffte er, diese eher von seiten des Dreibundes als von seiten des Sultan zu finden.[62] Die Spannungen innerhalb seines Kabinetts, das an Heterogenität

54 Vgl. *Miller*, The Egyptian Question, S. 9. Rosebery hatte diesen Vorschlag gegenüber dem Kabinett geheimgehalten.

60 Dem Sultan ging es nunmehr in erster Linie um eine britische Unterstützung gegen Persien, um die Einstufung der Armenier als Revolutionäre und um eine Garantie der territorialen Integrität der Türkei.

61 Die heftig geführte Debatte um die »Naval Estimates« des First Lord of the Admiralty, Earl of Spencer, beherrschte im November und Dezember 1893 die politischen Auseinandersetzungen in Westminster und Whitehall (vgl. *Crewe*, Rosebery, Bd. 2, S. 434–441 und *Rhodes James*, Rosebery, S. 288–292). Da Gladstone in dieser Frage letztlich überstimmt wurde, trat er nach langem Zögern am 1. März 1894 zurück. Sein Nachfolger im Amt des Premierministers wurde Rosebery; das Außenministerium übernahm Lord Kimberley.

62 Rosebery ging offensichtlich nicht davon aus, Großbritannien könne – selbst mit Hilfe der Türkei – die Meerengen auf Dauer gegen Rußland und Frankreich zusammen verteidigen. Aus diesem Grunde erklärte er im Januar 1894 dem österreichisch-ungarischen Botschafter in London, Graf Deym, daß Großbritannien für seine Interessen im östlichen Mittelmeer wie bisher eintreten und notfalls auch einen Krieg gegen Ruß-

der Meinungen der vorangegangenen Regierung Gladstone in keiner Weise nachstand, ließen eine Verständigung mit dem Sultan ohne Einbeziehung Frankreichs kaum noch als realisierbar erscheinen. Die im Sommer 1894 aufgenommenen Gespräche über sämtliche gegenseitigen Interessen in Afrika legten in der Tat die Möglichkeit nahe, daß Frankreich seine eigenen Ansprüche im Hinblick auf den Oberlauf des Nil zurückstecken und im Falle entsprechender Gegenleistungen eventuell sogar die britische Besetzung Ägyptens anerkennen werde. Obwohl Rosebery auch weiterhin versuchte, die Möglichkeit einer Verhandlungslösung auf der Ebene der europäischen Großmächte offenzuhalten,[63] war sein Handlungsspielraum in dieser Richtung unübersehbar enger geworden. Da sich die Türkei immer wieder als ein sehr unzuverlässiger und letztlich wenig hilfreicher Partner erwiesen hatte und Rosebery sich zudem durch den leichtfertigen Abschluß des britisch-belgischen Kongovertrages vom 12. April 1894[64] die Chancen einer Verständigung mit Berlin selber verbaut hatte, war die ägyptische Frage am Ende seiner Regierungszeit – ganz entgegen seiner Absicht – unumgänglich zu einem in erster Linie britisch-französischen Problem geworden.

Abgesehen von dieser diplomatischen Ebene verlangte auch die militärische Sicherung Ägyptens Roseberys fortgesetzte Aufmerksamkeit, zumal der östliche Sudan infolge seiner politischen Instabilität ein ständiges Spannungsgebiet darstellte. Einerseits blieb der für Ägypten lebenswichtige Oberlauf des Nils nicht nur durch die Derwische des Mahdi nach wie vor bedroht, auch das französische Projekt einer Transsahara-Eisenbahn reklamierte in den neunziger Jahren erneut den Sudan als französisches Interessengebiet. Andererseits konnte die Besetzung des Sudan, einer unmittelbaren ägyptischen Einflußsphäre, als die konsequente Fortsetzung der Okkupation Ägyptens angesehen werden. Im Unterschied zu seiner vorsichtigen Zurückhaltung Mitte der achtziger Jahre erschien Rosebery Mitte der neunziger Jahre eine Stabilisierung der Herrschaftsverhältnisse im

land in Kauf nehmen werde. Im Konfliktfall benötige es jedoch die Unterstützung Österreich-Ungarns und seiner Freunde gegen Frankreich. Vgl. hierzu *Harold Temperley* and *Lillian M. Penson* (Hrsg.), Foundations of British Foreign Policy (1792–1902), Cambridge 1938, S. 482. Ebenfalls aus dem Interesse an einer Annäherung an den Dreibund schien Rosebery in den folgenden Monaten geneigt, dem Drängen des italienischen Ministerpräsidenten, Francesco Crispi, auf eine »parallel action« im Sudan nachzugeben; da Cromer jedoch dringend abriet, beharrte Rosebery schließlich auf einer »independent action« Großbritanniens (vgl. Sanderson, England, S. 82).

63 In einem Memorandum vom 17. Juli 1894 formulierte er: »A conference should be proposed in which with the support of Germany we should get our sphere of influence defined. A protocol to be added that whenever Egypt is in a position to re-occupy it we should with pleasure hand over to her that part which is at present under our control«. (Zit. in: *Miller*, Foreign Policy, S. 423) Ähnlich lautend auch sein Brief an Lord Kimberley vom 16. Juni 1894 (Kimberley papers 10 243 f. 35 f).

64 Vgl. hierzu das folgende Kapitel.

Sudan zwar dringend geboten, deren Realisierung jedoch nicht im Bereich der unmittelbaren britischen Möglichkeiten. Seine Idee, das gesamte Nilbecken zum Gegenstand einer internationalen Konferenz zu erheben, hatte angesichts der gespannten Lage in den Beziehungen Großbritanniens zu den europäischen Mächten seit dem Sommer 1894 kaum eine Aussicht auf Erfolg. Gegen Ende seiner Regierungszeit befürchtete Rosebery sogar, daß es für einen Verhandlungsversuch keine »more inopportune occasion than the present« gebe. Ließe Großbritannien sich unter den gegebenen Umständen darauf ein, so schrieb er im März 1895 an den Permanent Under-Secretary im Foreign Office, Sir Thomas Sanderson, »we should have to deal with a hostile France, a hostile Germany and a hostile Russia«.[65] Hinzu kämen nicht nur die nach wie vor unberechenbaren Reaktionen sowohl des Khediven als auch des Sultan, sondern ebenso, daß derartige Verhandlungen nur von einer starken Regierung geführt werden könnten, als die seine derzeitige nicht anzusehen sei.

Ebenso lehnte Rosebery eine unmittelbar von Großbritannien durchgeführte Besetzung des Sudan ab: »The burnt child dreads the fire«, ermahnte er Cromer im April 1895. Sollte allerdings die Initiative von Ägypten ausgehen und auch durchgeführt werden, so daß Großbritannien sich darauf beschränken könne, einen entsprechenden »coup de main« zu kontrollieren, sei dies sicherlich begrüßenswert. Da die Aussicht hierauf jedoch als ebenso gering anzusehen war wie die Chance, für eine britische Initiative die Zustimmung des Kabinetts zu bekommen, gelangte Rosebery zu dem Ergebnis, daß »the Soudan question should be allowed to rest«.[66] In dem gleichen Sinne erläuterte er im folgenden Jahr, nachdem er die Regierungsverantwortung bereits niedergelegt hatte, daß die britischen Handlungsmöglichkeiten im Nilbecken in erster Linie von der Lage der internationalen Beziehungen bestimmt würden, »for in Egypt the British nose is in a twitch the handle of which is at the disposal of every Great Power«.[67]

b) Uganda und der britisch-belgische Kongovertrag oder: Die Entscheidung für Expansion

Das Bemühen Großbritanniens um eine Wiederherstellung stabiler politischer Verhältnisse in Ägypten richtete sich in besonderer Weise auf die Kontrolle des gesamten Nilbeckens, und zwar nicht zuletzt auch der Quellflüsse des Weißen Nil bis hinauf zum Viktoriasee. Die Erforschung dieses Gebietes in der zweiten Hälfte des 19. Jahrhunderts hatte zudem einer bereits aus dem 13. Jahrhundert stammenden Legende neue Nahrung gegeben, derzufolge es durch Umleitung und Regulierung des oberen Nil möglich sein müsse, Ägypten seiner Lebensader zu berauben. Da derartige Projekte die Mitwirkung europäischer Spezialisten

65 Rosebery an Sanderson, o. D. (März 1895), RP 10 136 f. 116–118.
66 Rosebery an Cromer, 22. April 1895, secret, RP 10 136 f. 190–195.
67 Rosebery an Cromer, 7. Februar 1896, RP 10 131 f. 59.

voraussetzten, bildeten sie einen zentralen Hintergrund der britisch-französischen Rivalitäten während der neunziger Jahre. Namentlich der französische Präsident Carnot hatte über Jahre hinweg versucht, durch die Androhung eines Zugriffs auf den Oberlauf des Nil die ägyptische Frage neu zur Diskussion zu stellen,[68] wodurch Großbritannien sich zu einer immer entschiedeneren Abwehrhaltung gedrängt sah. Die Erkenntnis, »that the Nile is Egypt and Egypt is the Nile«, bezeichnete Rosebery noch 1898 als eine »great truth that every one who studies the Egyptian question has to remember«.[69]

Zur Verschärfung der Spannungen beigetragen hatte speziell der finanzielle Bankrott der Imperial British East Africa Company und damit der Zusammenbruch der indirekten britischen Kontrolle über Uganda. Die Tatsache, daß diese Gesellschaft Anfang 1892 Konkurs angemeldet und ihren völligen Rückzug aus dem Land angekündigt hatte, stellte eines der größten ungelösten Probleme dar, die Salisbury seinem Nachfolger hinterlassen mußte. Zwar hatte ein früherer Beschluß der Konservativen Regierung von 1891, eine solche Evakuierung prinzipiell zu unterstützen, heftigste Proteste hervorgerufen, doch fehlte für die Entscheidung, entweder die East Africa Company massiv finanziell zu stärken oder aber Uganda einer direkten Kontrolle durch die britische Regierung zu unterstellen, sowohl den Konservativen als auch den Liberalen eine eindeutige Mehrheit. Konsens bestand unter den Afrikaexperten beider Parteien im wesentlichen darüber, daß ein völliger Rückzug Großbritanniens aus Uganda nicht nur dessen unmittelbaren Rückfall in den seit 1889 stets von neuem ausbrechenden Bürgerkrieg zur Folge haben, sondern auch ein Vakuum schaffen würde, in das einzudringen sowohl im belgischen als auch im französischen, wenn nicht sogar im deutschen Interesse liegen dürfte.[70]

68 Vgl. *Sanderson*, England, vor allem S. 140–161. Zur Entwicklung des Ugandaproblems insgesamt: *Robinson* und *Gallagher*, Africa S. 307–338; *Langer*, Diplomacy, S. 120–125 und *Lowe*, Reluctant Imperialists, Bd. 1, S. 182–187. Für die französische Seite vgl. jetzt *Pierre Guillen*, L'Expansion 1881–1898, Paris 1984, S. 313–327 und 385–425.

69 Rosebery in Perth, 22. Oktober 1898, in: Liberal Magazine, 6 (1898), S. 479; eine ähnlich lautende Formulierung Roseberys findet sich bereits in einem Memorandum vom 17. Juni 1894 (vgl. *Crewe*, Rosebery, Bd. 2, S. 448).

70 Diese Meinung wurde vor allem von F. R. Wingate, dem Director of Military Intelligence in Kairo, vertreten, während Kitchener eher ein Eindringen der Derwische befürchtete. Im Foreign Office wurde Wingates Position besonders nachdrücklich von Anderson, aber auch von dem skeptischen Permanent Under-Secretary, Philip Currie, unterstützt (vgl. *Robinson* und *Gallagher*, Africa, S. 314f., *Sanderson*, England, S. 100f. und *Miller*, Foreign Policy, S. 80–85). Rosebery selber betonte speziell das deutsche Interesse, ein eventuelles politisches Vakuum in Uganda rasch auszufüllen (vgl. sein Memorandum vom 16. September 1892; auszugsweise zitiert in: *Lowe*, Reluctant Imperialists, Bd. 2, Dokument Nr. 103 sowie in: *J. M. Cumpston*, The Growth of the British Commonwealth 1880–1932, Documents of Modern History, London 1973, S. 168–171).

Die strategische Bedeutung des Landes und die zivilisatorische Verantwortung gegenüber seiner Bevölkerung bildeten somit für Rosebery die beiden zentralen Argumente, mit denen er sein Ziel, die britische Kontrolle dieses Gebietes sicherzustellen, auch gegen widerstrebende Positionen innerhalb seines Kabinetts und eine schwankende öffentliche Meinung zu erreichen versuchte. Insbesondere in den ersten Monaten seiner neuen Amtszeit, im Spätsommer 1892, bemühte er sich in einem intensiven Briefwechsel darum, dem Hauptwiderstand von seiten Gladstones und Harcourts auf einer argumentativen Ebene entgegenzutreten.[71] Der entscheidende Grund, so ermahnte er Gladstone eindringlich, liege weder in der eventuellen Errichtung eines ostafrikanischen Imperiums noch in der geplanten Mombasa-Eisenbahn. Schon gar nicht könne es darum gehen, um jeden Preis die Ostafrika-Gesellschaft zu unterstützen oder sich bloß wirkungsvoll von der Oppositionspartei abzugrenzen, sondern die Kernfrage laute: »Whether, in view of the fact that a Company has been allowed so to interfere, with a royal charter granted by the executive for that purpose, we are content to face the consequences of leaving the territory, the inhabitants and the missionaries to a fate which we cannot doubt«.[72] Daß dieses Schicksal auf ein »general massacre« hinauszulaufen drohe, ließ Rosebery in kaum einem seiner Briefe unerwähnt, und speziell an Harcourt richtete er die wohl nur noch rhetorisch gemeinte Frage: »But do you not fear the effect of a great disaster in Uganda«?[73] Ebenso wie Gladstone blieb auch Harcourt gegenüber jeder Argumentation, die auf eine Ausweitung des britischen Engagements in Afrika hinauslief, verschlossen.[74] »I am amused at the people who call themselves Imperia-

71 Unterstützung erhoffte sich Rosebery hierfür zum Teil von James Bryce, der sich zu dieser Zeit an seinem Urlaubsort Gastein in Österreich aufhielt und an den Rosebery die Bitte richtete: »I hope you are soon returning to civilization, as the question of evacuating Uganda on which you are an authority is most pressing... Could you write me your present views?« (Rosebery an Bryce, 23. September 1892, Bryce papers UB 15).

72 Rosebery an Gladstone, 29. September 1892, RP 10 025 f. 16 (teilweise zit. in: *Rhodes James*, Rosebery, S. 267). Für eine ähnliche Argumentation vgl. auch seine Briefe an Gladstone vom 22., 25., 26. und 27. September 1892 (RP 10 024 f. 181–187, 225, 246f und 10 025 f. 29.

73 Rosebery an Harcourt, 21. September 1892, Harcourt papers dep. 55f. 50. Hieran anschließend erinnerte Rosebery an das unzureichende Verantwortungsbewußtsein der Regierung Gladstone im Zusammenhang mit der Ermordung Gordons. Zur Reaktion Harcourts, der sich in keiner Weise auf die Argumentation Roseberys einließ, vgl. *Gardiner*, Harcourt, Bd. 2, S. 191ff.

74 »The only question for us is«, so argumentierte Rosebery nüchtern, »on grounds of expediency and policy, viewing the matter simply as a British Govt., whether we are prepared to acquiesce in evacuation with its consequences«. (Rosebery an Harcourt, 19. Sept. 1892, RP 10 035 f. 109; ähnlich: Rosebery an Harcourt 25. Sept. 1892, ebd., f. 122f.).

lists«, antwortete er Rosebery,[75] während Gladstone dazu neigte, das Uganda-Problem möglichst herunterzuspielen.[76] Bereits im darauffolgenden Monat bat Rosebery daher Gladstone, dessen Haltung in dieser Frage er als »always violent and unreasonable« in Erinnerung behielt, lediglich noch einmal, sich die Lage in Uganda in Ruhe durch den Kopf gehen zu lassen.[77]

In kaum einer anderen Frage setzte Rosebery sich während seiner Amtszeit im Foreign Office mit der gleichen Entschiedenheit dafür ein, seine politischen Überzeugungen durchzusetzen. Dies verlangte hinsichtlich seiner Stellung im Kabinett aber auch, daß er über die sachliche Diskussion hinaus immer mehr Entscheidungen allein zu treffen versuchen mußte. Doch fand Rosebery auch freiwillige Unterstützung von seiten Dritter. Sir Frederick Lugard, Repräsentant der East Africa Company,[78] hatte im Herbst 1892 eine Informations- und Propagandareise durch Großbritannien unternommen, die den Protagonisten einer sofortigen Evakuierung Ugandas einen großen Teil ihrer öffentlichen Zustimmung entzog. Dem Angebot Cecil Rhodes vom Oktober desselben Jahres, gegen eine entsprechende finanzielle Unterstützung die politische Verantwortung in Uganda durch die British South Africa Company mitzuübernehmen, brachte Rosebery nur geringe Sympathien entgegen, da er die strategische Bedeutung des Landes für zu hoch einschätzte, als daß er auf eine direkte Kontrolle von seiten Londons zu verzichten bereit gewesen wäre.[79] Statt dessen gelang es ihm am 23. November 1892 (verknüpft mit einer Rücktrittsdrohung), das Kabinett zu der Entscheidung zu drängen, Sir Gerald Portal, den neuen britischen Konsul in Sansibar, kommissarisch mit der Untersuchung der politischen Verhältnisse in Uganda zu beauftragen und bis zu dessen Berichterstattung jegliche Evakuierungspläne zu suspendieren. Portal hatte allerdings bereits zur Amtszeit Salisburys eindeutig gegen eine Evakuierung Stellung bezogen. Die persönlichen Instruktionen, die Rosebery ihm inoffiziell zukommen ließ, unterstützten ihn darüber hinaus in einer gegenüber einer eventuellen Räumung Ugandas unnachgiebigen Haltung.[80]

75 Harcourt an Rosebery, 27. Sept. 1892, Harcourt papers, dep. 55 f. 60–62. Harcourts Hauptargument bestand in seiner Überzeugung, »that we have already as much Empire as the nation can carry« (ebd.).

76 Vgl. hierzu *Rhodes James*, Rosebery, S. 259–270.

77 Zit. in: *Hamilton Fyfe*, The British Liberal Party, London 1928, S. 127. Vgl. auch den Brief Roseberys an Gladstone, 20. Okt. 1892, GladP 44 290 f. 25f.

78 Zur Bedeutung Lugards vgl. *Margery Perham*, Lugard, Bd. 1, The Years of Adventure 1858–1898, London 1956, vor allem S. 337–369 und 402–454.

79 Vgl. hierzu: *Langer*, Diplomacy, S. 122f. sowie *Robinson* und *Gallagher*, Africa, S. 319.

80 Vgl. hierzu: *Sanderson*, England, S. 102–114 und *Perham*, Lugard, S. 429ff. und 447–457.

81 Der Antrag Henry Labouchères, der als Führer der Radikalliberalen gefordert hatte, die Mission Portals zurückzunehmen, wurde durch die Unterstützung der Konservativen mit der überwältigenden Mehrheit von 368 gegen 46 Stimmen zurückgewiesen. Vgl. Hansard 4 (10), 20. März 1893, Sp. 539ff.

Als der Bericht Portals am 20. Dezember 1893 schließlich dem Kabinett vorlag, hatte Rosebery seine Position bereits soweit festigen können, daß es kaum noch um die inhaltlichen Aussagen des Berichts ging und dieser seine Hauptfunktion, retardierend auf eine mögliche Evakuierungsentscheidung zu wirken, bereits erfüllt hatte. Nach der erfolgreichen Bewältigung der Krise um Ägypten im Januar 1893 und dem kläglichen Scheitern eines Angriffs des radikal-liberalen Flügels im Unterhaus auf die Ugandapolitik Roseberys im März desselben Jahres[81] sowie angesichts des wachsenden Drucks von seiten Frankreichs in Afrika stand ein völliger Rückzug aus Uganda Ende 1893 ebensowenig zur Diskussion wie die Preisgabe Ägyptens selbst. Rosebery hatte seine begrenzten innenpolitischen Möglichkeiten so geschickt genutzt, daß es ihm (wenn auch mit Mühen) gelungen war, seine außenpolitischen Zielvorstellungen weitgehend durchzusetzen. Es stand mithin außer Frage, daß in den Diskussionen um die Gladstone-Nachfolge die Tolerierung seiner Uganda-Politik unablösbar mit der möglichen Nominierung Roseberys verknüpft blieb. Bereits zwei Wochen nach der Regierungsumbildung drängten deshalb Rosebery und der neue Außenminister, Lord Kimberley, am 15. März 1894 das Kabinett, Uganda formal zum britischen Protektorat zu erklären. Zwar ging dieser Schritt sogar noch über die Empfehlung Portals hinaus, der lediglich die Aufrechterhaltung einer »sphere of influence« gefordert hatte, doch erschien Rosebery allein eine auch formal gesicherte Stellung in Uganda die Gewähr dafür zu bieten, ein Eindringen Frankreichs in das obere Nilbecken zu verhindern.[82]

Noch bevor im Mai 1894 das Parlament diesem Entschluß zustimmen konnte, hatte Rosebery in einem weiteren Schritt versucht, einem französischen Vordringen in das Nilbecken von Südwesten her einen Riegel vorzuschieben. In den am 5. März aufgenommenen Geheimverhandlungen mit König Leopold von Belgien, die am 12. April ihren vorläufigen Abschluß fanden und auch erst danach dem Kabinett bekannt gegeben wurden,[83] hatte Rosebery die Anerkennung des oberen Nilgebietes als einer unmittelbaren britischen Einflußsphäre erreicht und im Gegenzug die Stellung des Kongostaates in der Bahr el Ghazal-Zone sowie in der ehemals ägyptischen Äquatorialprovinz anerkannt.[84] Die Vereinbarung ver-

82 Vgl. hierzu *A.J.P. Taylor*, Prelude to Fashoda: The Question of the Upper Nile 1894–95, in: EHR 65 (1950), S. 52–80.

83 Zwar hatte Kimberley Harcourt am 27. März in einer kurzen Notiz von dem Faktum, daß Verhandlungen stattfanden, in Kenntnis gesetzt, doch stand Harcourt dieser Andeutung verständnislos gegenüber. Zu den sich anschließenden Spannungen im Kabinett vgl. *Rhodes James*, Rosebery, S. 348–352 und *Stansky*, Ambitions, S. 108–118.

84 Vgl. hierzu: *Langer*, Diplomacy, S. 136ff.; *Robinson* und *Gallagher*, Africa, S. 330ff; *Sanderson*, England, S. 91–113 und 162–187; *Miller*, Foreign Policy, S. 388–422 sowie *M.P. Hornik*, The Anglo-Belgian Agreement of 12 May 1894, in: EHR 57 (1942), S. 227–243 (am 12. Mai wurde der erstmals am 12. April unterzeichnete Vertrag mit einer geringfügigen Ergänzung veröffentlicht).

sprach nicht nur, ein Vorrücken französischer Truppen durch dieses Gebiet zu blockieren, sondern auch, einer vertraglichen Verständigung zwischen Frankreich und Belgien zuvorzukommen. Zusätzlich in den Vertrag eingefügt wurde auf Betreiben des Afrikaexperten im Foreign Office, Sir Percy Anderson, die Verpachtung eines Korridors entlang der Ostgrenze des Kongostaates an Großbritannien, der auf einer Länge von 188 und einer Breite von 16 Meilen Uganda mit dem Nordufer des Tanganjikasees verbinden sollte.[85] Die in Artikel III des Vertrages festgehaltene Regelung, die unter anderem als »one of the wildest pieces of diplomatic jugglery on the record«[86] bezeichnet worden ist, löste in den folgenden Monaten vor allem in Berlin, aber auch in Paris einen Sturm der Entrüstung aus. Immerhin hatte Salisbury eine derartige Regelung bereits 1890 als mit dem nach wie vor gültigen Kongovertrag von 1884 unvereinbar bezeichnet, und die anti-französische Spitze des am 12. Mai 1894 publizierten Vertrages mußte darüber Belgien in einen scharfen Gegensatz zu seinen beiden mächtigen Nachbarn bringen.

Während Anderson sich der Unzumutbarkeit des Artikels III völlig bewußt gewesen sein mußte, jedoch bereit war, für die sich auftuenden Perspektiven einer solchen Regelung jedes Risiko einzugehen, bleibt es in der Tat unklar, wie der ansonsten doch eher vorsichtig taktierende Rosebery glauben konnte, für diese umstrittene Vereinbarung auch nur die stillschweigende Zustimmung der übrigen Mächte zu erhalten.[87] Zudem ging es ihm viel zu sehr um strategische

85 Dieser Korridor, der zunächst einer Telegrafen- und später vermutlich einer Eisenbahnverbindung vom Kap nach Kairo hätte dienen sollen, entsprach so sehr den Vorstellungen imperialistisch gesinnter Afrikaenthusiasten, daß er zweifellos ein großes Maß an öffentlicher Zustimmung gefunden hätte. Als maßgeblicher Protagonist dieser Idee muß jedoch auf jeden Fall Cecil Rhodes angesehen werden, der vermutlich bereits im November 1892 Rosebery in einem Brief auf die Vorteile eines solchen Verbindungsstreifens aufmerksam gemacht hatte (ohne Beleg in: *Miller*, Foreign Policy, S. 410).

86 Zit. in: *Lowe*, Reluctant Imperialists, Bd. 1, S. 184. Die Crux dieses Artikels lag darin, daß er in Widerspruch stand zu der Neutralitätsverpflichtung des Kongostaates gemäß Artikel 10 des Kongovertrages vom 8. November 1884 und zudem für die deutsch-ostafrikanischen Schutzgebiete das Gefühl einer »allseitigen Umklammerung durch englisches Gebiet« hervorrufen mußte (Marschall an Hatzfeldt, 31. Mai 1894, GP 8, Nr. 2037).

87 Anderson hatte bereits bei den deutsch-englischen Verhandlungen 1890 eine ähnliche Regelung durchzusetzen versucht und die entschiedene Zurückweisung der deutschen Seite zur Kenntnis genommen (vgl. GP 8, Nr. 2042, 2043 und 2047). Nachträglich behauptete er allerdings, daß von einer Regelung, wie sie nunmehr mit dem Vertrag vom 12. April 1894 vorliege, 1890 noch nicht die Rede gewesen sei (vgl. seine Denkschrift vom Juni 1894, zit. in: *Miller*, Foreign Policy, S. 414f.). Zwar stand für Rosebery mit dem fragwürdigen Vertragsabschluß von 1894 äußerstenfalls mehr auf dem Spiel als für Anderson, doch hielt Rosebery ihn wiederum auch nicht für so brisant, daß er deswegen Anderson entgegengetreten wäre. Nach Andersons Tod behauptete

Sicherheitsinteressen, als daß die durchaus populäre »all-British line« vom Kap bis Kairo für ihn zum Selbstzweck hätte werden können.[88] Zwar sympathisierte Rosebery sehr wohl mit jeder mutigen und selbstbewußten »forward policy«, doch war er in der Regel nicht bereit, hierfür persönlich die ihm gesteckten rechtlichen Grenzen zu überschreiten. Auch scheint Rosebery stets der Meinung von Experten (wie zum Beispiel Cromer oder Anderson) und deren Detailkenntnissen großen Respekt entgegengebracht zu haben; dies bedeutete aber wiederum nicht, daß er im Falle bestimmter Entscheidungen auf eine Übereinstimmung mit dem Gesamtrahmen seiner politischen Vorstellungen gegebenenfalls zu verzichten bereit gewesen wäre.[89] Zweifellos hätte die erfolgreiche Durchsetzung des britisch-belgischen Kongovertrages einen enormen außenpolitischen Prestigegewinn für Rosebery bedeutet, der auch seine Position gegenüber dem nicht enden wollenden Widerstand innerhalb des Kabinetts wesentlich gefestigt hätte; doch bleibt der Vorwurf der Leichtfertigkeit unausräumbar. Vermutlich erschien ihm die Aussicht auf einen solchen Erfolg – verbunden mit dem Zwang zur einsamen Entscheidung – als eine zu große Versuchung, als daß er ihr widerstanden hätte.

Unter den gegebenen Bedingungen provozierte die Publikation des Vertrages ein koordiniertes deutsch-französisches Vorgehen gegen Belgien und Großbritannien zugleich. Hinzu kam, daß Harcourt (nun seinerseits verknüpft mit Rücktrittsdrohungen) jegliche Rückendeckung durch das Kabinett boykottierte,[90] so daß Rosebery lediglich noch über einige Wochen hinweg versuchte, seine

er jedenfalls, diesen rechtzeitig gefragt zu haben, ob der ausgehandelte Artikel III eventuell mit rechtlichen Ansprüchen des Deutschen Reiches kollidiere; Anderson habe diese Frage verneint (vgl. die Anmerkung zu dem Schreiben Hatzfeldts an Caprivi vom 30. Juni 1894, GP 8, Nr. 2071). Inwieweit Rosebery sich zum Zeitpunkt des Vertragsabschlusses der Tragweite seiner Entscheidung bewußt war sowie über seine eventuell weiterreichenden Zielvorstellungen geben seine Biographen keine Auskunft. Während *Raymond* (vgl. S. 128) das Problem völlig übergeht, bemerkt Crewe nur vieldeutig, daß »a complication arose« (Bd. 2, S. 447); *Rhodes James* schreibt die Hauptschuld an den Verwicklungen Harcourt zu und umgeht hierbei die Frage nach einer möglicherweise falschen Entscheidung Roseberys (vgl. S. 351 f.).

88 *Wolfgang J. Mommsen* unterstellt Rosebery demgegenüber als einziges Motiv, daß er »den bereits aufgegebenen Plan einer Kap-nach-Kairo-Verbindung doch noch zu realisieren hoffte« (Der Imperialismus als historische Formation. Versuch einer systematischen Definition, in: *Ders.*, Der europäische Imperialismus, S. 206–271, hier S. 226, jedoch ohne weitere Belege).

89 Der Interpretation *Gordon Martels* zufolge fügt sich der britisch-belgische Kongovertrag zwar brillant in das außenpolitische Gesamtkonzept Roseberys ein, wurde jedoch von Sir Percy Anderson und Lord Kimberley so mangelhaft ins Werk gesetzt, daß er schließlich wieder zurückgenommen werden mußte (vgl. Imperial Diplomacy, S. 201 ff.).

90 Resümierend urteilt *Sanderson*: »Under the Gladstone administration from 1892 to

Entscheidung zu rechtfertigen, bevor er am 22. Juni 1894 schließlich in die Wiederaufhebung des Vertrages einwilligte. Zu den außenpolitischen Folgen dieses Vertragsabschlusses zählte nicht zuletzt eine weitere Eintrübung der bereits durch die Siam-Krise des Vorjahres verschlechterten deutsch-britischen Beziehungen, zumal die deutsche Seite diesen Anlaß voll ausnutzte, um ihre eigene Stellung gegenüber London zu behaupten: »England wird die Lehre ziehen«, so schrieb der Staatssekretär des Auswärtigen Amtes, Freiherr von Marschall, an den deutschen Botschafter in London, Graf von Hatzfeldt, »daß es uns nicht alles bieten darf und Grund hat, unsere Freundschaft einem Übelwollen vorzuziehen«.[91] Im Gegensatz hierzu hielt Rosebery das Auftrumpfen des Deutschen Reiches für ein »extremely dangerous game« und urteilte nicht ohne ein gewisses Befremden:

»She [Germany, H. R.] is alienating this country, and, instead of making friendly remonstrances and proposals for reconsideration, she takes a tone which she might properly use in addressing Monaco. Moreover, she is encouraging France to bully Belgium. It is never wise to fan a French flame, and Belgium might easily become the cause as well as the scene of a European conflagration. Should the French come to contact with British or Belgian posts in Africa, whether the conflict were slight or not, British or Belgian blood would be shed, and a war might easily ensue. From such a war Germany could not hold aloof, and it is thus difficult to see the motive of her policy«.[92]

Seinem eigentlichen Ziel, der Sicherung des oberen Nilbeckens, war Rosebery insgesamt nur begrenzt nähergekommen. Zwar konnte dieses Gebiet durch die Annexion Ugandas als von Süden her gesichert gelten, und ein Vertrag mit Italien, der am 5. Mai 1894 zum Abschluß gelangte, versprach, die von Osten her bis Khartum reichenden Gebietsansprüche Meneliks II. von Äthiopien mit italienischer Hilfe in Schach zu halten.[93] Die entscheidende Bedrohung durch Frankreich von Westen her bestand jedoch nach wie vor, ja hatte sich durch die nunmehr zwischen Frankreich und Belgien geführten Verhandlungen eher noch verschärft. Auch die Versuche beider Seiten, während der zweiten Hälfte des Jahres 1894 auf diplomatischem Wege eine direkte Verständigung zu erzielen, vermochten in keiner Weise zur Entspannung der britisch-französischen Beziehungen beizutragen.[94] Mit dem Bekanntwerden der »Mission Marchand« Anfang 1895 hatten sich die Chancen für eine einvernehmliche Regelung auf ein Minimum reduziert, und bereits kurze Zeit nach dem Regierungswechsel von Rosebery zu Salisbury im Juni 1895 sah sich dieser gezwungen, die Politik einzuleiten, die Rosebery drei Jahre lang zu vermeiden versucht hatte: die formelle

1894 the British struggle for the Upper Nile was only incidentally with King Leopold. The major struggle was between Rosebery and his colleagues« (England, S. 394).

91 Marschall an Hatzfeldt, 15. Juni 1894, GP 8, Nr. 2053.

92 Rosebery an Queen Victoria, 13. Juni 1894, LQV 3 (II), S. 405.

93 Vgl. hierzu: *Robinson* und *Gallagher*, Africa, S. 331 f.

94 Vgl. hierzu: *Sanderson*, England, S. 188–211.

Rückeroberung des Sudan aus der Hand der Derwische, die sich schließlich 1898 mit der Kriegsdrohung an Frankreich bis an den Rand einer bewaffneten Auseinandersetzung zwischen beiden Länder zuspitzen sollte. Rückblickend bezeichnete Salisbury die Deklaration Edward Greys vom 28. März 1895, derzufolge jedes Eindringen der französischen Expedition in das obere Nilbecken von Großbritannien als ein »unfriendly act« angesehen würde,[95] als eine faire Warnung, die Frankreich früher hätte ernst nehmen sollen. Mit der von Rosebery abgedeckten Deklaration Edward Greys[96] hatte Rosebery gegen Ende seiner Amtszeit als Premierminister eine Art Monroe-Doktrin für das gesamte Einzugsgebiet des Nil formuliert,[97] für die einzustehen er seinem Nachfolger überlassen mußte.

c) Indiens Sicherheit zwischen Siam und Afghanistan

Die Sicherheit der britischen Stellung in Indien zu gewährleisten stellte eines der vorrangigen und konstanten Probleme britischer Empirepolitik dar. In Frage gestellt wurde diese Sicherheit nicht nur von außen durch das scheinbar unaufhaltsame Vordringen Rußlands von Nordwesten her und die Gebietsansprüche Frankreichs im Südosten, sondern auch durch Zweifel an der Stabilität und Legitimität der britischen Herrschaft im Innern. Diesen sowohl in politischen Kreisen der britischen Metropole als auch unter der indigenen Bevölkerung Indiens gehegten Bedenken hatte Großbritannien nach der schockartigen Erfahrung des indischen Aufstandes von 1857 durch eine nun tendenziell konziliantere Haltung in Fragen der Selbstverwaltung zu begegnen versucht. Insbesondere für liberale Politiker blieb das Spannungsverhältnis zwischen der eigenen, liberal-parlamentarischen Regierungsweise im Vereinigten Königreich und dem nach wie vor als unverzichtbar angesehenen »benevolent despotism« in Indien

95 Vgl. die Stellungnahme Edward Greys vom 28. März 1895, Hansard 4 (32), Sp. 403–407, insbesondere Sp. 406. Joseph Chamberlain lobte diese Erklärung unmittelbar anschließend als »the fullest and clearest statement of the policy of the Government« (ebd., Sp. 407).

96 Zwar gibt es keine Hinweise auf eine gezielte Planung der Deklaration durch Rosebery, doch kann sein prinzipielles Einverständnis kaum in Zweifel gezogen werden (vgl. auch: *Rhodes James*, Rosebery, S. 374f.; *Sanderson*, England, S. 213–216 sowie *Lowe*, Reluctant Imperialists, Bd. 2, Dokument Nr. 105). In einem Brief an Kimberley notierte Rosebery wenige Tage nach der aufsehenerregenden Äußerung Greys: »It is true that E. Grey made his statement without consulting me; but that was unnecessary, as he knows the views I hold and the policy I maintain, and has known them for 2 years past. Harcourt knows them too; but the difference between them is that Grey shares them and Harcourt does not« (Rosebery an Kimberley, 6. April 1895, Kimberley papers 10 243 f. 189f.).

97 In seiner Erklärung erinnerte Grey daran, daß »the British and Egyptian spheres of influence covered the whole of the Nile waterway«. (Hansard 4 (32), Sp. 405; vgl. hierzu auch: *Lowe*, Reluctant Imperialists, Bd. 1, S. 187).

ein fortwährendes Legitimationsproblem.[98] Es wurde im Prinzip nur wenig gelindert durch die Tatsache, daß die faktisch gewährleistete »Pax Britannica«[99] auch von der Mehrheit der indischen Bevölkerung als eine wesentliche Verbesserung ihrer Lebensbedingungen begrüßt wurde.[100] In dieser Hinsicht verlangte die Rechtfertigung der britischen Herrschaft auf dem indischen Subkontinent nicht nur den Hinweis auf die erreichte Konsolidierung des Landes, sondern auch einen fortwährenden Schutz gegenüber dem außenpolitischen Druck, der die Grenzen Indiens von zwei Seiten her belastete.

Während in Südostasien das Königreich Siam als ein unabhängiger Pufferstaat zwischen den französischen Kolonien in Indochina und dem britischen Indien angesehen wurde, galt in Zentralasien in gleicher Weise Afghanistan als Puffer gegenüber dem Zarenreich. Beide Staaten konnten nicht als in sich genügend gefestigt angesehen werden, um selber ihre Unabhängigkeit gegenüber den Kolonialmächten zu behaupten, so daß in beiden Regionen über Jahrzehnte hinweg britische und französische Ansprüche auf der einen und britische und russische Interessen auf der anderen Seite aufeinanderstießen.

Was die Spannungen mit St. Petersburg betrifft, so hatte Rußland seit 1854 seine Grenzlinie zwischen dem Kaspischen Meer und dem Chinesischen Kaiserreich sukzessive nach Süden verschoben und hierdurch in London stets von neuem die Diskussion darüber entfacht, an welcher Grenzlinie im Norden Indiens Verteidigung einsetzen müsse. Zwar hatten britische Truppen im Mai 1879 angesichts des drohenden russischen Angriffs und in der Folge des zweiten afghanischen Krieges einige zentrale Positionen dieses Landes besetzt, doch leitete Gladstone unmittelbar nach seiner Regierungsübernahme 1880 deren Räumung ein. Obwohl nach der russischen Okkupation der Regionen Merv und Sarakhs 1884 zwischen London und St. Petersburg Grenzverhandlungen aufgenommen worden waren, kam es im März des folgenden Jahres zum direkten Zusammenstoß zwischen russischen und afghanischen Truppen in der Nähe der Stadt Pendjeh. Trotz der Mobilisierung indischer Truppen betrachtete die Lon-

98 Als ein spezifisches Beispiel für den Einfluß, den eine mehrjährige Indienerfahrung auf ein genuin liberales Selbstverständnis im letzten Drittel des 19. Jahrhunderts auszuüben vermochte, vgl. jetzt die »intellectual biography« von *James A. Colaiaco*, James Fitzjames Stephen and the Crisis of Victorian Thought, London 1983, S. 90–125 und passim. Eine gute Darstellung des Bewußtseinswandels, der sich im britischen Herrschaftsverständnis in Indien im Laufe des 19. Jahrhunderts vollzog, bietet *Francis G. Hutchins*, The Illusion of Permanence – British Imperialism in India, Princeton 1967, vor allem S. 199ff. Ebenfalls aufschlußreich: *Robin James Moore*, Liberalism and Indian Politics 1872–1922, London 1966, S. 62ff. Unter den zeitgenössischen Arbeiten bleibt – insbesondere hinsichtlich der Einschätzung Indiens – nach wie vor unverzichtbar: *John Robert Seeley*, The Expansion of England, London 1883.

99 Vgl. hierzu *Klaus Hildebrand*, »British Interests« und »Pax Britannica«. Grundfragen englischer Außenpolitik im 19. und 20. Jahrhundert, in: HZ 221 (1975), S. 623–639.

100 Dies betont auch *Wolfgang J. Mommsen*, Das Britische Empire, S. 338, 340 und 348f.

doner Regierung diesen erneuten Vorstoß Rußlands nicht als einen Casus belli, und die kurz danach gebildete erste Regierung Salisbury erkannte im September 1885 die russische Okkupation Pendjehs gegen die Zusicherung an, daß der gleichzeitig angegriffene Zulfikar Pass afghanischer Kontrolle unterstellt bliebe.[101] Ihren formalen Abschluß fanden diese Verhandlungen über die Nordwestgrenze Afghanistans im Juli 1887.

Die permanente Gefahr, in Zentralasien in einen militärischen Konflikt mit Rußland verstrickt zu werden, bildete nicht nur die Hauptsorge Roseberys während seiner ersten Amtszeit im Foreign Office, sondern auch den entscheidenden Erfahrungshintergrund für seine Einschätzung der Pamir-Krise in den Jahren 1891–1893. Bereits im April 1885 hielt er die Reaktion Gladstones und Granvilles auf den russischen Angriff auf Pendjeh hinsichtlich der für Großbritannien bedrohlichen Lage für unangemessen. »Our Government smiles over it«, so beklagte er sich gegenüber Hartington, denn statt die russische Herausforderung zu erkennen, behaupte die Regierung Gladstone, »that it is not humiliating. And they further say that we are so strong we can afford it. But are we so strong? Nations with armies of two millions do not consider us strong«. Während die Regierung sich zum Spielball (»shuttlecock«) der öffentlichen Meinung mache, hielte er, Rosebery, es für nötig, alle verfügbaren Kräfte zu konzentrieren, um einer eventuellen Eskalation des Konflikts begegnen zu können.[102] Auch im Verlauf seiner halbjährigen Amtszeit im Foreign Office 1886 schätzte Rosebery die geringe Aufmerksamkeit, die die Regierung Gladstone der anhaltenden Kriegsgefahr in Zentralasien entgegenbrachte, als fahrlässig ein. Während er selber den Ausbruch eines solchen Krieges jederzeit für möglich hielt[103] und auch Königin Viktoria seine Sorgen in dieser Hinsicht uneingeschränkt teilte, schien sich Gladstone nach der verlorenen Home Rule-Schlacht ausschließlich für den erneut bevorstehenden Wahlkampf zu interessieren.[104]

101 Vgl. hierzu: *Langer*, European Alliances, S. 312f. sowie Cambridge History of British Foreign Policy, S. 187–191. Zum Hintergrund insgesamt: *G.J. Alder*, British India's Northern Frontier 1865–95: A Study in Imperial Policy, London 1963.

102 Rosebery in einem Memorandum für Hartington, 26. April 1885, RP 10 132 f. 38–48.

103 In einem Memorandum vom 14. Juli 1886 notierte er: »War may break out in the East under present circumstances at any monent«. Die Hauptsorge der britischen Regierung müsse deshalb seiner Meinung nach darin bestehen, nicht in einen Handlungszwang zu geraten und eventuell zu einseitigen Schritten gezwungen zu sein (RP 10 132 f. 79–82).

104 Hatzfeldt berichtete mit Bezug hierauf im Juni 1886 von einem Gespräch mit Rosebery, in dem dieser ihm erklärt habe: »Wenn ich heute an Gladstone schriebe, daß wir einen Krieg mit Rußland haben, so würde ich wahrscheinlich nicht einmal eine Antwort von ihm bekommen«. (Hatzfeldt an Holstein, 16. Juni 1886, in: Botschafter Paul Graf von Hatzfeldt, Nachgelassene Papiere 1838–1901, 2 Bde, hrsg. v. *Gerhard Ebel*, Boppard a. Rh. 1976, Bd. 1, S. 503).

Als Rosebery im August 1892 wieder die Leitung des britischen Außenministeriums übernahm, hatte ein weiterer britisch-russischer Grenzkonflikt in Zentralasien seinen vorläufigen Höhepunkt erreicht. Zwar hatte der Grenzvertrag von 1887 die Nordwestgrenze Afghanistans eindeutig festgelegt, doch boten sich nach Südosten hin der russischen Expansion noch weitreichende Möglichkeiten. Seit August 1891 war es in der Region Pamir, einer öden, nur von einigen Nomaden bevölkerten Hochebene im Nordosten des Hindukusch, zu zahlreichen Zusammenstößen gekommen.[105] Obwohl Rosebery dieses Gebiet für den Fall einer Invasion Indiens von Norden her als strategisch sehr bedeutsam einschätzte, vermochte Gladstone der Pamir-Frage keine weitere Beachtung zu schenken.[106] Durch beharrliches Insistieren und Abwarten eines geeigneten Zeitpunktes gelang es Rosebery in den folgenden Jahren, das britische Interesse an einer Sicherung der Nordgrenze Indiens in einer Weise mit russischen Interessen in Europa und speziell im Nahen Osten zu verknüpfen, daß hierdurch keine Ausweitung der britischen Militärpräsenz in diesen Regionen Zentralasiens, in denen die Truppen des Zarenreiches sich ohnehin als um ein Vielfaches überlegen erwiesen, erforderlich wurde. Trotz unterschiedlicher Schwierigkeiten konnte schließlich am 11. März 1895 ein Grenzvertrag unterzeichnet werden, der zwar Rußland die Hochebene, Großbritannien aber die Kontrolle der wenigen Pässe zugestand.[107] Während der britische Vizekönig in Indien, Lord Elgin, auf die formale Annexion der südlich an Pamir angrenzenden Region um Tschitral drängte, hielt Rosebery dies für eine Anstrengung am falschen Ort, da in seinen Augen ein eventueller Konflikt mit Rußland nicht primär in Zentralasien ausgetragen worden wäre:

»When that Armageddon takes place, if we ever are at war with Russia we shall have much more important things to attend to than the defence of Chitral, or the guarding of an

105 Insgesamt wurden von indischer Seite in den zwei Jahrzehnten zwischen 1878 und 1898 64 bewaffnete Zusammenstöße in den Grenzregionen registriert (vgl. Cambridge History of British Foreign Policy, S. 192).

106 In einem Brief an Gladstone vom 5. September 1892 warnte Rosebery diesen, die Pamir-Frage nicht weiter zu ignorieren, sondern in die bevorstehenden Verhandlungen mit Rußland einzubeziehen; unter Anspielung auf die innerhalb des Kabinetts zu erwartenden Meinungsunterschiede fuhr er sodann fort: »In any case we are quite sufficiently hampered in our negotiations with Russia without putting any bounds on ourselves« (RP 10 024 f. 116).

107 Vgl. hierzu *Lowe*, Reluctant Imperialists, Bd. 1, S. 187–190. Zu den Komplikationen zählte in diesem Zusammenhang auch das gespannte Verhältnis zwischen Rosebery und dem britischen Botschafter in St. Petersburg, Sir Robert Morier (vgl. *Agatha Ramm*, Sir Robert Morier, Envoy and Ambassador in the Age of Imperialism 1876–1893, Oxford 1973, S. 353–357). Die Behauptung jedoch, daß Rosebery »was... always apt anyhow to treat the Pamirs flippantly« (ebd., S. 354), unterschätzt den aktuellen Vorrang britischer Probleme in Afrika sowie Roseberys komplizierte Stellung innerhalb des Kabinetts.

impassible mountain barrier. ... While you are guarding against Russia on every peak of the Hindu Kush, a great military and in these matters most unveraceous and unscrupulous government is about to establish a conterminous frontier with you – I mean France. While France is menacing you and menacing you in strict alliance with Russia it would take much to make me agree to any such dispersal of force as is involved in the occupation of Chitral«.[108]

Den Hintergrund für diesen prononcierten Hinweis auf die zusätzliche Konfrontation zwischen den kolonialen Interessen Großbritanniens und Frankreichs bildete die Siam-Krise, die in den Sommermonaten des Jahres 1893 für wenige Wochen im Mittelpunkt der britischen Empirepolitik stand und neben dem britisch-belgischen Kongovertrag vom 12. April (Abschluß) beziehungsweise 12. Mai 1894 (Veröffentlichung) zu den beiden Ereignissen seiner Amtszeit zählte, an die Rosebery sich nur mit zwiespältigen Gefühlen zurückerinnerte.[109] Auf die gesamte Zeit bezogen, in der Rosebery die britische Außenpolitik maßgeblich bestimmte, kam der französischen Kolonialpolitik in Südostasien innerhalb seiner Überlegungen ein wesentlich geringeres Gewicht zu als der russischen Expansion in Zentralasien. Unmittelbarer jedoch als im Falle Rußlands lagen für den Fall eines Kolonialkrieges mit Frankreich die zu erwartenden Rückwirkungen auf die zwischenstaatlichen Beziehungen in Europa auf der Hand, und der Versuch Frankreichs, seine Gebietsansprüche gegenüber Siam gewaltsam durchzusetzen, entbehrte durchaus nicht der Brisanz, die auch zu einem militärischen Konflikt in Europa hätte führen können.[110]

Was die Verteidigung Indiens betraf, so bestand Roseberys größte Sorge darin, unter allen Umständen zu vermeiden, in Asien durch eine direkte Grenze mit einer der europäischen Großmächte konfrontiert zu werden. Eine gemeinsame Grenze mit Frankreich in Südostasien drohte nicht nur, sich auf das ohnehin gespannte Verhältnis zu Rußland an der Nordgrenze Indiens äußerst negativ auszuwirken, sie konnte auch jederzeit unkalkulierbare Rückwirkungen auf die Beziehungen der Mächte in Europa zur Folge haben. In einer Gesprächsnotiz

108 Rosebery an Elgin, datiert: »Waterloo day 1895« [i.e. 18. Juni, H.R.], RP 10 130 f. 135 f., auch zitiert in *Gordon Martel*, Documenting the great game: »world policy« and the »turbulent frontier« in the 1890s, in: International History Review 2 (1980), S. 307 f. Zwei Monate später, am 10. August 1895, sah sich der erneut in der Regierungsverantwortung stehende Lord Salisbury jedoch gezwungen, angesichts der anhaltenden bürgerkriegsähnlichen Unruhen Tschitral formal zu besetzen.

109 In dem bereits zitierten Bericht des Grafen Metternich vom 20. Februar 1900 referiert dieser, wie Rosebery ausführlich sein Verhalten im Zusammenhang mit diesen beiden Ereignissen zu rechtfertigen versucht habe (vgl. GP 8, Nr. 1754, Anm. S. 111 f.).

110 Vgl. hierzu die im Blaubuch »Siam Nr. 1 (1894)« bereits zeitgenössisch publizierten Dokumente; auch zugänglich in: Das Staatsarchiv, Sammlung der officiellen Actenstücke zur Geschichte der Gegenwart, hrsg. v. *Gustav Roloff*, Bd. 56, Leipzig 1895, S. 271–377.

vom 25. Juli 1893 hielt Rosebery deshalb fest: »We could not have a conterminous frontier with France in Burmah. That would involve vast expenditure on both sides, and lines of armed posts garrisoned by European troops«. Nicht weniger besorgt, aber auch nicht weniger entschieden teilte er am Tag darauf dem britischen Botschafter in Paris, Marquess of Dufferin, mit: »I don't think I shall get much backing here for a resolute policy. However we *must* get a buffer state or I will go«.[111]

Diese entschiedene Haltung Roseberys macht deutlich, daß seine unleugbare Überreaktion in der Siam-Krise im Juli 1893 keineswegs allein seinem tiefverwurzelten Mißtrauen gegenüber Frankreich zugeschrieben werden kann, sondern sie verlangt auch den erneuten Hinweis auf seine isolierte Stellung innerhalb des Kabinetts, die ihren symbolträchtigen Ausdruck darin fand, daß er auf dem Höhepunkt der Krise am 30. Juli 1893, einem Sonntag, sich als einziges maßgebliches Kabinettsmitglied in London aufhielt und händeringend vor den verschlossenen Türen des Foreign Office stand.[112]

Zur Eskalation des Konfliktes war es gekommen, nachdem im Mai 1893 französische Truppen bisher neutrales Gebiet am Mekong besetzt hatten und diesen Gebietsansprüchen im Juli dadurch Nachdruck verliehen, daß auch französische Kriegsschiffe ihren Wege mekongaufwärts nahmen. Als Frankreich schließlich seine Forderung auf fast ein Drittel des siamesischen Gebiets heraufschraubte, die Regierung in Bangkok am 20. Juli durch ein Ultimatum unter Druck setzte sowie am 26. Juli vor der gesamten siamesischen Küste eine Blockade verhängte und alle neutralen Schiffe dazu aufforderte, das Gebiet zu verlassen, forderte Rosebery am 30. Juli den Kommandanten eines britischen Kriegsschiffes im Hafen von Bangkok seinerseits telegraphisch dazu auf, dem französischen Ultimatum nicht Folge zu leisten. Gleichzeitig setzte er Paris davon in Kenntnis, daß die Integrität Siams von Großbritannien als unverzichtbar angesehen werde.[113] Die

111 Beide Zitate in: *Martel*, Documenting, S. 297. Durchaus die Meinung Roseberys wiedergebend, schrieb der damalige Secretary for India, Lord Kimberley, am 27. Juli 1893 an den Marquess of Lansdowne: »What is now happening about Siam emphasizes the importance of not getting into a quarrel with Russia. A combination between Russia and France is perhaps the most formidable of all possible combinations against us. I fear that our very strained relations with France will, in any event, make Russia more difficult to deal with«. (Zitiert ebd.).

112 Von diesen äußeren Bedingungen, unter denen er an jenem Tag seine Entscheidungen zu treffen hatte, berichtet lediglich Rosebery selber (vgl. GP 8, S. 112, Anm.), während seine Biographen diesen Umstand nicht für erwähnenswert hielten (vgl. *Crewe*, Bd. 2, S. 424ff. und *Rhodes James*, S. 287f.).

113 Verwirrung und nachhaltiges Unverständnis hatte auf deutscher Seite ein Telegramm Roseberys erregt, in dem dieser in der Nacht vom 30. auf den 31. Juli Kaiser Wilhelm II., der sich anläßlich der Regattawoche in Cowes aufhielt, mitteilte, daß er den deutschen Botschafter, Graf von Hatzfeldt, »sofort in London zu sehen« wünsche (GP 8, Nr. 1752; vgl. auch Nr. 1749–1755). Während Berlin demzufolge von einer

Situation entkrampfte sich, als Siam am 31. Juli die ursprünglichen französischen Forderungen anerkannte und Frankreich sein Ultimatum zurückzog. Nach jahrelangen zähen Verhandlungen konzedierte schließlich am 15. Januar 1896 die Regierung Salisbury Frankreich auch die Gebietsansprüche in Siam, die Rosebery bis zu seinem Ausscheiden aus dem Amt hartnäckig verweigert hatte.

Roseberys Beharren auf seinen im Hinblick auf die Stellung Großbritanniens in Indien klaren kolonialpolitischen Ordnungsvorstellungen, aber auch seine »momentary aberration«[114] auf dem Höhepunkt der Siamkrise werfen die Frage auf, wie weit er wirklich für die Verteidigung Indiens zu gehen bereit war. Stellte die Sicherheit Indiens für Rosebery einen Wert dar, für den sich einzusetzen Großbritannien fast jeden Preis zu zahlen bereit sein sollte, oder wurde dieser Wert umgekehrt und über die ideelle Bedeutung Indiens hinaus von dem konkreten Nutzen definiert, den das britische Mutterland in einem durchaus materialistischen Sinne aus seinem imperialen Kronjuwel zog? Zweifellos sollte die ideelle Bedeutung Indiens für die politische Gedankenbildung Lord Roseberys nicht zu gering veranschlagt werden,[115] ja, sie lag ihm – überblickt man seine Äußerungen hierzu – offensichtlich wesentlich näher als die handelspolitischen Vorteile, die die britische Herrschaft in Indien unleugbar garantierte.[116] Ebenso deutlich ist aber auch, daß diese Wertschätzung hinter nüchternem Kalkül zurückzutreten hatte, sobald britische Sicherheitserwartungen das Mutterland in militärische Konflikte zu führen drohten, deren mögliches Ausmaß das kalkulierbare Risiko bei weitem überstieg. In diesem Sinne teilte er der Königin am 26. Juli 1893 mit, daß zwar ein Gegenultimatum Großbritanniens an Frankreich als eine angemessene Reaktion angesehen werden könne und er persönlich auch

unmittelbaren Kriegsgefahr ausgehen mußte, teilte der Vertreter Hatzfeldts, Graf Metternich, am folgenden Tag mit, »daß die drohende Kriegswolke in unerwarteter Weise sich plötzlich zerteilt habe«. (Ebd., Nr. 1754). *Gordon Martel*, der das hilfesuchende Telegramm Roseberys nicht erwähnt (vgl. Imperial Diplomacy, S. 134), erscheint dessen Verhalten während der Siam-Krise als »consistent from start to finish« (S. 129, vgl. insgesamt S. 125–136).

114 *Lowe*, Reluctant Imperialists, Bd. 1, S. 180.

115 Dies belegt schon seine hohe Meinung für Seeleys »The Expansion of England«, das sich zu rund zwei Drittel auf Indien bezieht (vgl. vor allem S. 146, 152–156, 184f., 206f. und 226–230). Zum Verhältnis Roseberys zu Seeley vgl. oben, S. 96, Anm. 15; zu Roseberys Eindrücken auf seiner Indienreise (Nov. 1886 bis Februar 1887) vgl. *Crewe*, Rosebery, Bd. 1, S. 284–292.

116 Eine Stellungnahme Roseberys zur wirtschaftspolitischen Bedeutung des Empire liegt lediglich in der Rede vor, die er am 11. Oktober 1888 vor der Wirtschaftskammer von Leeds hielt (Speeches 1, S. 42–57; zu Indien vgl. S. 44 und 50). Als vermutlich bestes Beispiel seiner teilweisen Ideologisierung des Empire vgl. hingegen seine Rektoratsrede an der Universität Glasgow vom 16. Nov. 1900, in: Misc. 2, S. 229–263. Zur Bedeutung Indiens vgl. auch *Shannon*, Crisis of Imperialism, S. 251–253 und 345.

jederzeit bereit sei, seine politische Existenz hierfür aufs Spiel zu setzen; da er jedoch eindeutig davon ausgehen müsse, für einen solchen Schritt weder die Zustimmung der Regierung noch des Unterhauses zu bekommen, erweise dieser sich als ein untaugliches Mittel, um zur Lösung des Konflikts beizutragen. »The behaviour of France to Siam«, so fuhr er fort,

»has it appears been base, cruel and treacherous. Perhaps nothing so cynically vile is on record. But that is not our affair. We cannot afford to be the Knight Errant of the World, careering about to redress grievances and help the weak. If the French cut the throats of half Siam in cold blood we should not be justified in going to war with her.«

Das politische Interesse Großbritanniens bestehe allein darin, »to keep a buffer between the French frontier and that of India«, und da dieses Ziel ebenso im französischen Interesse liege, müsse es möglich sein, es auf friedlichem Wege zu erreichen. Abschließend fügte Rosebery hinzu, daß er die Situation noch keineswegs für so ernst halte, daß hierin für Großbritannien ein hinreichender Anlaß gesehen werden können, den Dreibund um politische Unterstützung zu bitten: »It becomes Your Majesty's dignity to settle this matter without such assistance«.[117]

Wenn Rosebery sich in der akuten Krisensituation vier Tage später dennoch hilfesuchend an die deutsche Seite wandte und gleichzeitig gegenüber Frankreich einen eindeutigen Kollisionskurs steuerte, dann wird in diesem verzweifelten Versuch das Ausmaß des Dilemmas deutlich, aus dem er hoffte ausbrechen zu können, indem er nach außen hin eine Handlungsfreiheit zu gewinnen suchte, über die er im Innern in keiner Weise verfügte. Zwar lassen Roseberys Entscheidungen vom 30. Juli 1893 nicht nur seine grundsätzliche Bereitschaft erkennen, vitale britische Interessen (wie in diesem Fall die Sicherheit Indiens) notfalls auch offensiv zu verteidigen, sondern auch den prinzipiellen Vorrang, den er der außenpolitischen Stellung seines Landes gegenüber dem eigenen innenpolitischen Machterhalt einräumte. Ebenso deutlich spiegelt sich jedoch in seinem Verhalten, das aus deutscher Sicht durch einen erheblichen Mangel an Souveränität gekennzeichnet zu sein schien,[118] eine als zwanghaft empfundene Unfrei-

117 Rosebery an Queen Victoria, 26. Juli 1893, RP 10 200 f. 158–160; nur in kurzen Auszügen zitiert in LQV 3 (II), S. 285, Anm. 1 sowie in *Rhodes James*, Rosebery, S. 288; vollständig jedoch in *Crewe*, Rosebery, Bd. 2, S. 425–427.

118 In welchem Maße Roseberys Reaktion auf dem Höhepunkt der Siamkrise, insbesondere sein mitternächtliches Telegramm an Kaiser Wilhelm II. dazu beitrug, das Mißtrauen der deutschen Regierung gegenüber der Regierung Gladstone zu vergrößern und das bis dahin vertrauensbereite Verhältnis zu ihm persönlich einzutrüben, wird in unzähligen Dokumenten deutlich (vgl. GP 8, Nr. 1755 ff. und Hatzfeldt-Papiere, Bd. 2, S. 938–968). Vgl. hierzu auch: *Paul M. Kennedy*, The Rise of the Anglo-German Antagonism 1860–1914, London 1980, S. 213 f.; *A. J. P. Taylor*, The Struggle for Mastery in Europe 1848–1918, Oxford 1954, S. 343 ff.

heit, die Rosebery nicht nur in diesen Wochen seiner Amtszeit vergeblich abzuschütteln versucht hatte.[119]

Demgegenüber läßt sich die Frage, welches politische Gewicht der Verteidigung Indiens aus der Sicht Roseberys im Verhältnis zur Sicherheit Großbritanniens in Europa zukam, letztlich nicht eindeutig beantworten. Stellte die Aufrechterhaltung einer »balance of power« in Europa für ihn ein Mittel dar, um die »turbulent frontier« in Zentralasien zu kalmieren,[120] oder bildete vielmehr die Sicherung der indischen Nordostgrenze lediglich einen untergeordneten Aspekt im Rahmen einer umfassenden Verständigung mit Rußland, deren Ziel nicht zuletzt darin bestand, eine weitere Annäherung zwischen Paris und St. Petersburg auch über Europa hinaus zu verhindern? Zugespitzt gefragt: Glaubte Rosebery wirklich, allein durch den Erhalt des Empire, mithin vor allem durch die Verteidigung Indiens, die Weltmachtstellung Großbritanniens langfristig behaupten zu können, oder hoffte er lediglich, durch eine Verständigung in Asien Großbritannien vorläufig aus dem Sog der sich rapide wandelnden Machtverhältnisse in Europa heraushalten zu können?[121]

In jedem Fall scheint Roseberys Einschätzung der Bedeutung Indiens durch die außenpolitischen Herausforderungen in Zentral- und Südostasien eher gefestigt als relativiert worden zu sein. »When I think of India and the immediate future«, so schrieb er im August 1893 pathetisch an den First Lord of the Admiralty, Earl of Spencer, »I am blind to everything else«.[122] Angesichts der rasch steigenden Verteidigungsausgaben stellte sich wiederum die Frage nach dem Ausmaß der Belastung, die Großbritannien für sein indisches Kolonialreich auf sich zu nehmen in der Lage war. Mochte Indien als der Mittelpunkt des zweiten britischen Weltreiches auch noch so bedeutsam sein, so war doch unübersehbar, daß Großbritannien die Verteidigung nicht einmal dieses Kernlandes seines Kolonialreiches auf Dauer alleine würde leisten können. Aus diesem Grunde forderte Rosebery im Februar 1895 seine beiden Minister Fowler und Spencer auf, dafür Sorge zu tragen, daß ein erheblicher Teil der britischen Verteidigungsausgaben von indischer Seite übernommen werden könne. »I cannot disregard the fact«, so begründete er sein Anliegen, »that India constitutes a main if not the principle cause of this outlay«. Prononcierter als je zuvor rückte Rosebery sodann die britischen Interessen in Indien in das Zentrum seiner außenpolitischen Wertvorstellungen:

119 Zu den Widerständen im Kabinett zur Zeit der Siamkrise vgl. *Gardiner*, Harcourt, Bd. 2, S. 245 ff. und 252 ff. sowie GP 8, Nr. 1739, 1740 und 1759. Am 20. Juli 1893 berichtete Hatzfeldt von einem Gespräch mit Rosebery, in dem ihm dieser »ohne jede Provokation« mit Bezug auf Gladstone erklärt habe: »Der Alte versteht wirklich gar nichts von ausw[ärtiger] Politik«. (Hatzfeldt-Papiere, Bd. 2, S. 924).

120 In diesem Sinne argumentiert *Martel*, Documenting, S. 290–295, und Imperial Diplomacy, S. 67 ff., 116 f., 240 ff. und passim.

121 Vgl. hierzu auch unten, Kap. IV/3.

122 Rosebery an Spencer, 10. August 1893, RP 10 062 f. 101 f.

»When we consider how largely our foreign policy is Indian, that is, moulded and decided by considerations based on the existence and interests of our Indian Empire, – that, for example, our relations of armed suspicion with Russia are entirely caused by India, that without India we should not be conterminous with any great military or naval power, and that without India we should scarcely need to be a Mediterranean Power or maintain a great Mediterranean fleet, it seems impossible to question the bare justice of such a demand«.[123]

Zweifellos konnte Roseberys Forderung von britischer Seite als vollkommen berechtigt angesehen werden, für die indische Seite mußte sie jedoch eine Frage aufwerfen, auf die sich in Roseberys Ausführungen keine Antwort finden läßt: Denn wenn Großbritannien seine traditionelle Rolle als Schutz- und Ordnungsmacht tendenziell immer weniger zu erfüllen vermochte, was legitimierte dann auf Dauer den Erhalt seiner Stellung als Kolonialherr auf dem indischen Subkontinent? In dieser Hinsicht reichte das nationalstaatliche Denken Roseberys anscheinend nicht über den Horizont Europa hinaus. Natürlich konnte Indien für die »Pax Britannica« einen maßgeblichen Beitrag leisten, doch warum sollte es die damit verbundene Fremdbestimmung weiterhin akzeptieren, wenn gleichzeitig die Aussicht oder gar die Notwendigkeit bestand, für seine eigene Sicherheit langfristig selber Sorge tragen zu müssen? Die berechtigte Sorge Roseberys angesichts der Gefährdung des Empire konnte sich nur auf den ersten Blick allein auf Indien beziehen. Letztlich stand die Sicherheit des Vereinigten Königreiches selbst auf dem Spiel.

d) Das Problem Südafrika

Die Ursachen des Konflikts zwischen den britischen Siedlern der Kapkolonie und den beiden Burenrepubliken Transvaal und Oranje-Freistaat, der sich in der zweiten Hälfte der neunziger Jahre zu einer der folgenschwersten militärischen wie auch ideologischen Herausforderungen britischer Empirepolitik zuspitzte, reichen zurück bis vor die Zeit des »Großen Trecks« während der Jahre 1836–1844. Obwohl die Spannungen im südlichen Afrika, die es ja letztlich innerhalb des Empire zu lösen galt, durchaus einige Parallelen zum Irland-Problem aufweisen, nahm die Siedlungskolonie am Kap der Guten Hoffnung, verglichen mit der Empirepolitik in Indien oder Ägypten, stets eine Sonderrolle ein. Nach der Transvaal-Rebellion 1880/81 legte die Pretoria-Konvention von 3. August 1881 zwar die formale Unabhängigkeit Transvaals von der Kapkolonie fest, doch unterstanden seine Außenbeziehungen weiterhin der britischen Oberhoheit.[124] Obwohl Großbritannien diese Teilautonomie in der Londoner

123 Rosebery an Spencer und Fowler (Secretary for India), 19. Februar 1895, RP 10 147 f. 174–181.

124 Vgl. hierzu neben der bereits zitierten Arbeit von *Deryck M. Schreuder*, Gladstone and Kruger, auch: *Ders.*, The Scramble for Southern Africa 1877–1895. The politics of partition reappraised. Cambridge 1980 (hier auch weitere Literatur).

Konvention vom 27. Februar 1884 erneut bestätigte, gab die rasch wachsende Prosperität Transvaals doch zunehmend Anlaß zur Sorge, und mit den gewaltigen Goldfunden ab 1890 drängte sich als entscheidende Frage immer mehr ins Bewußtsein, ob der dominierende Einfluß über ganz Südafrika weiterhin den Briten oder über kurz oder lang den Buren zukommen sollte.

Was das Ziel britischer Politik betraf, Transvaal zu isolieren, indem ihm der Zugang zu einem Hafen am Indischen Ozean verweigert wurde, stimmten sowohl die konservativen als auch die liberalen Regierungen der achtziger und neunziger Jahre überein. Da jedoch die Buren die britische Lösung einer Föderalisierung Südafrikas ablehnten, gleichzeitig aber ihre Kontakte mit der Kolonialmacht Deutschland intensivierten und ihren ökonomischen Einfluß auf die Kapkolonie unaufhaltsam vorantrieben, stellte sich im Laufe der neunziger Jahre immer unausweichlicher die Frage nach den Mitteln, mit denen Großbritannien dieser Machtverschiebung zu begegnen vermochte. Angesichts der diktatorischen Regierungsweise Paul Krügers, der als Präsident Transvaals dessen Politik zwischen 1882 und 1900 ausschlaggebend bestimmte, ging es Großbritannien nicht nur um die Wahrung des Status quo und den Erhalt des Gleichgewichts in dieser Region, sondern darüber hinaus auch um die Legitimation und die Glaubwürdigkeit seiner imperialen Ordnungsvorstellungen. In diesem Sinne lag die immer offener diskutierte Möglichkeit einer Intervention in Transvaal und schließlich dessen Rückeroberung durchaus in der Konsequenz des Eingreifens in Ägypten im Jahre 1882[125]

Trotz der unübersehbaren Schlüsselstellung, die die Region Südafrika innerhalb des britischen Weltreiches einnahm, kam ihr im politischen Denken Lord Roseberys lange Zeit lediglich eine nachgeordnete Bedeutung zu. Dies hing in erster Linie mit der uneingeschränkten Vorrangstellung zusammen, die er der Sicherheit des oberen Nilbeckens gegenüber allen anderen britischen Interessensphären auf dem afrikanischen Kontinent einräumte. Darüber hinaus entsprach es aber auch der Bereitschaft Roseberys, solange die Spannungen in Südafrika nicht außer Kontrolle zu geraten drohten, möglichst viele Einzelentscheidungen durch den »man on the spot«, Cecil Rhodes,[126] treffen zu lassen. Der zum Teil allzu forschen Politik Rhodes' verweigerte Rosebery allerdings seine Zustimmung, insofern dessen Ambitionen die verfügbaren britischen Ressourcen zu überfordern oder gar zu einer Ausweitung der Spannungen über die Region

125 Vgl. hierzu: *Robinson* und *Gallagher*, Africa, S. 410ff. und *Shannon*, Crisis of Imperialism, S. 323ff.

126 Zur Person und Politik Cecil Rhodes', der nicht nur als Premierminister der Kapkolonie 1890–1896 die britische Afrikapolitik maßgeblich beeinflußte, vgl. *John G. Lockhardt* und *Christopher M. Woodhouse*, Rhodes, London 1963. Rosebery hatte Rhodes über seinen Schwiegervater, Lord Rothschild, kennengelernt; seine Wertschätzung für Rhodes datiert jedoch erst aus der Zeit nach dessen Tod 1902 (vgl. ebd., S. 18, 161ff., 373ff. und 403ff.).

hinaus zu führen drohten. Deshalb unterstützte er zwar die Annexion des nördlich an Transvaal angrenzenden Matabeleland 1893/94, stimmte jedoch unmittelbar danach auch der Abtretung Swasilands an Transvaal zu, um es hierüber nicht zu einem Krieg mit der Burenrepublik kommen zu lassen. In gleicher Weise erschien ihm der Versuch Rhodes', Transvaal eine Eisenbahnverbindung von Johannesburg zur Delagoa-Bucht dadurch zu verwehren, daß er den einzig relevanten Hafen an dieser Küste, Lourenço Marques, von den unter finanziellen Druck geratenen Portugiesen aufkaufte, als zu gefährlich. Da die Buren in ihrem Vorgehen auf die Unterstützung durch das Deutsche Reich rechnen konnten, rechtfertigte der genannte Anlaß aus der Sicht Roseberys keine weitere Verschlechterung der Beziehungen zu Berlin. Obwohl er bereits 1888 auf die strategische Bedeutung der Delagoa-Bucht hingewiesen hatte, erschienen Rosebery Ende 1894 die britischen Sicherheitsinteressen in Ägypten und im Mittelmeer als wesentlich dringender denn eine forcierte und in ihren Nebenfolgen unkalkulierbare Lösung des südafrikanischen Partikularkonflikts.[127]

Vor diesem Hintergrund läßt sich die zum Teil kontrovers diskutierte Frage, inwieweit Rosebery von dem von seiten Rhodes' und Jamesons geplanten Überfall auf Transvaal im vorhinein gewußt habe, zwar nach wie vor nicht eindeutig beantworten, doch verliert sie einiges von ihrer Brisanz, wenn man sie im Hinblick auf seine faktischen Handlungsmöglichkeiten relativiert.[128] Unabhängig davon, inwieweit Rosebery wirklich von den Plänen Rhodes' gewußt haben mag, hätte weder seine noch die folgende konservative Regierung es auf Dauer tolerieren können, daß die Rechte britischer Bürger in Transvaal fortwährend unterdrückt wurden und Krüger die Unterstützung einer fremden Macht suchte, um gegen die Kapkolonie zu intrigieren. Eine mögliche Intervention setzte unabdingbar voraus, daß die Lage in Transvaal sich zunächst weiter zuspitzte. Der übereilte und kaum noch abenteuerlich zu nennende Überfall Jamesons

127 Hansard 3 (322), 27. Februar 1888, Sp. 1466ff. Zur Debatte um die Abtretung Swasilands vgl. Hansard 4 (30), 6. Februar 1895, Sp. 133–164. Zur Südafrikapolitik des liberalen Colonial Secretary, Marquess of Ripon, vgl. jetzt *Anthony Denholm*, Lord Ripon 1827–1909. A Political Biography, London/Canberra 1982, S. 205–230.

128 *Lockhardt* und *Woodhouse* betonen, daß sich weder in den Rhodes noch in den Rosebery papers ein Beleg dafür finden läßt, daß Rosebery in die Pläne für den beabsichtigten Überfall eingeweiht gewesen sei (Rhodes, S. 294). In einem ergänzenden Anhang zu seiner Rosebery-Biographie argumentiert *Rhodes James* darüber hinaus, daß die Ablehnung Roseberys an Rhodes, sich im Sommer 1896 bei dem neuen Kolonialminister, Joseph Chamberlain, für einen beschleunigten Anschluß des Protektorats Betschuanaland an die Kapkolonie einzusetzen, deutlich mache, daß Rosebery sich über die strategische Bedeutung dieses Gebietes im Falle einer Intervention in Transvaal nicht im klaren gewesen sei und – so folgert Rhodes James keineswegs zwingend – »was therefore unaware of the plans themselves« (S. 496). Die Unzulässigkeit dieser Schlußfolgerung betont auch *Jeffrey Butler*, The Liberal Party and the Jameson Raid, Oxford 1968, S. 44 und 48f.

vom 29. Dezember 1895,[129] den Rhodes im letzten Moment vergeblich zu verhindern versucht hatte, war nicht nur rechtlich ganz und gar untragbar, sondern widersprach so sehr jeder Opportunität und politischen Klugheit, daß er sowohl die Spannungen in Südafrika wesentlich verschärfte als auch heftige Kontroversen in Großbritannien, speziell innerhalb der Liberalen Partei, zur Folge hatte. Um zumindest diesen innenpolitischen Schaden zu begrenzen, bemühte Rosebery sich zunächst, die öffentliche Aufregung, die infolge des sogenannten »Krügertelegramms«[130] rasch um sich gegriffen hatte, zu besänftigen, und drängte sodann entschieden auf eine beschleunigte Aufklärung der Umstände, die den »Jameson Raid« ermöglicht hatten. Dieser könne allenfalls als eine »filibustering excursion« angesehen werden, erklärte er im Februar 1896 vor dem Oberhaus, die eher in das Elisabethanische als in das Viktorianische England passe.[131] Wenn Rosebery sich in den folgenden Monaten wiederholt gegen Versuche Chamberlains wandte, eine Untersuchung aller Umstände bis nach Abschuß des Verfahrens gegen Jameson zurückzustellen, so geschah dies weder, um Rhodes oder Chamberlain zu kompromittieren, noch, um seine eigene Position ins rechte Licht zu rücken, sondern um die Legitimität der britischen Ordnungsmacht so umfassend und so rasch wie möglich zu rehabilitieren.[132]

Der patriotisch-nationalistische Charakter der Haltung Roseberys zu den Spannungen in Südafrika trat um so deutlicher zutage, als Krüger mit seinem Ultimatum an Großbritannien vom 9. Oktober 1899 die Verantwortung für ein militärisches Austragen der Feindseligkeiten formal auf sich genommen hatte. Die seit dem Sommer 1896 ununterbrochene Diskussion und öffentliche Spekulation um eine vermeintliche Mitwisserschaft Chamberlains an dem Jameson Raid hatten aus der Sicht Roseberys in Großbritannien ein Klima geschaffen, das den Blick von den realen Problemen in Südafrika ablenkte und die Londoner Regierung fortwährend in ihren Handlungsmöglichkeiten beschränkte. Nutznießer dieser Situation seien allein die Buren, beklagte sich Rosebery noch im

129 Dr. Leander S. Jameson, der Verwalter der British South Africa Company, war von Mafeking aus mit 470 Reitern in der Erwartung in Transvaal eingefallen, unterstützt durch einen Aufstand der Uitlanders in Johannesburg die Regierung Krüger gefangennehmen zu können. Binnen weniger Tage mußte er sich jedoch angesichts der Übermacht der Buren ergeben.

130 Kaiser Wilhelm II. hatte am 3. Januar 1896 Krüger zu dessen erfolgreicher Abwehr des Überfalls beglückwünscht. Bereits am 5. Januar 1896 schrieb Rosebery an Ripon: »The importance of the Emperor's telegram is I think exaggerated«. Der Kaiser habe lediglich, so argumentierte Rosebery, dem »German polular sentiment« entgegenzukommen versucht und wisse nicht, auf welch unzuverlässigen Partner er sich in der Person Krüger einlasse. Darüber hinaus könne keine britische Regierung einer weiteren Preisgabe »of what there is of British suzerainty in the Transvaal« zustimmen (RP 10 059 f. 277f.).

131 Hansard 4 (37), 11. Februar 1896, Sp. 37.

132 Vgl. zum Beispiel Hansard 4 (41), 15. Juni 1896, Sp. 1045 ff.

September 1899 gegenüber Edward Grey, während doch gleichzeitig unübersehbar sei, »that this issue will have to be fought out by bullets sooner or later, and that the present ground for war will seem to the people of this country extremely slender«.[133]

Mit dem Ultimatum Krügers schien Großbritannien jedoch die Möglichkeit gewonnen zu haben, seine Ordnungsinteressen in Südafrika durchzusetzen und damit diese Dauerbelastung seiner Stellung als Weltmacht einer Lösung näherzubringen. »President Kruger has now put himself hopelessly in the wrong«, notierte Rosebery im Oktober 1899: »It is impossible for Great Britain to tolerate within her territories a state of things which is not merely a constant source of irritatiton and unrest, but also an imminent danger«.[134] Für Rosebery – ähnlich wie für Rhodes – bestand die Rechtfertigung der nun unausweichlich gewordenen kriegerischen Auseinandersetzung mit den Buren in der imperialen Verantwortung Großbritanniens, die in immer größere soziale, ökonomische und sicherheitspolitische Spannungen geratende eigene Siedlungskolonie Südafrika langfristig zu befrieden. Mehr als jedem anderen Land, so erklärte Rosebery im Oktober 1899, ginge es Großbritannien darum, sein Empire in der bestehenden Form zu erhalten: »We, who are not trying to gain but to maintain an Empire, we who are in the best and highest sense the most conservative force in the world, are the object of the ill-concealed dislike of Governments who, I think, are less single-minded than ourselves«.[135]

Wesentlich entschiedener als Milner,[136] der rücksichtslos und um jeden Preis die britische Kontrolle in Südafrika zurückzugewinnen versuchte, aber auch deutlicher als Chamberlain, der seine Politik bevorzugt dadurch rechtfertigte, daß er auf die Verschwörungspläne der Buren verwies, betonte Rosebery in einem positiven Sinne die Legitimität des britischen Vorgehens. An dieser Grundeinstellung hielt er auch dann noch fest, als sich nach der Annexion Transvaals am 3. September 1900 der Charakter des Krieges durch seine Wendung zum Guerillakrieg erheblich zu wandeln begann und sich die Bedingungen für die britischen Truppen wesentlich verschlechterten.

Angesichts der völlig ungewohnten Kriegführung, der gegenüber Großbritannien sich schließlich nur mit einer vierfachen Übermacht und unter dem gleichzeitigen Eingeständnis erheblicher Schwächen zu behaupten vermochte,

133 Rosebery an Grey, 7. September 1899, RP 10 131 f. 206.

134 Rosebery, Memorandum vom 8. Oktober 1899, RP 10 177 f. 122f.

135 Rosebery in Bath, 27. Oktober 1899, zit. in: *Coates*, Rosebery, Bd. 2, S. 1001.

136 Zum Selbstverständnis Alfred Milnes, 1897 bis 1905 britischer Hoher Kommissar in Südafrika, vgl. *Lord Milner*, The Nation and the Empire, London 1913 sowie *Alfred M. Gollin*, Proconsul in Politics. A Study of Lord Milner in Opposition and in Power, New York 1964. Geradezu als ein Präfaschist erscheint Milner demgegenüber bei *Hans-Christoph Schröder*, Imperialismus und antidemokratisches Denken. Alfred Milners Kritik am politischen System Englands, Wiesbaden 1978 (vgl. zum Beispiel S. 62f. und 72).

hielt Rosebery sehr bald eine vorsichtigere und konziliantere Vorgehensweise, als Milner und Chamberlain sie praktizierten, für wünschenswert.[137] Solange der Krieg jedoch andauerte, enthielt sich Rosebery weitgehend jeder öffentlichen Kritik.[138] Zwar drängte er auf großzügigere Friedensbedingungen, als Chamberlain und Milner sie einzuräumen bereit waren, und unterstützte auch die von Lord Kitchener vorgeschlagene umfassende Amnestie; der Forderung der Buren nach einer Rückberufung Milners zu entsprechen, lehnte er freilich ab. Im Hinblick auf die notwendige Konsolidierung Südafrikas erschien es ihm als der angemessenere Weg, durch die Wiederherstellung einer stabilen Regierung und mit Hilfe rascher Sozialprogramme die verbliebenen Ressourcen auf die anstehenden praktischen Probleme zu konzentrieren, als durch personelle Konsequenzen auf seiten des Siegers die durch den Krieg entstandenen materiellen und ideellen Schäden kompensieren zu wollen:

»There is an inestimable blessing in peace. It relieves us from a heavy drain and a cruel incubus, and it enables us to begin the work of consolidating and pacifying South Africa. ... The sooner we forget this war and the sooner we can weld these Boers as a valuable element into the inhabiting race of South Africa the better it will be for us, for them, and for the Empire«.[139]

Im Interesse des Empire konnte es aus der Sicht Roseberys nicht allein um eine Konsolidierung Südafrikas gehen. Ebenso notwendig erschien es ihm, daß der Durchsetzung britischer Interessen dort die geschlossene Unterstützung des Mutterlandes zuteil würde. Hegte Rosebery noch am Beginn des Krieges die Hoffnung, daß diese bis dahin größte Herausforderung des zweiten britischen Empire einen positiven Einfluß auf die Zerrissenheit der Liberalen Partei ausüben würde,[140] so wurde sehr bald unübersehbar, daß die Kluft zwischen den beiden Lagern innerhalb dieser Partei kaum noch zu überbrücken war. Im Hinblick auf das Empire standen sich mit den »Little Englanders« auf der einen und den »Liberal Imperialists« auf der anderen Seite zwei unvereinbare Konzeptionen gegenüber, die seiner Einschätzung nach nicht nur Meinungsunterschiede,

137 In einem Memorandum für Lord Salisbury vom 18. Juli 1901 erläuterte Rosebery: »I thought it possible however that it might be practicable to remove Milner from direct contact with the Transvaal and the Orange State by appointing a Commission of Government to administer those states, re-settle them, and prepare them for responsible government. That would have been my own plan, instead of appointing Milner as Governor« (RP 10 114 f. 117–121). Vgl. hierzu auch Roseberys Brief an Salisbury vom 25. Juli 1901, zit. in: *Rhodes James*, Rosebery, S. 428.

138 Von dieser Haltung wich Rosebery erst mit seiner Chesterfield-Rede vom 16. Dezember 1901 ab (vgl. unten, Kap. IV/4).

139 Rosebery in Leeds, 30. Mai 1902, LLP (12), S. 4.

140 »I think this Transvaal discussion likely to bring the differences in the Liberal party to a head, and that devoted body is nearing its final cataclysm« (Rosebery an Grey, 21. Oktober 1899, RP 10 131 f. 208f.).

sondern »a sincere fundamental and incurable antagonism of principle«[141] verkörperten. Wenn Rosebery deshalb den Versuchen, ihn Ende 1900 noch einmal mit der Führung der Liberalen Partei zu betrauen, kaum Interesse entgegenbrachte,[142] so muß dies doch über jedes taktische Kalkül[143] hinaus auch daran gelegen haben, daß er der inneren Verfaßtheit dieser Partei wie auch dem politischen Klima in Großbritannien kaum noch eine rasche, durchgreifende und in seinem Sinne positive Lösung des Burenkrieges zutraute. Die Aussicht, eventuell von neuem eine Regierungspartei zu leiten, deren Mitglieder gleichzeitig entgegengesetzte Ziele verfolgten, konnte somit aus der Sicht Roseberys nicht im nationalen britischen Interesse liegen. Es ging ihm weniger um eine erneute Regierungsbildung als um eine Lösung des Südafrikaproblems: »This is a matter of life and death«, erklärte er im Februar 1900 pathetisch vor dem Oberhaus. Wenn es Großbritannien in diesem Falle nicht gelänge, seiner imperialen Verantwortung gerecht zu werden, sei der Zusammenhalt des gesamten Weltreiches bedroht: »Your Empire outside these islands will break away from you, and where it is without defence it will fall a prey to other nations«.[144] Aus dieser Perspektive konnte es nicht Sache britischer Politiker sein, darüber zu debattieren, welche Mittel der Kriegführung im südlichen Afrika als angemessen gelten konnten. Auf die aufsehenerrengende Rede des neuen Führers der Liberalen Partei, Campbell-Bannerman, der am 14. Juni 1901 den britischen Truppen in Südafrika »methods of barbarism« vorwarf, vermochte Rosebery deshalb nur noch mit Entrüstung zu reagieren.[145] In seinen Augen lenkte Campbell-Bannerman nicht nur in unangemessener Weise den Blick von den Ursachen und Zielen des Krieges auf dessen Methoden, sondern versuchte vor allem auch, auf Kosten imperialer britischer Interessen parteipolitische Vorteile zu gewinnen. Für Rosebery blieb demgegenüber das Empire quasi ein Wert an sich, ohne zu einem Mittel der Politik zu werden.

3. Armenien, das »Concert of Europe« und die Frage politischer Allianzen

Die Zusammenstöße zwischen der armenischen nationalen Unabhängigkeitsbewegung und der türkischen Oberhoheit im Juli 1894, denen in den folgenden

141 Rosebery in einem Brief an The Times, 17. Juli 1901, zit. in: *Rhodes James*, Rosebery, S. 425.

142 Vgl. *Denholm*, Ripo, S. 229f.

143 Vgl. hierzu *Matthew*, Liberal Imperialists, S. 54–62.

144 Hansard 4 (79), 15. Februar 1900, Sp. 33f.

145 Vgl. hierzu *Rhodes James*, Rosebery, S. 422–426; *A. J. P. Taylor*, The Trouble Makers. Dissent over Foreign Policy 1792–1939, London 1957, Neudr. 1964, S. 108 sowie unten, Kap. IV/4.

drei Jahren äußerst brutale Massaker von seiten des Osmanischen Reiches gegenüber dieser ethnischen Minderheit folgen sollten, markierten einen entscheidenden Wendepunkt sowohl für das persönliche aktive politische Engagement Lord Roseberys als auch für die internationale Stellung Großbritanniens in Europa. Während das Bekanntwerden der von der Truppen des Sultan verübten Greueltaten in Gladstone die Erinnerung an seine populäre Kampagne von 1876 wachrief,[146] bot es Rosebery den ausschlaggebenden Anlaß, sich über die Grenzen der Handlungsfähigkeit Großbritanniens als europäischer Großmacht Rechenschaft abzugeben. Innerhalb des europäischen Mächtesystems erwies sich in der Armenienkrise der Jahre 1894 bis 1897 deutlicher als in den vorangegangenen Jahren, daß Großbritannien in eine Isolation geraten war, die es seit den Napoleonischen Kriegen nicht mehr erfahren hatte.[147]

Für Rosebery persönlich bildeten die wiederholten, öffentlich ausgetragenen Dissonanzen mit dem am 3. März 1894 als Premierminister zurückgetretenen Gladstone und die damit verbundene verschärfte Konfrontation mit dem Flügel der »Little Englanders« den Anstoß, der zu seiner beschleunigten politischen Distanzierung von der Liberalen Partei und schließlich am 7. Oktober 1896 konsequenterweise zu seinem Rücktritt vom Parteivorsitz führte. Bereits unmittelbar nach den schweren Ausschreitungen von seiten der Türken im Herbst 1894 forderte Harcourt die sofortige Behandlung dieses Problems auf höchster Ebene, das heißt zwischen allen Signatarstaaten des Berliner Vertrages von 1878. Harcourt erkannte, daß eine solche Maßnahme die orientalische Frage völlig neu zur Disposition gestellt hätte, doch blieben ihm der eklatante Wandel der einzelstaatlichen Interessen und das Fehlen einer gemeinsamen Grundlage, die ein zwischen den Großmächten abgestimmtes Vorgehen ermöglicht hätte, eher verborgen.

Die Beziehungen Großbritanniens zum Dreibund hatten sich in den Jahren

146 Gegenüber seinem Sohn erklärte Gladstone seinerzeit: »Had I the years of 1876 upon me, gladly would I start another campaign, even as long as that« (Zit. in: *Morley*, Gladstone, Bd. 2, S. 571). Zur Einschätzung dieses Satzes sei an das Urteil Richard Shannons erinnert, demzufolge jene Agitation gegen die Bulgarischen Greuel 1876 »[was] far less a case of Gladstone exciting popular passion than of popular passion exciting Gladstone« (*Richard T. Shannon*, Gladstone and the Bulgarian Agitation 1876, Edinburgh/London 1963, S. 110).

147 Vgl. *Shannon*, Crisis of Imperialism, S. 268. Zum Bedeutungswandel der orientalischen Frage zwischen 1871 und 1914 vgl. jetzt: *Gregor Schöllgen*, Imperialismus und Gleichgewicht. Deutschland, England und die orientalische Frage 1871–1914, München 1984 (zum Armenien-Problem hier vor allem S. 64–71). Als ein nachträgliches Plädoyer für das Anliegen Gladstones kann im Gegensatz hierzu der Aufsatz von *Roy Douglas*, Britain and the Armenian Question 1894–7, in: HJ 19 (1976), S. 113–133 angesehen werden, der in der Behauptung gipfelt, daß durch eine frühzeitige Übernahme der Vorschläge Gladstones und Harcourts »the Armenians could have been saved without a shot being fired« (ebd., S. 133).

1893–94 in einer Weise verschlechtert, daß weder Italien noch Österreich-Ungarn, aber auch nicht das Deutsche Reich leichtfertig bereit gewesen wären, Großbritannien in der Armenierfrage zu unterstützen. Ebensowenig lag eine solche Zusammenarbeit im Interesse Frankreichs, solange Großbritannien sich nicht gleichzeitig zu Entgegenkommen in Marokko, Ägypten oder auch Syrien bereit zeigte. Eine begrenzte Zusammenarbeit konnte aus britischer Sicht angesichts des erfolgreichen Pamir-Abkommens vom November 1894 allenfalls von Rußland erwartet werden, doch hatte das Zarenreich wiederum seine eigenen Probleme mit den Armeniern, wie es auch kaum gewillt war, seine Position in Konstantinopel wegen der Armenischen Frage zu gefährden, sondern im Gegenteil das britische Engagement zu seinen Gunsten beim Sultan auszunutzen strebte. Darüber hinaus blieb eine Unterstützung der Belange Londons im Nahen Osten von russischer Seite vorläufig an die Bedingung geknüpft, daß sich Großbritannien seinerseits auch für die Interessen St. Petersburgs im Chinesisch-Japanischen Krieg einsetzte.

Da Großbritannien einerseits aufgrund der Zypernkonvention von 1878 das Recht und sogar die Verpflichtung hatte, sich für die Sicherheit der Armenier einzusetzen,[148] und die öffentliche Meinung immer stärker auf ein solches Engagement drängte, andererseits jedoch als reine Seemacht ohne die Unterstützung von Landstreitkräften nicht über ein hinreichendes Druckmittel im Vorderen Orient verfügte und sich gegen die Interessen der übrigen Mächte durchzusetzen unabsehbare Konsequenzen für die Stellung Großbritanniens im östlichen Mittelmeer zur Folge haben mußte,[149] bildete diese Frage während der ersten Hälfte des Jahres 1895 den Gegenstand ununterbrochener Konsultationen. Zwar drängten Großbritannien, Frankreich und Rußland Sultan Abdul Hamid II. zur Durchführung eines moderaten Reformprogramme für Ostanatolien, auf

148 In Artikel I der Zypernkonvention vom 4. Juni 1878 hatte sich die Türkei eindeutig gegenüber Großbritannien verpflichtet, die Lebensbedingungen der seit langem diskriminierten, christlich-armenischen Minderheit einer rechtlichen Gleichbehandlung näherzubringen (vgl. Ausgewählte diplomatische Aktenstücke zur orientalischen Frage, zusammengestellt und erläutert von *Karl Strupp*, Gotha 1916, Nr. XLI). Insofern diese Verpflichtung jedoch in Artikel 61 des Berliner Vertrages vom 13. Juli 1878 indirekt auch auf alle übrigen europäischen Großmächte ausgeweitet wurde, war es nicht allein die Aufgabe Großbritanniens, die Maßnahmen der Türkei zu überwachen. Es blieb jedoch eine Frage der Interpretation, ob eine einseitige Intervention von britischer Seite als grundsätzlich möglich angesehen werden konnte oder in jedem Fall der Abstimmung mit den übrigen Mächten bedurft hätte (vgl. hierzu: GP 9, Nr. 2175 und vor allem 2176 sowie *Schöllgen*, Imperialismus und Gleichgewicht, S. 69).

149 Gladstone räumte seinerzeit ein, daß im Falle der Kriegsdrohung einer anderen Macht an Großbritannien man sich ja immer noch aus eventuellen Aktionen zurückziehen könne, ohne dadurch an Glaubwürdigkeit zu verlieren (vgl. *Douglas*, Armenian Question, S. 128).

das sie sich zuvor am 11. Mai 1895 geeinigt hatten, doch lehnte Rußland die Anwendung handfesten Drucks von vornherein ab. Zudem trug die brüske Zurückweisung der vorgetragenen Forderungen duch den Sultan lediglich dazu bei, das Meinungsklima in Großbritannien erneut anzuheizen.

Als Rosebery schließlich im Juni sein Kabinett auflöste, konnte er persönlich vielleicht davon ausgehen, in der Armenierfrage das in seinen Augen Mögliche getan zu haben, doch formierte sich nun die offizielle liberale Parteimeinung unabhängiger von ihm denn je. Während Gladstone in einer Rede in Chester am 6. August 1895 ein sofortiges Einschreiten Großbritanniens zugunsten der Armenier forderte, hielt Rosebery als Führer der Opposition grundsätzlich daran fest, die neu gebildete Regierung Salisbury nicht öffentlich in ihren außenpolitischen Entscheidungen zu kritisieren.[150] Er teilte sehr wohl das Entsetzen Gladstones und vieler anderer angesichts der nicht enden wollenden und fast wöchentlich von neuem an die Öffentlichkeit getragenen Massaker an der armenischen Bevölkerung. Ein einseitiges Eingreifen von britischer Seite aber hielt er, wenn überhaupt für möglich, so in hohem Maße für gefährlich, da unter nahezu keinen Umständen erwartet werden konnte, daß die übrigen europäischen Mächte einer solchen Intervention, die vermutlich den Auftakt zur Aufteilung des Osmanischen Reiches gebildet hätte, neutral gegenüberstehen würden. Sein einziger Einwand gegen die Öffentlichkeitsarbeit der dritten Regierung Salisbury bestand in diesem Zusammenhang darin, daß er die ständig wiederholte Behauptung, die Zusammenarbeit zwischen den europäischen Mächten funktioniere noch, in Besorgnis erregender Weise für irreleitend hielt. Ganz im Gegensatz hierzu drängte sich ihm vielmehr der Eindruck auf, daß sich dieses traditionelle Konzert der Großmächte aufgelöst und Großbritannien seinen dominierenden Einfluß verloren habe. Obwohl die Regierung Salisbury über eine überwältigende Stimmenmehrheit verfüge, so erläuterte Rosebery im Dezember 1895, sei sie offensichtlich in nur sehr begrenztem Maße handlungsfähig: »But alas! it is only too clear that there is no Concert of Europe in existence. ... It is this impotence which alarms me«. Zwar hoffe er, in der folgenden Sitzungsperiode mehr Informationen zu erhalten, bis dahin jedoch lehne er jede öffentliche Stellungnahme ab. Solange er über die wirklichen Hintergründe der Politik Salisburys nur spekulieren könne, so schloß Rosebery seinen Brief, »I must decline to grope in the dark in this powder magazine«.[151]

150 Rosebery rechtfertigte diese Zurückhaltung wiederholt mit dem Hinweis, daß die Regierung über Informationen verfüge, die ihm nicht bekannt seien, und er zudem auch keine Verantwortung an den aktuell zu treffenden Entscheidungen mittrage (vgl. zum Beispiel seine Briefe an Kimberley vom 10 Juni 1895, Kimberley papers 10 243 f. 247 oder an Corrie Grant, den liberalen Abgeordneten für Woodstock, vom 24. Dezember 1895, RP 10 106 f. 136f.).

151 Rosebery an Edward Russell (Herausgeber der Liverpool Daily Post), 9. Dez. 1895, Russell papers, f. 941–944. Russell hatte Rosebery zuvor gebeten, zur orientalischen Frage Stellung zu nehmen.

Bedrängt, in den Chor der Entrüstung mit einzustimmen, wurde Rosebery hingegen vor allem von seiten liberaler Abgeordneter. »My silence is the result neither of satisfaction nor indifference«, so rechtfertigte er sich gegenüber Corrie Grant; »I am haunted by the horrors of Asia Minor. They call for vengeance as loudly as the bones of those slaughtered saints who moved Milton to his burning appeal«. Das für Großbritannien ungelöste Problem bestehe darin, daß die zahllosen Deklarationen zwar immer größere Hoffnungen auf seiten der Betroffenen weckten, der Sultan aber mit jedem Tag kecker auftreten können, da für ihn die Isolation Großbritanniens immer deutlicher würde. Gleichzeitig müsse sich die Regierung Salisbury unter diesen Umständen jedoch zunehmend gedrängt fühlen, »to weigh the hideous alternatives of abondoning the Armenians for facing a European war«.[152]

Obwohl es Salisbury im Oktober 1895 gelungen war, den Sultan zur Durchführung begrenzter Reformmaßnahmen zu drängen, kam es im Laufe des Jahres 1896 fortgesetzt zu immer neuen Ausschreitungen gegen die Armenier, so daß auch die öffentliche Debatte in Großbritannien fortwährend neue Nahrung erhielt. Einen relativen Höhepunkt erreichte die öffentliche Agitation mit der Rede des 86jährigen Gladstone in Liverpool vom 24. September 1896, in der dieser den Abbruch der diplomatischen Beziehungen zur Türkei und ein sofortiges einseitiges Eingreifen Großbritanniens zugunsten der Armenier forderte. Rosebery zog sich hieraufhin zunächst für zwei Wochen nach Barnbougle Castle zurück, bevor er am 7. Oktober seinen Rücktritt vom Parteivorsitz öffentlich bekannt geben ließ.

Mochte der Schritt Roseberys seinem eigenen Selbstverständnis zufolge konsequent erscheinen, so stieß er bei einigen seiner Parteifreunde auf Unverständnis. Rosebery ließ aber weder die Öffentlichkeit noch Gladstone selber darüber im unklaren, daß dessen öffentliches Auftreten den Ausschlag hierzu gegeben habe.[153] In einer vielbeachteten Rede in Edinburgh erläuterte Rosebery zwei

152 Rosebery an Grant, 24. Dezember 1895, RP 10 106 f. 136f. Um eine gegenüber der Regierung Salisbury kritische Stellungnahme in bezug auf die Armenierfrage bemühte Rosebery sich allerdings in seiner Antwort auf die Eröffnungsrede der Königin. Vgl. Hansard 4 (37), 11. Februar 1896, Sp. 42–48.

153 Gleichzeitig mit seinen Mitteilungen an die Presse schrieb Rosebery an Gladstone: »I wish you to know from myself that I have resigned the leadership of the Liberal party – that is, if I ever held it, of which I am not quite sure! I will not disguise that you have, by again coming forward and advocating a policy which I cannot support, innocently and unconsciously dealt the *coup de grâce*; by enabling discontented Liberals to pelt me with your authority. But, as you well know, the situation has long been almost impossible and almost intolerable, and I for one am glad that it should cease. I hope that my retirement may at any rate produce some greater amount of unity in the distracted and honey-combed party called ›Liberal‹«. (Rosebery an Gladstone, 7. Oktober 1896, GladP 44 290 f. 267f.; auch zit. in: *Crewe*, Rosebery, Bd. 2, S. 526f. und teilweise in: *Rhodes James*, Rosebery, S. 392f.).

Tage später ausführlich die Gründe seines Rücktritts und legte – sich dezidiert von Gladstone absetzend – seine Einschätzung der Armenischen Frage dar. Im Unterschied zu der Agitation Gladstones gegen die Unterdrückung der Bulgarier 1876 sei die Lage, in der Großbritannien sich aktuell befinde, viel zu brisant, als daß ein weiteres Aufheizen der öffentlichen Meinung zu einer Lösung beitragen könne: »The enthusiasm of the country needs more guidance than stimulus«.[154] Darüber hinaus habe Gladstone 1876 erstens davon ausgehen können, Rußland auf seiner Seite zu haben, während St. Petersburg das derzeitige Vorgehen Londons sehr feindselig beobachte, und zweitens habe sich die damalige Agitation vorwiegend gegen die Regierung Disraeli gerichtet, während die aktuelle versuche, sich unmittelbar in die internationalen Beziehungen Großbritanniens einzumischen.

Sodann erläuterte Rosebery im einzelnen, daß keine der öffentlich diskutierten Maßnahmen (vom Abbruch der diplomatischen Beziehungen mit Konstantinopel, über die Absetzung des Sultan bis hin zur Auslieferung der Gesamttürkei an Rußland) bessere Lebensbedingungen für die Armenier garantiere. Da seiner Meinung nach aber die Zypernkonvention Großbritannien nicht zu einem einseitigen Eingreifen verpflichte, verspreche allein ein mit den übrigen Mächten abgestimmtes Vorgehen Aussicht auf Erfolg: »My only panacea for dealing with the Eastern Question is the concerted action of the Powers«.[155] Solange diese Zusammenarbeit jedoch nicht zustande komme, werde jedem einseitigen Vorgehen Großbritanniens von seiten aller übrigen Mächte ein in seinen Konsequenzen unkalkulierbares Maß an Mißtrauen entgegengebracht. In seinen Augen sei diese Kriegsgefahr keine bloße Phantasterei, wie Gladstone behaupte, sondern durchaus real, und er halte jeden Politiker, der Großbritannien in einen solchen Konflikt verwickle, ohne daß vitale britische Interesse berührt seien, für einen »criminal to his country and to his position«.[156] Großbritannien sei in der derzeitigen weltpolitischen Lage geradezu darauf angewiesen, an möglichst keinem Orte der Erde in kriegerische Auseinandersetzungen verstrickt zu werden; zudem bilde die Forderung, den Frieden zu erhalten, nicht nur ein langfristiges Ziel, sondern die unmittelbare *raison d'être* des Empire: »the British Empire is peace. It means peace and it needs peace«.[157] Diese Verantwortung könne es nur erfüllen, wenn es nicht gleichzeitig durch die Rolle eines Weltpolizisten überfordert würde. »It is not ours to dispense in this world universally the punishment of wrong and the reward of right«. Gelänge es nicht, das »Concert of Europe« neu zu beleben, bliebe Großbritannien nur die Wahl »between the evil of Armenian massacre alone and the evil of Armenian massacre *plus* European war«.[158]

154 Rosebery in Edinburgh, 9. Oktober 1896, in: Speeches 1, S. 423–468, hier S. 425.
155 Ebd., 453.
156 Ebd., 450.
157 Ebd., 451.
158 Ebd., 458f.

Mit der Armenischen Frage war ein Problem in das Zentrum der (speziell von dem radikalen Flügel der Liberalen Partei wachgehaltenen) öffentlichen Aufmerksamkeit gerückt, das Rosebery in hohem Maße für geeignet hielt, die außenpolitischen Handlungsmöglichkeiten Großbritanniens zu überfordern und seine Stellung als Weltmacht in Frage zu stellen. Die Tatsache, daß er gegenüber dieser innenpolitischen Belastung schließlich resignierte und sich von der Liberalen Partei distanzierte, verweist nicht nur auf sein äußerst gespanntes Verhältnis zu den Entwicklungstendenzen der moderen Parteiendemokratie, sondern zugleich auf sein sehr traditionelles Verständnis von den Aufgaben britischer Außenpolitik.

Ähnlich wie für Salisbury hatten auch für Rosebery die klassischen Axiome wenig von ihrer Gültigkeit verloren, denen zufolge es außenhalb des britischen Interesses lag, in Friedenszeiten feste Bündnisse einzugehen oder Verpflichtungen zu übernehmen, die ein militärisches Engagement nach sich ziehen konnten. Der Primat der Kriegsverhütung hatte jedoch eine »freie Hand« in der Gestaltung der außenpolitischen Beziehungen zur Voraussetzung, und auch für Rosebery war freilich unübersehbar, daß die Möglichkeiten traditioneller Balancepolitik sich verringerten, wenn gleichzeitig die Mächtekonstellation auf dem europäischen Kontinent sich immer mehr in unbeweglichen Bündnissystemen verfestigte. Roseberys Haltung zum Armenierproblem gibt somit nicht nur Aufschluß hinsichtlich seiner subjektiven Einschätzung der ihm verbliebenen Handlungsmöglichkeiten, sie wirft auch die prinzipielle Frage nach seiner Bereitschaft auf, feste Bündnisverpflichtungen für Großbritannien einzugehen. Verkannte Rosebery schlicht die »Zeichen der Zeit«? Wurde während seiner Amtszeit die Chance verpaßt, Großbritannien und den Dreibund zusammenzufügen? Oder glaubte Rosebery wirklich, daß sich die traditionelle eurozentristische Außenpolitik in eine weltweite, dezentralisierte Kolonialpolitik aufgelöst habe und es deshalb letztlich nicht mehr darum ging, das Empire in Europa zu verteidigen?[159]

Ganz unverkennbar bildete auch für Rosebery das Gleichgewicht der Kräfte auf dem Kontinent die unverzichtbare Voraussetzung für das britische Interesse, seine Rolle als Weltmacht zu verteidigen, doch bestimmten Nähe und Distanz gleichermaßen seine Haltung zur europäischen Balance of Power. Rosebery er-

159 Vgl. hierzu jetzt vor allem *Martel*, Imperial Diplomacy, und *ders.*, The Limits of Commitment: Rosebery and the Definition of the Anglo-German Understanding, in: HJ 27 (1984), S. 387–404. Zum Hintergrund vgl. auch: *Grenville*, Salisbury, und *Christopher H. D. Howard*, Splendid Isolation. A study of ideas concerning Britain's international position and foreign policy during the later years of the third Marquis of Salisbury, London 1967. Einige zentrale Dokumente bieten: *Temperley* und *Penson*, Foundations of British Foreign Policy, S. 470–493. Zur Entwicklung der deutsch-britischen Beziehungen siehe vor allem: *Raymond J. Sontag*, Germany and England. Background of Conflict 1848–1894, New York 1938 und *Kennedy*, Antagonism.

kannte sehr wohl, daß die Aufmerksamkeit der britischen Außenpolitik sich nach wie vor primär auf den europäischen Kontinent richten mußte,[160] und er bemühte sich in nahezu allen Konfliktsituationen darum, die Position der übrigen Großmächte in sein Kalkül miteinzubeziehen. Gleichzeitig hielt er jedoch starrer als Salisbury daran fest, daß jegliche Bündnisabsprachen informell bleiben müßten und daß die Sicherheit Großbritanniens letztlich nur durch ein konsolidiertes Empire und eine verstärkte Flottenrüstung zuverlässig gewährleistet werden könne.

In der Darstellung Gordon Martels fügen sich die Überlegungen Roseberys im Hinblick auf die bündnispolitischen Optionen Großbritanniens in der ersten Hälfte der neunziger Jahre sogar zu einem »Programm« zusammen.[161] Demnach bestand das Hauptinteresse Roseberys darin, die Existenz des Dreibundes aufrechtzuerhalten, ohne ihm beitreten zu müssen. Als weitere »Programmpunkte« ergeben sich zweitens eine erhebliche Verbesserung der Beziehungen zu Rußland, um sowohl die Spannungen in Asien zu entschärfen als auch der Möglichkeit einer gleichzeitigen Konfrontation mit Frankreich und Rußland vorzubeugen, und drittens die Vorsorge, Frankreich im Mittelmeer militärisch überlegen zu bleiben. Zusammengehalten wurde dieses außenpolitische Konzept Roseberys durch das Ziel, den Erhalt des britischen Weltreiches zu sichern, das nach Einschätzung Martels in den neunziger Jahren mehr als je zuvor »was dependent upon, not immune to, the European balance«.[162]

Obwohl Rosebery wenig Zweifel hegte an der Fragilität des britischen Weltreiches und der daraus resultierenden zunehmenden Überbürdung seines Landes,[163] sah er in diesem Weltreich doch die Grundlage einer globalen Superiori-

160 Hatzfeldt berichtet von einem Gespräch mit Rosebery, in dem er diesen darauf hingewiesen habe, »daß das Schicksal der englischen Kolonien« sich notfalls »*im Mittelmeer und auf den Schlachtfeldern des Kontinents*« entscheide, und ihn gefragt, wie Großbritannien einen solchen Krieg allein bestehen wolle: »Lord Rosebery erwiderte mir mit Lebhaftigkeit, darüber mache er sich keine Illusion und die Frage sei leicht zu beantworten: England würde sich ›dans une situation impossible‹ befinden, Ägypten räumen müssen, Malta usw. verlieren, und das Mittelmeer würde ein französischer See werden«. (Hatzfeldt an Hohenlohe, 11. November 1894, GP 9, Nr. 2161, S. 157f.).

161 Vgl. hierzu *Martel*, Imperial Diplomacy, vor allem S. 114, 155f. und 222f.

162 Ebd., S. 222. Alles in allem scheint Martel die Stimmigkeit des von ihm skizzierten »Programms« in bezug auf das Ineinandergreifen von Denken und Handeln zu überschätzen (vgl. zum Beispiel seine Darstellungen der Siam-Krise, S. 125ff., und des britisch-belgischen Kongovertrages, S. 201ff.). Außerdem erscheint es bedenkenswert, ob nicht das Hauptanliegen Roseberys, »to be with the alliance but not of it« (passim), durch die gleichzeitige Zusammenarbeit mit Rußland und Verständigungsbereitschaft mit Frankreich unterhölt wurde.

163 In der oben referierten Rede Roseberys vom 9. Oktober 1896 wies dieser seine Zuhörer eindringlich darauf hin, daß Großbritannien in den vorangegangenen zwölf Jahren »so much undigested empire« erworben habe, daß sich das Land nun mit zwei

tät, die es ihm geboten erscheinen ließ, Entscheidungen über Art und Zeitpunkt des Einsatzes britischer Machtmittel einzig und allein in der Downing Street zu treffen. Für das von vielen Zeitgenossen nicht nur in Berlin als »natürlich« eingeschätzte mögliche Bündnis mit dem Deutschen Reich gab es somit aus der Sicht Roseberys keinerlei zwingende Notwendigkeit. Eine Verständigung zwischen beiden Mächten konnte bestenfalls selbstverständlich sein, nicht aber obligatorisch. Sein tief verwurzeltes Ressentiment gegenüber den beiden traditionellen Erzrivalen Rußland und Frankreich bedingte zu keinem Zeitpunkt eine leichtfertig optimistische und voreilig sich bindende Hinwendung zum kaiserlichen Deutschland. In dieser Hinsicht gab es für Rosebery stets einen Zustand *zwischen Allianz und Antagonismus,*[164] der durch das Bemühen gekennzeichnet war, in allen zur Entscheidung anstehenden Fragen der internationalen Politik die eigene Entscheidungsfreiheit offenzuhalten, ohne durch Bündnisverpflichtungen nach außen oder durch parteiprogrammatische Versprechungen nach innen sich selbst vorweg einem Handlungszwang unterworfen zu haben.

Roseberys Bereitschaft, mit einer oder mehreren der kontinentaleuropäischen Mächte ein festes Bündnis einzugehen, entsprach der seit Jahrhunderten geübten britischen Praxis, eine solche Allianz nur zu suchen, wenn das Hegemonialstreben einer dritten Macht den Status quo in Europa ernsthaft in Frage stellte.[165] Trotz der sich verschärfenden internationalen Rivalitäten und unter den Bedingungen imperialer Weltpolitik hielt Rosebery an dieser Orientierung fest und blieb davon überzeugt, daß eine entgegengesetzte Entscheidung eher dazu beitrage, politische Spannungen zu provozieren, als ihnen aus dem Wege zu gehen.

gravierenden Folgeproblemen konfrontiert sehe: Erstens habe Großbritannien »to an almost intolerable degree« den Neid anderer Kolonialmächte erregt, mit deren »active malevolence« es jetzt zu rechnen habe; und zweitens habe es sich »so enormous a mass of territory« angeeignet, »that it will be years before you can settle it or control it, or make it capable of defence or make it amenable to the acts of your administration«. (Speeches 1, S. 451 f).

164 Vgl. hierzu den vor allem auf die Außenpolitik Salisburys und Bismarcks abhebenden Aufsatz von *Hildebrand*, Zwischen Allianz und Antagonismus. In einem Pamphlet vom März 1896 schrieb Rosebery: »But between a system of alliances and a system of isolation, spendid or otherwise, there seems to me to be a wide chasm. We used to think that it was possible to co-operate with other nations in matters of mutual interest without binding ourselves by alliances. We did not think that it was necessary as a matter of foreign policy to boast that in no circumstances would we have anything to do with any other nation«. Zumindest bis zum Ende seiner Regierung, so führte Rosebery weiter aus, habe sich Großbritannien auf die beiden traditionellen Freundschaften zu Italien und Österreich verlassen können. (*Rosebery*, The Tory Government – so far, Pamphlet vom 3. März 1896, S. 18f.).

165 Vgl. *Martel*, Limits of Commitment, S. 388f. und *Matthew*, Liberal Imperialists, S. 200–203. Zum Hintergrund noch immer zentral: *Ludwig Dehio*, Gleichgewicht und Hegemonie, Krefeld 1948.

Vor diesem Hintergrund hielt er die Stellung Großbritanniens in Europa und im Mittelmeerraum für sicherer als die der Dreibundmächte und war insbesondere seit dem Zustandekommen der französisch-russischen Allianz zwischen 1892 und 1894 davon überzeugt, daß Preußen-Deutschland, Österreich-Ungarn und Italien mehr auf britische Hilfe angewiesen seien als umgekehrt.[166] »We could of course enter the Triple Alliance or enter into a secret treaty with Italy«, so erläuterte Rosebery dem britischen Botschafter in Berlin, Sir Edward Malet. Wichtiger für Großbritannien sei es jedoch, seine Flotte zu verstärken und seine eigene Entscheidungsfreiheit zu wahren: »Our hands must be free: we must co-operate but not be hand-cuffed to anyone«.[167]

Obwohl die Existenz des Dreibundes durchaus im britischen Interesse lag, wäre ein formelles Bündnis Rosebery wahrscheinlich als ein Zeichen der Schwäche erschienen; Großbritannien konnte erst dann zugeben, auf deutsche oder österreichische Truppen angewiesen zu sein, wenn handfeste britische Interessen dies unabdingbar erforderlich machten. Zwar hatte sich eine solche Situation durch die drohende Stationierung eines russischen Geschwaders im Mittelmeer 1894 mehr oder weniger deutlich ergeben, und die britische Flotte erwies sich zu einer eventuellen Verteidigung der Meerengen im Falle einer russisch-französischen Kooperation nur dann in der Lage, wenn ihr die Dreibundmächte gleichzeitig Rückendeckung gegen Frankreich garantierten. Rosebery wollte aber das unter den gegebenen Umständen auch von ihm angestrebte Übereinkommen auf diese Konfliktsituation beschränken, so daß die Entscheidung über den Ernstfall gegebenenfalls in London getroffen worden wäre.[168] Während er der britischen

166 Wenn namentlich die deutsche Seite davon ausging, daß Großbritannien angesichts seines weltweiten Überengagements auf eine Verständigung mit dem Reich angewiesen sei, mag dies im allgemeinen mit einer Überschätzung der eigenen Rolle als europäischer Mittelmacht, im besonderen mit einer Überschätzung der Deutschland-Freundlichkeit Roseberys zusammengehangen haben (vgl. hierzu: GP 8, Nr. 1744–1751 und 1756 sowie GP 9, Nr. 2147–2150 und 2161 f.). Als signifikant kann zum Beispiel die Feststellung Hatzfeldts angesehen werden: »Daß unsere Existenz allein schon ein großer Vorteil für England ist, weiß Ros[ebery] so gut wie Sie und ich, wie er auch weiß, daß er nur mit uns in Zukunft eine Rolle spielen kann; und das ist die Hauptsache« (Hatzfeldt an Holstein, 27. September 1893, Hatzfeldt-Papiere, Bd. 2, S. 941; vgl. auch ebd., S. 920, 936f., 956 und passim).

167 Rosebery an Malet, 3. Januar 1894, abgedruckt in: *Lowe*, Reluctant Imperialists, Bd. 2, Nr. 99, S. 95 sowie in *Theodor A. Bayer*, England und der Neue Kurs 1890–1895. Aufgrund unveröffentlichter Akten, Tübingen 1955, S. 116.

168 Roseberys Unfähigkeit, die Sicherheitsinteressen der Dreibundstaaten als in diesem Fall mit den britischen prinzipiell gleichwertig zu betrachten, betont besonders prononciert *Martel*, Limits of Commitment, S. 393–401. Vgl. hierzu auch *Sontag*, Germany, S. 277–281 und 302–312 sowie *Kennedy*, Antagonism, S. 212–219. In seiner Studie über England, Europe and the Upper Nile schreibt *Sanderson* in seinem Resümee über die Nordafrikapolitik Roseberys: »Rosebery seems to have been quite inca-

Weltmacht auch nur den geringsten Eindruck ersparen wollte, als Handlanger anderer Nationen zu erscheinen, blieb ihm verborgen, daß die Dreibundmächte sich in der ihnen von Rosebery zugedachten Rolle genau als solche fühlen mußten.[169]

Die vorsichtigen Versuche Roseberys ab Anfang 1894, eine separate Verständigung mit Rußland zu erzielen, und der britisch-belgische Kongovertrag vom 12. April 1894 trugen zweifellos von britischer Seite dazu bei, das bis dahin relativ gute Einvernehmen zwischen London und Berlin weiter zu belasten. Die russisch-französische Annäherung und die sich durch die Armenische Frage verschärfenden Probleme in der Mittelmeerpolitik machten darüber hinaus sowohl Salisbury als auch Rosebery bewußt, daß die traditionelle Bereitschaft Großbritanniens, die Durchfahrt zum Schwarzen Meer zu verteidigen, auf keiner stabilen Grundlage mehr beruhte.[170]

Entschiedener als Salisbury jedoch schien Rosebery in der Tat davon auszugehen, daß Großbritannien seine Sicherheitsinteressen notfalls auch ohne, ja gegen den Dreibund behaupten könne: »It must be remembered«, so schrieb er im Februar 1894 an den britischen Botschafter in Konstantinopel, Sir Philip Currie, »that if the Triple Alliance turn a cold shoulder to us in the Mediterranean we have no further interest with them. We are free, if we cannot defend Constantinople or the Straits to make friends with France or Russia«.[171] Aber auch diese nun anscheinend auch von Rosebery anvisierten neuen ›Freundschaften‹, die der radikale Flügel seiner Partei bereits seit längerem gefordert hatte, waren von Rosebery ausschließlich (wie zum Beispiel das Pamir-Abkommen mit Rußland vom November 1894) als begrenzte, zweck- und interessengebundene Vereinba-

pable of looking at any question from any point of view but his own, or even of clearly realising that there *was* any point of view but his own«. (Ebd., S. 224).

169 Die Unvereinbarkeit der gegenseitigen Einschätzung wird deutlich, wenn Rosebery schreibt: »The Triple Alliance do not seem to me very skilful in their diplomacy. When you wish someone to pull chestnuts out of the fire for you, you do not begin by telling him that he will burn his fingers and that you will eat the chestnuts«. (Rosebery an Currie, 13. Februar 1894, Bodleian Library, MS Eng. hist. c. 593 f. 49f.). Umgekehrt entrüstete sich Holstein: »Rosebery macht Kinderdiplomatie«; und einige Wochen später: »Rosebery und Kimberley wollen eben Deutschland ausnutzen *ohne* Gegenleistung. Aber schließlich wird der deutsche Wurm sich doch mal krümmen, wenn er zu lange getreten wird. England sinkt mehr und mehr zu dem Niveau eines Kompensationsobjektes herab ... England leistet eben gar nichts mehr, will aber alles fressen« (Holstein an Hatzfeldt, 9. Oktober und 16. November 1894, Hatzfeldt-Papiere, Bd. 2, S. 1003 und 1005).

170 Die Nichtverlängerung der Mittelmeerabkommen von 1887 und 1888, zu der sich die Regierung Salisbury 1896 gezwungen sah, bildete das sichtbare Zeichen dafür, daß die informelle Zusammenarbeit mit dem Dreibund nicht mehr möglich war (vgl. *Robert Tylor*, Lord Salisbury, London 1975, S. 137ff. und 168–170).

171 Rosebery an Currie, 13. Februar 1894, Bodleian Library MS Eng. hist. c. 593 f. 49f.

rungen vorstellbar. Als hingegen im August 1904 Lord Lansdowne die in Großbritannien umjubelte ›Entente cordiale‹ mit Frankreich unterzeichnete, gab Rosebery öffentlich zu bedenken, »that this Agreement is much more likely to lead to complication than to peace«, während er privat die Überzeugung vertrat, dieses Bündnis führte »straight to war«.[172]

Zu den prinzipiellen Bedenken, die Rosebery immer wieder davon abhielten, die Position Großbritanniens in den internationalen Beziehungen durch formelle Allianzen zu binden, zählte aber nicht zuletzt auch eine Skepsis darüber, ob ein bereits so weit parlamentarisiertes Regierungssystem wie das britische allein mittelfristig in der Lage sein würde, das hierfür unverzichtbare Maß an Kontinuität in seiner Außenpolitik zu gewährleisten. Wenn auch mit entgegengesetzten Vorzeichen, so teilte Rosebery letztlich doch die Bedenken der deutschen Seite, aus deren Sicht speziell die Regierung Gladstone ein Maß an Unzuverlässigkeit verkörperte, das die Chancen für eine dauerhafte Zusammenarbeit aufs äußerste in Zweifel zog.[173] Insbesondere den radikalen Flügel seiner Partei, der von seiten des Zentrums (Gladstone, Harcourt, Morley) oft mehr Rückendeckung erfuhr, als sie ihm, Rosebery, zuteil wurde, empfand er als einen seinen außenpolitischen Entscheidungsspielraum ständig weiter einengenden unberechenbaren Faktor, zumal sich dessen Einflußnahme auf die Gestaltung der öffentlichen Meinung jeder Kontrolle entzog. Es sei doch auffallend, so beklagte sich Rosebery im März 1893 gegenüber Hatzfeldt, »daß gerade der linke Flügel der englischen Radikalen, welcher der Verteidiger der verderblichen Politik der Nichteinmischung Englands in die großen europäischen Fragen sei, sich stets da in die Verhältnisse fremder Länder einzumischen suche, wo es die Engländer nichts anginge«.[174]

Gleichzeitig erschien es Rosebery unmöglich, zum Beispiel mit Italien ein Abkommen zu schließen, das nicht jederzeit auch hätte publik gemacht werden

172 Zit. in *Crewe*, Rosebery, Bd. 2, S. 581; von der privaten Äußerung Roseberys berichtet *Winston S. Churchill*, Great Contemporaries, London 1937, S. 27. Gegen den Vorwurf der Germanophilie verteidigte sich Rosebery 1905 in einer Rede in Bodmin: »I am a friend of Germany just as I am a friend of France and of every civilised and Christian country in Europe. But when it comes to a conflict of interests, I repeat that I am the friend of no Power but Great Britain«. (Ohne genaues Datum zit. in *Crewe*, Rosebery, Bd. 2, S. 581 f.).

173 Angesichts des offenen Eingeständnisses Hatzfeldts, daß die Berliner Regierung zwar ihm, Rosebery, nicht aber dem Kabinett Gladstone in jeder Hinsicht das nötige Vertrauen entgegenbringe, bemühte sich Rosebery wiederholt zu versichern, daß seine Stellung innerhalb des Kabinetts genügend gefestigt sei; darüber hinaus versuchte er, das Vertrauen des deutschen Botschafters dadurch zu stärken, daß er diesem Informationen zukommen ließ, die er gegenüber seinen Kabinettskollegen geheim hielt (vgl. Hatzfeldt-Papiere, Bd. 2, S. 936, 944 f., 948 f. sowie GP 8, Nr. 1744–1746, 1751 und GP 9, Nr. 2128, 2143 und 2161).

174 Hatzfeldt an Caprivi, 29. März 1893, GP 9, Nr. 2181.

können. In diesem Sinne erläuterte er im Januar 1894 Sir Edmund T. Monson, dem britischen Botschafter in Wien, daß ein Minister, »who cannot in this country deny that he is bound by any secret agreement is, if not actually lost, very materially damaged«.[175] Die einzige Konsequenz für andere Nationen könne folglich nur sein, sich an dem »trend« der britischen Politik zu orientieren und darauf zu vertrauen, daß dieser den Interessen des Landes entspreche; ob jedoch die folgende Regierung sich an eventuelle Zusagen halte, dafür gebe es keine Garantie.

Wie sehr auch während seiner Amtszeit die Öffentlichkeitsarbeit des radikalen Flügels seiner Partei, die innerparteiliche Opposition im Unterhaus und die nicht enden wollenden Personalquerelen innerhalb des Kabinetts seine Handlungsmöglichkeiten in der Außenpolitik beschränkten, mußte Rosebery nicht zuletzt im Verlauf der Armenienkrise erfahren. Was auch immer »between agitation and impotence« Großbritannien in dieser Frage zuwegebringe, so beklagte er sich im September 1896 verbittert, »we shall produce the extermination of these luckless and unhappy Armenians. Such is our way. A bull in a china shop always remains a Bull, even though his Christian name be John«.[176]

4. Das »Programm« von Chesterfield oder: Liberaler Imperialismus als Flucht nach vorn?

Mit seinem Rücktritt vom Parteivorsitz am 7. Oktober 1896 begann für Rosebery eine mehrjährige Phase der fast völligen Zurückgezogenheit aus dem aktiven politischen Leben.[177] Obwohl sein Interesse an und seine geistige Auseinandersetzung mit dem politischen Geschehen in dieser Zeit keineswegs nachließen, konnten weder die Faschodakrise noch der Ausbruch des Burenkrieges, aber auch keine innenpolitischen Ereignisse ihn dazu veranlassen, erneut öffentliche Verantwortung übernehmen zu wollen. Getragen wurde diese Phase der Resignation, ja zeitweise gar der inneren Emigration von dem Grundgefühl, daß die ihm offenstehenden objektiven Möglichkeiten politischen Handelns auf der einen und seine subjektiven Wertmaßstäbe und Zielvorstellungen auf der anderen Seite unter den gegebenen Bedingungen in keiner Weise mehr in Einklang zu bringen waren. Nicht allein die in seinen Augen heillose Zerstrittenheit der Liberalen Partei, sondern auch die scheinbar unaufhaltsame Polarisierung des parteipolitischen Machtkampfes im allgemeinen ließen Rosebery um die Jahrhundertwende zu der dann immer kompromißloser vorgetragenen Überzeu-

175 Rosebery an Monson, 2. Januar 1894, Bodleian Library MS Eng. hist. c. 593 f. 41 f.
176 Rosebery an Major Conigate (?), 23. September 1896, RP 10 131 f. 98.
177 Vgl. hierzu: *Rhodes James*, Rosebery, S. 401–415 und *Crewe*, Rosebery, Bd. 2, S. 532–563.

gung gelangen, daß nur ein parteipolitisch unabhängiger, sich von den Bindungen der vorangegangenen Jahrzehnte freimachender, aber dennoch auf einer breiten Unterstützung basierender politischer Neuansatz zu einer Lösung der drängendsten Gegenwartsprobleme hätte führen können.

Diese sich in den Jahren vor der Jahrhundertwende verdichtende Idee Roseberys, durch einen umfassenden, alle vorrangigen Sektoren des politischen Lebens integrierenden politischen Neuansatz aus den eingefahrenen politischen Bahnen seines Landes auszubrechen, entsprach einer verbreiteten öffentlichen Forderung dieser Zeit.[178] Die im Verlauf des Burenkrieges in vieler Hinsicht deutlich gewordenen Unzulänglichkeiten des britischen Regierungs-, Verwaltungs- und Militärapparats hatten nicht nur zu einer um so prononcierteren Kritik an den Inhalten britischer Empirepolitik beigetragen,[179] sondern bei einem weitaus größeren Teil der Öffentlichkeit und vor allem bei der Mehrheit der politischen Entscheidungsträger die Bereitschaft geweckt, sich auf durchgreifende Reformprojekte einzulassen.[180] Sowohl in ihrer ernüchternden Wirkung auf jene, denen die Weltmachtstellung Großbritanniens nach wie vor als letztlich unanfechtbar galt, als auch in bezug auf das Selbstverständnis derer, die diese Empireorientiertheit grundsätzlich in Frage stellten, bildete die Erfahrung des Burenkrieges, wie L. T. Hobhouse es formulierte, »the test issue of this generation«.[181]

Vor diesem Hintergrund wird zwar verständlich, warum ganz unterschiedliche Gruppen (von den Fabiern und den sogenannten »Co-efficients« über die Tariff-Reformer und die Liberalen Unionisten bis hin zu den Nonkonformisten)

178 Vgl. hierzu vor allem die bereits zitierten Arbeiten von *Searle* und *Matthew* (jeweils passim) sowie *Hamer* (Liberal Politics, S. 259–290). Zu keinen hierüber hinaus reichenden Einsichten gelangt *Peter D. Jacobson*, Rosebery and Liberal Imperialism 1899–1903, in: JBS 13 (1973), S. 83–107.

179 Neben dem epochemachenden Werk von *John A. Hobson* (Imperialism: A Study, London 1902, Neudr. 1968), für dessen Ausformulierung die Erfahrungen des Burenkrieges den maßgeblichen Anstoß gegeben hatten, sei an dieser Stelle lediglich noch auf die zahlreichen Aufsätze verwiesen, die Leonard T. Hobhouse in den Jahren 1901 und 1902 veröffentlichte. Vgl. hierzu: *Hans-Christoph Schröder*, Hobsons Imperialismustheorie, in: *Hans-Ulrich Wehler* (Hrsg.), Imperialismus, S. 104–122; *Stefan Collini*, Liberalism and Sociology, vor allem S. 81–90 und 176–179; *Stephen Koss* (Hrsg.), The ›Pro-Boers‹: The Anatomy of an Anti-War Movement, Chicago 1973 und *John W. Auld*, The Liberal Pro-Boers, in: JBS 14 (1975), S. 78–101.

180 Vgl. *Shannon*, Crisis of Imperialism, S. 296f., 303ff. und 334ff.; *Searle*, National Efficiency, S. 50f., 60f., und passim sowie *Wolfgang Mock*, Imperiale Herrschaft und nationales Interesse. »Constructive Imperialism« oder Freihandel in Großbritannien vor dem Ersten Weltkrieg, Stuttgart 1982, S. 79f. und 100f. Unter anderem erklärte auch der damalige Premierminister, Lord Salisbury, »the British Constitution« für völlig inadäquat, um den Herausforderungen des Burenkrieges begegnen zu können; Hansard 4 (78), Januar 1900, Sp. 30.

181 Leonard T. Hobhouse, 1907, zit. in: *Collini*, Liberalism and Sociology, S. 82.

den erneuten politischen Stellungnahmen Roseberys ab 1899 großes Interesse entgegenbrachten und die Spekulationen über eine eventuell von Rosebery geführte Koalitionsregierung bis 1905 nicht verstummten. Weniger einleuchtend bleibt hingegen der Verzicht Roseberys, sich konsequenter um eine breite, aktive Unterstützung zu bemühen, um so der praktischen Umsetzung seiner Ideen eine größere Aussicht auf Erfolg zu garantieren.[182]

Jeder Versuch, Roseberys Äußerungen dieser Jahre ausschließlich aus der Perspektive ihrer tagespolitischen Realisierbarkeit zu interpretieren, greift entschieden zu kurz. Nicht nur zum Teil lassen sich die Kerngedanken seines »Liberal Imperialism« bis in Formulierungen hinein bis in die achtziger Jahre zurückverfolgen; auch ging es Rosebery eher um die Konzeption und den Richtungsentwurf einer veränderten politischen Grundhaltung als um spontane, eventuell sogar nur auf einen Wahltermin beschränkte Zustimmung.[183] In seinen Augen hatten sich nicht nur die äußeren Rahmenbedingungen politischen Handelns tiefgreifend gewandelt, sondern auch dessen zentrale Wert- und Orientierungsmaßstäbe. Speziell die Liberale Partei schien diesen Veränderungen noch nicht genügend Rechnung getragen zu haben. Bereits 1894 hatte er vor dem Londoner City Liberal Club dazu aufgerufen, den sich vollziehenden »great transformations« gerecht zu werden:

> »The era of Liberation, which formed the political capital of the Liberalism of the last half century – and a noble heritage it was – has practically passed away, because liberation is accomplished. What is now to be acomplished is an era of reconstruction. ... And I believe there is this further spirit... the idea of interest in our Empire«.[184]

Die Überzeugung, daß eine solche parteipolitische Neugestaltung, eine »reconstruction« des politischen Liberalismus in Großbritannien unausweichlich ge-

182 Fast alle der genannten Autoren gehen mehr oder weniger explizit davon aus, daß es Rosebery von vornherein um diesen unmittelbaren politischen Erfolg gegangen sei (vgl. zum Beispiel *Matthew*, Liberal Imperialists, S. 21 f., 45 ff., 94, 102 und passim sowie vor allem *Jacobson*, Rosebery). Ebenfalls nur parteipolitisches Kalkül zu erkennen vermögen *David W. Gutzke*, Rosebery and Campbell-Bannerman: the Conflict over Leadership Reconsidered, in: Bulletin of the Institute of Historical Research 54 (1981), S. 241–250 und *George L. Bernstein*, Sir Henry Campbell-Bannerman and the Liberal Imperialists, in: JBS 23 (1983), S. 105–124.

183 Zu Recht betont *Hamer*, daß Rosebery »appeared to be concerned primarily with changing the Liberal frame of mind, the entire general scheme of assumptions and attitudes which governed Liberal political behaviour« (Liberal Politics, S. 279). Gleichzeitig scheint *Hamer* jedoch das Interesse Roseberys an der bestehenden Liberalen Partei überzubewerten (vgl. S. 268 ff., 276, 285–287 und passim).

184 Rosebery in London, 20. April 1894, in: Liberal Magazine 2 (1894), S. 114. In dem gleichen Sinne erläuterte er am 10. März 1902 in Glasgow, die Funktion des Staates bestehe nicht darin, »measures of emancipation« zu entwickeln, sondern »measures of construction« (LLP 3). Vgl. hierzu auch die Einschätzung Beatrice Webbs, oben S. 76, Anm. 76.

worden sei, bildete das zentrale und übergreifende Anliegen Roseberys dieser Jahre. Der hiermit verbundene Wertewandel, ja geradezu der »Paradigmawechsel« bestand darin, daß an die Stelle der fortschreitenden Liberalisierung im Innern dem Erhalt des Empires der unbedingte Vorrang hätte eingeräumt werden müssen, und zwar auch und gerade um den Preis einer eventuellen Einschränkung der politischen Freiheiten im Innern. Die Zuspitzung, mit der Rosebery seine Ideen in den Jahren unmittelbar nach der Jahrhundertwende vortrug, erklärt sich deshalb zweifellos zu einem großen Teil aus den Erfahrungen dieser Zeit.[185] Längerfristig gesehen schließen sie sich jedoch ebenso bruchlos an Gedanken aus seinen »Australian Speeches« und sein Engagement für die IFL in der Mitte der achtziger Jahre wie auch an seine Arbeit im LCC vom Ende der achtziger Jahre an.

Bereits ein bis zwei Jahrzehnte vor der Phase des erstmals von W. A. S. Hewins sogenannten »Constructive Imperialism«[186] war Rosebery davon überzeugt gewesen, daß die weltpolitische Zukunft allein den großen Nationen gehöre und Großbritannien deshalb mehr als jedes andere Land sein bereits vorhandenes Weltreich konsolidieren müsse, um sich in dem als unausweichlich angesehenen Konkurrenzkampf behaupten zu können. Das dann in den achtziger und neunziger Jahren noch gewachsene Kolonialreich mußte seine ursprüngliche Funktion, dem Mutterland zusätzlich Schutz und Sicherheit zu gewähren, verlieren, wenn es fortgesetzt zum Gegenstand internationaler Machtrivalitäten werden konnte. Bewahrt werden konnte es vor einem solchen, durch innere Instabilität und äußere Bedrohung gekennzeichneten Status nicht mehr allein durch das diplomatische Geschick Großbritanniens im Rahmen des europäischen Mächtekonzerts. Vielmehr hätte es hierzu vor allem engerer und selbstverständlicherer Bindungen innerhalb des Empire bedurft, statt dieses durch im Prinzip unvereinbare Zielvorstellungen und die ständige Bereitschaft, die eigene Herrschaftslegitimation zur Diskussion zu stellen, ständig neu zu belasten.

Der Liberale Imperialismus Roseberys der Jahre zwischen 1899 und 1903 kann als sein letzter Versuch angesehen werden, den wesentlichen Elementen seines politischen Denkens eine mögliche Handlungsgrundlage zu verschaffen. Als der wichtigste Vorstoß in dieser Richtung darf seine Rede in Chesterfield vom 16. Dezember 1901 gelten,[187] die sowohl seiner eigenen als auch der Ein-

185 Wesentlich zu kurz greift allerdings *Jacobson*, wenn er den Liberalen Imperialismus »not as ideology, but as the rhetoric of party infighting during the Boer War« darzustellen versucht und allein in dieser »wartime situation« den Anlaß für Rosebery erkennt, »to promote the phrase ›Liberal Imperialism‹ and its elaborations« (Rosebery, S. 83 und 87).

186 Vgl. hierzu *Mock*, Imperiale Herrschaft, S. 167ff.

187 Im folgenden zitiert nach dem Ende Dezember 1901 unter dem Titel »National Policy« gedruckten Pamphlet; teilweise zitiert in: *Crewe*, Rosebery, Bd. 2, S. 571f., *Rhodes James*, Rosebery, S. 429–433, *Raymond*, Man of Promise, S. 201–204 oder auch bei *Matthew*, Liberal Imperialists, S. 76–82. *Rhodes James* datiert die Rede irrtümlich

schätzung der politischen Öffentlichkeit zufolge sein politisches Selbstverständnis dieser Zeit klar zum Ausdruck bringt.[188] Zwar hatte Rosebery schon 1885 den Begriff »Liberal Imperialist« als eine »perfectly accurate description«[189] seiner politischen Vorstellungen begrüßt, doch gewann er erst Ende der neunziger Jahre jene zentrale »programmatische« Bedeutung. Eine erste differenzierende Charakterisierung seines Liberalen Imperialismus findet sich in seiner Rede in der Albert Hall vom 5. Juli 1895. In einer ausholenden und keineswegs nur in ihrem zeitspezifischen Kontext zu sehenden Definition nannte er als die fünf wichtigsten Elemente, die dieser Begriff impliziere:

»First, the maintenance of the Empire; secondly, the opening of new areas for our surplus population; thirdly, the suppression of the slave trade; fourthly, the development of missionary enterprise; and fifthly, the development of our commerce, which so often needs it«.[190]

Im übergreifenden Sinne konnte Rosebery auch im Oktober 1899 den jüngeren Pitt als »the first Liberal Imperialist« bezeichnen.[191] Der Sinn dieser Assoziation wird verständlich, wenn man sich vor Augen hält, daß zwischen liberaler Innen- und imperialer Außenpolitik im Verständnis Roseberys zumindest solange keine

auf den 15. Dezember und urteilt rückblickend aus der Perspektive der weiteren Parteienentwicklung: »Rosebery's greatest oratorical triumph was, politically, his most disastrous utterance« (S. 432). Immerhin hatte Rosebery diese Rede auf einer Veranstaltung der Liberalen Partei gehalten!

188 Dem bis 1899 liberalen Abgeordneten A.H.D. Acland berichtete Rosebery zum Beispiel am 2. Jan. 1902 (RP 10 131 f. 289), daß er auf seine Chesterfield-Rede »many hundreds of letters« erhalten habe, und fuhr fort: »My only hope is that Chesterfield may furnish a platform on which some honest and sensible people may unite«. Auch ging Rosebery davon aus, daß diese Rede die einzige Grundlage der am 24. Februar 1902 gegründeten Liberal League bilden solle (Rosebery an Edward Grey, 28. Februar 1902, RP 10 131 f. 297f.). Demgegenüber bewunderte Beatrice Webb zwar Roseberys Fähigkeit, »[to] make all the world listen«, befürchtete jedoch, daß es sich hierbei lediglich um eine »popular attitude« handele: »He never asks how actually to work the machinery of government so as to get the best results. Has he any clear and definite view of the character of the results he wants to get? I fear not« (Diary, Bd. 2, 28. Februar 1902, S. 237).

189 Rosebery in Sheffield, 20. Oktober 1885, zit. in *Coates*, Rosebery, Bd. 1, S. 483f. Rosebery hatte den Begriff einer nicht näher genannten Quelle entnommen und definierte ihn in einer ersten, vagen Annäherung als »a Liberal who is passionately attached to the Empire, and interested intensely in the best means of sustaining and promoting the interests of the Empire«. Es gehöre aber auch die Überzeugung hinzu, so fuhr er weiter fort, »that the Empire is best maintained upon the basis of the widest democracy, and that the voice is mot powerful when it represents the greatest number of persons and subjects« (ebd.).

190 Rosebery in London, 5. Juli 1895, in: Speeches 1, S. 334–352, hier S. 338.

191 Rosebery in Bath, 27. Oktober 1899, in: Liberal Magazine 7 (1899), S. 528.

prinzipiellen Unvereinbarkeiten bestanden, wie es möglich blieb, sich für beide Entscheidungsbereiche das jeweils als notwendig erachtete Maß an Handlungsfreiheit zu bewahren. Auf das Beispiel Pitt angewandt, bedeutete dies, daß der Kriegspremier Georgs III. die Auseinandersetzung mit dem revolutionären Frankreich unter Bedingungen führen konnte, die es ihm in der Regel erlaubten, eine als richtig erkannte Außen- und Kriegspolitik ohne Rücksicht auf soziale Forderungen und Meinungsunterschiede im Innern verfolgen zu können. Pitt sei gezwungen gewesen, so räumte Rosebery ein, »to allow all measures of social progress to remain in abeyance«. Die Legitimation seiner restriktiven Innenpolitik habe jedoch darin bestanden, »to avoid any measure that could embarrass the efficient conduct of the war«.[192] Genau diese Freiheit aber, politische Prioritäten in Abhängigkeit von den jeweiligen außenpolitischen Belastungen setzen zu können, schien Rosebery hundert Jahre nach Pitt – wie die Erfahrungen des Burenkrieges zu bestätigen schienen – in großem Maße verloren gegangen zu sein.

Entschieden wandte sich Rosebery deshalb in seiner Chesterfield-Rede gegen die Vorstellung, in den durch den Krieg in Südafrika offenbar gewordenen Schwächen lediglich eine vorübergehende und durch Konzessionen lösbare Belastung des politischen Systems Großbritanniens sehen zu wollen. Vielmehr forderte er umgekehrt dazu auf, innerhalb des Katalogs der als vorrangig angesehenen Reformforderungen jene Maßnahmen an die erste Stelle zu setzen, die auf ein »effizienteres« Funktionieren des britischen Regierungsapparats selbst zielten: »The first thing you have to look to is the efficiency of your machine, your Parliamentary machine and your legislative machine«.[193] Die Mängel des bestehenden Systems lagen aus der Sicht Roseberys in dem zu großen Einfluß des Unterhauses auf die Außenpolitik und in der zu langwierigen und unzureichenden Durchsetzung zahlreicher Reformen im Sozial- und Militärbereich. Beide Unzulänglichkeiten seien freilich nicht durch den Burenkrieg verursacht, sondern lediglich deutlicher ans Tageslicht gebracht worden. Als Folge hiervon habe die Regierung aber weder den Krieg von vornherein mit der nötigen Entschlossenheit führen können, noch sei sie in der Situation des Jahres 1901 in der Lage, die Möglichkeiten einer Friedensregelung konsequent auszunutzen.[194]

Hinsichtlich seiner eigenen Vorstellungen in bezug auf eine mögliche Lösung des südafrikanischen Konflikts erinnerte Rosebery wiederum an die Analogie zum jüngeren Pitt.[195] Diese mache unter anderem deutlich, daß die Gewährung großzügiger und dauerhafter Friedensbedingungen von seiten des Siegers im

192 *Rosebery*, Pitt, S. 161.
193 Rosebery in Chesterfield, National Policy, S. 3.
194 Zu Roseberys Einschätzung der aktuellen Kriegslage siehe ebd., S. 7–16.
195 Ebd., S. 13. In seiner Pitt-Biographie charakterisierte Rosebery diesen als »certainly the most strenous peace-minister that ever held office in this country« (*Rosebery*, Pitt, S. 128).

wesentlichen davon abhänge, daß der Krieg zuvor mit der notwendigen Entschlossenheit geführt und daß die angestrebten Friedensbedingungen nicht bereits vorweg durch eine öffentliche Auseinandersetzung publik gemacht worden seien. Unter diesen Voraussetzungen könne ein Friedensvertrag eine dauerhafte Lösung zustande bringen, die weder eine Demütigung der Buren darstelle noch die legitimen Interessen der südafrikanischen Siedler außer Kraft setze und die somit ein Klima schaffe, in dem beide Parteien auch in Zukunft friedlich zusammenzuleben vermöchten.[196]

Ausgangs- und Zielpunkt seiner Rede in Chesterfield bildete jedoch weniger der Burenkrieg selber als vielmehr der Zusammenhang derjenigen Ursachen, die seiner Meinung nach die derzeitige »grave crisis of the country« bedingten. Hierin einbezogen erschienen ihm die Bereiche Innen-, Außen- und Kriegspolitik gleichermaßen, so daß der auch von Rosebery lediglich als »watchword« bezeichnete Begriff »efficiency« mitnichten als eine Ablenkungsstrategie von der Notwendigkeit sozialer Reformen im Innern verstanden werden darf.[197] Ganz im Gegenteil ging es Rosebery gerade um die notwendige Ausgewogenheit, ja geradezu gegenseitige Abhängigkeit von Empirekonsolidierung und Sozialreform, die als ein Kerngedanke seines Verständnisses von Liberalem Imperialismus angesehen werden muß. Als die drei wichtigsten Ziele seiner Politik faßte Rosebery abschließend zusammen:

»It is at home to restore efficiency to our Parliament, our administration, and our people; it is abroad, as a foreign policy, to despel the atmosphere of suspicion and hatred which has grown up around us... and, as regards the war itself, to pursue it with vigour and efficiency, but to be prepared to listen to overtures for peace and then to grant just and most liberal terms«.[198]

Ebenso wie diese Zielvorgaben lediglich die Richtung andeuteten, die die britische Politik seiner Meinung nach hätte einschlagen müssen, blieben auch die vier Prämissen, die Rosebery eingangs für seine Politik formuliert hatte, eher abstrakt und allgemein. Bereits in der ersten Prämisse wird hingegen deutlich, daß das Ziel seiner Verallgemeinerung, die ihm von zahlreichen Interpreten als ein praktisches Versagen angekreidet wurde,[199] gerade in dem Bemühen um eine

196 Ebd., S. 15. Als konkrete Klauseln eines möglichen Vertrages nennt Rosebery für die britische Seite eine sofortige und »most liberal amnesty«, während die Buren »should take and sign a definite and drastic oath of allegiance« (ebd.).

197 Ebd., S. 1 und 3. Die erste Deutung dieser Forderung nach »national efficiency« als einer sozial defensiven Taktik findet sich bei *Hobson* (Imperialism, S. 142, 184 und 220), einer Vorform der späteren Theorie des Sozialimperialismus. Zur Relativierung dieser Interpretation vgl. jedoch *Rohe*, Ursachen und Bedingungen, S. 65 f., 69–72 und 76 f. sowie *Baumgart*, Der Imperialismus, S. 118–122.

198 *Rosebery*, National Policy, S. 16.

199 *Rhodes James* beschreibt den Inhalt der Chesterfield-Rede als »curious philosophy of ›Efficiency‹ (Rosebery, S. 431), und für *Matthew* lag der Hauptmangel dieser »nebu-

partielle Loslösung von den aktuell vorherrschenden Kategorien öffentlichen Politikverständnisses bestand. In dem gegebenen sachlichen Zusammenhang hielt Rosebery es deshalb für die vorrangige Aufgabe der Liberalen Partei, »to wipe its slate clean and consider very carefully what it is going to write on it in future«. Alleiniger Maßstab hierfür müsse eine Politik bilden, die den Herausforderungen des Jahres 1902 entspreche, »and not a policy adapted to 1892 or 1885«.[200]

Ebenso wie seine Vorstellungen eines Liberalen Imperialismus reichen auch die Ursprünge seiner Idee einer »clean slate« bis weit in die achtziger Jahre zurück.[201] Ab 1896 kam in dieser Formel vor allem eine Abwehrhaltung gegen die in den vorangegangenen anderthalb Jahrzehnten von Gladstone der Liberalen Partei verordneten politischen Inhalte zum Ausdruck.[202] Die Loslösung von einer Irlandpolitik, die sich längst als undurchführbar erwiesen hatte, gehörte in diesem Zusammenhang ebenso zu den Forderungen Roseberys wie die Distanzierung vom »Newcastle Programme« von 1891, das in seinen Augen lediglich zu einer Entfremdung der Interessen der Bevölkerung von den faktischen Möglichkeiten britischer Politik geführt habe.[203] Positiv gewendet bedeutete »clean slate« für Rosebery die Öffnung der traditionellen, reformbereiten liberalen Grundhaltung aus der Zeit »before 1886« und deren Neubelebung durch den »new Imperial spirit«, der in den ausgehenden neunziger Jahren einen rasch wachsenden Teil der öffentlichen Meinung erfaßt zu haben schien.[204]

Als zweite, wiederum an die Adresse der Liberalen Partei gerichtete Prämisse forderte Rosebery, »not to promise more than you can perform, to profess an honest Liberalism, to cut your coat according to your cloth, and not to hold out

lous policy« in Roseberys »failure... to give a clear and positive lead to his supporters« (Liberal Imperialists, S. 93). *Searle* schließlich klagt auf der einen Seite, Rosebery sei »so enigmatic a figure that one can only speculate about what his motives might have been in December 1901«; auf der anderen Seite wirft jedoch auch er ihm das persönliche Versagen vor, sich ohne eigene Entschlußkraft oder eine klare »vision« an die Spitze einer Bewegung gestellt zu haben, die seine Ideen hätte verwirklichen sollen (National Efficiency, S. 132 und 140).

200 *Rosebery*, National Policy, S. 1 f.

201 Bereits in seiner Rede in Wrexham vom 26. Oktober 1885 hob Rosebery lobend hervor: »Lord Randolph Churchill's slate is tolerably clean« (Speeches 2, S. 97), und im Zusammenhang einer Rede zur Lordsreform erklärte er am 19. März 1888, die Gründerväter der USA hätten ihrem Land deshalb eine starke Verfassung geben können, da sie lediglich »a clean slate« vor sich gehabt hätten (Speeches 2, S. 48). *Rhodes James* entdeckt allerdings erst für Ende der neunziger Jahre den Begriff »clean slate« als »a new phrase« (Rosebery, S. 392).

202 Vgl. EHD, 16. Oktober 1896, MS 48 670; auch zit. in: *Rhodes James*, Rosebery, S. 392.

203 Rosebery an Spencer, 12. August 1895, RP 10 131 f. 12; vgl. hierzu auch seine Chesterfield-Rede, S. 1 f. sowie *Hamer*, Liberal Politics, S. 258–261 und 298.

204 Rosebery vor dem City Liberal Club, 5. Mai 1899, zit. in: *Coates*, Rosebery, Bd. 2, S. 965 f. Wenig ergiebig hierzu: *Field*, Imperial Life, S. 88–97.

visions before the constituencies of the country which it is impossible for you to realise«.[205] Für gefährlicher als die Tatsache, daß allzu leichtfertig gegebene politische Versprechungen häufig dazu führen, ihre Nicht-Erfüllbarkeit durch neue, höhergeschraubte Versprechungen zu kaschieren, hielt Rosebery in diesem Zusammenhang offensichtlich die Tendenz, daß eine derartige Politik ihre eigene öffentliche Zustimmung, ihre potentiell breite »patriotische« Unterstützung mehr und mehr zu verlieren drohe.[206] »The decay of Liberalism, or Parliamentary Liberalism«, so hatte Rosebery andernorts zwei Jahre zuvor erklärt, »has robbed politics of all its interest«. Denn ohne ein unterstützendes öffentliches Interesse beziehungsweise angesichts einer in dessen Fehlen zum Ausdruck kommenden »hideous political apathy«[207] vermochte in seinen Augen keine Regierung, die ihr anvertrauten Aufgaben sinnvoll zu erfüllen.

Auf den gleichen Konnex von politischer Führung und notwendiger öffentlicher Unterstützung hoben auch die beiden weiteren Forderungen ab, die Rosebery an den Anfang seiner Chesterfield-Rede gestellt hatte. Von einem inhaltlich eingrenzbaren öffentlichen Interesse an bestimmten politischen Fragen ausgehend konstatierte er drittens, daß eine Regierungspartei sich weder in ihren leitenden Vorstellungen noch in ihren konkreten Zielen allzu weit von der Mehrheit dieser Öffentlichkeit entfernen dürfe: »You should not move very much faster than the great mass of the nation is prepared to move too«. Sein ganz besonderes Vertrauen auf das politische Empfinden der Öffentlichkeit galt der Empirepolitik, so daß er schließlich viertens namentlich der Liberalen Partei empfahl, »that they shall not dissociate themselves, even indirectly or unconsciously, or by any careless words, from the new sentiment of Empire which occupies the nation«.[208]

Trotz des zum Teil hohen Allgemeinheitsgrades seiner Ausführungen in Chesterfield wollte Rosebery seine Rede keineswegs als eine nur richtungweisende verstanden wissen. Zweifellos ging es ihm nicht darum, erneut innerhalb der Liberalen Partei eine Machtposition zu erlangen,[209] doch hielt er seine Rede in einem durchaus konkreten Sinn für politisch »programmatisch«.[210] Im Hinblick auf die bestehende Parteienlandschaft handelte es sich aber weniger um eine

205 *Rosebery*, National Policy, S. 2.

206 »If you promise a reform and do not carry it out«, so erklärte Rosebery an gleicher Stelle, »you alienate not merely those who are opposed to it, but also those who are in favour of it« (Ebd.).

207 Rosebery vor dem City Liberal Club, 5. Mai 1899, zitiert in *Coates*, Rosebery, Bd. 2, S. 960.

208 *Rosebery*, National Policy, S. 2 f.

209 Dennoch scheinen viele Autoren gerade hiervon immer wieder auszugehen (vgl. *Matthew*, Liberal Imperialists, S. 45, *Jacobson*, Rosebery. S. 106 sowie im Anschluß an *Stansky* die beiden Aufsätze von *Bernstein* und *Gutzke*, jeweils passim)

210 Vgl. auch oben S. 152, Anm. 188. Gegen faktische Parteiprogramme freilich setzte Rosebery sich auch weiterhin zur Wehr.

veränderte Richtungsbestimmung von innen als vielmehr von außen her. »I do not deny«, so schrieb er im Dezember 1899 an den Herausgeber der Liverpool Daily Post, Edward Russell, »that Liberal Imperialism will profoundly modify Liberalism – that indeed is its object. Liberalism had not lived with the times, which is one of the causes of its ill health«. Für den ersten Schritt ihrer Gesundung hielt Rosebery die strikte Loslösung von »Labouchere's Rump«, die der Partei »such mortal mischief«[211] zugefügt habe. Nur unter der doppelten Voraussetzung einer konsequenten Distanzierung von den »Little Englanders« und einer weitgehenden Reintegration der 1886 abgespaltenen Unionisten erschien ihm die Liberale Partei als potentiell wieder regierungsfähig. Da jedoch die faktischen Entwicklungstendenzen innerhalb der Liberalen Partei für keine dieser Veränderungen Raum bot, wäre es verfehlt, die Äußerungen Roseberys dieser Jahre dem Spektrum liberaler Parteiinteressen zuzuordnen.

Statt dessen kann man die am 24. Februar 1902 in Roseberys Londoner Haus am Berkeley Square gegründete Liberal League (L. L.) als eine außerparteiliche Organisationsform ansehen, deren Aufgabe darin bestand, den vor allem von Rosebery in den vorangegangenen Monaten geäußerten Überlegungen eine eventuelle Handlungsgrundlage zu verschaffen.[212] Das Ziel dieser Organisation bestand in seinen Augen darin, »to promote common-sense Liberalism on the lines of the Chesterfield speech«.[213] Daß Rosebery seine Chesterfield-Rede als die einzige inhaltliche Vorgabe für die L. L. ansah und deren Konzeption darüber hinaus für offen und entwicklungsfähig hielt,[214] zeigt erneut seine kritische Distanz zur bestehenden Parteienlandschaft. Es drängt sich aber auch der Eindruck auf, daß ihm sein Verständnis von Liberalem Imperialismus als die einzig zeitgemäße und in diesem Sinne gar einzig legitime Ausdrucksform von Liberalismus überhaupt erschien.

In welchem Maße die untrennbare Zusammengehörigkeit von »national efficiency« und »sane imperialism« als der zentrale Kerngedanke Roseberys im Hinblick auf die L. L. angesehen werden kann, macht eine Erklärung vom Mai 1902 deutlich, in der er die Intentionen der L. L. zusammenzufassen versuchte.[215] »The process of expansion has, it may be hoped, nearly reached its limits«, heißt

211 Rosebery an Russell, 5. Dezember 1899, RP 10 131 f. 215 f.

212 Zu den Gründungsmitgliedern zählten außer Rosebery Lord Durham, Herbert Henry Asquith, Edward Grey, Richard B. Haldane, Robert W. Perks, Lawson Walton, Dr. C. M. Douglas, Ronald Munro-Ferguson and Edwart T. Cook (vgl. das Memorandum Roseberys vom 24. Februar 1902, RP 10 168 f. 70–74). Zwei Wochen hiernach löste sich die bereits bestehende und von Edward Grey geführte Liberal Imperialist League auf, und ihre Mitglieder traten in die (nun von Rosebery geführte) LL über.

213 Memorandum vom 24. Februar 1902, RP 10 168 f. 70–74.

214 »The new League starts with a clean slate except as regards the policy of Chesterfield« (Rosebery an Grey, 28. Februar 1902, RP 10 168 f. 89–91).

215 Im folgenden zitiert nach dem Entwurf (RP 10 168 f. 133–138).

es dort; es komme nun in erster Linie darauf an, durch Konsolidierung zum Erhalt des Empire beizutragen. Die L. L. gehe davon aus, daß der gewachsene »wider patriotism which includes the whole Empire in its scope« nicht dem Alleinvertretungsanspruch einer einzelnen Partei zufalle, sondern ein nationales Anliegen darstelle, das zugleich die eigentliche Triebkraft auch aller innenpolitischen Aufgaben bilden müsse:

»Social Reform is bound up closely with national efficiency and imperial responsibility. The efficiency of the nation must depend on the well-being, physical, moral, and intellectual, of the people. A more comprehensive and elastic system of education is urgently needed in order to equip British citizens to maintain, in an age of keen competition, the advantages they won in an age of monopoly. Legislation is needed to do whatever by Act of Parliament can be done to rescue a large proportion of the population from the thraldom of drink, to provide the labouring classes with homes compatible with the moral decency and physical health, to raise the material and moral minimum of life«.

Wenn auch unausgesprochen, so unterliegt diesem Textausschnitt doch die Überzeugung Roseberys von der zivilisatorischen Überlegenheit der britischen Nation und der hieraus resultierenden imperialen Herrschaftslegitimation. »The true policy of Imperialism«, so hatte Rosebery kurz zuvor in Liverpool erklärt, »relates not to territory alone, but to the race as well. The Imperialism that, grasping after territory, ignores the conditions of an Imperial race, is a blind, a futile, and a doomed Imperialism«.[216] In dieser Formulierung Sozialimperialismus erkennen zu wollen, sie für »Gesellschaftspolitik im Gewande der Außenpolitik«[217] zu halten, würde Roseberys eigentliche Intentionen gerade verkehren. Hinsichtlich des unübersehbaren ethnischen Superioritätsgefühls mischen sich in seinem Verständnis von Liberalem Imperialismus sowohl Elemente einer durchaus religiös fundierten traditionellen Missionsidee als auch solche eines zeitgenössisch übersteigerten Sozialdarwinismus. Nach dem Inhalt seines Begriffs von »true Imperialism« gefragt, antwortete Rosebery im Januar 1900 dem Evolutionsphilosophen Herbert Spencer:

»But, surely, the maintenance of the Empire abroad, the drawing it closer to the old country and centre, the making it the model of free and just government, the endeavouring without extension and without menace and to create the ideal Empire inhabited by the ideal race is an Imperialism which all true Liberals can embrace, for it is in effect spreading Liberation over the world through the means of our people«.[218]

Deutlicher als in dieser vor allem auf den Missionscharakter des britischen Imperialismus abhebenden Definition werden das hiermit zugleich verbundene Bedrohungsgefühl und der daraus gefolgerte Zwang zu sozialen Reformen in einem ebenfalls 1900 verfaßten Brief an die Times: »An Empire such as ours«,

216 Rosebery in Liverpool, 14. Februar 1902, in: LLP (3), S. 17.
217 *Rohe*, Ursachen und Bedingungen, S. 69.
218 Rosebery an Herbert Spencer, 17. Januar 1900, RP 10 113 f. 10f.

heißt es dort, »requires as its first condition an Imperial Race – a race vigorous and industrious and intepid. Health of mind and body exalt a nation in the competition of the universe. The survival of the fittest is an absolute truth in the conditions of the modern world«.[219]

Trotz der zum Teil begeisterten Unterstützung, die die L. L. zunächst von vielen Seiten erfahren hatte, blieb ihre politische Bedeutung ephemer.[220] Bereits während der Auseinandersetzungen um die Education Bill des Jahres 1902 hatte Rosebery sein anfängliches Pathos nur sehr eingeschränkt aufrechterhalten können.[221] Zu ernsten Differenzen unter den Mitgliedern der Liga kam es sodann angesichts der Frage nach ihrer weiteren Haltung zur irischen Home Rule-Forderung. Während Rosebery rigoroser denn je jede Konzession von Teilautonomie ablehnte,[222] brachte ihm dies zwar die Sympathien einiger Unionisten aus dem Lager der Konservativen, stieß jedoch zugleich viele Mitglieder der Liberalen Partei zurück, die die L. L. zunächst unterstützt hatten. Zur schwersten Belastungsprobe der Liga wurde ab 1903 die Auseinandersetzung mit der Kampagne Chamberlains um die Durchführung einer Tariff-Reform.[223] Für Rosebery erwies es sich sehr bald als nahezu unmöglich, Chamberlains Idee eines imperialen Zollvereins zu widersprechen, ohne erneut in das Fahrwasser liberaler Parteipolitik zu geraten. Obwohl die meisten Anhänger der L. L. sich entschlossen, auch in der im Juli 1903 gegründeten und von der Liberalen Partei dominierten Free Trade Union mitzuarbeiten, verharrte Rosebery in seiner scheinbar entschlußlo-

219 Rosebery an The Times, o. D. [1900] zit. in: *Bernard Semmel*, Imperialism and Social Reform. English Social-Imperial Thought 1895–1914, London 1960, S. 62, sowie in: *Porter*, The Lion's Share, S. 130. Auch angesichts dieser prononcierten Aussage pauschal lediglich von einer »sozialdarwinistisch-imperialistischen Idee« zu reden, erscheint zumindest mit Bezug auf Rosebery als zu undifferenziert (*Hannsjoachim W. Koch*, Der Sozialdarwinismus. Seine Genese und sein Einfluß auf das imperialistische Denken, München 1973, S. 151; vgl. hierzu auch *Hamer*, Liberal Politics, S. 266). Es gilt vielmehr daran zu erinnern, daß »race« im britischen Sprachgebrauch dieser Zeit kaum als Terminus einer biologischen Rassenlehre erschien, sondern einen politischen Ordnungsbegriff darstellte und häufig mit »nation« synonym verwandt wurde (vgl. *Hollenberg*, Englisches Interesse, S. 121).

220 Das relativ kurze Aufblühen der LL 1902 wie auch ihr glanzloses Ableben zwischen 1903 und 1905 sind in der genannten Literatur bereits ausgiebig dargestellt worden (vgl. vor allem: *Matthew*, Liberal Imperialists, S. 79–121, 234f. und 277–285; *Hamer*, Liberal Politics, S. 269–287; *Rhodes James*, Rosebery, S. 430–460).

221 Vgl. *Searle*, National Efficiency, S. 138 und *Matthew*, Liberal Imperialists, S. 94ff. und 107.

222 Vgl. zum Beispiel: LLP (3), S. 10–15; LLP (20), S. 12; LLP (33), S. 8.

223 Vgl. hierzu *Mock*, Imperiale Herrschaft, S. 191–193. Mock betont vor allem die zweideutige Haltung Roseberys gegenüber Chamberlain und weist auf zeitgenössische Spekulationen hin, denen zufolge Chamberlain Rosebery zuvorgekommen sein soll, der angeblich seinerseits eine Kampagne gegen den Freihandel geplant habe (vgl. hierzu auch unten, Kap. V/1).

sen Distanziertheit. Während aber Asquith, Grey und viele andere wieder mit Harcourt, Morley and Campbell-Bannerman zusammenarbeiteten, schien Rosebery erkannt zu haben, daß er seine überparteiliche Haltung letztlich nur allein konsequent aufrechtzuerhalten vermochte.

Spätestens mit der erneuten Bildung einer liberalen Regierung unter Campbell-Bannerman im Dezember 1905 hatten nicht nur die L. L., sondern auch das aktive politische Engagement Lord Roseberys im wesentlichen ihr Ende gefunden. Die Liga hatte sich als eine Hülse erwiesen, die zerbrach, sobald sie größeren Belastungen ausgesetzt wurde. Und mochte Rosebery sich auch noch so sehr als ein Prophet, »crying in the wilderness«,[224] empfinden, so lag der Berg, von dem aus er hätte handeln können, doch unmittelbar vor ihm. Ohne die geringste Bereitschaft jedoch, sich gegebenenfalls auch Bedingungen dieses Handelns diktieren zu lassen, konnte freilich weder er auf den Berg noch der Berg zu ihm gelangen. Sein Liberaler Imperialismus der Jahrhundertwende blieb für Lord Rosebery eine letzte Positionsbestimmung; zu einem erneuten Aufbruch wurde er nicht.

224 Rosebery in Edinburgh, 17. März 1894, in: Speeches 1, S. 176; ähnlich auch in seiner Pitt-Biographie, S. 192.

V. Konstanten in der politischen Gedankenbildung Lord Roseberys

1. Der gespaltene Liberalismus

In seinen »Chapters on Socialism« schrieb John Stuart Mill 1879: »One of the mistakes oftenest committed, and which are the sources of the greatest practical errors in human affairs, is that of supposing that the same name always stands for the same aggregation of ideas«.[1] Diese allgemeine Erkenntnis Mills kann nicht zuletzt für den sich wandelnden politischen Liberalismus der spätviktorianischen Epoche in einem hohen Maße Gültigkeit beanspruchen. Obwohl Lord Rosebery während der gesamten Zeit seines politischen Wirkens Wert darauf legte, als »Liberaler« zu gelten, muß doch ihre intellektuelle Inkohärenz als das allgemeinste Charakteristikum dieser Selbsteinschätzung angesehen werden.[2] Bereits am Beginn der siebziger Jahre[3] hatte er in der Frage nach der politischen Effizienz ein Kernproblem des klassischen Liberalismus erkannt und sich mit den Herausforderungen auseinandergesetzt, die an die Modernisierung des politischen Systems seines Landes gestellt wurden. Auch unterstützte er in den folgenden Jahren zeitweise Reformforderungen, die ihn sowohl in den Augen zahlreicher Zeitgenossen als auch in seinen eigenen als einen »Radical« erscheinen ließen. Zu keinem Zeitpunkt jedoch vollzog Rosebery eine derart radikale politische Umorientierung, daß das Bewußtsein des zum Teil rational begründeten, zum Teil intuitiv antizipierten Zwangs zur Modernisierung einen Bruch mit der traditionellen, konventionalistischen, am »Lebensweiseparadigma«[4] orientierten politischen Kultur Großbritanniens zur Folge gehabt hätte.

1 *John Stuart Mill*, Chapters on Socialism, in: *Ders.*, Collected Works, London 1963 ff., Bd. 5, S. 750.

2 *Alan Bullock* und *Maurice Shock* zufolge gilt dies für die britische liberale Tradition insgesamt, The Liberal Tradition from Fox to Keynes, 2. Aufl. London 1966, S. XIX; dt. in: *Lothar Gall* (Hrsg.), Liberalismus, Köln 1976, S. 254. Ähnlich betont auch von *David John Manning*, Liberalism, London 1976, passim.

3 Vgl. hierzu oben, Kap. II/1. Dort wurde auch bereits auf die Frage eingegangen, inwiefern es als gerechtfertigt gelten kann, Rosebery der sogenannten Whig-Tradition zuzuordnen.

4 In Abgrenzung zu der eher an technischen Paradigmata orientierten politischen Kultur des Kontinents bezeichnet dieser Begriff ein zentrales Charakteristikum der »Civic Culture« Großbritanniens (Zur Terminologie und ihrer Abgrenzung vgl. *Karl Rohe*, Zur Typologie politischer Kulturen in westlichen Demokratien. Überlegungen am Beispiel Großbritanniens und Deutschlands, in: Weltpolitik, Europagedanke, Regionalismus. Festschrift für Heinz Gollwitzer, hrsg. von *Heinz Dollinger* u.a., Münster 1982, S. 581–596, hier 587 ff.).

Insbesondere die Herausforderungen imperialer Weltpolitik bestärkten Rosebery zwar im Laufe der Jahre immer mehr in seiner Überzeugung, daß Großbritannien den hiermit verbundenen Aufgaben einer »large scale society«[5] nur gerecht werden könne, wenn es sich als bereit und fähig erwies, seine politischen Zukunftsvorstellungen weniger an dem abstrakten Ideal fortschreitender Demokratisierung als vielmehr an dem konkreten Maßstab politischer Effizienz zu orientieren. Der Grund dafür aber, daß er sich – weniger konsequent als Joseph Chamberlain – letztlich nicht rigoros den Bedingungen der vor allem in den Bereichen der Empire- und Sozialpolitik als richtig erkannten Modernisierungsforderungen stellte, kann darin gesehen werden, daß er seine Erwartungen an Modernisierung auf der einen und seine Orientierung an der kulturellen und politischen Tradition seines Landes auf der anderen Seite keineswegs für unvereinbar hielt. Als Brücke zwischen beidem diente ihm das (wenn auch selten durch Sachargumente abgestützte) Vertrauen, daß auch die neuen Probleme, mit denen sich die Weltmacht Großbritannien unter den Bedingungen des beginnenden 20. Jahrhunderts konfrontiert fand, letztlich als lösbar angesehen werden konnten – zwar nicht allein mithilfe des Erfahrungshintergrundes einer traditionellen »small scale society«, aber auch nicht gegen diesen.

Das hier umschriebene Vertrauen, das für die britische Tradition des Liberalismus keineswegs als charakteristisch gelten kann und für das Rosebery vielleicht noch am ehesten einen Gesinnungsgenossen in Randolph Churchill gefunden haben dürfte,[6] kann als ein zentrales Charakteristikum seines politischen Denkens angesehen werden. Es konstituierte ein Spannungsverhältnis, das ihn zwar lange Zeit zu politischem Engagement motivierte, in dem aber auch der Ursprung seiner mit den Jahren wachsenden Resignation zu suchen sein dürfte. Um diesen Zusammenhang besser zu erfassen, soll im folgenden die Vereinbarkeit der beiden Seiten seines Verständnisses von Liberalismus genauer untersucht werden. Es ist danach zu fragen, in welchem jeweiligen Kontext und mit welcher Zielsetzung Rosebery auf bestimmte Argumentationsformen zurückgreift. Hierbei wird deutlich, daß sich organistische Argumentationsmuster, die eher einer konventionalistischen, parochialen Politikorientierung entsprechen, und mechanistische Argumentationsmuster, die mehr einem »zweckrationalen, an einem ›technischen‹ Paradigma orientierten Kulturtyp«[7] zuzuordnen sind, im

5 Ebd., S. 592.

6 Besonders deutlich wird dies in seinem Essay über Randolph Churchill, in: Misc. 1, S. 275–372.

7 *Rohe*, Zur Typologie politischer Kulturen, S. 587. Zur Unterscheidung organistischen und mechanistischen Denkens vgl. auch den Artikel: Organ, in: Geschichtliche Grundbegriffe, hrsg. von *Otto Brunner* u.a., Bd. 4, Stuttgart 1978, S. 519–622, vor allem S. 587ff. Die in diesem Artikel dargelegten Unterscheidungen stützen sich jedoch vor allem auf das politische Denken in Deutschland; daß ihr Aussagewert mit Blick auf Großbritannien zu relativieren sein dürfte, wird zum Beispiel verständlich, wenn man gerade bei Jeremy Bentham, dem »archetypal legal codifier and legislative

Laufe der Jahre mehr und mehr überlagern. Die Vereinbarkeit dieser beiden Orientierungsformen scheint von Rosebery nie bewußt in Zweifel gezogen worden zu sein. Was schließlich den Zusammenhang des genannten Spannungsverhältnisses von Traditionsgebundenheit und Modernisierungsbewußtsein mit jenem, eingangs eingeführten von Empire und Parlament betrifft, so scheinen sich beide unter den Bedingungen des ausgehenden 19. Jahrhunderts zu überschneiden. Während Rosebery davon ausging, daß sich das Verhältnis von liberal-parlamentarischer Innen- und imperialer Außenpolitik traditionell in der Balance befand, geriet es durch den Modernisierungsdruck im Zeitalter des Imperialismus in ein Ungleichgewicht, das in bis dahin nicht gekannter Form die Primatsfrage aufwarf. Wenn der Erhalt des Weltreiches nicht mehr als Maßstab innenpolitischer Reformen anerkannt wurde, sondern gegenüber diesen zurückzutreten hatte, dann konnte aus der Sicht Roseberys das Parlament nicht mehr seiner traditionellen Aufgabe gerecht werden, die Kontinuität britischer Außenpolitik zu gewährleisten. Auch für die Liberale Partei war seiner Meinung nach Kontinuität deshalb nicht nur etwas im Bereich der Außenpolitik zu Schaffendes; sie war zugleich vorgegeben und die Bedingung jedes politischen Handelns.

Roseberys Verständnis von Liberalismus blieb unablösbar verknüpft mit seinem Begriff der Nation. Eine Politik, die sich auf die Leistungskraft und das Selbstwertgefühl der Nation zu berufen und beides zu fördern wußte, verdiente nicht nur die Bezeichnung »liberal«; sie verfügte in seinen Augen über die wichtigste Voraussetzung politischer Legitimität überhaupt. Dieses an der politischen Praxis orientierte Kriterium von Liberalismus blieb – innerhalb der durch die Tradition gesteckten Grenzen – losgelöst von einer bestimmten Regierungsform und der Art der von ihr vertretenen politischen Inhalte. Ein autoritäres Regime vermochte sich demnach ebenso als »liberal« zu bezeichnen wie eine mehr oder weniger demokratisch verfaßte Regierung. Seiner »Definition« zufolge bedeutete Liberalismus, so erklärte Rosebery 1885 vor dem Oberhaus, eine Bewegung »with and in front of national movements«. Hierbei dürfte es sich jedoch nicht um bloße temporäre Strömungen handeln, sondern um »great national movements which are unmistakable, and which, if we do not place ourselves in front of them or move with them, will move over us«.[8] In genau dem gleichen Sinne hatte er kurz zuvor in Edinburgh erläutert, daß sein Verständnis von Liberalismus darin zum Ausdruck komme, »that I wish to move in company with the great mass of the nation – rather in front of them than behind them«.[9]

mechaniste« (*Collini*, *Winch* und *Burrow*, That noble science, S. 93), eine der treffendsten Formulierungen organistischen Staatsdenkens findet: »The community is a fictitious body, composed of the individual persons who are considered as constituting, as it were, its members« (*Jeremy Bentham*, Introduction to the Principles of Morals and Legislation, hrsg. von *W. Harrison*, London 1948, S. 126).

8 Rosebery am 10. Juli 1885, Hansard 3 (299), Sp. 269.

9 Rosebery in Edinburgh, 29. Juni 1885, in: Speeches 2, hier S. 13.

Der entscheidende Vorteil, der eine »liberale«, das heißt sich auf einen breiten Konsens in der Bevölkerung stützende Regierung gegenüber einem obrigkeitsstaatlichen Regime auszeichnete, bestand für Rosebery in der Tatsache, daß diese – zumal unter den Bedingungen des beginnenden 20. Jahrhunderts – dann auch eine um so machtvollere Außenpolitik betreiben könne.[10] Der Unterschied zu einer konservativen politischen Führung lag demgegenüber in deren geringerer Bereitschaft, sich an der Spitze derart vermeintlich unaufhaltsamer nationaler Bewegungen zu stellen und sich auf Reformprojekte einzulassen, die größere soziale Veränderungen zur Folge haben könnten.[11] Zwar teilte Rosebery das eher konservative Vertrauen in die Macht eines starken Staates, doch mußte dieser Staat sich seiner Meinung nach im Zweifelsfall immer darauf stützen können, den Willen der Nation zu vertreten – keine abstrakte volonté générale, sondern handfeste nationale Interessen!

Insofern folglich die Nation nicht daran gehindert wurde, ihre eigenen Interessen klar zu erkennen, bildete sie eine im Prinzip jederzeit anrufbare Instanz zur Legitimierung staatlicher Macht. Die Möglichkeit eines solchen »appeal to the people« sollte aber nicht überstrapaziert werden: »I am very much against the multiplication of elections«, erklärte Rosebery 1902 in Leeds. »I hold that if we wish to get our principle of election pure, clear, and discriminating in this country we should keep it as far as possible to one or two important objects, and that we should not multiply elections for every possible purpose«.[12]

Roseberys Rechtfertigung eines starken Staates widersprach in keiner Weise seinem Eintreten für eine relativ freie Entfaltung des einzelnen. Sein Vertrauen in den Wert der individualistischen Kultur seines Landes hinderte ihn vielmehr an einem allzu mechanistischen Verständnis staatlicher Kompetenzen. Träger seines Begriffs von Liberalismus war nicht die Regierung, sondern die Nation, – »the Anglo-Saxon race«. Die Aufgaben des Staates richteten sich primär auf den Zusammenhalt dieser Nation im Innern sowie deren Sicherheit nach außen; sein Recht, auch in gesellschaftlichen Bereichen zu intervenieren, sollte die Ausnahme bleiben. Die Gesellschaft stellte demnach keine steuerungsbedürftige, obrigkeitsstaatlich zu lenkende amorphe Masse dar, sondern eine weitgehend unabhängige politische Größe, die aber ihrerseits nicht als im Gegensatz zum Staat stehend verstanden werden sollte. Den Maßstab seines Begriffs von Gesellschaft bildete freilich nicht die Idee eines abstrakten Individuums, sondern die eines

10 Dieser Gedanke findet sich in Deutschland bald darauf auch bei Max Weber, Hermann Oncken, Gustav Stresemann und anderen (vgl. hierzu *Gall*, Liberalismus und auswärtige Politik, S. 42–45).

11 Was ihn an Lord Salisbury abstoße, so schrieb Rosebery am 18. April 1902 an Goldwin Smith, sei dessen »indifference to domestic questions and opposition to all reform« (RP 10 131 f. 300f; teilweise bereits zitiert, oben S. 82).

12 Rosebery in Leeds, 30. Mai 1902, in: LLP (12), S. 5f.

sozialen, in die Tradition seines Landes eingebundenen Bürgers des Vereinigten Königreichs. »I am anxious to maintain the self reliant and independent character of our people«, erklärte Rosebery im September 1899. Dieser Charakter werde unnötig geschwächt, wenn zu viel der Verantwortung für das Wohlergehen des einzelnen in die Hände des Staates gelegt werde:

»The State is, after all, only the aggregate of the individuals who compose it. The State is only the nation, and the nation is only the men and women who inhabit the country. If you weaken their character, if you impair their self-reliance, if you strike at their independence, your State, by whatever name you may call it, will have vanished like an empty dream«.[13]

Seiner traditionsverbundenen Laienorientierung trat erst nach und nach und niemals uneingeschränkt der Ruf nach Experten zur Seite. Diese sollten nicht die in der Zivilkultur[14] des Landes angelegten Fähigkeiten zur Selbsthilfe und zur Mitarbeit an den öffentlichen Aufgaben ersetzen, sondern ergänzen. Die im Laufe der Jahre mit immer größerer Entschiedenheit vorgetragene Forderung nach »Efficiency« hielt Rosebery vor allem deshalb prinzipiell mit seinem Verständnis von Liberalismus für vereinbar, weil er sie von einer breiten Unterstützung in der Bevölkerung getragen glaubte. Und Liberalismus bedeutete für ihn in aller Regel »common sense Liberalism«, der als solcher kaum oder nur selten hinter den Forderungen der Zeit zurückstand. Einige »great philosophers«, so monierte er im April 1887 in Glasgow, unterschätzten in ihren Gesellschaftskonstruktionen gerade diese vorwärts treibende Kraft des »gesunden Menschenverstandes«, »that after all common sense overrules the most antiquated history«.[15] In einem ähnlichen Sinne erklärte er einige Monate später auf einem Treffen der IFL, »that our work is not the work of visionaries or doctrinaires. It is a long work of education and of construction, and in that way we have placed ourselves on a basis which is a basis of common sense«.[16] Auch nach der Jahrhundertwende blieb seine Grundhaltung im Hinblick auf die L. L. im wesentlichen unverändert: »for the principles of the Liberal League are, I believe, the principles of common sense«.[17]

Roseberys Festhalten an der öffentlichen Meinung als dem obersten Maßstab für die Liberalität politischer Inhalte findet sich mit einer derart gleichbleibenden Wiederkehr, daß hierin mehr gesehen werden sollte als ein Mittel politischer Rhetorik. Vielmehr mutet es schon fast wie eine *idée fixe* an, wenn er im Oktober 1885 in Bo'ness erklärte: »Nothing can create a test question except public opinion; and public opinion ripens surely, but it will not be forced... public

13 Rosebery am 8. September 1899, in: Liberal Magazine 7 (1899), S. 474.

14 Vgl. hierzu *Karl Rohe*, Großbritannien: Krise einer Zivilkultur?, in: *Peter Reichel* (Hrsg.), Politische Kultur in Westeuropa, Bonn 1984, S. 167–193.

15 Rosebery in Glasgow, 27. April 1887, Pamphlet, S. 4.

16 Rosebery am 6. Juli 1887, in: Imperial Federation, The Journal of the IFL, Bd. 2/8, (1887), S. 164.

17 Rosebery in London, 29. Februar 1904, in: LLP (136), S. 4.

opinion will only go its own pace, and will not be hurried«.[18] Mit der gleichen Entschiedenheit erinnerte er sechzehn Jahre später in Chesterfield die Liberale Partei daran, daß sie vor allem anderen »the confidence of the country« zurückzugewinnen habe, und beschloß seine Rede mit dem leidenschaftlichen Appell: »I appeal to the silent but supreme tribunal which shapes and controls, in the long run, the destinies of our people, I mean the tribunal of public opinion and of common sense. If that fail [sic] us, we are lost indeed, and I know of nothing else that remains to avail us«.[19]

Obwohl Rosebery diese Äußerung unmittelbar an seinen »appeal unto Caesar« anschloß, dürfte darin weniger der unbedingte Wunsch nach einer zwar autoritären, aber in jedem Fall handlungsfähigen Staatsführung zum Ausdruck gekommen sein als vielmehr das Mißtrauen gegen einen allzu reglementierten und institutionell überfrachteten Staatsapparat, der dazu tendiert, das in der Bevölkerung noch vorhandene Potential zu unterminieren, auf die eigenen Probleme schöpferische Antworten zu finden.[20] Eine wichtige, von Rosebery aber weder erörterte noch gestellte Frage wäre in diesem Zusammenhang, ob für die Durchsetzung der gleichzeitig so vehement gestellten Forderung nach Effizienz der vorhandene Staat ausreichte beziehungsweise ob auch eine noch so starke politische Führung den unverzichtbaren Institutionenapparat zu begrenzen und dennoch leistungsfähig zu erhalten vermochte? Anders gefragt: Reichte der Common sense als Träger des liberalen Geistes noch aus, auch über inhaltliche Aspekte von Modernisierungsentscheidungen zu urteilen, oder hätte dieser sich über den Weg eines besseren öffentlichen Erziehungswesens[21] in die Lage versetzen lassen, mit den nahezu täglich wachsenden Herausforderungen Schritt zu halten? Auf der einen Seite hielt Rosebery unbeirrbar daran fest, daß der sich in der öffentlichen Meinung konstituierende Liberalismus auch weiterhin zumindest über die Richtung der zur Lösung anstehenden nationalen politischen Probleme zu entscheiden vermochte. Auf der anderen Seite wurde er nicht müde zu betonen, daß weder die bestehenden politischen Institutionen noch der Stand des allgemeinen Problembewußtseins ausreichten, um den eine immer größere Komplexität entfaltenden Aufgaben einer imperialen Weltmacht gerecht werden zu können.

»I believe the Liberal spirit to be as powerful in the country as it ever was

18 Rosebery in Bo'ness, 31. Oktober 1885, in: Speeches 2, hier S. 126.

19 Rosebery, National Policy, S. 1 und 16.

20 Rosebery hegte offensichtlich nicht die Befürchtung, daß auch eine noch so autoritäre Regierung sich auf Dauer der Kontrolle der öffentlichen Meinung würde entziehen können: »There is in the long run always the control of public opinion on the strongest government going altogether contrary to public opinion... Weakness is a position of temptation to a Government« (Rosebery in London, 11. Dezember 1905, Pamphlet in: RP 10 171 f. 91–110).

21 Vgl. hierzu oben, Kap. III/4.

before«, erklärte Rosebery im Mai 1899 und fuhr fort: »In fact, the nation is always essentially but moderately Liberal. The nation does not symapthise with extremes... and, therefore, as it does not wish to be left behind in the race with other nations, as it does not wish to be unprogressive, or in any degree outside the van of development, it is always mainly Liberal«.[22] Die Eindeutigkeit dieser Aussage läßt kaum Zweifel daran aufkommen, daß »the old Liberal spirit as it existed before 1886«[23] in Roseberys Augen nach wie vor fähig sein mußte, auch die seinerzeit aktuellen Probleme zu lösen: »Liberalism... is not a fixed dogma graven long ago on a rock; it is necessarily a moving, adaptable creed to be adjusted to the wants of a rapidly changing age«.[24]

Vergleicht man den Kontext, auf den sich Roseberys Vertrauen in die »liberale«, von der Bevölkerung getragene Fähigkeit, die eigenen Probleme selber zu lösen, bezieht, so fällt auf, daß dieses zunimmt, je mehr es sich um Fragen von Sozialreform und munizipaler Verwaltung handelt, daß aber seine Skepsis in dem Maße wächst, in dem die jeweiligen Probleme mit der Sicherheit der imperialen Weltmachtstellung Großbritanniens in Zusammenhang stehen. In der für den älteren Liberalismus charakteristischen Zuversicht hinsichtlich der Möglichkeiten von Selbsthilfe erklärte er es 1890 für eine Tatsache, »that men daily look for help less to Westminster and more to themselves«. Dies verweise auf die »increasing importance of municipal as compared with parliamentary life. Parliament is an august assembly. It is a great and noble being. Like an elephant, it claims the privilege of picking up beams or picking up pins with equal facility, and I think it prefers picking up pins«.[25]

Der gleiche Gedanke findet sich in einer Rede von 1885, in der die unterschiedlichen Möglichkeiten, Probleme entweder auf munizipaler oder auf Empireebene zu lösen, unmittelbar deutlich werden. Zwar sei die Ausweitung der Lokalverwaltung der beste Weg, »[to] solve many questions«, und zugleich entlaste dies das Parlament »of much of its drudgery, and reconvert what is rapidly becoming a parochial assembly into an Imperial Parliament«. Demgegenüber sei es aber unmöglich, angesichts der Ausmaße der irischen Frage und ihrer Auswirkungen auf das gesamte Empire« [to] continue on our present footing«. Diese Problematik verlange vielmehr eine »detailed and separate investigation. The question of Irish local government must be treated by experts, must be met by experts«.[26] In dem gleichen Sinne bezeichnete er wiederholt vor allem Kitchener, aber auch Cromer, Rhodes oder Curzon als die jeweils einzigen Experten, die in der Lage seien, mit bestimmten Problemen der Empireverwaltung fertig zu

22 Rosebery vor dem City Liberal Club, 5. Mai 1899, zit. in: *Coates*, Rosebery, Bd. 2, S. 961.

23 Ebd.

24 Rosebery in Airdrie, 28. November 1895, in: Liberal Magazine 3 (1895), S. 517.

25 Rosebery in Glasgow, 10. Oktober 1890, in: Speeches 1, S. 69f.

26 Rosebery in Edinburgh, 29. Juni 1885, in: Speeches 2, hier S. 14f.

werden.[27] Auf die prinzipiellen Unterschiede zwischen liberaler Innen- und imperialer Außenpolitik bezog sich ebenso seine wiederholt angewandte Metapher, daß es zwar ein Prinzip der britischen Gesetzgebung darstelle, stets den neuesten Wein in die ältesten Flaschen zu gießen, daß es jedoch einen Irrweg bedeute, wenn man glaube, auf imperialer Ebene umgekehrt alten Wein in neue Flaschen gießen zu können: »I believe that when we have to face new problems we must face them on new lines and by new methods, and disregard some of the old traditions that we have inherited from our ancestors«.[28]

Die Entwicklung des Imperialismus im letzten Viertel des 19. Jahrhunderts schien Rosebery die Problemlösungsmöglichkeiten der in Analogie zu einem organisch zusammengehaltenen Volkskörper gedachten britischen Nation gesprengt zu haben. »Imperialism was supplanting Parochialism«, wie es ein Zeitgenosse treffend formulierte.[29] Zwar folgerte Rosebery aus dieser Erkenntnis immer wieder die Notwendigkeit, gerade die imperialen Probleme Großbritanniens auf einer effizienteren und »wissenschaftlichen« Grundlage zu behandeln, diese, wie er es oft nannte, »on a business footing« zu stellen,[30] doch hielt er gleichzeitig in bezug auf die Lösung imperialer Probleme an einem sehr personalistischen Zugang fest und verwendete in der Regel die gleiche Organismusmetaphorik, die in der traditionellen Gesellschaftsorientierung ihren Ursprung hatte. In diesem Sinne traute er zum Beispiel auf der einen Seite einer überragenden Führerpersönlichkeit eine größere Fähigkeit zu, imperiale Herrschaftsprobleme zu lösen, als einem geschäftsmäßig funktionierenden Apparat. Eine wichtige

27 Seinen Vorschlag, Kitchener zum Secretary of State for War zu ernennen, begründete Rosebery Anfang 1903 mit der Behauptung, Kitchener sei »the Hercules who alone can carry out the necessary reforms«, und ergänzte schließlich: »When you have a great reform to carry out and when you have a great man at hand to do it, for God's sake drop precedent and come to business«. Zit. in: *Raymond*, Man of Promise, S. 210, vgl. auch Roseberys Rede vom 10. September 1903, LLP (76), S. 3.

28 Rosebery in Adelaide, 18. Januar 1884, in: Australian Speeches, S. 52. Vgl. auch seine Reden vom 18. Janur 1895, in: Speeches 1, S. 303 sowie vom 19. März 1888 und vom 14. März 1900, in: Speeches 2, S. 55 und 101.

29 *John A. R. Marriott*, Lord Rosebery's Chance, in: Fortnightly Review, Dec. 1900, S. 935–946, hier S. 940. Marriott argumentiert, daß Rosebery als einer von wenigen in der Liberalen Partei erkannt habe, daß die »era of organic reconstruction« der Vergangenheit angehöre und die neuen Probleme, denen sich Großbritannien gegenüber sehe, auch neue Denkweisen erforderten.

30 In seiner Rektoratsrede an der Universität Glasgow vom 16. November 1900 (Misc. 2, S. 229–263) verglich Rosebery das Britische Empire mit einer »great joint stock company with unlimited liability on the part of its shareholders« und stellte die These auf: »A business in these days can live but a short time on its past reputation, and what is true of a business is true of an Empire«. (Ebd., S. 240) Vgl. hierzu auch: Liberal Magazine 8 (1900), S. 4 sowie *Searle*, National Efficiency, S. 86–92 und *Matthew*, Liberal Imperialists, S. 152.

Gemeinsamkeit zwischen der irischen Frage und einer ganzen Reihe kolonialer Probleme bestehe darin, so erklärte er seinen Zuhörern in Paisley 1885, daß ein wirklicher Staatsmann angesichts dieser Schwierigkeiten versuchen würde, »to cure, and not merely to remedy and to patch up for a moment«.[31] Da ihm das bloße Verwalten von Problemen als die notwendige Folge eines allzu administrativ gedachten Lösungsverhaltens erschien, konnte es kaum dieser Bereich sein, an den es erhöhte Modernisierungsforderungen zu stellen galt. In einem ähnlichen Sinne konzentrierten sich seine Versuche, die Effizienz des Foreign Office zu steigern, primär auf die Person des Außenministers. Dieser müsse versuchen, nach Möglichkeit nicht nur alle Details selber zu kennen, sondern ebenfalls zu wissen, was er von jedem seiner Mitarbeiter zu halten habe.[32] Auf der anderen Seite übertrug Rosebery sein organistisches Bild von der britischen Nation zum Teil auf das gesamte Weltreich. Wie die Glieder der Gesellschaft sollten alle Teile des Empire bemüht sein, »like bees in their cells«[33] ihre eigene Kraft zum Wohle des Ganzen einzusetzen. Mehr jedoch als die Nation bedürfe das Empire eines starken Zentrums:

»What is required is this – to fortify the heart and the centre, that the limbs may be proud to belong to the centre and may drive blood and nervous energy to the heart. ... to strengthen the mother country that she may be a worthy and honoured parent of worthy and loyal children«.[34]

Daß es allerdings an der geforderten »nervous energy« fehlen könne, und zwar von seiten des Empire ebenso wie von seiten der britischen Nation, diese Zweifel vermochte Rosebery kaum zu unterdrücken. Sein Engagement innerhalb der Bewegung für »National Efficiency« als eine temporäre Initiative zu verstehen, muß als eine unzulässig verkürzende Interpretation bezeichnet werden. Auch ging es ihm nicht um bloße populistische Zustimmung, sondern letztlich um eine veränderte beziehungsweise revitalisierte politische Grundhaltung. Seine in den Jahren unmittelbar nach der Jahrhundertwende zugespitzt formulierten Forderungen nach Effizienz und Reform erscheinen zwar ideologisch überhöht, jedoch bleibt gleichzeitig seine Zuversicht erkennbar, Maßnahmen in dieser Richtung gegebenenfalls sehr wohl mit den traditionellen Kategorien seines Politikverständnisses vereinbaren zu können. Hierin liegt zweifellos ein wesent-

31 Rosebery in Paisley, 15. Oktober 1885, in: Speeches 2, S. 26.

32 Vgl. hierzu das Rundschreiben Roseberys vom August 1892, in dem er alle Botschafter dazu aufforderte, ihn persönlich auf das genaueste über »not merely everything, but everybody, connected with his business« zu informieren (zit. in: *Agatha Ramm*, Sir Robert Morier, Oxford 1973, S. 305 f.). Über die Praxis dieser Berichterstattung vgl. auch: *James Rennell Rodd*, Social and Diplomatic Memories, Bd. 1, 1884–1893, London 1922, S. 268 f.

33 Rosebery in Glasgow, 16. November 1900, in: Misc. 2, S. 233. Vgl. auch seine Rede in Edinburgh, 12. Dezember 1903, LLP (111), S. 19.

34 Rosebery in London, 29. Februar 1904, LLP (136), S. 12.

licher Unterschied zu Milner. Während sich das geforderte Effizienz-Denken für Rosebery nur begrenzt gegen die politischen Traditionen seines Landes richtete, verlangte Milner eine Politik, die so »rational, logical, thoroughly planned«[35] hätte sein sollen, daß sie jegliches Einfühlungsvermögen vermissen ließ. Rosebery ging es demgegenüber nicht um die Entlastung einer immer komplexer werdenden Gesellschaft von der Herausforderung, auf neue Probleme auch neue Antworten zu finden, sondern um die Steigerung und Anpassung ihrer Fähigkeiten in dieser Hinsicht. Unter den Bedingungen des Imperialismus bestand der Sinn von »Efficiency« darin, die Bevölkerung in ihrer Auseinandersetzung mit den neuen Anforderungen zu unterstützen:

»The nation which is satisfied is lost. The nation which is not progressive is retrograding. ›Rest and be thankful‹ is a motto which spells decay. The new world seems to possess more of this quality in its crude state, at any rate, than the old. ... complacency is a fatal gift ... In these days we need to be inoculated with some of the nervous energy of the Americans«.[36]

Roseberys Furcht davor, daß Großbritannien angesichts der sich verschärfenden internationalen Rivalitäten seine Weltmachtstellung sukzessive einzubüßen drohe, überwog in diesen Jahren nicht selten seine ursprüngliche Zuversicht in die Leistungskraft der britischen Nation. Dem zum anti-imperialistischen Flügel der Liberalen Unionisten zählenden Leonard Courtney hielt er deshalb vor: »You do not, I think, take sufficient account of the changed conditions of the world since Cobden's Liberalism affected the minds of men«. Diese Veränderungen bestünden vor allem darin, daß Aufrüstung und eine »brutally cynical policy prevail all over Europe«.[37] Das noch für den mittelviktorianischen Liberalismus charakteristische Vertrauen darin, daß auch die tiefgreifendsten Gegensätze zwischen Individuen ebenso wie zwischen Nationen letztlich nicht als unversöhnbar angesehen werden müssen, findet sich demgegenüber bei Rosebery nur selten. Vielmehr hielt er seine Möglichkeiten, im Rahmen politischer Öffentlichkeitsarbeit hierauf hinzuwirken, für minimal:

»I am not proposing to make a campaign after the Gladstonian model ... I hope to speak from time to time, and each time appreciably to advance the cause of common-sense Liberalism. More than that at the present moment I cannot hope to effect«.[38]

Roseberys vergebliches Bemühen, seine traditionelle Politikorientierung auf der einen und sein Bewußtsein einer radikal gewandelten Problemlage auf der anderen Seite miteinander zu vermitteln, zeigt sich ein letztes Mal in seiner wenig

35 *Gollin*, Proconsul in Politics, S. 607. Über das öffentliche Leben in Großbritannien schrieb Milner 1905 nur geringschätzig: »We are flogging dead horses, mumbling the formulae of the past« (zit. ebd., S. 102).
36 Rosebery in Birmingham, 14. Oktober 1901, in: Liberal Magazine 9 (1901), S. 550.
37 Rosebery an Courtney, 21. Juli 1901, RP 10 131 f. 276f. Zur Person Leonard Courtney vgl. auch: *Collini*, Liberalism and Sociology, S. 85.
38 Rosebery an Prof. Phillimore (?), 1. Februar 1902, RP 10 131 f. 292.

überzeugenden Opposition gegen Chamberlains Tariff Reform-Kampagne.[39] Obwohl Rosebery inhaltlich sicherlich sehr weitgehend sowohl mit der Analyse als auch mit den Zielen Chamberlains übereinstimmte, hielt er in seiner Argumentation an einem traditionellen Plädoyer für den Freihandel fest, ohne dem Vorstoß Chamberlains eine differenzierte Alternative entgegensetzen zu können. Zweifellos läßt sich seine generelle Ablehnung staatlicher Interventionen in Bereiche der Wirtschaft als einem Teilbereich des gesellschaftlichen Organismus bis in die siebziger Jahre zurückzuverfolgen.[40] Seine Faszination für die größten Merkantilisten des 17. und 18. Jahrhunderts, Cromwell, Chatham und Pitt, dürfte jedoch kaum weniger alt gewesen sein. Das einzige Sachargument, das Rosebery gegen eine Tariff Reform vorbrachte, lag in seinem Hinweis auf die räumliche Zersplitterung des britischen Weltreiches: »Nature forbids an Imperial Customs Union... between countries separated by thousands and thousands of miles«. Weniger überzeugend klingt aber bereits der Nachsatz, daß die »local liberties which we have given throughout the Empire... forbid also that we should attempt to connect our Empire by the ties of commercial treaties«.[41] Dagegen dürfte Rosebery mit dem Interesse Chamberlains an einer Konsolidierung des Weltreiches doch zweifellos übereingestimmt haben! Auch fand dessen Fundamentalkritik am politischen System Großbritanniens ebensowenig Widerspruch in den Stellungnahmen Roseberys wie Chamberlains Prämisse, daß der gestiegene Druck internationaler Spannungen Großbritannien zum Handeln zwinge. Statt dessen schränkte Rosebery lediglich ein, daß es der Freihandel gewesen sei, der maßgeblich zum Aufstieg des Empire beigetragen habe, und warnte vor den möglichen Nebenfolgen, die mit dem abrupten Wechsel zu einer Zollvereinspolitik verknüpft sein könnten.

Zwar lassen sich auch subjektive psychologische Gründe für die Opposition Roseberys gegen Chamberlains Kampagne nicht ganz von der Hand weisen,[42] doch scheint es auf einer sachlichen Ebene vor allem das Festhalten an seiner traditionellen Politikorientierung gewesen zu sein, das ihn an einer eventuellen Zustimmung zu den Experimenten Chamberlains hinderte. Während Chamberlain und Milner sich mit voller Überzeugung für die Idee einer Tariff Reform

39 Vgl. hierzu *Mock*, Imperiale Herrschaft, vor allem S. 81–100 und 167–204. Angesichts seiner skeptischen Distanz gegenüber einer Ausweitung des staatlichen Machtbereichs unter den gegebenen Bedingungen sollten die zeitgenössischen Spekulationen, Chamberlain sei mit seiner Kampagne Rosebery zuvorgekommen, jedoch nicht so hoch bewertet werden, wie Mock dies tut (vgl. ebd., S. 191 f.).

40 Vgl. seine Rede vom 30. September 1874, in: Speeches 1, S. 1–41, in der er mit Blick auf den Arbeitsmarkt erklärte: »Parliament can seldom see its way to interference. Nor is it, indeed, desirable that it should do so« (ebd., S. 6).

41 Rosebery in Glasgow, 5. Dezember 1904, in: LLP (174), S. 11.

42 In dieser Hinsicht dürften sich jedoch zweifellos seine geringen Sympathien für den Parvenü aus dem Industriellen-Milieu Birminghams auf der einen und seine Abneigung gegen eine Wiederannäherung an die Liberale Partei auf der anderen Seite eini-

engagierten, hätte dies für Rosebery einen zu radikalen Bruch mit der wirtschaftspolitischen Tradition seines Landes bedeutet. Speziell im Hinblick auf die Entwicklung des Empire erschien ihm der Wert der Free Trade-Ideologie unvermindert hoch: »Everything in the Empire has been strong and successful because it has been free and spontaneous«, erklärte er im Oktober 1903, »commercially speaking I will not exchange the open air of Free Trade for the hothouse of protection«.[43] Zwar räumte er wiederholt ein, daß der Freihandel kein Dogma bedeuten könne,[44] die Vorschläge Chamberlains hingegen drohten, den noch bestehenden Zusammenhalt des Empire zu einem Gegenstand der Parteipolitik Westminsters zu machen.[45] Auch gab er zu bedenken, daß die Schutzmaßnahmen Chamberlains ebenso zu einer weltweiten Verschärfung der Handelsrivalitäten führen und Großbritannien in eine Reihe von Wirtschaftskriegen »with the whole civilised world« verstricken könnten, »compared to which Armageddon was a joust«.[46] Das britische Weltreich bilde vielmehr eine »great defensive league of communities«, deren wirtschaftliches Wohlergehen nur auf eine Weise gewährleistet werden könne: »It is by each of the principal units which compose it developing their own countries under their own conditions, in their own ways«.[47] Als weiteres Argument gegen protektionistische Maßnahmen griff Rosebery schließlich auch auf die traditionelle Befürchtung zurück, daß durch sie der Einfluß wirtschaftlicher Interessen auf den Staat zu groß werden könne:

»Under Protection every protected trade becomes a vested interest, and defends itself by the methods which are known to vested interests. If they are threatened they combine in trusts. They fight every election, political or municipal. They haunt the lobbies of your Parliament and corrupt your legislators«.[48]

germaßen die Waage gehalten haben (vgl. hierzu: *Rhodes James*, Rosebery, S. 444f. und 454f. sowie *Matthew*, Liberal Imperialists, S. 100–105 und 164f.).

43 Rosebery in Sheffield, 13. Oktober 1903, in: LLP (90), S. 22f. Als eine eindeutige Stellungnahme für den Freihandel vor der Zeit der Tariff Reform-Diskussion siehe seine Rede vom 1. November 1897 in Manchester, als Pamphlet unter dem Titel: Speech on the Anti-Corn Law League and Free Trade... (Cobden Club 1898).

44 Vgl. zum Beispiel seine Reden in Leeds vom 30. Mai 1902, LLP (12), S. 15 und in London vom 12. Juni 1903, LLP (47), S. 6f.

45 Rosebery in London, 12. Juni 1903, LLP (47), S. 12.

46 Rosebery in Sheffield, 13. Oktober 1903, LLP (90), S. 10.

47 Rosebery in Edinburgh, 12. Dezember 1903, LLP (111), S. 20. In dem gleichen Sinne schrieb er in einem Vorwort zu dem Buch von *Edwin S. Montagu* und *Herbert Bron* Canada and the Empire, London 1904: »It is on the solidity, consistency, and substance of the component parts that the British Empire rests, not on the doomed effort to assimilate fiscal conditions all over the world« (S. XI).

48 Rosebery in Leicester, 7. November 1903, in: Liberal Magazine 11 (1903), S. 723; fast gleichlautend in Glasgow, 5. Dezember 1904, LLP (173), S. 12.

Trotz seiner zum Teil nur halbherzig geführten Opposition gegen die Reformpläne Chamberlains bedeuteten diese in den Augen Roseberys einen Modernisierungsschub, der die innenpolitische Entwicklung seines Landes in eine Richtung drängte, die ihm auf Dauer mit zentralen Wertmaßstäben seines politischen Denkens unvereinbar erschien. Gegen Ende seines aktiven politischen Wirkens scheinen die traditionsverbundenen, in der politischen Kultur seines Landes wurzelnden Kategorien eindeutig im Denken Roseberys zu dominieren und sein jahrzehntelanges Interesse an sowie seine Aufgeschlossenheit für Maßnahmen, die mit dem Ziel der Effizienzsteigerung das politische System Großbritanniens tiefgreifend verändert hätten, eindeutig zu überlagern. In sehr bezeichnender Weise stellte er daher fest: »State socialism... is the real outcome of Mr. Chamberlain's policy«.[49] Die unter dem Stichwort Sozialismus zusammengefaßte Tendenz einer zunehmenden Verwaltung und Verrechtlichung des öffentlichen Lebens erschien Rosebery als das innenpolitische Pendant protektionistischer Maßnahmen nach außen. Gegenüber dieser Tendenz, die in den folgenden Jahren immer deutlicher die Negativfolie bildete, vor der sein Rückzug aus der aktiven Politik verständlich wird, behielt sein Vertrauen in die »individual liberties« und in die Fähigkeit der Bevölkerung, die meisten Probleme nach wie vor aus eigener Kraft zu lösen, eindeutig Vorrang. Der Staat verführe den einzelnen mit jedem Tag mehr, so erklärte er im Juni 1908 vor der University of Glasgow, sich statt auf die eigene Kraft auf öffentliche Hilfeleistungen zu verlassen:

»The lesson of our Scottish teaching was ›level up‹, the cry of modern civilisation is ›level down‹; ›let the government have a finger in every pie‹; probing, propping, disturbing. Every day the area for initiative is being narrowed, every day the standing ground for self-reliance is being undermined; every day the public infringes – with the best intentions no doubt – on the individual; the nation is being taken into custody by the State«.[50]

Genau diese Befürchtung, daß »the nation is being taken into custody by the State«, die bereits in den Jahrzehnten vor der Jahrhundertwende unter liberalen Intellektuellen eine große Verbreitung gefunden hatte,[51] sollte als eine maßgebliche und leitende Idee im politischen Denken Lord Roseberys verstanden werden. Daß diese Erkenntnis jedoch im ersten Jahrzehnt des neuen Jahrhunderts entscheidend zu seinem »Ausstieg« aus der Politik beitrug, kann nicht zuletzt auch als eine überzeugte und vielleicht sogar überzeugende Kritik an der politischen Entwicklung seiner Zeit festgehalten werden. Im Rahmen der Debatte um den Haushaltsentwurf Lloyd Georges von 1909 erklärte Lord Rosebery schließlich:

»I think my friends are moving on the path that leads to Socialism. How far they are advanced on that path I will not say, but on that path I at any rate cannot follow them an

49 Rosebery in London, 25. November 1903, LLP (106), S. 8.
50 Rosebery in Glasgow, 12. Juni 1908, Pamphlet, S. 20.
51 Vgl. hierzu *John Roach*, Liberalism and the Victorian Intelligentsia, in: Cambridge Historical Journal 13 (1957), S. 58–81, vor allem S. 60.

inch. Any form of protection is an evil, but Socialism is the end of all, the negation of faith, of family, of prosperity, of the monarchy, of empire«.[52]

2. Die Kritik an der Parteiendemokratie

Sich mit den neuen Bedingungen arrangieren zu müssen, die infolge der Durchsetzung der Massendemokratie nunmehr anscheinend unrevidierbar mit der Erlangung und Ausübung politischer Macht verknüpft waren, wurde von einem großen Teil der politischen Führungsschicht im spätviktorianischen Großbritannien als eine der gravierendsten innenpolitischen Herausforderungen empfunden.[53] Roseberys kritische Haltung gegenüber dieser Entwicklung konzentrierte sich immer wieder und bevorzugt auf den gewandelten Charakter der politischen Parteien. Nicht allein infolge der Ausweitung des Wahlrechts von 1867 und 1884/85, sondern vor allem auch aufgrund zahlreicher und in seinen Augen unangemessener Reaktionen, die in den folgenden Jahrzehnten die Politik namentlich der Liberalen Partei kennzeichneten, erschienen ihm die Handlungsmöglichkeiten der beiden großen Parteien seines Landes am Ausgang des 19. Jahrhunderts immer tiefer in eine Sackgasse zu geraten.

Den von Rosebery nie geleugneten Maßstab für seine Sorge bildete in erster Linie die Parteienformation aus der früh- und mittelviktorianischen Epoche, in der sehr lose zusammengehaltene Interessenverbände dem idealiter unabhängigen einzelnen Abgeordneten die Möglichkeit boten, sich seinen persönlichen Überzeugungen gemäß für bestimmte politische Ziele einzusetzen.[54] Gegenüber der hierdurch eröffneten potentiellen Vielfalt und individuellen Handlungsfreiheit drohte aus der Sicht vieler Zeitgenossen das politische Leben im letzten Viertel des 19. Jahrhunderts zunehmend zu erstarren, und zwar als Folge, wie John Burrow es jüngst formulierte, »not of opulence and corruption but of the levelling of democracy of the forfeiture to bureaucratic centralisation of a fruitful historically given variety«.[55]

52 Rosebery in Glasgow, 10. September 1909, Pamphlet, S. 55.

53 Vgl. hierzu vor allem *Hamer*, Liberal Politics, S. 221 ff. sowie *Kurt Kluxen*, Die Umformung des parlamentarischen Regierungssystems in Großbritannien beim Übergang zur Massendemokratie, in: *Ders.* (Hrsg.), Parlamentarismus, Köln 1976, S. 112–137 (dort auch weitere Literatur).

54 Eine nach wie vor aufschlußreiche Analyse dieses historischen Hintergrundes bietet *Karl Löwenstein*, Zur Soziologie der parlamentarischen Repräsentation in England nach der großen Reform: Das Zeitalter der Parlamentssouveränität (1832–1867), in: *Ders.*, Beiträge zur Staatssoziologie, Tübingen 1961, S. 65–171. Zur Relativierung vgl. aber auch: *Adolf M. Birke*, Die Souveränität des viktorianischen Parlaments und die moderne Parlamentarismuskritik, in: Der Staat, Beiheft 1 (1975), S. 59–73.

55 *Collini, Winch* und *Burrow*, That noble science, S. 205. Auch in der späteren Historio-

Vor diesem Hintergrund konnte Sir Robert Peel Rosebery als das Ideal, als »the model of all Prime Ministers«[56] erscheinen. Während Peel souverän sowohl die Richtlinien als auch die Durchführung seiner Politik in allen Ressorts zu bestimmen und zu kontrollieren vermochte, sei weniger als ein halbes Jahrhundert später die Macht jedes einzelnen Kabinettsmitgliedes enorm gewachsen. Auch sei ein Premierminister der neunziger Jahre mehr als je zuvor zu öffentlichen Stellungnahmen und zur Rücksicht auf programmatische Erklärungen seiner Partei verpflichtet. Peel habe demgegenüber »aloof from and indeed above party connection« stehen und die Interessen der Nation stets höher bewerten können als die seiner Partei: »Nations are built up in silence«, so verteidigte Rosebery die Vorzüge der Stellung Peels: »Their addiction to oratory is usually a sign of decadence«. Inzwischen jedoch sei es für einen Premierminister unmöglich geworden, sich der Nation mehr verpflichtet zu fühlen als seiner Partei, denn diese beanspruche mit Sicherheit, »[to] see more available and comfortable methods of saving the country«.[57]

Roseberys Essay über Sir Robert Peel bringt wichtige Aspekte seiner Kritik an der Entwicklung der Parteiendemokratie in unverhüllter Form zum Ausdruck. Er zeigt aber auch, daß für Rosebery – etwa im Unterschied zu Alfred Milner – diese Kritik nicht ausschließlich, ja vielleicht nicht einmal primär, in Zusammenhang zu sehen ist mit seinen imperialistischen Zielvorstellungen. Sie stützte sich in erster Linie auf die Tradition des britischen Regierungssystems, dem Milner nicht den geringsten Respekt zu zollen bereit war.[58]

Ein anderer, wesentlicher Vorwurf Roseberys richtete sich gegen die anscheinend unaufhaltsame Tendenz, mit der die bestehenden Parteien ihre politische Zielsetzung auf die Vertretung bestimmter Klasseninteressen zu reduzieren schienen. Er selber hatte sich demgegenüber – im Unterschied zur Whig-Tradi-

graphie und Parteienforschung blieb die Meinung gespalten: »Entweder galten organisierte Parteien als Untergang der repräsentativen Demokratie wie bei Ostrogorski, oder sie wurden zum Inbegriff der Modernität«. (*Klaus von Beyme*, Parteien in westlichen Demokratien, München/Zürich, 2. überarbeitete Aufl. 1984, S. 26; vgl. auch S. 45–67 und S. 199ff., für weitere bibliographische Hinweise siehe vor allem S. 525f.).

56 *Rosebery*, Sir Robert Peel, 1899, in: Misc. 1, S. 185–237, hier S. 197.

57 Ebd., S. 201–203, 217, 221f. und 233f. Eine nach wie vor informative und prägnante Darstellung der Kabinettsentwicklung bietet *John P. Mackintosh*, The British Cabinet, vor allem S. 75–343. Zum Selbstverständnis der Nationalrepräsentation vgl. auch *Löwenstein*, Staatssoziologie, S. 36ff. und 127f.

58 Es scheint zwar auf den ersten Blick ganz auf der Linie Roseberys zu liegen, wenn Milner »the encouragement of national as opposed to party spirit« forderte (Milner, The Nation and the Empire, S. XXXI); doch hingen aus der Sicht Roseberys die Chancen, das britische Weltreich zu erhalten, von weitaus mehr Faktoren ab als der bloßen Zurücknahme der erfolgten Demokratisierung und Parlamentarisierung in Großbritannien. Zu Milner vgl. *Gollin*, Proconsul in Politics, S. 314 und 603–605.

tion – immer dagegen gewehrt, als der Vertreter einer begrenzten sozialen Schicht zu erscheinen. Bereits in einer Rede im November 1871 hatte er die »artificial barriers which separate class from class« als keineswegs unüberwindlich bezeichnet und seinen Willen ausgedrückt, sie dies auch nie werden zu lassen.[59] Gleichzeitig beobachtete er schon in den frühen siebziger Jahren »with suspicion the rapid encroachment of the tide of democracy«.[60] Roseberys Argwohn zielte darauf, daß unter der Bedingung einer zunehmenden Ausweitung des Wahlrechts politische Macht in eine immer größere Abhängigkeit von Partikularinteressen zu geraten und eine deutliche Setzung von Prioritäten in einer jeweils gegebenen Situation damit immer schwieriger zu werden drohte. Aus diesem Grunde geriet er anläßlich der Debatte um das dritte Wahlrechtsgesetz, das die zweite Regierung Gladstone 1884 vorlegte, argumentativ in die Enge und konnte seine Zustimmung letztlich nur durch das Vertrauen in die Vernünftigkeit der britischen Nation und den im Hinblick auf eine mögliche Zunahme sozialer Spannungen präventiven Charakter dieses Gesetzes begründen. Abschließend erinnerte er deshalb daran, daß es die Nation sei, »for which we legislate, but which governs us«, und appellierte an die politische Vernunft all jener, »who can regard politics without being influenced by mere temporary Party prejudices«.[61]

Auf der einen Seite ging Rosebery davon aus, daß das Wahlrechtsgesetz von 1884 in der Konsequenz der Gesetzgebung von 1867 liege und somit nicht als eine einseitige, taktische Maßnahme der Liberalen Partei angesehen werden sollte. Auch sah er eine gewisse Rechtfertigung beider Gesetze darin, daß sie unter Umständen mögliche Auswüchse einer zu begrenzten Führungsoligarchie zu verhindern vermochten.[62] Auf der anderen Seite wuchs jedoch seine Be-

59 Zit. in: *Rhodes James*, Rosebery, S. 73. Mit dieser Haltung verkörperte Rosebery freilich eher die Ausnahme als die vermeintliche Regel, die *Peter Pulzer* in die griffige These zusammenfaßt: »Class is the basis of British party politics; all else is embellishment and detail« (Political Representation and Elections in Britain, London 1967, S. 102). Er schloß sich damit dem Urteil *Ivor Jennings* an: »Each of the major English parties is a class party« (Party Politics, Bd. 2, The Growth of Parties, Cambridge 1961, S. 233). Vor diesem Hintergrund gelangt auch *Matthew* zu dem Schluß: Roseberys »view of British party politics... was unusual and... formed the basis of an ill-worked-out pragmatic view of the solutions to Britain's problems« (Liberal Imperialists, S. 289). *Richard Faber* schließlich begnügt sich schlicht mit dem Eindruck: »There was something both patrician and dilettante in his attitude to party politics« (The Vision and the Need, Late Victorian Imperialist Aims, London 1966, S. 69).

60 Rosebery an »Sarah« (?), unabgeschlossener Brief von 1874, RP 10 192 f. 25 f.

61 Hansard 3 (290), 8. Juli 1884, Sp. 407–424, hier Sp. 423.

62 In einer Tagebuchnotiz aus den neunziger Jahren schrieb Rosebery: »The real object of lowering the suffrage is not to produce what is called good government, but to prevent the otherwise inevitable selfishness of government by a class«. (Zwischen 1894 und 1899, RP 10 183 f. 16).

fürchtung, daß infolge beider Wahlrechtsgesetze sich nun um so mehr Klasseninteressen in der Politik Geltung verschafften und vor allem die Parteien beziehungsweise Teile derselben sich auf die Vertretung dieser Interessen festlegen ließen. Bereits 1885 betonte er deshalb, daß nunmehr, da »all classes are represented in Parliament«, die Aufgabe jeder Gesetzgebung darin bestehen müsse, sich auf die gemeinsamen Belange aller Klassen zu konzentrieren.[63] Daß dies freilich keineswegs problemlos zu realisieren sein dürfte, war auch Rosebery von vornherein bewußt, so daß er vor allem zwei Bedingungen als notwendige Voraussetzungen künftiger Regierungsarbeit hervorhob, und zwar die Aufrechterhaltung einer handlungsfähigen zweiten Kammer[64] und die unbedingte Geschlossenheit der jeweiligen Regierungspartei: »There is only one greater danger than having no leader, and that is to have too many leaders«.[65]

Beiden Bedingungen kam in den Überlegungen Roseberys während der beiden folgenden Jahrzehnte eine vorrangige Bedeutung an. In einer Rede in London von 1894 formulierte er deshalb nahezu gleichlautend, daß Großbritannien zwar im Laufe des 19. Jahrhunderts unter verschiedenen Wahlrechtsgesetzen regiert worden sei, daß nun jedoch, da »the suffrage has been made accessible to all, it is about to be governed for all«. Eine mögliche erneute Ausweitung des Wahlrechts müsse hingegen das Gewissen der Nation wachrütteln und alle Verantwortlichen daran erinnern, »that politics is not merely a game at which the pawns have to be sacrificed to the knights and the castles, but is an elevating and ennobling effort to carry into practical politics and practical life the principles of a higher morality«.[66] In der Tradition der berühmten Rede Edmund Burkes vor der Wählerschaft von Bristol vom 3. November 1774 ging auch Rosebery davon aus, daß die vornehmste Pflicht des Politikers darin bestehe, die Unabhängigkeit seines Urteils zu wahren und sich zwar nationalen, nicht aber partikularen Interessen verpflichtet zu fühlen.[67] In dem Vertrauen darauf, daß ein Gespür für diese

63 Rosebery in Sheffield, 20. Oktober 1885, in: Speeches 2, S. 59.

64 Vgl. hierzu insgesamt oben, Kap. III/1. Rosebery verzichtete in seiner Argumentation nicht darauf zu betonen, daß es die Wahlrechtsgesetze von 1832, 1867 und 1884 gewesen seien, die zu einer Entfremdung zwischen den beiden Häusern des Parlaments geführt hätten und nun eine sinnvolle Reform notwendig machten (vgl. seine Reden vom 19. März 1888, in: Speeches 2, hier S. 36f. und vom 27. Oktober 1894, in: Speeches 1, S. 273f.).

65 Rosebery in Wrexham, 26. Oktober 1885, in: Speeches 2, hier S. 95.

66 Rosebery in London, 21. März 1894, in: Speeches 1, S. 205f.

67 Während der Gegenkandidat Burkes seinerzeit den Wählern versprochen hatte, sich ganz deren Interessen zu unterwerfen, urteilte Burke über die Verantwortung eines parlamentarischen Repräsentanten: »Your representative owes you, not his industry only, but his judgement; and he betrays, instead of serving you, if he sacrifices it to your opinion«. Das Parlament, so definierte er weiter, sei demzufolge »a deliberative assembly of one nation, with one interest, that of the whole« (Works, 12 Bde, London 1815, Bd. 3, S. 19f.). Es entsprach dem Gentleman-Ideal britischer Politik, daß als

Form von politischer Integrität nach wie vor in der Bevölkerung vorhanden sei, fuhr er fort:

»I am certain that there is a party in this country not named as yet that is disconnected with any existing political organisation, a party which is inclined to say, ›A plague on both your Houses, a plague on all your parties, a plague on all your politics, a plague on your unending discussions which yield so little fruit. Have done with this unending talk, and come down and do something for the people‹«.[68]

Als Roseberys Gewährsmann für diese Art von – wie er es nannte – »practical politics« fungierte auch in dieser Rede Sir Robert Peel, und für die Träger dieser Einstellung fand er angeblich keine bessere Bezeichnung als den relativ abgegriffenen »bastard term of philanthropists«.[69] Deutlich geworden sein dürfte allerdings, daß »practical politics« keine inhaltlichen Vorgaben, sondern schlicht eine Haltung bezeichnet, die Rosebery derjenigen entgegenstellte, die er unter den Bedingungen der Parteiendemokratie immer mehr in den Vordergrund rücken sah. Sein Vertrauen in den Common sense der britischen Nation und seine Kritik an der generellen Entwicklung der Parteipolitik bildeten somit zwei Seiten derselben Medaille. »What the nation wants«, so notierte er einmal, »is practical policy and practical administration. It wants a prosperous and contented population at home, and a firm consistent conciliatory policy abroad«.[70]

Der Zeitpunkt, von dem ab dieses pragmatische und unideologische Verständnis von Politik kontinuierlich verloren gegangen sei und eine Polarisierung in der Parteienlandschaft eingesetzt habe, lag für Rosebery jedoch im zweiten Wahlrechtsgesetz von 1867: »Personally I should date the gradual disintegration of party to Disraeli and 1867«, schrieb er 1902 in einem Briefwechsel mit Goldwin Smith.[71] Seit jener Zeit seien es vor allem »three new conditions«, so äußerte er an anderer Stelle, die in den politischen Auseinandersetzungen vorrangig Geltung beanspruchten: »A democratic constituency/A powerful and penetrating press« sowie »A web of caucus«. Vielleicht hätten Premierminister wie Pitt oder Peel sich diesen Veränderungen anzupassen vermocht, »but in doing so they would probably have lost some of their power and their charm«.[72]

»independent« zu gelten bis weit in die zweite Hälfte des 19. Jahrhunderts hinein ein großes politisches Lob darstellte (vgl. hierzu: *Rohe*, Großbritannien: Krise einer Zivilkultur ?, S. 172 f.).

68 Speeches 1, S. 206 f.

69 Ebd., S. 207.

70 Undatierte Notiz Roseberys (da auf einem losen Blatt, läßt sich das Datum auch kaum eingrenzen), RP 10 177 f. 148.

71 Rosebery an Smith, 18. April 1902, RP 10 131 f. 300 f. Smith hatte zuvor argumentiert, daß das Ende der traditionellen Zwei-Parteien-Regierung bereits mit Peel eingesetzt habe, was Rosebery seinerseits in Zweifel zog.

72 Rosebery an Randolph Churchill, 20. Januar 1902, RP 10 202 f. 70–72 (ausführlich zitiert oben, S. 51 f.).

Die entscheidende Veränderung, die der politischen Verfaßtheit Großbritanniens durch die neue Entwicklung drohte, bildete in den Augen Roseberys eine »horizontal division of parties«.[73] Zwar bezeichnete dieser Begriff in erster Linie die Bindung der jeweiligen parteipolitischen Ziele an bestimmte soziale Klasseninteressen; er verwies jedoch darüber hinaus auf die Gefahr einer Umformung und Erstarrung des politischen Systems in einen Regelmechanismus, der den informellen sozialen Ausgleich und die individuellen Handlungsmöglichkeiten politischer Akteure blockierte und abbaute. Verstärkt wurde diese Tendenz durch die beginnende Ausformung von Parteiprogrammen namentlich von seiten der Liberalen Partei, die nach Meinung Roseberys die notwendige Geschlossenheit der Partei erschwerten, da sie den einzelnen Abgeordneten gleichzeitig auf eine ganze Reihe von Zielvorgaben festlegten und somit Parteiloyalität und die Verpflichtung gegenüber dem gemeinsamen Programm an die Stelle seines unabhängigen Urteils setzten.

Insbesondere das Newcastle Programm von 1891, das erste offizielle Wahlprogramm einer britischen Partei überhaupt, schien ihm diese Entwicklung rasch gefördert zu haben: »Had I been asked on entering office to subscribe in any way to the Newcastle Programme, I should have unhesitatingly declined«, so schrieb er an den Herausgeber der Times, George Buckle. Weder sei er an dem Zustandekommen jenes bestimmten Programms beteiligt gewesen noch akzeptiere er überhaupt »this system of Programmes«.[74] Darüber hinaus habe das Newcastle Programme dazu geführt, daß die Liberale Partei sich nun noch weiter von den Interessen der Bevölkerung entfernt habe.[75] Im Unterschied hierzu schlug Rosebery vor, an der traditionellen »single issue«-Politik festzuhalten, und statt auf eine abstrakte Zielvorgabe, »which by its bulk and multifarious aggressiveness constitutes an encumbrance... to concentrate... on one or two points«.[76] Programme hingegen seien »all unauthorised, all immature, and all abortive. They are... the green fruit of politics«.[77]

Roseberys Vorstellungen zufolge galt es, an der Möglichkeit festzuhalten, die für die Zeit vor der zweiten Wahlrechtsreform als charakteristisch angesehen werden konnte. Demnach hing die parlamentarische Mehrheitsfindung eher von der überzeugenden Führung eines Premierministers beziehungsweise Opposi-

73 Rosebery, Memorandum vom 3. April 1894, RP 10 145 f. 184–194.

74 Rosebery an Buckle, Dezember 1895, RP 10 106 f. 156–165; teilweise zit. in *Hamer* (Liberal Politics, S. 258), der auch zu Recht betont, daß Rosebery »was opposed on principle to programmes, all programmes« (S. 280; vgl. auch S. 173 f. und 189–192, sowie: *Matthew*, Liberal Imperialists, S. 126 ff. und 145 ff. und *Löwenstein*, Staatssoziologie, S. 155 ff. und 161 ff.).

75 Rosebery an Spencer, 12. August 1895, RP 10 131 f. 12.

76 Rosebery, Memorandum vom 25. August 1896, RP 10 177 f. 99–102; auch zit. in: *Crewe*, Rosebery, Bd. 2, S. 522 f.

77 Rosebery in Birmingham, 23. Mai 1894, in: Speeches 1, S. 228.

tionsführers ab, statt daß dieser sich vorgegebenen Mehrheitsbeschlüssen einer oder mehrerer Fraktionen anzupassen gehabt hätte. Die Art der Parteienbildung durch Anschluß an eine starke parlamentarische Führerpersönlichkeit erschien Rosebery keineswegs nur als ein Spezifikum der mittelviktorianischen Epoche, sondern als ein Element der politischen Kultur seines Landes insgesamt, als »... rooted deep, deep down in our habits and our history«.[78] Das inhaltliche Korrelat dieses das Ideal parlamentarischer Souveränität aufrechterhaltenden Verständnisses von politischer Mehrheits- und Entscheidungsfindung bildete dann freilich die Konzentration auf wenige, klar abgrenzbare Zielsetzungen. »The British nation can only take one great question into practical consideration at a time«, erklärte er 1888 seinen Zuhörern in Dalkeith, und hierin sehe er »one of its most valuable features«.[79]

Trotz seiner Idealisierung frühviktorianischer Formen der parlamentarischen Entscheidungsfindung, für die die Bindung jedes einzelnen Abgeordneten an bestimmte Prinzipien oder auch nur seine Überzeugung in konkreten Sachfragen oft gewichtiger waren als sein Zugehörigkeitsgefühl zu einer der bestehenden Parteiungen, hielt Rosebery dieses System zwar in vieler Hinsicht für überlebt, an dem Ideal eines unabhängigen Abgeordneten jedoch glaubte er auch weiterhin festhalten zu können. Überlebt hatte sich die traditionelle Art der Parteienbildung seiner Meinung nach in zweierlei Hinsicht: Erstens sah er nur noch »comparatively few questions of moment on which there is a great difference or conflict of principle«; zweitens erhöhte der steigende Bildungs- und Informationsgrad sowohl der Bevölkerung als auch der Politiker deren Urteils- und Entscheidungsvermögen.[80] Zudem könnten die großen religiösen, dynastischen und konstitutionellen Fragen der Vergangenheit im wesentlichen als beigelegt gelten, so daß sich die drängenden Fragen der Gegenwart nicht in Anlehnung an Parteigrenzen entscheiden ließen. Auf der einen Seite werde es für den einzelnen Wähler um so schwieriger, sich eindeutig für eine Partei zu entscheiden, je umfassender diese das Spektrum ihrer Zielsetzungen abgesteckt habe; auf der anderen Seite seien die wichtigen Probleme der Gegenwart »either burning too large for parties to deal with, or parties... are burning too weak to deal with them«. Da die Lösung dieser Fragen mehr denn je von der Kooperation beider Parteien abhinge, gelte es daran zu erinnern, daß »people are concerned more with men than with measures, men whom they trust in than the measures they espouse.

78 Rosebery in Devonshire, 15. Mai 1896, in: Speeches 1, S. 406.

79 Rosebery in Dalkeith, 1. November 1888, in: Speeches 2, S. 15. In einem ähnlichen Sinne erklärte er es 1892 für »the most striking feature of our life in this country«, daß es noch immer ein »municipal life« gebe, »which is absolutely untouched and unaffected by the storms and strifes of parties« (Rosebery in Whitechapel, 25. Oktober 1892, in: Speeches 1, S. 81).

80 Rosebery, Tagebuchnotiz vom 2. August 1898 (in Gastein), RP 10 177 f. 106f. Zum zweiten Punkt vgl. auch oben, Kap. III/4.

These are considerations«, so fügte Rosebery hinzu, »which may go far to disorder the present party system«.[81]

Roseberys Kritik an der Herausbildung der modernen Parteiendemokratie wurde wesentlich verstärkt durch seinen Unmut über die Entwicklungstendenzen innerhalb der Liberalen Partei. Diese habe sich zu einer »party of groups«[82] entwickelt, so klagte er 1894 gegenüber Königin Viktoria, und seine Möglichkeiten, sich dem seiner Politik feindlich gegenüberstehenden Einfluß einer dieser Gruppen und deren Programm zu entziehen, seien begrenzt. Der entscheidende Mangel, der die Entwicklung der Liberalen Partei in den beiden letzten Jahrzehnten des 19. Jahrhunderts kennzeichne, notierte er wenig später, habe nicht so sehr in dem Fehlen von Führungspersönlichkeiten gelegen, sondern in dem von Gefolgsleuten.[83] Die Ursprünge dieser Aufspaltung waren aus seiner Sicht eindeutig in der Zeit der zweiten Regierung Gladstone zu suchen. Die anschließende Spaltung der Partei über die erste Home Rule-Vorlage von 1886 erschien ihm demnach weniger als eine Ursache, sondern bereits als ein ernstzunehmendes Syndrom dieser Fehlentwicklung. Die einzige Chance, die der Partei auch nach der Wahlniederlage von 1895 und über die Zeit der Opposition hinaus eine politische Zukunft hätte versprechen können, bestand für Rosebery in einer »restoration of the Liberal party to what it was in richness, variety and strength before 1886«.[84] Daß allerdings die faktischen Aussichten für eine solche Restauration minimal waren, muß als ein ausschlaggebender Anlaß seiner Abwendung von der Partei nach 1896 angesehen werden.[85] Die Folgen dieser parteipoliti-

81 Ebd., teilweise zit. in: *Rhodes James*, Rosebery, S. 403. Als brennende Probleme der Gegenwart, deren Lösung unbedingt die Zusammenarbeit beider Parteien erfordere, nennt Rosebery im folgenden die irische Frage und die Lordsreform (vgl. hierzu oben, Kap. III/1 und 2).

82 Rosebery an Queen Victoria, 14. Mai 1894, LQV 3 (II), S. 399f. Auch die Königin hatte sich ihrerseits über die gleichen Tendenzen beklagt und Rosebery in der Einschätzung bestärkt, daß die zunehmende Macht der Parteien »really goes much too far« (Queen Viktoria an Rosebery, 16. Juni 1893, RP 10 200 f. 148f.).

83 »The need of the party with which I have been connected has been not leaders but followers« (Rosebery an (?) [die Anrede lautet lediglich »Sir«], 28. Juli 1900, RP 10 113 f. 165f.).

84 Rosebery, Memorandum vom 25. August 1896, RP 10 177 f. 99–102; auch zit. in: *Crewe*, Rosebery, Bd. 2, S. 523.

85 In diesem Zusammenhang wären seine Vorstellungen aus der Zeit um die Jahrhundertwende im Hinblick auf einen »Liberal Imperialism« zwar auf der einen Seite als eine Infragestellung traditioneller politischer Kategorien, auf der anderen Seite aber auch als ein letzter, verspäteter Protest gegen die fortschreitende Etablierung der Parteiendemokratie zu interpretieren. Die Frage, ob nicht Campbell-Bannerman die Chancen seiner Partei zu dieser Zeit weitaus besser erkannt und deren Zusammenhalt ermöglicht habe, bleibt demgegenüber sekundär (vgl. hierzu auch oben, Kap. IV/4 und V/1).

schen Entwicklung zeigten sich aus seiner Sicht nicht nur in ihrer schädlichen Wirkung auf die Liberale Partei, sondern wirkten auch auf das öffentliche politische Bewußtsein zurück:

»The decay of Parliamentary Liberalism has robbed politics of all its interest. The hideous political apathy which as I am informed, reigns at this moment is, if we may trace it home to its cause, more due to the decay of Parliamentary Liberalism – which, rightly or wrongly, we say is the soul of politics – than to any other cause whatever ... I believe that the swell of Liberalism was never so strong as now in the country ... But when I say Liberalism I say quite frankly I do not mean sectional Liberalism, but the old Liberal spirit which existed before the split of 1886«.[86]

Statt ihre Ansprüche zu begrenzen und den apostrophierten »old Liberal spirit« als die geistige Mitte der Partei wiederherzustellen, tat die Liberale Partei in den Augen Roseberys alles, um den Prozeß ihrer Zersplitterung voranzutreiben. Sowohl in ihren innen- als auch in ihren außenpolitischen Entscheidungen schien sie damit gleichzeitig eine Tendenz zu fördern, die die Stellung der Parteien im Verfassungssystem insgesamt tiefgreifend veränderte.[87] In innenpolitischer Hinsicht zeigte sich dies besonders deutlich in der Auseinandersetzung über die 1894 von Harcourt zur Deckung des Haushalts durchgesetzten Erbschaftssteuergesetze.[88] Während Harcourt die Gesetzesvorlage als eine notwendige Konsequenz der Wahlrechtserweiterungen verteidigte, erkannte Rosebery in ihrer vor allem eine »cleavage of classes«.[89] Er argumentiere nicht als ein Finanzexperte, so führte Rosebery aus,sondern von einem »purely political standpoint«, und aus dieser Perspektive bilde das Eigentum eine eminent bedeutsame gesellschaftliche Kraft, die man kaum noch genug einschätzen könne. Die beabsichtigten Erbschaftssteuergesetze trügen demgegenüber nur dazu bei, die wohlhabenden Klassen von den Interessen des Staates zu entfremden, ohne gleichzeitig in den Sympathien weniger begüterter Wählerschichten hierfür ein Gegengewicht gefunden zu haben. Als Folge hiervon würde nicht nur die sozia-

86 Rosebery vor dem City Liberal Club, 3. Mai 1899, in: Liberal Magazine 7 (1899), S. 252. Vier Jahre später äußerte Rosebery allerdings wieder die Vermutung, daß »for the first time since 1886 the deliberate intellect and the highest intellect of the country ... is beginning to turn slowly but surely in the direction of Liberalism«, LLP (144), S. 8.

87 Für einen Vergleich mit den kontinentaleuropäischen Staaten vgl. jetzt *Lothar Gall*, Europa auf dem Weg in die Moderne 1850–1890, München 1894, S. 12–21, vor allem S. 15f.

88 Vorgeschlagen hatte diese »Death Duties« ursprüngliche Alfred Milner. Zur Kontroverse vgl. *Shannon*, Crisis of Imperialism, S. 246; *Hamer*, Liberal Politics, S. 224ff.; *Stansky*, Ambitions, S. 131 und *Rhodes James*, Rosebery, S. 342.

89 Rosebery, Memorandum vom 3. April 1894, RP 10 145 f. 184–194. Dieses Memorandum trug seinerzeit maßgeblich zu der aufkommenden Verbitterung in der Beziehung zwischen Rosebery und Harcourt bei.

le Kluft zwischen den gesellschaftlichen Schichten noch weiter vertieft, auch reduziere sich die Liberale Partei zu einer einseitigen Vertreterin sozialistischen Ideenguts: »I greatly fear a horizontal division of parties in this country, in which the Liberal Party would rest on nothing but a working-class support, without the variety and richness and intellectual forces which used to make up that Party«. Gleichzeitig bezweifele er, daß die vorgelegten Gesetze wirklich im Interesse unterer Einkommensschichten lägen, da diese bis jetzt die wohlhabenden »large properties« keineswegs als »unpopular and inexpedient« anzusehen bereit seien, sondern vielmehr als »the charitable fund which supplies much of what in other countries has to be done by the state itself«.[90] Als charakteristisch für das Selbstverständnis Roseberys dürfte in diesem Zusammenhang angesehen werden, daß er nicht – wie Harcourt – eine »horizontal division of parties« als die unvermeidliche »consequence of Household Suffrage«[91] akzeptierte und die hierin enthaltene Möglichkeit, neue Wählerschichten an sich zu binden, begrüßte, sondern daß er anhand eines idealisierten Maßstabs der frühviktorianischen politischen Kultur diese Konsequenzen unterdrücken zu könnnen meinte. Wiederholt hob er deshalb die Wahlniederlage von 1895 als eine letzte Chance für die Liberale Partei hervor, ihren eingeschlagenen Weg zu revidieren.

Weitaus drastischer als im Kontext innenpolitischer Debatten fiel demgegenüber Roseberys Kritik an der Entwicklung der Liberalen Partei im Hinblick auf deren außenpolitische Zielsetzungen aus. Die Zerrissenheit dieser Partei hatte ihren eigentlichen Ursprung seiner Einschätzung zufolge in der Außenpolitik der zweiten Regierung Gladstone, und auch die Spaltung der Partei von 1886 sei »in reality due far more to the foreign policy of the government from 1880 to 1885, culminating in the fall of Khartoum and the death of Gordon, than in any particular animosities in regard to the Irish question«.[92] Inzwischen habe sich die Kluft, die die beiden Hauptlager innerhalb der Partei trenne, so weit vertieft, daß eine Versöhnung beider Seiten unmöglich geworden sei. Der Zustand der Partei zu Beginn des 20. Jahrhunderts könne weder auf persönliche Animositäten noch auf bloße Meinungsverschiedenheiten in bezug auf den Krieg in Südafrika zurückgeführt werden. Er sei vielmehr gekennzeichnet durch einen »sincere, fundamental, and incurable antagonism of principle with regard to the Empire at large and our consequent policy«.[93]

90 Ebd.

91 Harcourt in einem Gegenmemorandum vom 2. April 1894, RP 10 145 f. 195–211. Das Argument von *Jeffrey Butler* in diesem Zusammenhang, daß »Rosebery and his colleagues were ›patriots‹, and patriotism was a matter in which many working men had little interest« (The Liberal Party and the Jameson Raid, S. 288), dürfte an dem eigentlichen Anliegen Roseberys gerade vorbeizielen.

92 Rosebery vor dem City Liberal Club, 19. Juli 1901, in: Liberal Magazine 9 (1901), S. 388.

93 Rosebery vor dem City Liberal Club, 16. Juli 1901, in: Liberal Magazine 9 (1901), S. 416.

Während die eine Seite in ihrer Einschätzung britischer Weltpolitik »avowedly insular« denke, betrachte die andere »as the first article of its creed the responsibilities and maintenance of our free and beneficient Empire«. Der Gegensatz, der sich bereits in den vorangegangenen zwanzig Jahren kontinuierlich herausgebildet habe, führe nun dazu, daß beide Seiten die Partei in diametral entgegengesetzte Richtungen lenken wollten. Da diese »irreconcilable division« nicht mehr durch einen Kompromiß überbrückt werden können, müsse die Liberale Partei, um wieder überzeugend und handlungsfähig zu werden, sich von einer der beiden Denkschulen trennen. In einer Zeit »of foreign hostility and international competition, which needs all the vigilance, power, and ability at our command«, liege hierin eine Frage »of national and not of party importance«.[94]

Wie in vielen seiner Reden aus der Zeit unmittelbar nach der Jahrhundertwende erweist sich auch hier die Forderung nach Überparteilichkeit als die unabdingbare Voraussetzung, von der aus Rosebery überhaupt noch nationale britische Interessen für durchsetzbar hielt. Mit Bezug auf die irische Frage erklärte er zum Beispiel 1902, daß das britische Parlament seine früheren hohen Ideale nur noch beanspruchen könne, »... when it is able without party, simply on large and imperial considerations, to deal with the Irish Question«.[95] Zwar hatte Rosebery auch schon in den achtziger Jahren beansprucht, in außenpolitischen Fragen nur im nationalen Interesse und »without distinction of party«[96] zu sprechen, doch wurde seine Haltung in dieser Frage in der Folgezeit immer unnachgiebiger. »In imperial matters at any rate it is impossible for me to be a party man«, so schrieb er 1896 an seinen konservativen Kollegen im Oberhaus, Lord Knitsford, und fuhr fort: »The difficulty of Government in England daily increases with the swollen territories and responsibilities of the Empire. It is surely then not much to ask that we should limit our party broils to domestic affairs and keep our hands off the ark of imperial destiny and relations«.[97] Im Hinblick auf den Zustand der Liberalen Partei gab er deshalb Lord Brassey 1899 den Rat, daß deren imperialisitisch gesinnter Flügel »has hot to fight for its existence against the Rump or Little Englanders«.[98]

Um eine überparteiliche Lösung der schwierigsten nationalen und internationalen Herausforderungen seines Landes durchzusetzen, erschien Rosebery nun immer häufiger der Gedanke an eine cäsaristische Flucht nach vorn vorzuschweben: »I sometimes wish for a dictator, a tyrant«, so erklärte er 1899 in London, »who should hold office for a year, and a man of large mind, large heart, and iron

94 Ebd., S. 416f.

95 Rosebery in Liverpool, 14. Februar 1902, in: LLP (3), S. 15.

96 Rosebery in Leeds, 11. Oktober 1888, in: Speeches 1, S. 43.

97 Rosebery an Knitsford, 17. Oktober 1896, RP 10 131 f. 112f.

98 Rosebery an Brassey (Präsident des Liberal Imperial Council), 24. November 1899, RP 10 131 f. 212f.

will, who would see what had to be done, and would do it. He should hold power for a year, and at the end his head should be cut off, for fear his existence should imperil our liberties«. Selbst wenn ein solcher »dictator« auch nur für einige Monate die Möglichkeit hätte, alle Macht in seinen Händen zu konzentrieren, ohne von bestimmten Interessengruppen im Land wieder gestürzt zu werden, könne er mehr erreiche als jedes Parlament in dem Vierzigfachen der Zeit. Allerdings, so schließt Rosebery seinen Gedankengang ab, das Ganze sei eben nur ein Traum und Großbritannien »shall never have a dictator«.[99]

Nicht zuletzt in Abgrenzung zu Milner, der 1912 das Parlament wirklich am liebsten für drei Jahre geschlossen hätte,[100] sollte der Hinweis Roseberys auf den spekulativen Charakter seiner Überlegungen nicht einfach von der Hand gewiesen werden. Darüber hinaus gilt es in Rechnung zu stellen, daß die Verwendung des Wortes »dictator« als Bezeichnung für den jeweiligen Regierungschef im spätviktorianischen Großbritannien keineswegs unüblich gewesen zu sein scheint,[101] so daß Roseberys Äußerungen zunächst einiges von dem Gewicht verlieren, das man ihnen vor dem Hintergrund der Erfahrungen des 20. Jahrhunderts auf den ersten Blick zuzuschreiben geneigt sein könnte. Es bleibt in jedem Fall fraglich, inwiefern Rosebery seine stets nur andeutungsweise formulierten Forderungen nach einer cäsaristischen Lösung des vielfältigen Dilemmas, in das er die Politik seines Landes verstrickt sah, überhaupt für realisierbar hielt, oder ob diese nicht letztlich doch nur als eine pointierte und vielleicht bewußt überzogene Form der Kritik gedacht waren.

Wenn Rosebery in Chesterfield erklärte: »My policy does not run on party lines; but it is not to party that I appeal. Party in this matter can avail little or nothing. I appeal unto Caesar«,[102] so kann damit zwar sehr wohl eine bonapartistische Staatsstreichlösung nach kontinentaleuropäischem Muster gemeint gewesen sein.[103] Seine Interpretation zielte aber weniger auf eine allgemeine, »den

99 Hier zit. nach *Coates*, Rosebery, Bd. 2, S. 985 f. Die tendenziöse und sehr verkürzte Wiedergabe dieses Zitats bei *Matthew* (Liberal Imperialists, S. 146) öffnet leider einer einseitigen Interpretation Tür und Tor, und bedauerlicherweise stützen sich auch neuere Arbeiten auf die rudimentäre Zitierweise Matthews (vgl. z. B. *Collini*, Liberalism and Sociology, S. 83 f., der zudem auch noch Matthews Auslassungszeichen ignoriert).

100 Zit. bei *Schröder*, Imperialismus und antidemokratisches Denken, S. 32 f.

101 *Reginald Brett* zum Beispiel berichtet, daß Harcourt bereits 1879 Gladstone regelmäßig als den künftigen »dictator« bezeichnet habe (Journals and Letters, Bd. 1, S. 144). Auch Rosebery verwendete diesen Begriff bereits in den achtziger Jahren sowohl für Gladstone als auch für Salisbury (vgl. *Crewe*, Rosebery, Bd. 1, S. 273 und 322). Für die neunziger Jahre ließen sich von seiten Roseberys zahlreiche Belege anführen (vgl. hierzu weiter unten).

102 *Rosebery*, National Policy, S. 16. Vgl. hierzu auch oben, Kap. IV/4.

103 Zwar wird Napoleon III. von Rosebery fast nie erwähnt, wohl aber Cromwell, die beiden Pitts oder Napoleon I. Namentlich der jüngere Pitt sei in den letzten zwei

Bürgerkrieg verhütende Form des Übergangs ... von einer Agrar- zur Industriegesellschaft«,[104] als vielmehr auf die Möglichkeit, die innerhalb des britischen Regierungssystems übermächtig zu werden drohenden Spannungen zwischen den wachsenden Herausforderungen imperialer Weltpolitik und den eine immer größere Eigendynamik entfaltenden Entwicklungstendenzen liberaler Innenpolitik durch eine autoritäre Staatsführung wieder ins Lot zu bringen. Eine für realisierbar gehaltene Konsolidierung des Empire hätte aus der Sicht Roseberys langfristig Verpflichtungen für Großbritannien zur Folge gehabt, denen sich das innenpolitische System seines Landes schließlich hätte beugen müssen. Daß Maßnahmen in diese Richtung sich vor allem gegen die Verfestigung und zu Handlungsunfähigkeit tendierende Entwicklung der Parteiendemokratie richten müßten, gehörte bereits vor den Erfahrungen des Bürgerkrieges zu den festen Überzeugungen Roseberys.[105]

Innerhalb der auch von ihm erkannten »Doppeldeutigkeit des Cäsarismus«[106] scheint seine Gewichtung der konservativen Komponente gegenüber dem revolutionären Aspekt zu überwiegen. Was Rosebery an Napoleon I. faszinierte, war dessen Fähigkeit, traditionelle Ordnungsvorstellungen mit Formen »moderner Herrschaft« zu vereinbaren.[107] Sein eigener gedanklicher Ausbruchsversuch aus den Bahnen der modernen Parteiendemokratie sprengte nur sehr begrenzt die tradierten Schranken eines »limited government«. Zwar äußerte er sich 1899 überzeugt, »that ... we could find employment for a few Cromwells now«, doch schränkte er sofort ein, daß ein Cromwell des 20. Jahrhunderts sich von dem des 17. in vieler Hinsicht unterscheiden müsse: »He would not decapitate; he would not rise in rebellion; He would not speak the Puritan language. But he would

Jahren seiner Amtszeit »less a prime minister than a dictator« gewesen, schreibt Rosebery in seiner Pitt-Biographie, und diese »dictatorship with which the country wisely entrusted him« habe es ihm ermöglicht, »to overrule the dissensions of the Cabinet« (Pitt, S. 92 und 148).

104 *Michael Stürmer*, Krise, Konflikt, Entscheidung. Die Suche nach dem neuen Cäsar als europäisches Verfassungsproblem, in: Der Bonapartismus, Historisches Phänomen und politischer Mythos, hrsg. von *Karl Hammer* und *Peter C. Hartmann*, München 1977, S. 102–118, hier S. 113 (dort auch weitere Literatur).

105 Mit dieser Überzeugung stand Rosebery auch keineswegs allein. Sein Freund Edward Hamilton zum Beispiel notierte 1885 sein Erstaunen über das Beharren Chamberlains, »that to carry on a war, there must be a dictatorship«, und fuhr fort: »This is a curious admission to be made by a man who professes to govern through the people; but there is great truth in it; and one of the results of increased democracy must be to make wars impracticable« (EHD, Bd. 2, S. 830).

106 *Stürmer*, Krise, S. 118.

107 Vgl. hierzu seine Biographie des späten Napoleon (Napoleon, The Last Phase, London 1900), vor allem S. 319–322, in der Rosebery unter anderem die These aufstellt: »Authoritative democracy, or, in other words, democratic dictatorship ... is the political legacy, perhaps the final message of Napoleon« (S. 322).

retain his essential qualities as a general, as a ruler, as a statesman«.[108] Da Rosebery ferner davon ausging, daß sich die Herrschaft eines Diktators – analog zum Beispiel der späten Römischen Republik[109] – ohne größere Probleme zeitlich auf ein Jahr begrenzen ließe, scheint er sich von der Notwendigkeit einer Legitimierung durch das Wählervotum nicht sonderlich weit entfernt zu haben. Seine Vorstellungen entsprechen weitaus eher dem 1879/80 von Gladstone in Aussicht gestellten Typus einer plebiszitär-cäsaristischen Herrschaft innerhalb des Parlaments als einer keinen institutionellen Einschränkungen unterworfenen Revolution von oben.[110] Der eigentliche »Grand Dictator«, so stellte er 1896 fest, sei der »Grand Elector«;[111] dieser habe die neue konservative Regierung mit einer derart überwältigenden Mehrheit im Unterhaus ausgestattet, daß »[it] constitutes a dictatorship before which I am bound to bow«.[112] Auch nach dem erneuten Wahlerfolg der Konservativen 1900 bewertete er es als ein »capital fact that the country has just entrusted them with a renewed Dictatorship«.[113]

Es fällt schwer, in Roseberys Symapthiebekundungen für eine plebiszitär-cäsaristische Herrschaftsform mehr zu sehen als den verbalen Protest gegen die auf eine beschleunigte Herausbildung der Parteiendemokratie gerichteten politischen Tendenzen seiner Zeit. Neben dem zum Teil historisch verklärten Beispiel frühviktorianischer Parlamentssouveränität stützte er sich in späteren Jahren auch auf die Parallele zu Japan, um den Inhalt seiner Kritik zu verdeutlichen.

108 Rosebery auf der Cromwell Tercentenary celebration, 14. November 1899, in: Misc. 1, S. 98 f. Auch dieses Zitat findet sich bei *Matthew* in verkürzter Form (Liberal Imperialists, S. 146).

109 Obwohl Rosebery sich nur sehr selten auf Beispiele aus der Römischen Geschichte bezog, ist diese Parallele in bezug auf eine zeitlich begrenzte Diktatur, die sich anschließend durch ihren Erfolg zu legitimieren hatte, doch unübersehbar. Unterstützt wird dieser Vergleich auch im Hinblick auf die jeweils zugrundeliegenden Ursachen, da es nicht nur Rosebery primär um den Erhalt des Empire trotz fortschreitender Demokratisierung im Innern ging, sondern auch die Krisenerscheinungen der späten Römischen Republik »letztlich auf die Dissonanz zwischen der Weltherrschaft und den Möglichkeiten eines aristokratisch-stadtstaatlichen Regiments zurückzuführen« sind (*Jochen Bleicken*, Geschichte der Römischen Republik, München/Wien 1980, S. 192).

110 Der pointiert zugespitzten Einschätzung Max Webers zufolge kam mit Gladstone »ein caesaristisch-plebiszitäres Element in die Politik: der Diktator des Wahlschlachtfeldes... Über dem Parlament steht also damit der faktisch plebiszitäre Diktator, der die Massen vermittels ›der Maschine‹ hinter sich bringt, und für den die Parlamentarier nur Pfründner sind, die in seiner Gefolgschaft stehen« (*Max Weber*, Gesammelte politische Schriften, Tübingen ^{2}1958, S. 524).

111 Rosebery, The Tory Government – so far, Pamphlet, 3. März 1896, S. 13.

112 Rosebery an William Denton (?), 23. Dezember 1895, RP 10 106 f. 136f.

113 Rosebery an Lord Dunraven (Liberales Mitglied des Oberhauses), 22. November 1900, RP 10 131 f. 252; gleichlautend in einem Brief an J.A. Meelboom (?), 11. Januar 1901, RP 10 131 f. 264.

Beide schienen in seinen Augen zu belegen, daß ein handlungsfähiger Parlamentarismus und eine sich in Parteirivalitäten polarisierende Massendemokratie tendenziell miteinander unvereinbar seien.[114] Zu keinem Zeitpunkt jedoch ließ Rosebery die konkrete Bereitschaft erkennen, seinerseits den Rubikon zu überschreiten. Seine persönliche Konsequenz konnte letztlich allein darin bestehen, sich vom politischen Geschäft zurückzuziehen und in skeptischer Resignation den Dingen ihren Lauf zu lassen.[115] Es gehöre nun einmal zum politischen System seines Landes, so schrieb er 1906, »[to] begin and end with party«. Dies ändere aber nichts an der Tatsache:

»that party is an evil – perhaps, even probably, a necessary evil, but still an evil. It is the curse of our country that so many, especially in high places, should worship it as a god. It has become so much a part of our lives that even those who think ill of it think it as inevitable as the fog; so inevitable that it is of no use thinking what we should do without it. And yet its operation blights efficiency. It keeps out of employment a great mass of precious ability. It puts into place not the fittest but the most eligible, from the party point of view – that is, very often, the worst. Efficiency implies the rule of the fittest; party means the rule of something else – not the unfittest, but of the few fit, the accidentally not unfit, and the glaringly unfit«.[116]

Während sich der ältere Pitt noch für die Interessen der Nation habe einsetzen können, indem er sich von den »petty cares of party« freigemacht habe, bestehe die derzeitige Chance für Großbritannien allenfalls noch darin, von den Japanern zu lernen, »how to obtain efficiency in spite of the party systems. … Party is as ineradicable as our climate; it is indeed part of our moral climate. Granted. But it is at least necessary to point out that whenever we do begin to aim at efficiency we shall be handicapped by this formidable encumbrance«.

114 Eine ähnliche Argumentation findet sich später auch bei *Carl Schmitt*, der von seinem identitätstheoretischen Ansatz her zu dem Schluß gelangte, daß Diktatur und Demokratie gleicherweise den Willen des Volkes zu repräsentieren vermögen, wenn »Öffentlichkeit und Diskussion in der tatsächlichen Wirklichkeit des parlamentarischen Betriebes« erst einmal »zu einer leeren und nichtigen Formalität geworden« seien (Die geistesgeschichtliche Lage des heutigen Parlamentarismus, München/Leipzig ²1926, S. 63).

115 »What war is to kings«, so konstatierte Rosebery in seiner Pitt-Biographie, »resignation is to ministers: it is the *ultima ratio*« (S. 224).

116 Rosebery in seinem Vorwort zu: *Alfred Stead*, Great Japan. A Study of National Efficiency, London/New York 1906 (ohne Seitenzählung; hier 3. bis 7. Seite des Vorwortes).

3. Die militärische Bedrohung und die Forderung nach Kontinuität in der britischen Außenpolitik

In einem »vertraulichen Gespräch«, das Rosebery im November 1892 mit dem deutschen Botschafter in London, Graf von Hatzfeldt, über Fragen der britischen Mittelmeerpolitik führte, versuchte er diesen davon zu überzeugen, daß er an der Politik Salisburys festhalen wolle, und fügte schließlich hinzu: »Sehen Sie, mein sehr verehrter Chef, der Premierminister, versteht von auswärtiger Politik sehr wenig und weiß das auch selbst ganz gut. Da er aber manchmal gewisse französische Neigungen hat, so suche ich jede Erörterung dadurch zu vermeiden, daß ich an den Dingen, die ich bei meinem Eintritt vorgefunden habe, grundsätzlich nichts ändere«.[117]

Diese keineswegs nur ironisch gemeinte Äußerung Roseberys könnte auf den ersten Blick auf ein sehr pragmatisches, ja bequemes Verständnis von Kontinuität in der Außenpolitik schließen lassen; sie verweist aber erneut auf die gravierenden Schwierigkeiten, die sich Rosebery bei der Durchsetzung seiner außenpolitischen Vorstellungen innerhalb des Kabinetts entgegenstellten. Unter den gegebenen Umständen versuchte er zwar in der Tat, so wenig außenpolitische Entscheidungen wie möglich im Kreise seiner Kabinettskollegen zur Diskussion zu stellen,[118] seine Überzeugung von der Notwendigkeit einer kontinuierlichen Außenpolitik hatte jedoch vielmehr einen prinzipiellen Charakter. Sie basierte auf der Erkenntnis, daß nur unter der Voraussetzung einer von den übrigen Mächten als gleichbleibend und somit als berechenbar anerkannten nationalen Interessenlage und deren Geltendmachung Großbritannien seine Weltmachtstellung auch im Zeitalter der Massendemokratie mit weitgehend friedlichen Mitteln würde verteidigen können. Kontinuität in der Außenpolitik bildete somit keine Garantie der Kriegsverhütung, sondern die formale Vorbedingung für die Aufrechterhaltung friedlicher, das heißt diplomatischer Handlungsmöglichkeiten. Sie bildete nicht nur eine praktische Maxime, sondern ein anspruchsvolles und innenpolitisch um so konfliktträchtigeres Prinzip der Außenpolitik. »If there is one thing in my life I should wish to live after me«, so erklärte er im Juli 1895 seinen Zuhörern in der Albert Hall,

»it is that, when I first went to the Foreign Office as Secretary for Foreign Affairs, I argued for, and maintained the principle of a policy of continuity in foreign administration. My

117 Hatzfeldt an Caprivi, 24. November 1892, GP 9, Nr. 2128, S. 93 f.

118 »He is absolute at the F. O.«, so berichtet sein Freund *Reginald Brett* über Roseberys Verhalten gegenüber dem Kabinett: »He informs his colleagues of very little, and does as he pleases. If it offends them, he retires. We shall remain in Egypt, and the continuity of Lord S.'s policy will not be disturbed. All is excellent« (Journals and Letters, Oktober 1892, Bd. 1, S. 162. Zu Bretts Überzeugung von der Angemessenheit eines solchen Vorgehens vgl. auch dessen Brief an Rosebery vom 7. November 1890, ebd., S. 143 f.).

view was this, that whatever our domestic differences may be at home, we should preserve a united front abroad; and that foreign statesmen and foreign courts should feel that they are dealing, not with a Ministry, possibly fleeting and possibly transient, but with a great, powerful, and united nation«.[119]

Ohne Roseberys Überzeugung von der Notwendigkeit einer kontinuierlichen Außenpolitik ideologisch relativieren zu wollen,[120] lassen sich doch eine innen- und eine außenpolitische Komponente dieses Prinzips unterscheiden. Nach außen hin ging es ihm um den Erhalt der Glaubwürdigkeit als Voraussetzung jeder friedlichen Konfliktregulierung – ein Ziel, das durch sein ständiges Reflektieren über aktuelle Spannungen innerhalb der internationalen Beziehungen fortwährend neue Nahrung erhielt. Innenpolitisch versuchte Rosebery demgegenüber, Fragen der Außenpolitik soweit wie möglich den Auseinandersetzungen zu entziehen, um auf diesem Wege die Geschlossenheit der Nation nach außen hin aufrechterhalten zu können. Unter beiden Aspekten stellte das Prinzip der Kontinuität aber keinen Freibrief dar, sondern die Bedingung der Möglichkeit einer ihrem eigenen Anspruch zufolge maßvollen aber entschiedenen Außenpolitik.

Vor diesem Hintergrund wird sowohl die Trennung verständlich, die Rosebery zwischen den Möglichkeiten liberaler Innenpolitik und der Notwendigkeit einer am Erhalt des Empire orientierten Außenpolitik aufrechtzuerhalten versuchte, als auch eine Reihe von Rückwirkungen, die das Prinzip der Kontinuität naheliegenderweise auf das innenpolitische Bezugsfeld dieser Außenpolitik zur Folge hatte. Vor allem von der Mitte der neunziger Jahre an, als die Auseinandersetzungen innerhalb der Liberalen Partei auch bis dahin unumstrittene Grundsätze der Außenpolitik in Frage zu stellen drohten, betonte er wiederholt, daß er eines der maßgeblichsten Motive seines politischen Handelns darin sehe, die Durchsetzung der imperialen Interessen Großbritanniens, so gut es ging, von allen innenpolitischen Entwicklungstendenzen freizuhalten.[121] Das Wichtigste, was ihm zu tun bleibe, so erläuterte er im Mai 1894 Königin Viktoria, bestehe darin, »while pursuing a Liberal domestic policy at home to take care that the interests of Your Majesty's Empire are maintained abroad«.[122]

119 Rosebery in London, 5. Juli 1895, in: Speeches 1, S. 337.

120 *Bertrand Russell* zum Beispiel betrachtete die Forderung nach Kontinuität schlechthin als einen Vorwand, durch den namentlich Rosebery den Herrschaftsanspruch der »upper classes in England« aufrechtzuerhalten versucht habe: »›Continuity‹ represents no real need of national safety, but merely a closing up of the ranks among the governing classes against their common enemy, the people« (The Foreign Policy of the Entente, S. 70, zit. nach: *A. J. P. Taylor*, The Trouble Makers, London 1957, S. 98).

121 Seiner eigenen Einschätzung zufolge gab diese Überlegung auch den Ausschlag dafür, daß er sich schließlich im Februar 1894 doch bereit fand, als Nachfolger Gladstones selber eine Regierung zu bilden (vgl. sein Memorandum vom 27. Februar 1894, in: History Today, Dezember 1951, S. 39f.).

122 Rosebery an Queen Victoria, 14. Mai 1894, LQV 3 (II), S. 400.

Die Aufrechterhaltung der imperialen Interessen Großbritanniens bildete gleichsam die Legitimationsgrundlage der Außenpolitik; sie konnte aber auch nicht ohne weitreichende Konsequenzen auf die Innenpolitik bleiben. Da das Empire Rosebery als der oberste Garant des Friedens und der nationalen Sicherheit galt und somit quasi einen Wert an sich darstellte, wurde seine Vorrangstellung von Rosebery kaum mehr in Zweifel gezogen: »I have taken it for granted«, so faßte er 1884 als den wichtigsten Punkt seiner Ausführungen zusammen, »that the continuance of the British Empire is a matter of great interest both to ourselves and the friends of freedom throughout the world«.[123] Zwölf Jahre später prägte er die Formel: »The British Empire is peace. It means peace and it needs peace«.[124]

In zahlreichen seiner Erklärungen begründete Rosebery seine Forderung nach Kontinuität in der Außenpolitik indirekt damit, daß er den Frieden als das oberste nationale Interesse definierte. In diesem Sinne erläuterte er dem Permanent Under Secretary of State im Foreign Office, Sir Philip Currie, daß »the first and supreme interest of Great Britain is Peace, and her foreign policy will always be mainly guided by that consideration«.[125] Auch im Zusammenhang mit seiner Idee eines »Liberal Imperialism« erklärte er den Frieden zum »greatest of all British interest«[126] und seine Politik demzufolge als »peaceful and defensive«.[127] Jedes leichtfertige Hineinschlittern in einen Krieg konnte demgegenüber nur als ein Akt der Inhumanität, als »the greatest crime of the 19th century«[128] erscheinen.

123 Rosebery vor dem 17. Trades Union Congress, 11. September 1884, zit. in: *Bennett* (Hrsg.), The Concept of Empire, S. 290.

124 Rosebery in Edinburgh, 9. Oktober 1896, in: Speeches 1, S. 451 (Zitat auch oben, S. 141). Roseberys Bild vom Empire als dem Garanten des Friedens richtete freilich den Blick vor allem nach Australien, Kanada und zeitweise auch nach Südafrika, weniger hingegen nach Ägypten, Indien oder gar nach dem Fernen Osten. Zur Bedeutung des Empire im Denken Roseberys insgesamt vgl. oben, Kap. IV.

125 Rosebery an Currie, 8. September 1892, RP 10 132 f. 115 f.

126 Memorandum vom 8. Oktober 1899, RP 10 177 f. 122 f.

127 Rosebery an Courtney, 21. Juli 1901, RP 10 131 f. 276 f. In seiner Chesterfield-Rede formulierte Rosebery unter anderem: »My policy is a passive policy of peace, and not an active policy« (*Rosebery*, National Policy, S. 13). Diesem Urteil schließt sich auch *Winston S. Churchill* an, indem er Rosebery attestiert: »He had laboriously inspected the foundations of European Peace« (Great Contemporaries, S. 13).

128 Memorandum vom 25. Juli 1893, zit. in: *Martel*, Documenting, S. 297. (Vgl. auch Roseberys Brief an A. L. Brown (?), 23. September 1896, RP 10 131 f. 99). Lediglich zwei indirekte Quellen legen den Eindruck nahe, daß Rosebery auch die Möglichkeit eines präventiven militärischen Vorgehens nicht ganz ausgeschlossen zu haben scheint. Zum einen berichtet der sicherlich auch in diesem Fall seinem Hang zur Übertreibung nachgebende deutsche Kaiser, Wilhelm II., von einem Gespräch mit dem britischen Botschafter in Berlin, Sir Edward Malet, demzufolge Rosebery erklärt haben soll, daß er – könne er der deutschen Freundschaft trauen – sich »anheischig«

Weniger Zustimmung als für diese Absichtserklärungen dürfte Rosebery für seine Schlußfolgerungen im Hinblick auf unumgängliche inenpolitische Konsequenzen gefunden haben. Die Aufrechterhaltung des Prinzips der Kontinuität in der Außenpolitik verlangte seiner Meinung nach eine größtmögliche Reduzierung der öffentlichen Diskussion über außenpolitische Fragen. Dies galt vom Kabinett über das Parlament und die Parteien bis hin zur veröffentlichten Meinung – mutatis mutandis – gleichermaßen. Der Erhalt des Empire und damit die Aufrechterhaltung des Friedens, so erklärte er bereits im April 1885 seinen Zuhörern in Manchester, verlange ein hohes Maß an »self-sacrifice and exertion«.[129] Der Hinweis umfaßte sowohl den Verzicht auf öffentliche Kontroversen über das außenpolitische Vorgehen Großbritanniens als auch die Zurückstellung innenpolitischer Debatten, solange außenpolitische Herausforderungen die volle Aufmerksamkeit der Regierung auf sich zogen. In seiner Zeit als Oppositionsführer wies Rosebery wiederholt darauf hin, daß die genannte Devise selbstverständlich auch für ihn selber gelte: »I am one of those who are always anxious to avoid criticism of the conduct of foreign affairs so long as we are at peace and we have no particular reason to criticise. I am always anxious, whatever our domestic broils may be, that we should present a united front abroad«.[130]

Für den Eindruck einer »united front abroad« konnte die Regierung seiner Meinung nach um so mehr Verständnis und Zustimmung erwarten, je mehr der »new Imperial spirit« das Selbstverständnis der Nation zu prägen vermochte, und Ende der neunziger Jahre äußerte er sogar das bestimmte Gefühl, daß die neue imperiale Gesinnung zu einem Rückgang der »constant wranglings over foreign policy«[131] im Parlament geführt habe. Speziell der Presse empfahl Rosebery eine größere Rücksichtnahme auf die außenpolitischen Interessen des Landes und die Zurückstellung innenpolitischer Kontroversen, insofern diese der Verfolgung einer konsequenten Außenpolitik entgegenstanden.[132]

mache, »die Franzosen zu Scherben zu schlagen, denn diese Nation verdiene es nicht besser« (Wilhelm II. an Caprivi, 14. Juni 1894, GP 8, Nr. 2052). Als authentischer dürfte demgegenüber die Notiz *Reginald Bretts* aus der Zeit der Faschoda-Krise einzustufen sein, der Roseberys Haltung in dem Satz zusammenfaßt: »He is inclined to think that a war with France now would simplify difficulties in the future« (Journals and Letters, Bd. 1, 28. Oktober 1898, S. 222).

129 Rosebery in Manchester, 1. April 1885, zit. in: *Crewe*, Rosebery, Bd. 1, S. 237 (vgl. auch oben, Kapitel II/2 und 4).

130 Rosebery in der Colston Hall, 13. November 1889, in: Speeches 1, S. 354.

131 Rosebery vor dem City Liberal Club, 5. Mai 1899, zit. in: *Coates*, Rosebery, Bd. 2, S. 965.

132 Vgl. seinen Brief an den Herausgeber der Jedburgh Post, 7. Januar 1896, RP 10 131 f. 46. In einem ähnlichen Sinne schrieb fast ein Jahrhundert später der ehemalige US-Außenminister, *Henry A. Kissinger*, daß »ein geeintes Volk und das Bewußtsein der Kontinuität erforderlich« seien, um positive Ziele in der Außenpolitik verfolgen

Das Spannungsverhältnis zwischen Roseberys gleichzeitigem Bemühen um Traditionsbewahrung und um Modernisierungsmaßnahmen[133] schlägt sich in Fragen der Außenpolitik noch am wenigsten nieder. In dieser Hinsicht erklärte er seine »unhesitating preference for the old diplomacy«[134] und distanzierte sich von dem allzu forschen Vorgehen Chamberlains ebenso wie von den diesbezüglichen Vorstellungen der »Little Englanders«. Seit dem Burenkrieg kritisierte er besonders die Überbürdung des Foreign Office mit Aufgaben, die ursprünglich außerhalb seines Aufgabenbereiches lagen und die eine Entwicklung andeuteten, »which has left old-fashioned Foreign Secretaries like myself far behind«.[135]

Die Forderung nach einer kontinuierlichen Außenpolitik bezog sich jedoch mehr auf deren Inhalte als auf die Form des diplomatischen Vorgehens. Auf Geheimabkommen glaubte Rosebery aus diesem Grunde verzichten zu können.[136] Die formale Voraussetzung für Kontinuität bestand darin, daß das Zustandekommen der notwendigen Entscheidungsfindung weder im Kabinett noch im Parlament auf Kompromisse angewiesen war. Eine der ersten Einsichten, zu der Pitt während seiner politischen Laufbahn gelangt sei, so schrieb Rosebery in seiner Biographie, habe darin bestanden, »that in foreign affairs Parliament is an unknown quantity«.[137] Und Gladstone ermahnte er 1892, daß die Lehre, die Großbritannien aus dem Gordon-Desaster von 1884 ziehen müsse, doch darin bestehe, »that the policy was unfortunate because it was the compromise policy of a sharply divided Cabinet«.[138]

Die eigentliche Leistung Lord Kimberleys als Außenminister der kurzen Regierung Rosebery 1894/95 kann in diesem Zusammenhang darin gesehen werden, daß er so eng mit Rosebery kooperierte und ihn auch eigenständig in sein Ressort hineinregieren ließ, daß dadurch ohne jeden Zweifel von vornherein zahlreichen potentiellen Konflikten mit Harcourt und anderen Kabinettsmitgliedern aus dem Weg gegangen werden konnte. Das Einvernehmen diente dem Zweck, in der Gestaltung der Außenpolitik weder leichtfertige Veränderungen

zu können: »Unsere weltpolitischen Ziele dürfen nicht wieder unseren innenpolitischen Differenzen untergeordnet werden. Die Außenpolitik darf nicht zum Gegenstand von Debatten und Plänkeleien von Interessengruppen werden« (Memoiren 1973–1974, Bd. 2, München 1982, S. 1205).

133 Vgl. oben, Kap. V/1.

134 Rosebery in Rochdale, 28. April 1896, in: Liberal Magazine 4 (1896), S. 164.

135 Rosebery in Edinburgh, 1. November 1902, in: LLP (33), S. 15.

136 Ein Minister, so schrieb Rosebery an den britischen Botschafter in Wien, E. T. Monson, »who cannot in this country deny that he is bound by any secret agreement is, if not actually lost, very materially damaged. Foreign nations must judge of the trend of our policy and interests – a surer guarantee than any secret agreement« (Rosebery an Monson, 2. Januar 1894, Monson papers, Bodleian Library, MS Eng. hist. c. 593 f. 41 f.; teilweise zitiert oben, S. 148).

137 *Rosebery*, Pitt, S. 116.

138 Rosebery an Gladstone, 30. September 1892, zit. in: *Miller*, Foreign Policy, S. 7.

noch Verzögerungen eintreten zu lassen, denn bereits kurz nach Übernahme des Außenministeriums 1892 hatte er dem Privatsekretär der Königin versichert: »For seven years I have worked hard to make the foreign policy of this country continuous, whether I was in or out of office«.[139] Es war deshalb völlig konsequent, wenn Rosebery in der Regierungskrise des Jahres 1894 schließlich selber die Regierungsbildung übernahm, da er nur auf diese Weise die Beibehaltung des bisherigen außenpolitischen Kurses garantieren konnte: »The second rate foreign policy which is continuous is better than the first rate foreign policy which is not«.[140]

Roseberys praktisches Bemühen, seiner eigenen Forderung nach einer kontinuierlichen Außenpolitik gerecht zu werden, wird im Grunde von niemandem in Zweifel gezogen.[141] Als umstritten hingegen dürfte seine Fähigkeit angesehen werden, die historischen Veränderungen seiner Zeit zu erkennen und in den jeweiligen konkreten Situationen angemessen zu reagieren. Das Verständnis für Roseberys Handeln dürfte zu einem großen Teil von der Beantwortung der Frage abhängen, inwieweit seine permanente Sorge, Großbritannien könne in irgendeinem Gebiet seines Weltreiches oder gar in Europa in kriegerische Auseinandersetzungen verstrickt werden, den internationalen Konstellationen der Zeit gerecht wurde oder vielmehr als eine Überschätzung, ja als eine *idée fixe* angesehen werden sollte. In der bisherigen historischen Forschung zur Politik Roseberys wurde der dominierende Einfluß, der dieser Sorge in seinem politischen Denken zukam, kaum angemessen gewürdigt.[142] Bereits 1875, unmittel-

139 Rosebery an Ponsonby, 21. August 1892, zit. in: *Robinson* und *Gallagher*, Africa, S. 312. Die Autoren bescheinigen Rosebery, seinem Anspruch gerecht geworden zu sein (vgl. ebd.).

140 Rosebery in Stourbridge, 25. Oktober 1905, zit. in: *Matthew*, Liberal Imperialists, S. 196. Wenn Matthew dieses Zitat mit dem Satz kommentiert: »It was better to be ›continuous‹ than to be right«, so dürfte er damit am Selbstverständnis Roseberys gerade vorbeizielen. Aber auch Matthew bescheinigt Rosebery, seinem Prinzip treugeblieben zu sein (vgl. ebd.).

141 Bereits 1886 bestätigte Lord Salisbury nach einem Gespräch mit Rosebery der Königin seine Zuversicht, daß Rosebery die britische Außenpolitik in jeder Weise kontinuierlich fortsetzen werde (Salisbury an Queen Victoria, 8. Februar 1886, LQV 3 (I), S. 49f.). Und nach Roseberys Ausscheiden aus dem Amt 1895 versicherte selbst der britische Botschafter in Berlin, Sir Edward Malet, dem Nachfolger Salisbury: »I do not think that any great change has taken place in the relations between England and Germany from what they were when you left« (Malet an Salisbury, 7. Juli 1895, zit. in: *Bayer*, England, S. 123). Zum praktischen Bemühen Roseberys um Kontinuität vgl. auch: *Miller*, Foreign Policy, vor allem die Kap. II und IV sowie die Seiten 47f., 92f., 187, 287 und 513–519; unter den jüngeren Arbeiten vgl. *Lowe*, Reluctant Imperialists, Bd. 1, S. 168 und 193ff.

142 Es sei an dieser Stelle lediglich daran erinnert, daß *Rhodes James* Rosebery als »always a romantic« begreift und bevorzugt dessen »idealistic concept of Empire« beschreibt

bar nach dem Höhepunkt der sogenannten »Krieg-in-Sicht«-Krise, sah Rosebery die Gefahr einer »European conflagration« keineswegs gebannt, sondern zeichnete ein düsteres Bild der europäischen Zukunftsperspektiven.[143] Der Zustand der alten Welt biete kaum Anlaß zur Zuversicht, wohl aber »a guarantee for nothing but imminent war«. Diese Aussicht müsse als die Folge davon angesehen werden, daß »every nation is on a war footing, every nation not merely remains there but increases its forces: the alarm of the one reacts on the tenon of the other«. Zwar könne dieser Schwebezustand noch einige Jahre andauern, langfristig jedoch stünden die Zeichen der Zeit »vastly in favour of war«. Hätte es früher noch eines Anlasses oder zumindest eines Vorwandes bedurft, so müsse man in Zukunft davon ausgehen, »that war is a matter of convenience for any tyrant who may wish to remove his neighbour's landmark«.

An dieser überaus pessimistischen Sicht der Dinge hatte sich auch zehn Jahre später wenig geändert. In den Jahren 1885/86 konzentrierte sich Roseberys Aufmerksamkeit auf die Gefahr eines Krieges mit Rußland,[144] und wenige Jahre später erschien ihm ganz Europa geradezu als ein »powder magazine, in which a spark, even of genius, may have effects impossible to calculate«.[145] Auch im Verlauf der neunziger Jahre erkannte er die Gefahr einer Konfrontation mit Rußland zwar nach wie vor als virulent,[146] hinzu trat jedoch eine Vielzahl neuer potentieller Konfliktherde, die aus der angespannten Situation imperialer Expansionspolitik resultierten. In Anspielung auf das Deutsche Reich schrieb er im März 1894 an Cecil Rhodes, daß einige Nationen in Europa

»are so hard up, so crushed by their burdens, that one sometimes feels as if they might do something desparate, as convicts who gladly take the chance of a bullet in order to escape from an intolerable existence. We are also compelled to undertake new burdens in strengthening our navy. But this is a guarantee of peace«.[147]

Ebenso wie in früheren Stellungnahmen Roseberys klingt in dieser Formulierung zwar ein begrenztes Verständnis für das Verhalten der übrigen europä-

(vgl. seine Biographie, S. 154f., 164, 176, 204 und 341). Sehr viel angemessener erscheint demgegenüber die Einschätzung *Martels* (Imperial Diplomacy, S. 25–53 und passim).

143 Notiz Roseberys vom 14. Mai 1875, RP 10 190 f. 20–22.

144 Vgl. seine beiden Memoranden vom 14. April 1885 und vom 14. Juni 1886 (RP 10 132 f. 38–48 und 79–82), in denen er die unmittelbare Gefahr einer militärischen Konfrontation mit Rußland herausstellte und daran erinnerte, daß Großbritannien in einem solchen Konflikt auf sich allein gestellt sein würde.

145 Rosebery an Gladstone, 24. Januar 1889, GladP 44 289 f. 84f.

146 Vgl. hierzu seinen Brief an Queen Victoria vom 16. Juni 1893, LQV 3 (II), S. 260f., sowie seine Briefe an Spencer, 22. April 1894 (RP 10 130 f. 16f.) und an Elgin, 18. Juni 1895 (RP 10 130 f. 135f.).

147 Rosebery an Rhodes, 27. März 1894, RP 10 130 f. 8f.

ischen Großmächte an, deutlich wird aber auch, daß Rosebery allein in dem Mittel der Aufrüstung die angemessene Reaktion auf die beobachteten Veränderungen zu erkennen vermochte.[148] Die Überzeugung, daß Großbritannien nur mittels größerer Rüstungsanstrengungen seine bisherige Rolle als Weltmacht würde aufrechterhalten können, bildete während der gesamten neunziger Jahre einen der gravierendsten Divergenzpunkte zwischen Rosebery und Gladstone. In zahlreichen Briefen[149] wie auch in den Kabinettsverhandlungen über die Verabschiedung des Rüstungsetats bezog Rosebery entschieden Stellung gegen Gladstone und die »Little Englanders«.[150] Von dem inneren Zusammenhang jedoch, daß nicht nur das Ziel der Kriegsverhütung und die Forderung nach außenpolitischer Kontinuität, sondern gerade auch die hierdurch ermöglichte Aufrechterhaltung einer friedfertigen Außenpolitik und die militärische Stärke Großbritanniens einander bedingten, davon vermochte Rosebery den linken Flügel seiner Partei nur sehr begrenzt zu überzeugen.

Obwohl sich die Reihe der Warnungen Roseberys vor möglichen militärischen Verstrickungen fortsetzen ließe, soll für die Zeit nach 1896 lediglich noch auf ein Memorandum vom März 1898 hingewiesen werden. Hierin unterscheidet Rosebery allein fünf akute, außereuropäische Konfliktzonen, in denen Großbritannien sich zu einem militärischen Engagement gezwungen sehen könnte.[151] Hinzu komme eine völlig unabsehbare Situation in Südosteuropa, die von keiner Art »European Concert« kontrolliert würde. Sollten die Spannungen dort außer Kontrolle geraten, müsse Großbritannien davon ausgehen, allein zu stehen und bis zu vier europäische Großmächte gegen sich zu haben. Da er das Gefühl habe, daß »the squall may burst at any moment«, halte er diese chaotisch

148 Die gleiche Konstellation von Verständnis und Mahnung zur Aufrüstung findet sich in dem Memorandum eines Gesprächs mit Hatzfeldt vom 5. Dezember 1893 (RP 10 133 f. 241–244), in dem Rosebery besonders darauf hinweist, daß unter den aktuellen Bedingungen, »when every nation was armed to the teeth, and when a contest seemed impending in which the existence of nations was at stake, it was natural that suspicion should be abroad. I believed therefore that an increase of our fleet would tend more to the preservation of peace than any other measure that could be adopted«.

149 Vgl. zum Beispsiel sein Schreiben vom 18. Dezember 1893 (GladP 44 290 f. 214f.), in dem er Gladstone eindringlich auffordert, der Flottenrüstung eine größere Beachtung zu schenken: »I do this on the sole ground of the interests of peace. Prevention is better than cure, and I firmly believe that the spontaneous expenditure of a few millions now may prevent the compulsory expenditure of many hundred millions later« (Vgl. auch seine Briefe an Gladstone vom 19. Januar 1893, 28. Februar 1893 und 24. Februar 1894, GladP 44 290 f. 80, 219f. und 227f.).

150 Vgl. *Rhodes James*, Rosebery, S. 289–291.

151 Zu diesen Konfliktzonen zählte er jeweils West-, Süd- und Zentralafrika sowie die Nordgrenze Indiens und den Fernen Osten (Memorandum vom 27. März 1898, RP 10 177 f. 110–117).

anmutende und anscheinend unkontrollierte Situation nicht nur für alarmierend: »It points to a catastrophe«.[152]

Als Fazit, das sich bei der Betrachtung dieser Belege herausbildet, dürfte wohl kaum der Schluß naheliegen, daß es sich lediglich um die Unkenrufe eines unverbesserlichen Pessimisten, um zum Teil hysterische Übertreibungen eines politischen Außenseiters gehandelt habe.[153] Statt dessen gilt es vielmehr, noch einmal auf den engen Zusammenhang hinzuweisen, der für Rosebery zwischen seinen fortwährenden Befürchtungen hinsichtlich potentieller militärischer Konflikte und seiner Forderung nach Kontinuität in der Außenpolitik bestand. Offen bleibt aber dennoch die Frage, inwiefern Rosebery seine traditionellen, eher zurückhaltenden und den Kategorien der Pentarchie zuzuordnenden Vorstellungen von Außenpolitik für vereinbar hielt mit seinen Ideen einer engagierten Kolonialpolitik. Kann es als realistisch bezeichnet werden, wenn Rosebery glaubte, trotz seiner hohen Einschätzung der imperialen Interessen Großbritanniens an den eingefahrenen Linien der Außenpolitik seines Landes festhalten zu können? Obwohl Rosebery den Wandel in der europäischen Mächtekonstellation, der sich in den beiden letzten Jahrzehnten des 19. Jahrhunderts vollzog, deutlich erkannte, schien er im Prinzip an den Maßstäben des Mächtekonzerts festhalten zu wollen, ohne bereit zu sein, Großbritannien den sich mit zunehmender Deutlichkeit herausbildenden Machtblöcken anzuschließen.[154] Zwar klingt in zahlreichen seiner Äußerungen sehr wohl das Verständnis dafür an, daß die Aufrechterhaltung einer Balance of Power in Europa schwieriger werden mußte, wenn es galt, immer mehr imperiale Herausforderungen ins Kalkül zu ziehen. Er scheint aber nicht immer deutlich genug gesehen zu haben, daß seine Ziele in Europa und im Empire potentiell in Konflikt gerieten und somit eine kontinuierliche Außenpolitik wesentlich erschwerten, wenn nicht gar unmöglich machten.[155]

Für Rosebery bildete (ebenso wie für zahlreiche führende britische Politiker

152 Ebd. Als Anlaß für seine Analyse nennt Rosebery abschließend, daß er einen »cry of warning« habe ausstoßen wollen, – »if only to relieve his conscience«.

153 Damit soll nicht ausgeschlossen werden, daß Rosebery gelegentlich zu Übertreibungen neigte. Seine Bemerkung gegenüber Hatzfeldt zum Beispiel, daß die Briten »einer *Revolution* in Australien und Neuseeland gegenwärtig sein müßten«, wenn sie die Samoa-Inseln völlig den Deutschen überließen, kann kaum als das Ergebnis einer nüchternen Analyse gewertet werden (Hatzfeldt an Hohenlohe, 11. November 1894, GP 9, Nr. 2161, S. 156).

154 Vgl. hierzu oben, Kap. IV/3.

155 Wie sehr dieses Spannungsverhältnis von Empire- und Außenpolitik Roseberys Denken geprägt hat, wird auch in der Studie von *Martel* deutlich (vgl. Imperial Diplomacy, passim). Der Verfasser gesteht Rosebery jedoch zu, fast bis zum Ende seiner Amtszeit beide Seiten miteinander vereinbart zu haben. Vgl. demgegenüber jetzt: *Paul Hayes*, British Foreign Policy and the Influence of Empire 1870–1920, in: The Journal of Imperial and Commonwealth History 12 (1984), S. 102–124.

vor und wenige nach ihm) das Empire die »unaufgebbare Machtgrundlage Großbritanniens«.[156] Der Machterhalt nach außen stellte – wenn auch nicht starr und ausschließlich – das vorrangige Ziel, die Rahmenbedingung seines politischen Denkens und Handelns dar. Seine Vorstellung freilich, allein Großbritannien könne es sich leisten, seine Außenpolitik in Zukunft primär an den imperialen Interessen des Landes zu orientieren,[157] muß als eine Überschätzung des realen Gewichts angesehen werden, das das Empire als Machtgrundlage dem Vereinigten Königreich bieten konnte. Weder seine Amtsführung im Foreign Office noch die überwiegende Zahl seiner Stellungnahmen in diesem Zusammenhang legen jedenfalls den Schluß nahe, daß Rosebery in der Tat versucht habe, Außen- völlig in Empirepolitik aufgehen zu lassen.

Eine Formulierung, die das Verhältnis von Außen- und Empirepolitik treffend charakterisiert und die auch in Einklang gesehen werden kann mit seiner Forderung nach Kontinuität, findet sich in dem Grundsatz (an den er sich allerdings im Laufe seiner Amtszeit nicht ausnahmslos gehalten haben dürfte): »That if there is one rule in diplomacy which I regard as sacred it is this – you should never put your foot forward farther in diplomacy than you can keep it down«.[158] In welchem Maße Kontinuität und Berechenbarkeit auch in außenpolitisch angespannten Zeiten die Sicherheit eines Landes zu wahren vermögen, schien

156 *Hildebrand*, »British Interests« und »Pax Britannica«, (hier mit Bezug auf Disraeli) S. 633. Diese Parallelisierung zu Disraeli findet sich auch bereits in einem zeitgenössischen, anonym veröffentlichten Essay über Rosebery mit dem Titel: The Disraeli of Liberalism, in: Fortnightly Review, Januar 1899, S. 129–143.

157 Als bezeichnende Belege für diese Vorstellung Roseberys sollte zum einen seine Rede vor dem City Liberal Club vom 23. März 1892 angeführt werden, in der er ausführte, daß Großbritannien die einzige europäische Großmacht sei, deren Außenpolitik ausschließlich von nicht-europäischen Kriterien bestimmt werde: »Our great Empire has pulled us, so to speak, by the coat tails out of the European system, and though, with our great predominance, our great moral influence, and our great fleet, with our traditions in Europe and our aspirations to preserve the peace of Europe, we can never remove ourselves altogether from the European system, we must recognize that our foreign policy has become a Colonial policy, and it is in reality dictated much more from the extremities of the Empire than from London itself« (Imperial Federation, April 1892, S. 76; auch zit. in: *Crewe*, Rosebery, Bd. 1, S. 315 sowie teilweise oben, S. 99). Der andere interessante Beleg liegt in dem Schreiben an Königin Viktoria vom 14. Juni 1894 vor, LQV 3 (II), S. 404f., in dem er sein völliges Unverständnis darüber ausdrückt, mit welcher Selbstverständlichkeit das Deutsche Reich seine imperialen Interessen durchzusetzen versuche. Statt sich um die Unterstützung Großbritanniens zu bemühen, laufe es auf diese Weise Gefahr, sich in eine »European conflagration« zu verstricken, und, so schließt Rosebery seinen Brief, »it is thus difficult to see the motive of her policy«.

158 Rosebery in Edinburgh, 9. Oktober 1896, in: Speeches 1, S. 440. Zur praktischen Konsequenz Roseberys in diesem Punkte vgl. vor allem oben, Kapitel IV/2, b.

Rosebery das Beispiel des jüngeren Pitt zu belegen. Zum Wichtigsten, was dieser von seinem Vater gelernt habe, gehörte demnach die Erkenntnis,

»that a foreign policy required firmness and purpose; that in that, as in other things, vacillation was the one unpardonable sin; but that the arm of this country should never be put further forward than it could be maintained. Even in those days of exhaustion, our means were less inadequate to our ends than now; we were less scattered over the world; and our army, relatively to the armies of the Continent, was respectable, and even powerful«.[159]

Als konsequent und in der Sache überzeugend sollte in jedem Fall Roseberys fortwährende Auseinandersetzung mit dem Flügel der »Little Englanders« beurteilt werden, die von der Überzeugung getragen war, daß eine Außenpolitik, die versucht, nicht nur nach zweckmäßigen, sondern auch die jeweilige öffentliche Meinung berücksichtigenden Kriterien vorzugehen, sich an Stimmungen bindet, die Kontinuität unmöglich machen. Zweifellos besaß für Rosebery das Ziel der Kriegsverhütung einen hohen sittlichen Wert, doch sollte dieser seiner Meinung nach nicht verabsolutiert und höher bewertet werden als die Überlebensfragen der Nation und des Empire. Allein das bloße Hinausschieben einer drohenden militärischen Konfrontation konnte ihm deshalb als sittlich wertvolles Handeln erscheinen: »postponement in the case of war is always a good in itself. Time assuages many passions and settles many difficulties which might otherwise be insoluble«.[160]

Roseberys spätes, sein Ausscheiden aus der aktiven Politik begleitendes Bild von der internationalen Mächtekonstellation und den Bedingungen, mit denen Großbritannien sich in Zukunft konfrontiert sehen müsse, mutet kaum weniger pessimistisch an als das von 1875. Sowohl im Hinblick auf das Empire als auch auf seine Stellung in Europa schien ihm das Vereinigte Königreich eine Politik zu verfolgen, die seine Möglichkeiten der Kontrolle und der Steuerung bei weitem überstieg. »You hold your heads very high in the world«, so ermahnte er 1896 seine Zuhörer in Devonshire:[161] »You walk Europe as if it were your quarter-deck«. Eine solche Haltung bringe zum einen nur sehr wenige Sympathien, zum anderen könne man sie sich wohl lediglich dann leisten, wenn damit gleichzeitig die Fähigkeit zu einer Außenpolitik einhergehe, die dieser Haltung Glaubwürdigkeit verleihe. Andernfalls sei es gar zu leicht, »to descend from being a first-rate Power to being a second-rate Power«. Hinzu komme, so erklärte er einige Monate später, daß Großbritannien »so much undigested empire« erworben habe, daß es selbst unter günstigsten Bedingungen Jahre dauern werde, bevor es diese Gebiete angemessen verwalten könne. Unter beiden Aspekten benötige das Land deshalb eine klare Außenpolitik, die zugleich der öffentlichen

159 *Rosebery*, Pitt, S. 100.
160 Rosebery an Bonham (?), 13. Oktober 1893, zit. in: *Miller*, Foreign Policy, S. 513.
161 Rosebery in Newton Abbot, 15. Mai 1896, in: Speeches 1, S. 394.

Meinung »more guidance than stimulus«[162] geben könne. Ohne den Glauben an das Weltreich und eine überzeugende Verteidigungsfähigkeit sei Großbritannien dieser Herausforderung in Zukunft weniger gewachsen denn je.[163] Zwar habe der Ärmelkanal den britischen Inseln in der Vergangenheit unschätzbare Dienste geleistet, doch könne er keinen Schutz mehr bieten »against the increasing subtlety and development of the arts of war.« Während das Land früher eine Monopolstellung genossen habe, gelte es jetzt, »to fight for existence«. Das 20. Jahrhundert zeichne sich ab als »a period of keen, intelligent, almost fierce, international competition«, in der »the survival of the fittest is an absolute truth«. Speziell in militärischer Hinsicht sei Großbritannien auf absehbare Zeit nicht in der Lage, den zu erwartenden Herausforderungen zu begegnen.[164] Dies müsse als um so bedrohlicher angesehen werden, mahnte er 1909, als er auf seiten fast aller Nationen »enormous preparations as if for some great Armageddon« beobachte. Zwar nehme die allgemeine Rüstung schon seit vierzig Jahren kontinuierlich zu, gegenwärtig jedoch erscheine ihm das alte Europa »lapsing into militarism. ... it is nearly going to bring back Europe into a state of barbarism«. In Anlehnung an Petrarca empfand er die gegenwärtige Weltlage als einen »tacens bellum«, der für das britische Inselreich eine ungeahnte Bedrohung darstelle: »There never was in the history of the world so threatening and so overpowering a preparation for war... I do begin to feel uneasy at the outcome of it all«.[165]

162 Rosebery in Edinburgh, 9. Oktober 1896, in: Speeches 1, S. 425 und 452.

163 Das Empire bilde »a matter of influence, of peace, of civilisation, above all, a question of faith«, erklärte er am 16. November 1900 vor den Studenten der University of Glasgow; es stelle in Zukunft höhere Anforderungen an die Loyalität jedes einzelnen als in der Vergangenheit (in: Misc. 2, S. 233).

164 Ebd., S. 238, 240, 245 und 251–258.

165 Rosebery vor den Delegierten der Imperial Press Conference, 5. Juni 1909, in: Misc. 2, S. 275 f.

VI. Zwischen prinzipiellem Anspruch und begrenzten Handlungsmöglichkeiten. Lord Roseberys politisches Denken als Kritik seiner Zeit

Die Vielfalt der Urteile, die sowohl von seiten ihm persönlich nahestehender Zeitgenossen als auch von seiten der historisch interessierten Nachwelt über Denken und Selbstverständnis Lord Roseberys vorliegen, lädt kaum dazu ein, sich von beidem einen klaren Begriff zu bilden. Mehr noch als es ohnehin geschieht, scheinen sich derartige Bewertungen mit Blick auf Rosebery stärker an dem zu orientierten, was man selber für den Geist der Zeit hält, als an dessen eigenen Motiven, Zielen und Wertmaßstäben. Der Aussagewert solcher Urteile verweist naturgemäß eher auf den, der sie fällt, aus auf den, den sie angeblich betreffen.

In diesem Sinne wird zum Beispiel verständlich, warum Sidney Webb in einem seinerzeit vielbeachteten Artikel Rosebery als »the only person« einschätzen konnte, die die Zeichen der Zeit erkannt habe und den Herausforderungen des 20. Jahrhunderts gewachsen sein werde. Insbesondere habe Rosebery klare Vorstellungen davon entwickelt, wie eine rationale Verwaltung des Empire und effizienzsteigernde Reformen in Großbritannien sinnvoll miteinander verbunden werden können, so daß er dem längst veralteten, weil allzu individualistisch und staatsfeindlich denkenden »Gladstonian Liberalism« endgültig den Garaus machen und einen »new spirit« an dessen Stelle setzen könne.[1] Ein anderer Zeitgenosse, der ebenfalls Rosebery persönlich bekannte Historiker und Rechtswissenschaftler Goldwin Smith, hatte demgegenüber kurz zuvor starke Zweifel an dessen Fähigkeit angemeldet, auf die Tendenzen der Zeit, speziell den Demokratisierungsprozeß, angemessen reagieren zu können: »Rosebery feels about Democracy as if he were holding a wolf by the ears«.[2] Völlig in Frage gestellt wurden Roseberys charakterliche Fähigkeiten als Politiker schließlich von A. G. Gardiner, dem Biographen William Harcourts, dem Rosebery als »the Flying Dutchman of politics« erschien: »He has all the gifts except the gift of being able to apply them... it is the quality of character which Lord Rosebery lacks«.[3]

1 *Sidney Webb*, Lord Rosebery's Escape from Houndsditch, in: The Nineteenth Century, Bd. 1, September 1901, S. 366–386. Rosebery selber nannte diesen Essay: »the most brilliant article that I have read for many a day« (Rosebery an Beatrice Webb, 3. September 1901, zit. in: *Searle*, National Efficiency, S. 126).

2 Goldwin Smith 1900 in Toronto, zit. in: *Churchill*, Great Contemporaries, S. 7.

3 *Alfred George Gardiner*, Lord Rosebery, in: *Ders.*, Prophets, Priests and Kings, London 1909, S. 178–185, hier S. 178f. und 185.

Gegen alle drei Urteile lassen sich natürlich Einwände geltend machen. Sidney Webb mußte sehr rasch einsehen, daß das politische Leben des 20. Jahrhunderts Rosebery fremd blieb. Goldwin Smith konnte wohl kaum gemeint haben, daß Rosebery grundsätzlich anti-demokratisch denke, und A. G. Gardiner schließt – wie auch viele andere – vorschnell von Roseberys gelegentlicher Launenhaftigkeit auf eine Unberechenbarkeit seines Denkens. Zum Verständnis der Gedankenbildung Lord Roseberys trägt es jedoch wenig bei, wenn man sie an dem mißt, was ex post als die Forderungen der Zeit ausgemacht werden kann, um dann Rosebery dafür zu kritisieren, auf das Gebot der Stunde nicht angemessen reagiert zu haben. Autoren wie Rhodes James, Stansky, Matthew und andere konstatieren zwar immer wieder Roseberys Distanz zu den Veränderungen der Zeit, sie sehen hierin aber weniger eine ernstzunehmende Position der Kritik an den politischen Entwicklungen als vielmehr eine zu kritisierende Position. Ohne jeden Zweifel schließen die politischen Vorstellungen Roseberys Widersprüche in sich ein, und der Vorwurf, er habe sich oft nur allgemein, vage und vieldeutig geäußert, läßt sich schwerlich von der Hand weisen. Doch welchem führenden Politiker des 19. und 20. Jahrhunderts ließe sich dieser Vorwurf nicht machen? Sein häufiges Desinteresse, sich in allen Bereichen der Politik mit Einzelheiten auseinanderzusetzen, teilte Rosebery nicht zuletzt mit Disraeli, Bismarck und anderen.

Als ein Hauptcharakteristikum im politischen Denken Lord Roseberys kann das Spannungsverhältnis von Traditionsverbundenheit und Modernisierungsvorstellungen angesehen werden. Außer auf dem Gebiet der Außenpolitik ließe sich unter diesem Aspekt vermutlich zu den meisten Problemen, mit denen er sich auseinandersetzte, ein innerer Zusammenhang aufweisen.[4] Seine profunde Kenntnis der britischen Geschichte diente ihm immer wieder als Orientierungshilfe für Schlußfolgerungen, die er aus seinen jeweiligen Gegenwartsanalysen zog. Ja, was einer der beiden Pitts hundert Jahre früher über die Ziele der britischen Außenpolitik gedacht hat, interessierte ihn in der Regel mehr als die Meinung zeitgenössischer Industrieller, Bankiers oder Wirtschaftsexperten – von Journalisten ganz zu schweigen. Es scheint jedoch übereilt, Rosebery deshalb als »in all essentials Conservative«[5] einzustufen. Das genannte Spannungsverhältnis bewahrte ihm vielmehr ein kritisches Verhältnis zum politischen Tagesgeschäft, da es insbesondere seine gesellschaftspolitischen Reformvorstellungen in der Regel keinen ephemeren, parteipolitischen Strömungen unterwarf.[6] Gleichzeitig dürften gerade seine liberalen Überzeugungen, seine Verteidigung des Individuums gegenüber Kollektivierungstendenzen und sein Vertrauen auf die Kräfte der Nation gegenüber einem zentralisierten Verwaltungsstaat den

4 Vgl. hierzu oben, Kapitel V/1.

5 *Jennings*, Party Politics, Bd. 2, S. 285.

6 Vgl. hierfür zum Beispiel seine Teilnahmslosigkeit gegenüber dem Home Rule-Politik Gladstones von 1886 (siehe oben, Kapitel III/2).

Vorwurf antidemokratischen Denkens und der Sympathie für die »Anwendung... diktatorischer Methoden«[7] hinreichend relativieren.

Rosebery ging es zu keinem Zeitpunkt um die unbedingte und notfalls auch gewaltsame Durchsetzung seiner gesellschaftspolitischen Vorstellungen; wohl aber versuchte er, dem Imperialismus über allen Machterhalt hinaus auch innenpolitisch eine Grundlage zu verschaffen, die ihm in der Realität kaum zukam. Zwar durfte der Staat in seinen Augen stärker sein als die Gesellschaft, die er repräsentiert. Es wird sich aber schwerlich ein Beleg finden lassen, demzufolge er die britische Nation als eine politisch unmündige, der Lenkung bedürftige Masse einstufte. Mit wachsender Sorge beobachtete er das zunehmende Auseinanderdriften von Staat und Gesellschaft, das schließlich sogar zu der Befürchtung Anlaß gab, die Nation sei »taken into custody by the State«.[8] Sein Engagement für eine Reform des Erziehungswesens ebenso wie seine Appelle an einen »larger patriotism« sollten deshalb vor allem als Versuche verstanden werden, das Selbstwertgefühl der britischen Nation mit dem steigenden Handlungsbedarf des Staates auszusöhnen.[9] Das Bemühen um den Erhalt des Empire durfte nach Rosebery nicht in die Alleinverantwortung des Staates gestellt werden. Es konnte in seinen Augen nur gelingen, wenn es auch in Zukunft maßgeblich von der Nation als ganzer getragen wurde und damit auch auf deren Wertmaßstäbe zurückwirkte.

Rosebery glaubte kaum weniger an die Kraft der Vernunft als an die der Autorität. Dennoch dürfte er vermutlich John Stuart Mill zugestimmt haben, daß der Charakter des einzelnen vor allem durch die Einbindung in Institutionen gebildet werde.[10] Er warnte aber stets vor der Annahme, notwendige gesellschaftspolitische Veränderungen primär auf dem Wege der Gesetzgebung vollziehen zu können. Während er 1885 erklärte, daß er es – wenn immer dies möglich sei – für wünschenswert hielt, auf das Mittel der Gesetzgebung zu verzichten, erläuterte er bei einer ganz anderen Gelegenheit, »that legislation and democracy is more often an effect than a cause«.[11]

7 *Schröder*, Imperialismus und antidemokratisches Denken, S. 11 (vgl. hierzu auch oben, Kapitel V/1).

8 Rosebery in Glasgow, 12. Juni 1908, Pamphlet, S. 20 (ausführlicher zitiert oben, S. 173).

9 Vgl. hierzu die prinzipiellen Überlegungen von *Peter Graf Kielmansegg*, Die demokratische Revolution und die Spielräume politischen Handelns, in: HZ 237 (1983), S. 529–558.

10 Vgl. hierzu *Peter Fraser*, Lord Esher: A Political Biography, London 1973, S. 8. Der auch von Rosebery zu allen Zeiten betonte »respect for character« bildete ein Element der politischen Kultur und nicht – wie Field herausstellt – eine spezifische Idee der Jahrhundertwende (vgl. *Field*, Toward a Programme, passim).

11 Vgl. seine beiden Reden in Sheffield und Slaithwaite vom 20. und 22. Oktober 1885, in: Speeches 2, hier S. 53 und 82. Das Zitat entstammt einer Rede vom 14. November 1904, Pamphlet, S. 11f.

Reformgesetzgebung behielt für Rosebery etwas Experimentelles, stärker geprägt von dem Bemühen des Staates, den sich vollziehenden Veränderungen eine rechtliche Form zu geben, als diesen Wandel zu initiieren. Ob es sich nun um Gesetze für Irland, für eine Reform des House of Lords oder eben auch um die Wahlrechtsreformen handelte, sie bildeten seiner Meinung nach nicht die Indikatoren einer gradlinigen Entwicklung, sondern blieben prinzipiell revidierbar. Eine von der Bevölkerung getragene Politik eines »Liberal Imperialism« hätte demzufolge durchaus eine partielle Wiederaufhebung des Wahlrechts oder Maßnahmen einer restriktiven Innenpolitik zur Folge haben können. Entscheidend wäre für Rosebery gewesen, daß die erneuten Veränderungen dann mit dem höheren Ziel, zur Wahrung imperialer Besitzstände beizutragen, in Einklang gestanden hätten. Seine Vorschläge für soziale Reformen (vor allem in den Bereichen Wohnungsbau, Erziehungs- und Gesundheitswesen) intendierten deshalb nicht, lediglich rechtliche Ansprüche zu etablieren, die dann ihre eigene Dynamik hätten entfalten können, sondern sie zielten – ähnlich der von Disraeli eingeleiteten »Tory democracy« – darauf, Maßnahmen einzuleiten, die den imperialen Möglichkeiten und Notwendigkeiten einer Weltmacht entsprochen hätten.[12] Zwar hoffte Rosebery in den Jahren 1899 bis etwa 1903 besonders nachdrücklich, die öffentliche Meinung, ja vielleicht sogar eine populare Bewegung für seine Ideen gewinnen zu können, die Bereitschaft jedoch, hierfür selber die gegebenen Grenzen der Legalität zu überschreiten, wird man vergebens suchen.[13]

Aufschluß über die Intentionen Roseberys dürfte sicherlich weniger durch den Blick auf seine geringen praktischen Erfolge gewonnen werden als durch eine genaue Analyse der Gegenstände und Grenzen seiner Überlegungen. Hierbei zeigt sich zwar, daß Rosebery viele seiner Ideen nur unzureichend zu Ende gedacht zu haben scheint; einigen seiner Schlußfolgerungen kann eine beachtenswerte Konsequenz aber nicht abgesprochen werden. Unscharf bleibt vor allem sein Bild der Öffentlichkeit, deren Anspruch, sich durch Wahlrecht, Presse und lokale Selbstverwaltung politisch zu organisieren, Rosebery zwar prinzipiell anerkannte, die er aber im Bereich der Außenpolitik gleichsam ausschalten zu können glaubte. Eine offene Frage bleibt ferner, inwiefern er davon ausging, seine Forderungen nach »efficiency« und sein Festhalten an einem sehr traditionellen Individualismus vereinbaren zu können, ohne gleichzeitig den Machtanspruch des Staates tiefgreifend zu verändern. Unverhältnismäßig gering veranschlagt wurde von Rosebery schließlich auch der Anteil der Wirtschaft an der Zukunftssicherung des Landes. Während der faktische ökonomische Vorsprung Großbritanniens, der die Außenpolitik von Pitt bis Palmerston maßgeblich unterstützt hatte, im internationalen Vergleich rasch verloren ging, lobte Rosebery

12 Vgl. hierzu oben, Kapitel III/3.
13 Vgl. hierzu oben, Kapitel IV/4.

zwar die ökonomischen Leistungen der Vergangenheit, plädierte für die Aufrechterhaltung des Freihandels und forderte, auch andere Bereiche des öffentlichen Lebens »on a business footing« zu stellen. Von einer Anpassung der Politik an die weltweiten Herausforderungen der britischen Wirtschaft schien ihm jedoch kein maßgeblicher Einfluß auf die Sicherung der Weltmachtstellung Großbritanniens auszugehen.

Als wesentlich überzeugender erscheinen demgegenüber seine Vorstellungen vom britischen Weltreich. Zwar verfügte Rosebery auch in dieser Hinsicht nicht über ein theoretisch abgesichertes Konzept imperialer Herrschaft. Nicht der abstrakte Idealtypus eines »pax et imperium« bildete die Richtschnur seines imperialen Denkens, sondern die konkrete Entstehungsgeschichte des britischen Empire und damit die ausschlaggebende Bedingung der Weltmachtstellung Großbritanniens stellten für ihn – ähnlich wie für Seeley – den Wertmaßstab gegenwärtigen politischen Handelns dar und boten eine Orientierungshilfe für die Zukunft.

Von diesem Ausgangspunkt her wird verständlich, daß aus der Sicht Roseberys jede Gefährdung des Empire, die ja immer zugleich als eine Gefährdung Großbritanniens angesehen werden mußte, vorrangige Beachtung vor allen anderen Problemen verdiente. Seine Aufmerksamkeit richtete er ebenso auf Gefahren von außen, wie auf Erosionstendenzen im Innern. Es stand für Rosebery sehr früh außer Zweifel, daß die Rolle eines Weltpolizisten die Handlungsmöglichkeiten Großbritanniens bei weitem überforderte und eine Entgrenzung der eigenen Wertmaßstäbe zur Folge haben müßte. Allein durch die Doppelstrategie einer kontinuierlichen Außenpolitik und der Aufrechterhaltung einer überzeugenden militärischen Stärke hoffte er, die Weltmachtstellung Großbritanniens nach außen hin sichern zu können. Keineswegs immer geringer wogen demgegenüber allerdings die Belastungen im Innern. Die Überbürdung des Staates durch gesellschaftspolitische Verpflichtungen und der oft zu geringe Enthusiasmus der Bevölkerung für das Empire gewannen im Laufe der Jahre in den öffentlichen Stellungnahmen Roseberys immer mehr an Bedeutung. Zweifellos vermochte er zahlreiche Zeitgenossen zu finden, die sein Ziel, das Empire zu erhalten, teilten. Die wenigsten jedoch wären gleichzeitig bereit gewesen, hierfür den Preis zu zahlen, den die Einschränkung der innenpolitischen Freiheiten dargestellt hätte. Bis weit in die neunziger Jahre hinein scheint Rosebery die Fortsetzung imperialer Außen- und die gleichzeitige Aufrechterhaltung liberaler Innenpolitik prinzipiell für vereinbar gehalten zu haben, jedenfalls solange Regierung und Parteien ihre eigene Handlungsfreiheit nicht durch selbst-auferlegte Schranken zunehmend belasteten. Spätestens mit seinem Ausscheiden aus der Parteipolitik 1896 dürften hingegen seine Zweifel an dieser Vereinbarkeit überwiegen.

Die Lektüre der optimistischen, ja zum Teil geradezu emphatischen Äußerungen Roseberys zum britischen Empire erinnert in gewisser Weise an Kleists Marionettentheater. Einmal Seeleys Formulierung akzeptiert, daß Großbritannien sein Weltreich »in a fit of absence of mind«[14] gewonnen habe, so hoffte Rosebery, diesen Vorgang fortsetzen beziehungsweise aufrechterhalten zu können, und zwar in dem völligen Bewußtsein dessen, was geschieht. Die Rückwirkung aber, die der Verlust der »Unschuld« auf die menschliche Handlungsfreiheit bedingt, sollte sich bezüglich des Verhaltens der britischen Nation als nicht geringer erweisen denn von Kleist angenommen. Die britische Politik habe sehr viel von ihrem früheren Selbstvertrauen verloren, notierte Rosebery 1896: »Faith alas! has gone out of English politics«.[15] Unter den Bedingungen des Imperialismus, so erkannte Rosebery wenige Jahre später, könne der Hang der brititschen Nation zur Selbstzufriedenheit fatale Folgen haben, »due entirely to the English habit of living on past reputation, going to sleep in times of peace, and waking up with the idea that we are thoroughly ready for war«.[16] Und in einem Brief an den Duke of Devonshire beklagte er sich schließlich 1903, daß die derzeitigen britischen Politiker nur noch von einer Nachwahl bis zur nächsten zu denken vermöchten: »If they win an election they see themselves in Downing Street: if they lose they think of suicide... I daresay that there is not much to be hoped for from London – a corrupt Chaos«.[17]

Kaum ein anderer britischer Politiker dieser Zeit scheint mit der gleichen Beharrlichkeit wie Rosebery von den imperialen Interessen des Landes her Rückschlüsse auf innenpolitische Konsequenzen gezogen zu haben. Nationalgefühl, Geschichtsbewußtsein und ein Empfinden für die Fragen der Zukunft verschmolzen in diesem Punkte zu einer dezidierten Kritik an den politischen Entwicklungstendenzen seiner Zeit. Öffentlich ebenso wie privat beklagte er die »fatal complacency« der britischen Nation im Hinblick auf die Gefährdungen des Empire und stellte wiederholt die »vital and imperative question: Have our State machinery and methods been examined and remodelled in view of them?«[18] Mit der gleichen Eindringlichkeit erläuterte er, daß der Erhalt des Empire gezieltere Anstrengungen verlange, als eine »nation of amateurs« sie aufzubringen gewohnt sei. Für die Ansprüche, die die britische Nation an sich selber stellen müsse, sei es wichtiger, den Blick auf das eigene Weltreich zu richten, statt nur nach Westminster zu schauen. Während die Eroberungen früherer Jahrhunderte vor allem eine Sache einzelner gewesen seien, hinge die Stellung Großbritanniens im 20. Jahrhundert davon ab, inwieweit »a sane and simple duty to the Empire« die ganze Nation zu erfassen vermöge.[19]

Pflicht-Gefühl

Bis etwa in die Zeit zwischen 1903 und 1905 blieb Rosebery davon überzeugt,

14 *Seeley*, The Expansion of England, S. 12.
15 Tagebuchnotiz vom 30. Mai 1896, RP 10 181 f. 27.
16 Rosebery an G. W. Smally (?), 26. Februar 1900, RP 10 131 f. 226.
17 Rosebery an Devonshire (bis 1891 Lord Hartington), 13. Dezember 1903, RP 10 202 f. 143.
18 Rosebery in Glasgow, 16. November 1900, in: Misc. 2, S. 240 f.
19 Ebd., S. 250–252 und 258–262.

daß es für ihn persönlich Sinn habe, sich für den Erhalt des Empire und die Verbreitung eines »new Imperial spirit« zu engagieren. In dieser Hinsicht dürfte Winston Churchill ihn nicht zu Unrecht als den »immediate spiritual successor of Disraeli«[20] bezeichnet haben. Ähnlich den »Young Tories« in den vierziger Jahren sah Rosebery die Gefahren einer zunehmenden Zerrissenheit der Gesellschaft, hielt die gewachsenen, traditionellen, organischen Bindungen für erhaltenswert und glaubte an das Ideal eines harmonisch geschlossenen Volkskörpers. In diesem Sinne kam dem Erhalt des Empire nicht nur eine außenpolitisch »objektive«, sondern auch eine sozialpsychologische Bedeutung zu. Rosebery wußte aber auch, daß das Neue sich letztlich nicht aufhalten, sondern bestenfalls steuern ließ, und daß reale soziale Mißstände nicht übergangen werden, wohl aber zum faktischen Ruin der politischen Ordnung führen konnten. Es kann als das Spezifikum seines politischen Denkens angesehen werden, daß er die Orientierung an den konkreten imperialen Interessen des Landes unter diesen Umständen für einen wertvolleren Maßstab notwendiger Reformmaßnahmen hielt, als abstrakte Gleichheitsvorstellungen ihn zu bieten vermochten. Wie kaum ein anderer führender Politiker seiner Zeit hatte er jedenfalls erkannt, daß die Aufrechterhaltung des britischen Weltreiches und die gleichzeitige Fortsetzung des Demokratisierungsprozesses im eigenen Land als prinzipiell unvereinbar angesehen werden mußten.

Während Rosebery angesichts des Wandels der Liberalen Partei in den achtziger und neunziger Jahren versucht hatte, weder der parteipolitischen Hinwendung zum Konservatismus noch der Tendenz über den »New Liberalism« hin zum Sozialismus zu folgen, und statt dessen einen dritten Weg zu gehen, sah er sich durch die politische Entwicklung nach der Jahrhundertwende endgültig ins Abseits gedrängt. Noch Anfang der neunziger Jahre hatte er erklärt: »The age seems to be tottering now between two powers, neither of which I altogether follow, but each of which has its seductive sirens wooing the spirit of the age. The one is Socialism, and the other is Individualism«. Glaubte er zu diesem Zeitpunkt noch, »from Socialism its large conception of municipal life, and from Individualism … its spirit of self-reliance and self-respect in all practical affairs«[21] entlehnen zu können, so erwies sich seine praktische Kompromißbereitschaft schon sehr bald als zu begrenzt, um unter den gegebenen Bedingungen einen eigenen Weg auf Dauer durchhalten zu können. Während ihm auf der einen Seite die großen politischen Entscheidungen in der Regel als richtig oder falsch, »either … just or unjust«[22] erschienen, hinderten ihn auf der anderen Seite allzu oft prinzipielle Überlegungen daran, in seinem praktischen Verhalten dem Imperativ Max Webers gerecht zu werden, daß der handelnde Politiker stets Kompro-

20 *Churchill*, Great Contemporaries, S. 9.
21 Ohne genaues Datum zit. in: *Freeden*, New Liberalism, S. 37.
22 Rosebery vor dem City Liberal Club, 16. Juli 1901, in: Liberal Magazine 9 (1901), S. 416 (hier im Hinblick auf den Burenkrieg).

misse schließen können müsse. Die Folge hiervon bildeten zum Teil ein Ausweichen vor den zu treffenden Entscheidungen, ein hamlethaftes Zögern, vor allem aber eine zunehmende Entfremdung von der praktischen Politik. Rosebery suchte und respektierte politische Verantwortung, die ihm angetragen wurde unter dem Vorzeichen, daß im Grunde nur er sie angemessen übernehmen könne. Unter diesen Umständen erschien ihm gewährleistet, nicht von vornherein auf bestimmte Interessen festgelegt oder in anderer Form in seiner Entscheidungsfreiheit eingeschränkt zu sein. Aus dieser Haltung heraus lag es ihm fern, um Positionen zu kämpfen: Politik bedeutete ihm weniger ein Mittel der Selbstverwirklichung als eine aus Macht resultierende Verantwortung. »His head is all right but his soul is not tempered«, so umschrieb 1901 Reginald Brett die Inkongruenz von intellektueller Treffsicherheit und charakterlicher Durchsetzungsfähigkeit im politischen Denken und Handeln Lord Roseberys und fügte bedauernd hinzu: »If only Rosebery possessed Lord Beaconsfield's indomitable courage and perseverance«.[23]

Rosebery ließ sich faszinieren von Gestalten wie dem älteren Pitt, dessen Mischung aus Patriotismus, Zielstrebigkeit und praktischem Erfolg sein Image eines »incorruptible statesman« maßgeblich prägte. Ebenfalls zum Gegenstand einer größeren biographischen Studie erhob er den jüngeren Pitt, den vor allem seine Stellung über den Parteien, sein Einfühlungsvermögen in den »sense of the nation« und die Beherrschung der popularen Kräfte auszeichneten. Seine Darstellung der letzten Jahre Napoleon Bonapartes schließlich nannte E. T. Raymond einen »catalogue raisonné of authorities«.[24] Die ihm angebotene Gladstone-Biographie zu schreiben, lehnte Rosebery hingegen ab. Nicht nur hatte die Person Gladstone ihren ursprünglichen Reiz für ihn verloren, sondern es wäre damit wohl auch eine gründlichere Auseinandersetzung mit der eigenen Gegenwart, mehr Selbstkritik verbunden gewesen, als Rosebery in dieser Form zu leisten bereit war. Während somit seine Biographien ein oft treffendes Bild seines politischen Denkens und Selbstverständnisses widerspiegeln, liegt über dem meisten, was Rosebery in der praktischen Politik zu realisieren versucht hat, der Charakter des Vergeblichen. Wer freilich auch heute noch der Idee einer »Pax Britannica« und damit dem Erhalt des Empire als dem Garanten des Friedens aus britischer Sicht einen gewissen politischen Sinn zuzugestehen vermag, der wird verstehen, warum Keith Feiling seinen Essay über Lord Rosebery mit der Überlegung abschließt: »Perhaps it is we who should go away sorrowful, for he had great possessions«.[25]

23 *Brett*, Journals and Letters, Bd. 1, 21. November 1901, S. 319.

24 *Raymond*, The Man of Promise, S. 259. Die Titel dieser drei wichtigsten Biographien *Roseberys* lauten: Pitt, London 1891, Napoleon, The Last Phase, London 1900 und Chatham, His Early Life and Connections, London 1910.

25 *Keith Feiling*, Rosebery, in: *Ders.*, In Christ Church Hall, London 1960, S. 200.

Quellen- und Literaturverzeichnis

1. Ungedruckte Quellen

Birmingham (University Library)
  Chamberlain (Joseph) papers

Cambridge (Churchill College)
  Brett (Viscount Esher) papers
  Churchill (Randolph) papers

Cambridge (University Library)
  Crewe papers

Edinburgh (National Library of Scotland)
  Haldane papers
  Kimberley papers
  Rosebery papers

Kew, Richmond (Public Record Office)
  Cabinet papers (37/18, 37/31–39)
  Cromer papers
  Currie papers
  Grey papers
  Malet papers

Liverpool (University Library)
  Russell (Edward R.) papers

London (British Museum)
  Campbell-Bannerman papers
  Dilke papers
  Gladstone (William) papers
  Gladstone (Herbert) papers
  Hamilton papers
  Kilbracken papers
  Paget papers
  Spender papers

Oxford (Bodleian Library)
  Acland papers
  Asquith papers
  Bryce papers
  Harcourt papers
  Milner papers
  Monson papers

2. Gedruckte Quellen

a) *Schriften Lord Roseberys*

The Union of England and Scotland, An Inaugural Address, delivered at..., Edinburgh 1871

Lord Rosebery's North American Journal 1873, hrsg. von *A. R. C. Grant* with *C. Combe*, London 1967

A Rectorial Address, delivered..., Edinburgh 1880

A Rectorial Address, delivered..., Edinburgh 1882

Australian Speeches 1883–1884, Privatdruck o. O., März 1884

Banquet, given by Scottish Liberals to the Right Hon., the Earl of Rosebery, Edinburgh, 13. November 1885, Roseberys Rede S. 14–31

Conciliation or Coercion: Which is the true Liberal Policy? A Speech..., Edinburgh 1887

Scottish History Society, Bd. 8, List of Persons concerned in the Rebellion 1745–46, with a preface by the Earl of Rosebery, Edinburgh 1890

Inaugural Address, delivered..., Glasgow 1890

London County Council, A Review of the first year's work..., London 1890

Pitt, London 1891

Labouchere Correspondence 1892–1893, Privatdruck, o. O. 1893

The Gauntlet Flung Down: The Premier and the Peers, A Speech by Lord Rosebery, delivered..., Bradford Oktober 1894

The House of Lords and the Government's Record, A Speech, delivered..., Devonport 1894

The Tory Government – So Far, A Speech... Eighty Club, 3. März 1896

Speeches, 2 Bde, Hrsg. anonym, Bd. 1, London 1896, Bd. 2, Edinburgh o. J. ohne fortlaufende Seitenzählung

Pitt and Wilberforce, Privatdruck, o. O. 1897

The Duty of Public Service, Address, delivered..., Edinburgh 1898

Speech on the Anti-Corn Law League and Free Trade, delivered..., Manchester 1898

Vorwort zu: *George Robert Parkin*, Round the Empire, London/New York 1898

Cromwell, A Speech delivered..., o. O. 1899

Appreciations and Addresses, hrsg. von *Charles Geake*, London/New York 1899

Sir Robert Peel, London/Paris 1899

Letters relating to the Love Episode of William Pitt, with an introduction by Lord Rosebery, Privatdruck, o. O. 1900

Napoleon, The Last Phase, London 1900 (deutsch: Napoleon I. am Schluß seines Lebens, übertragen von *Oskar Marschall v. Bieberstein*, Leipzig 1901)

Bishop Tomline's Estimate of Pitt, in: Monthly Review, August 1903 (später als Vorwort zu: *G. Tomline*, Memoires of the Life of... William Pitt, o. O. o. J.)

Unveiling of the Memorial Bust of Late Marquess of Salisbury..., Oxford 1904

Vorwort zu: *Edwin S. Montagu* und *Herbert Bron*, Canada and the Empire: An examination of Trade Preferences, London 1904

Wallace, Burns, Stevenson, Appreciations by Lord Rosebery, Stirling 1905

Vorwort zu: *Alfred Stead*, Great Japan. A Study of National Efficiency, London 1905

Lord Randolph Churchill, London 1906

Address, delivered..., Glasgow 1908
Lord Rosebery and the Budget, Speech at Glasgow 10. September 1909, Edinburgh 1909
The Reform of the House of Lords, Three Speeches, London 1910
Chatham, His early life and connections, London 1910
William Pitt, Privatbindung, o. O., o. J.
Vorwort zu: The Windham Papers, The Life and Correspondence of the Rt. Hon. William Windham 1750–1810, 2 Bde, London 1913
Turnhouse, An Object lesson, Privatdruck, o. O. 1919
Miscellanies, Literary & Historical, 2 Bde, hrsg. von *John Buchan*, London 1921
Mr. Gladstone's Last Cabinet, in: History Today, Teil 1: Dec. 1951, S. 31–41; Teil 2: Jan. 1952, S. 17–22

b) Akten, Reden und nachgelassene Papiere

Ausgewählte diplomatische Aktenstücke zur orientalischen Frage, hrsg. von *Karl Strupp*, Gotha 1916
Brassey: Papers and Addresses by Lord Brassey, hrsg. von *A.H. Loring* und *R.J. Beadon*, London 1895
Brett: Journals and Letters (1870–1930) of Reginald Viscount Esher, hrsg. von *M. V. Brett*, 4 Bde, London 1934–38
Burke, Edmund, The Works of the Right Hon. Edmund Burke, 12 Bde, London 1815
Chamberlain, Joseph, A Political Memoir 1880–1892, hrsg. von *Christopher H.D. Howard*, London 1953
Ders., Mr. Chamberlain's Speeches, hrsg. von *Charles W. Boyd*, with an introduction by the Right Hon. Austen Chamberlain, 2 Bde, London 1914
Cumpston, I. M., The Growth of the British Commonwealth 1880–1932. Documents of Modern History, London 1973
Disraeli: Selected Speeches of the late Right Hon. the Earl of Beaconsfield, hrsg. von *Theodor Edward Kebbel*, 2 Bde, London 1882.
Ders., Speech at the Banquet of the National Union of Conservative and Constitutional Associations, at the Crystal Palace, on June 24, 1872, hrsg. von *Helmut Viebrock*, Wiesbaden 1968
English Historical Documents, Bd. II/2 1874–1914, hrsg. von *W. D. Handcock*, London 1977
Gladstone's Speeches, Descriptive Index and Bibliography, hrsg. von *Arthur T. Bassett* London 1916
Ders., Midlothian Speeches 1879 (The Victorian Library), o. O. 1971
Ders., The Political Correspondence of Mr. Gladstone and Lord Granville 1876–1886, hrsg. von *Agatha Ramm*, 2 Bde, Oxford 1962
Die Große Politik der Europäischen Kabinette 1871–1914, Sammlung der Diplomatischen Akten des Auswärtigen Amtes, hrsg. von *Johannes Lepsius* u.a., Berlin 1921ff. (hier die Bde 8 und 9)
Hamilton: The Diary of Sir Edward Walter Hamilton 1880–1885, hrsg. von *Dudley W.R. Bahlmann*, 2 Bde, Oxford 1972
Hansard's Parliamentary Debates (hier: dritte, vierte und fünfte Serie)

Hatzfeldt: Botschafter Paul Graf von Hatzfeldt, Nachgelassene Papiere 1838–1901, hrsg. von *Gerhard Ebel*, 2 Bde, Boppard a. Rh. 1976
Imperial Federation, Report of the Conference, held July 29, 1884 at..., London 1884
Imperial Federation League Report of the Adjourned Conference and the first Meeting of the League, held Nov. 18, 1884, London 1884
Mill, John Stuart, Collected Werks, London 1963 ff.
Milner, Lord, The Nation and the Empire, London 1913
The Milner Papers: South Africa 1899–1905, hrsg. von *Cecil Headlam*, 2 Bde, London 1933
Rendel: The Personal Papers of Lord Rendel, hrsg. von *Frederick E. Hamer*, London 1931
Rodd, James Rennell, Social and Diplomatic Memoirs, 2 Bde, London 1922
Das Staatsarchiv, Sammlung der officiellen Actenstücke zur Geschichte der Gegenwart, hrsg. von *Gustav Roloff*, hier Bd. 56, Leipzig 1895
Temperley, Harold und *Penson, Lillian M.* (Hrsg.) Foundations of British Foreign Policy 1792–1902, Cambridge 1938
Victoria: The Letters of Queen Victoria, hrsg. von *George E. Buckle*, hier zweite und dritte Serie, jeweils 3 Bde, London 1926–1932
Webb: The Diary of Beatrice Webb, hrsg. von *Norman* und *Jeanne Mackenzie*, Bde 1–3, London 1982–1984

c) Zeitgenössische Zeitungen und Zeitschriften

Contemporary Review
Eighty Club Publications
Fortnightly Review
Imperial Federation
Liberal League Publications
The Liberal Magazine
Monthly Review
New Liberal Review
Nineteeth Century
Quarterly Review
The Times
Westminster Review

3. Sekundärliteratur

a) Biographien und Essays über Lord Rosebery

Andréadès, Andreas Michaël, Lord Rosebery, »La palme sans la poussière«, in: La Revue de France, 15. August 1929, S. 626–639

Anonym, Charakterskizzen aus der neuesten englischen Geschichte: IV Lord Rosery, in: Deutsche Revue, 20. Jahrgang, September 1895, S. 332–338

Anonym, Democracy and Foreign Affairs, in: Quarterly Review, Januar 1899, S. 241–265

Anonym, The Disraeli of Liberalism, in: Fortnightly Review, Januar 1899, S. 129–143

Anonym, The Foreign Policy of Lord Rosebery, London 1901

Anonym, A Lead for Liberalism, in: Fortnightly Review, September 1900, S. 457–471

Barrie, James, An Edinburgh Eleven, London 1896, S. 7–16

Buchan, John, Lord Rosebery 1847–1929, in: Proceedings of the British Academy, Bd. 16, 1930

Ders., The Passing of the Earl of Rosebery, in: The Glasgow Herald, 22. Mai 1929

Cecil, Algernon, Queen Victoria and Her Prime Ministers, London 1953, S. 269–289

Ders., British Foreign Secretaries 1807–1916. Studies in Personality and Policy, London 1927, S. 273–275

Coates, Thomas F. G., Lord Rosebery. His Life and Speeches, 2 Bde, o. O. 1900

Crewe, Marquess of, Lord Rosebery, 2 Bde, London 1931

Escott, Thomas, H. S., Personal Forces of the Period, London 1898, S. 51–68

Feiling, Keith, In Christ Church Hall, London 1960, S. 186–200

Gardiner, Alfred George, Prophets, Priests and Kings, London 1909, S. 178–185

Hammerton, John A., Lord Rosebery, Imperialist, London 1901

Jeyes, Samuel H., Lord Rosebery, London 1906

Marriott, John A. R., Lord Rosebery's Chance, in: Fortnightly Review, Dezember 1900, S. 935–946

Raymond, E. T., [Pseudonym für: Edward Raymond Thompson], The Man of Promise: Lord Rosebery, London 1923

Ders., The Earl of Rosebery, in: *Ders.*, Portraits of the Nineties, London 1921, S. 19–29

Raymond, John, Rosebery – The First Phase, in: History Today, Februar und März 1959, S. 75–82 und 176–184

Renwick, James, Life and Work of Lord Rosebery, London 1909

Rhodes James, Robert, Rosebery. A Biography of Archibald Philip, Fifth Earl of Rosebery, London 1963

Rodgers, Edward und *Moyle, Edmund J.*, Lord Rosebery, London 1902

Stoddart, Jane T., The Earl of Rosebery, K. G.. An Illustrated Biography, London 1900

Thruston, Edmund H., Earl of Rosebery. Statesman and Sportsman, London 1928

Wallace, Arthur, The Earl of Rosebery. His Words and his Work, London 1894

Ders., Speeches of Lord Rosebery, 1874–1896, London 1896

Webb, Sydney, Lord Rosebery's Escape from Houndsditch, in: Nineteenth Century 1 (1901), S. 366–386

b) Monographien und Aufsätze

Adelman, Paul, Gladstone, Disraeli and later Victorian Politics, London 1970
Albertini, Rudolf von, England als Weltmacht und der Strukturwandel des Commonwealth, in: HZ 208 (1969), S. 52–80
Ders., Europäische Kolonialherrschaft 1880–1940, Zürich 1976
Alder, G.J., British India's Northern Frontier 1865–95: A Study in Imperial Policy, London 1963
Allyn, Emily, Lords versus Commons. A Century of Conflict and Compromise 1830–1930, Philadelphia 1931
Alter, Peter, Die irische Nationalbewegung zwischen Parlament und Revolution. Der konstitutionelle Nationalismus in Irland 1880–1918, München/Wien 1971
Ders., Nationalismus, Frankfurt 1985
Ders., Wissenschaft, Staat, Mäzene. Anfänge moderner Wissenschaftspolitik in Großbritannien 1850–1920, Stuttgart 1982
Auld, John W., The Liberal Pro-Boers, in: JBS 14 (1975), S. 78–101

Bagehot, Walter, The English Constitution (1867), Fontana edition, Glasgow 1963
Barker, Ernest, The Ideas and Ideals of the British Empire, Cambridge 1941
Ders., Political Thought in England 1848 to 1914, London 1928
Barker, Michael, Gladstone and Radicalism. The Reconstruction of Liberal Policy in Britain 1885–1894, Bristol 1975
Baumgart, Winfried, Der Imperialismus. Idee und Wirklichkeit der englischen und französischen Kolonialexpansion 1880–1914, Wiesbaden 1975
Bayer, Theodor A., England und der Neue Kurs 1890–1895. Auf Grund unveröffentlichter Akten, Tübingen 1955
Bebbington, D.W., The Nonconformist Conscience. Chapel and Politics 1870–1914, London 1982
Beckett, James Camlin, The Anglo-Irish Tradition, London 1976
Béderida, François, L'Angleterre victorienne paradigme du laissez faire? A propos d'une controverse, in: Revue Historique 261 (1979), S. 79–98
Beloff, Max, Imperial Sunset, Bd. 1: Britain's liberal Empire 1897–1921, New York 1969
Ben-David, Joseph, Centers of Learning. Britain, France, Germany, United States, New York 1977
Bennett, George, (Hrsg.), The Concept of Empire. Burke to Attlee 1774–1947, London 1953, Neudr. 1967
Bentley, Michael, Politics without Democracy 1815–1914: Perception and Preoccupation in British Government, London 1984
Bernstein, George L., Sir Henry Campbell-Bannerman and the Liberal Imperialists, in: JBS 23 (1983), S. 105–124
Beyme, Klaus von, Parteien in westlichen Demokratien München/Zürich, [2]1984
Ders., Politische Ideengeschichte, Tübingen 1969
Birke, Adolf M., Die Souveränität des viktorianischen Parlaments und die moderne Parlamentarismuskritik, in: Der Staat, Beiheft 1 (1975), S. 59–73
Ders., Wahlrechtsreform und Wählerbewegung in England. Zum Verhältnis von Parlamentarismus und Demokratisierung in der viktorianischen Zeit, in: *Otto*

Büsch (Hrsg.), Wählerbewegung in der europäischen Geschichte, Berlin 1980, S. 211–225
Black, Eugene C., British Politics in the nineteenth Century, London 1970
Blake, Robert, Disraeli, London 1966
Ders. (Hrsg.), Die englische Welt. Geschichte, Gesellschaft, Kultur, München 1983
Bodelsen, Carl Adolf Gottlieb, Studies in Mid-Victorian Imperialism, Kopenhagen 1924, Neudr. London 1960
Bolt, Christine, Victorian Attitudes to Race, London/Toronto 1971
Bolton, Geoffrey Curgenven, Britain's Legacy Overseas, London/Oxford 1973
Borinski, Ludwig, Die Anfänge des britischen Imperialismus, Göttingen 1980
Bourne, Kenneth, The Foreign Policy of Victorian England 1830–1902, Oxford 1970
Bradley, Ian, The Optimists: Themes and Personalities in Victorian Liberalism, London/Boston 1980
Brassey, Thomas Allnutt, Problems of Empire, London 1904
Briggs, Asa, The Welfare State in Historical Perspective, in: Europäisches Archiv für Soziologie 2 (1961), S. 221–258
Brinton, Crane, English Political Thought in the Nineteenth Century, London 1933
Bryce, James, England and Ireland. An introductory statement, London 1884
Ders., (Hrsg.), Handbook of Home Rule, 2. Aufl. London 1887
Bullock, Alan und *Shock, Maurice*, Englands liberale Tradition, in: *Lothar Gall* (Hrsg.), Liberalismus, Köln 1976, S. 254–282
Burgess, Keith, The Challenge of Labour. Shaping British Society 1850–1930, London 1980
Burgess, Michael David, Imperial Federation: Edward Freeman and the intellectual debate on the consolidation of the British Empire in the late nineteenth century, in: Trivium, St. David's University College, Lampeter 13 (1978), S. 77–94
Ders., The Imperial Federation Movement 1869–1893, Leicester 1976
Ders., Lord Rosebery and the Imperial Federation League 1884–1893, in: New Zealand Journal of History 13 (1979), S. 165–181
Burroughs, Peter, John Robert Seeley and British Imperial History, in: JICH 1 (1972), S. 191–212
Burrow, John W., Evolution and Society. A Study in Victorian Social Theory, 2. Aufl. Cambridge 1970
Butler, Jeffrey, The Liberal Party and the Jameson Raid, Oxford 1968
The Cambridge History of British Foreign Policy, Bd. 3: 1866–1919, hrsg. von *Adolphus William Ward* und *George Peabody Gooch*, Cambridge 1923

Cecil, Lady Gwendolen, Life of Robert, third Marquess of Salisbury, 4 Bde, London 1921–1932
Cheng, S.C.Y., Schemes for the Federation of the British Empire, New York 1931
Churchill, Winston, S., Great Contemporaries, (The Collected Works of Sir Winston Churchill, Bd. 16), London 1975
Ders., Lord Randolph Churchill, 2 Bde, London 1906
Clarke, Peter F., Lancashire and the New Liberalism, Cambridge 1971
Ders., Liberals and Social Democrats, Cambridge 1978
Colaiaco, James A., James Fitzjames Stephen and the Crisis of Victorian Thought, London 1983

Collini, Stefan, Hobhouse, Bosanquet and the State: Philosophical Idealism and Political Argument in England 1880–1918, in: Past & Present 72 (1976), S. 86–111
Ders., Liberalism and Sociology. L. T. Hobhouse and political argument in England 1880–1914, Cambridge 1979
Ders. u. a., That noble science of politics. A study in nineteenth-century intellectual history, Cambridge 1983
Ders., Political Theory and the ›Science of Society‹ in Victorian Britain, in: HJ 23 (1980), S. 203–231
Cooke, Alistair Basil und *Vincent, John*, The Governing Passion. Cabinet Government and Party Politics in Britain 1885–86, London 1974
Cosgrove, Richard A., The Rule of Law. Albert Venn Dicey, Victorian Jurist, London 1980
Crook, D. P., Benjamin Kidd. Portrait of a Social Darwinist, Cambridge 1984
Curtis, Lewis Perry (Jr.), Anglo-Saxons and Celts. A Study of Anti-Irish Prejudice in Victorian England, Bridgeport 1968
Ders., Coercion and Conciliation in Ireland 1880–1892. A Study in Conservative Unionism, Princeton/London 1963

Dangerfield, George, The Strange Death of Liberal England, London 1935
Denholm, Anthony, Lord Ripon 1827–1909. A Political Biography, London/Canberra 1982
Denison, George Taylor, The Struggle for Imperial Unity, London 1909
Derry, John W., The Radical Tradition, Tom Paine to Lloyd George, London 1967
Dicey, Albert Venn, England's Case against Home Rule, 3. Aufl. London 1887
Ders., Introduction to the study of the Law of the Constitution, London 1885, 9. Aufl. 1948
Ders., Law and Public Opinion in England during the Nineteenth Century, London 1905, Neudr. 1963
Douglas, Roy, Britain and the Armenian Question 1894–7, in: HJ 19 (1976), S. 113–133
Ders., The History of the Liberal Party 1895–1970, London 1971
Dilke, Charles, W., Greater Britain: A Record of Travel in English-Speaking Countries during 1866 and 1867, London 1868
Durrans, P. J., A Two-Edged Sword: The Liberal Attack of Disraelian Imperialism, in: JICH 10 (1981/82), S. 262–284

Eldridge, C. C., England's Mission, The Imperial Idea in the Age of Gladstone and Disraeli 1868–1880, London 1973
Ders., Victorian Imperialism, London 1978
Emy, H. V., Liberals, Radicals and Social Politics 1892–1914, Cambridge 1973
Ensor, Robert Charles Kirkwood, England 1870–1914, Oxford 1936
Erdmann, Karl Dietrich, Wandlungen des britischen Reichsbewußtseins vom 19. zum 20. Jahrhundert, in: Saeculum 2 (1951), S. 595–617
Eyck, Erich, Gladstone, Erlenbach-Zürich/Leipzig 1938
Faber, Karl-Georg, Theorie der Geschichtswissenschaft, 4. Aufl. München 1978
Faber, Richard, The Vision and the Need. Late Victorian Imperialist Aims, London 1966

Feuchtwanger, E.J., Democracy and Empire. Britain 1865–1914, London 1985
Ders., Gladstone, London 1975
Field, H. John, Toward a Programme of Imperial Life. The British Empire at the Turn of the Century, Oxford 1982
Fieldhouse, David K., Die Kolonialreiche seit dem 18. Jahrhundert, Frankfurt 1965
Fisher, Herbert Albert Lawrence, James Bryce, 2 Bde, London 1927
Fitzmaurice, Lord, The Life of the Second Earl Granville, 2 Bde, London 1908
Foster, Robert F., Lord Randolph Churchill. A Political Life, Oxford 1981
Frankel, Joseph, Die geistigen Grundlagen der britischen Außenpolitik, in: Strukturwandlungen der Außenpolitik in Großbritannien und der Bundesrepublik, hrsg. von *Karl Kaiser* und *Roger Morgan*, München/Wien 1970, S. 73–93
Fraser, Derek, Power and Authority in the Victorian City, Oxford 1979
Fraser, Peter, Joseph Chamberlain, Radicalism and Empire 1868–1914, London 1966
Ders., Lord Esher: A Political Biography, London 1973
Freeden, Michael, The New Liberalism: An Ideology of Social Reform, Oxford 1978
Friedjung, Heinrich, Das Zeitalter des Imperialismus 1884–1914, 3 Bde, Berlin 1919–1922
Fyfe, Hamilton, The British Liberal Party. An Historical Sketch, London 1928

Gall, Lothar, Zu Ausbildung und Charakter des Interventionsstaates, in: HZ 227 (1978), S. 552–570
Ders., Europa auf dem Weg in die Moderne 1850–1890, München/Wien 1984
Ders., Liberalismus und auswärtige Politik, in: Deutsche Frage und europäisches Gleichgewicht. Festschrift für Andreas Hillgruber zum 60. Geburtstag, hrsg. von *Klaus Hildebrand* und *Reiner Pommerin*, Köln/Wien 1985, S. 31–46
Gallagher, John und *Robinson, Ronald*, The Imperialism of Free Trade, in: Economic History Review 6 (1953), S. 1–15 (dt. in: Imperialismus, hrsg. von *Hans-Ulrich Wehler*, Düsseldorf 1979, S. 183–200)
Gann, Louis H. und *Duignan, Peter*, Burden of Empire, London 1968
Dies., The Rulers of British Africa, Stanford 1978
Gardiner, Alfred George, The Life of Sir William Harcourt, 2 Bde, London 1923
Garvin, James L., The Life of Joseph Chamberlain, 3 Bde, London 1908
Gladstone, Viscount, After Thirty Years, London 1929
Gollin, Alfred M., Proconsul in Politics. A Study of Lord Milner in Opposition and in Power, New York 1964
Gollwitzer, Heinz, Europe in the Age of Imperialism 1880–1914, London 1969
Ders., Geschichte des weltpolitischen Denkens, Bd. 1: Vom Zeitalter der Entdeckungen bis zum Beginn des Imperialismus, Göttingen 1972; Bd. 2: Zeitalter des Imperialismus und der Weltkriege, Göttingen 1982
Gooch, George Peabody, History of our time 1885–1914, London u.a. 1946
Greaves, Rose Louise, Persia and the Defence of India 1884–1892, London 1959
Greenleaf, W. H., The British Political Tradition, Bd. 1: The Rise of Collectivism, London/New York 1983; Bd. 2: The Ideological Heritage, London/New York 1983
Grenville, John A. S., Lord Salisbury and Foreign Policy, London 1964
Gretton, Richard H., Modern History of the English People 1880–1922, 3 Bde, London 1912–1929

Griffiths, P.C., The Caucus and the Liberal Party in 1886, in: History 61 (1976), S. 183–197

Guillen, Pierre, L'Expansion 1881–1898, Paris 1984

Gutzke, David W., Rosebery and Campbell-Bannermann: The Conflict over Leadership Reconsidered, in: Bulletin of the Institute for Historical Research 54 (1981), S. 241–250

Gwynn, Stephan und *Tuckwell, G.M.*, The Life of the Right Hon. Sir Charles W. Dilke, 2 Bde, London 1917

Hailsham, Lord, The Dilemma of Democracy. Diagnosis and Prescription, London 1978

Haines, George, Essays on German Influence upon English Education and Science 1850–1919, Hamden (Conn.) 1969

Halévy, Elie, A History of the English People in the Nineteenth Century, 6 Bde, London 1918–1943

Hall, H. Duncan, Commonwealth. A History of the British Commonwealth of Nations, London 1971

Halpérin, Vladimir, Lord Milner and the Empire, London 1952

Halstead, John P., The Second British Empire: Trade, Philanthropy, and Good Government, 1820–1890, Westport (Conn.) 1983

Hamer, David A., The Irish Question and Liberal Politics 1886–1894, in: HJ 12 (1969), S. 511–532

Ders., Liberal Politics in the Age of Gladstone and Rosebery. A Study in Leadership and Policy, Oxford 1972

Ders., John Morley. Liberal Intellectual in Politics, Oxford 1968

Ders., The Politics of Electoral Pressure. A Study in the History of Victorian Reform Agitations, Hassocks 1977

Hammond, John Lawrence, Gladstone and the Irish Nation, London (1938) 1964

Hanham, H.J., Elections and Party Management. Politics in the Time of Disraeli and Gladstone, London 1959, 2. Aufl. 1978

Ders. (Hrsg.), The Nineteenth-Century Constitution, Cambridge 1969

Harvie, Christopher, The Lights of Liberalism. University Liberals and the Challenge of Democracy 1860–86, London 1976

Hatschek, Julius, Das Staatsrecht des Vereinigten Königreich, Großbritannien-Irland, Tübingen 1914

Hattersley, Alan Frederick, The Colonies and Imperial Federation, Pietermaritzburg 1919

Hayes, Paul, British Foreign Policy and the Influence of Empire 1870–1920, in: JICH 12 (1984), S. 102–124

Henningsen, Manfred (Hrsg.), Vom Nationalstaat zum Empire. Englisches politisches Denken im 18. und 19. Jahrhundert, München 1970

Heyck, Thomas William, The Transformation of Intellectual Life in Victorian England, London 1982

Hildebrand, Klaus, Zwischen Allianz und Antagonismus. Das Problem bilateraler Normalität in den britisch-deutschen Beziehungen des 19. Jahrhunderts (1870–1914), in: Weltpolitik, Europagedanke, Regionalismus. Festschrift für Heinz Gollwitzer zum 65. Geburtstag, hrsg. von *Heinz Dollinger* u.a., Münster 1982, S. 305–331

Ders., ›British Interests‹ und ›Pax Britannica‹. Grundfragen englischer Außenpolitik im 19. und 20. Jahrhundert, in: HZ 221 (1975), S. 623–639
Ders., Großbritannien und die deutsche Reichsgründung, in: HZ, Beiheft 6 (N.F.), Europa und die Reichsgründung, hrsg. von *E. Kolb*, München 1980, S. 9–62
Ders., Imperialismus, Wettrüsten und Kriegsausbruch 1914. Zum Problem von Legitimität und Revolution im internationalen System, in: NPL 20 (1975), S. 160–194 und 339–364
Ders., Staatskunst oder Systemzwang? Die ›Deutsche Frage‹ als Problem der Weltpolitik, in: HZ 228 (1979), S. 624–644
Hind, R.J., Henry Labouchere and the Empire 1880–1905, London 1972
Hintze, Otto, Der britische Imperialismus und seine Probleme, in: Zeitschrift für Politik 1 (1908), S. 297–345
Hobhouse, Leonard T., Liberalism, New York/London 1911
Hobson, John A., Imperialism: A Study, London 1902, Neudr. 1938
Holland, Bernhard, Eigth Duke of Devonshire, Lord Hartington, 2 Bde, London 1911
Hollenberg, Günter, Englisches Interesse am Kaiserreich. Die Attraktivität Preußen-Deutschlands für konservative und liberale Kreise in Großbritannien 1860–1914, Wiesbaden 1974
Hornik, Marcel Paul, The Anglo-Belgian Agreement of 12 May 1894, in: EHR 57 (1952), S. 227–243
Howard, Christopher H.D., Britain and the Casus Belli 1822–1902. A Study of Britain's international Position from Canning to Salisbury, London 1974
Ders., Splendid Isolation, A study of ideas concerning Britain's international position and foreign policy during the later years of the third Marquis of Salisbury, London 1967
Hutchins, Francis G., The Illusion of Permanence. British Imperialism in India, Princeton 1967
Hyam, Ronald, Britain's Imperial Century, London 1976
Ders. und Martin, Ged, Reappraisals in British Imperial History, London 1975

Jacobson, Peter D., Rosebery and Liberal Imperialism 1899–1903, in: JBS 13 (1973), S. 83–107
Jakobs, Peter, Das Werden des französisch-russischen Zweibundes 1890–1894, Wiesbaden 1968
Jalland, Patricia, The Liberals and Ireland. The Ulster Question in British Politics to 1914, Brighton 1980
Jay, Richard, Joseph Chamberlain. A Political Study, Oxford 1981
Jenkins, Roy, Sir Charles Dilke. A Victorian Tragedy, London 1958
Jennings, Ivor, Party Politics, 3 Bde, Cambridge 1960–1962

Kendle, John E., The Round Table Movement and Imperial Union, Toronto 1975
Kennedy, Paul M., The Rise and Fall of British Naval Mastery, London 1976
Ders., The Rise of the Anglo-German Antagonism 1860–1914, London 1980
Ders., The Tradition of Appeasement in British Foreign Policy 1865–1939, in: British Journal of International Studies 2 (1976), S. 195–212
Kent, Marian (Hrsg.), The Great Powers and the End of the Ottoman Empire, London 1984

Kielmansegg, Peter Graf, Die demokratische Revolution und die Spielräume politischen Handelns, in: HZ 237 (1983), S. 529–558
Kinzer, Bruce L., John Stuart Mill and the Problem of Party, in: JBS 21/1 (1981), S. 106–122
Kissinger, Henry A., Memoiren, Bd. 1: 1968–1973, München 1979; Bd. 2: 1973–1974, München 1982
Kleinknecht, Thomas, Imperiale und internationale Ordnung. Eine Untersuchung zum anglo-amerikanischen Gelehrtenliberalismus am Beispiel von James Bryce (1838–1922), Göttingen 1985
Kluke, Paul, Wandlungen der britischen Reichsidee, in: HZ 187 (1959), S. 540–567
Kluxen, Kurt, Geschichte Englands, 2. Aufl. Stuttgart 1976
Ders., Die Umformung des parlamentarischen Regierungssystems in Großbritannien beim Übergang zur Massendemokratie, in: *Ders.* (Hrsg.), Parlamentarismus, Köln 1976, S. 112–137.
Knaplund, Paul, Gladstone's Foreign Policy, London 1935, Neudr. 1970
Knox, B. A., The British Government and the Governor Eyre Controversy 1865–1875, in: HJ 19/4 (1976), S. 877–900
Koch, Hannsjoachim W., Der Sozialdarwinismus. Seine Genese und sein Einfluß auf das imperialistische Denken, München 1973
Koebner, Richard, Empire, Cambridge 1961
Ders. und *Schmidt, Helmut Dan*, Imperialism, Cambridge 1964
Koss, Stephen E., Lord Haldane: Scapegoat for Liberalism, New York/London 1969
Ders. (Hrsg.), The ›Pro-Boers‹: The Anatomy of an Anti-War Movement, Chicago 1973
Ders., The Rise and Fall of the Political Press in Britain: The Nineteenth Century, Chapel Hill 1981
Ders., Wesleyanism and Empire, in: HJ 18 (1975), S. 105–118
Krieger, Leonard, The Autonomy of Intellectual History, in: JHI 34 (1973), S. 499–516

Langer, William, L., The Diplomacy of Imperialism 1890–1902, New York 1935, 2. Aufl. 1956
Ders., European Alliances and Alignments 1871–1890, New York 1931, 2. Aufl. 1950
Langhorne, Richard, The Collapse of the Concert of Europe. International Politics 1890–1914, London 1981
Lecky, William E. H., Democracy and Liberty, 2 Bde, 2. Aufl. London 1899
Leibholz, Gerhard, Staat und Gesellschaft in England, in: *Ders.*, Strukturprobleme der modernen Demokratie, Karlsruhe 1958, S. 206–221
LeMay, Godfrey Hugh Lancelott, The Victorian Constitution. Conventions, Usages and Contingencies, London 1979
Letwin, Shirley, R., The Pursuit of Certainty. David Hume, Jeremy Bentham, John Stuart Mill, Beatrice Webb, Cambridge 1965
Lippincott, Benjamin Evans, Victorian Critics of Democracy, New York (1938) 1964
Lloyd, Trevor Owen, The British Empire 1558–1983, Oxford 1984
Lockhardt, John G. und *Woodhouse, Christopher M.*, Rhodes, London 1963
Lorne, Marquis of, Imperial Federation, London 1885

Low, Donald Anthony, Lion Rampant. Essays in the Study of British Imperialism, London 1979

Low, S., The History of England in twelve volumes, Bd. 12: 1837–1901, London 1907

Lowe, Cedric J., The Reluctant Imperialists. British Foreign Policy 1878–1902, 2 Bde, London 1967

Löwenstein, Karl, Beiträge zur Staatssoziologie, Tübingen 1961

McBriar, A.M., Fabian Socialism and English Politics 1884–1918, 2. Aufl. Cambridge 1966

Maccoby, Simon, English Radicalism, 5 Bde, Bd. 4: 1853–1886, London 1938; Bd. 5: 1886–1914, London 1953

Mackenzie, John M., Propaganda and Empire. The Manipulation of British Public Opinion 1880–1960, Manchester 1984

Mackintosh, John P., The British Cabinet, 3. Aufl. London 1977

Magnus, Philip, Gladstone. A Biography, London 1954

Manning, David John, Liberalism, London 1976

Mansergh, Nicholas, Das Britische Commonwealth. Entstehung, Geschichte, Struktur, München 1969

Marlowe, John, Milner. Apostle of Empire, London 1976

Marsh, Peter, The Discipline of Popular Government: Lord Salisbury's Domestic Statecraft 1881–1902, Sussex 1978

Marshall, Peter, The Imperial Factor in the Liberal Decline, 1880–1885, in: Perspectives of Empire. Essays presented to Gerald S. Graham, hrsg. von *John E. Flint* und *Glyndwr Williams*, London 1973, S. 130–147

Martel, Gordon, Cabinet Politics and African Partition: The Uganda Debate Reconsidered, in: JICH 13 (1984), S. 5–24

Ders., Documenting the great game: »world policy« and the »turbulent frontier« in the 1890s, in: International History Review 2 (1980), S. 288–308

Ders., Imperial Diplomacy: Rosebery and the Failure of Foreign Policy, London 1986

Ders., The Limits of Commitment: Rosebery and the Definition of the Anglo-German Understanding, in: HJ 27 (1984), S. 387–404

Martin, Ged, Empire Federalism and Imperial Parliamentary Union 1820–1870, in: HJ 16 (1973), S. 65–92

Matthew, Henry C.G., The Liberal Imperialists. The ideas and politics of a post-Gladstonian élite, Oxford 1973

Maylam, Paul, Rhodes, the Tswana and the British: Colonialism, Collaboration and the Conflict in the Bechuanaland Protectorate 1885–1899, Westport (Conn.) 1980

Medick, H., Anfänge und Voraussetzungen des Organisierten Kapitalismus in Großbritannien 1873–1914, in: *Heinrich August Winkler* (Hrsg.), Organisierter Kapitalismus. Voraussetzungen und Anfänge, Göttingen 1974, S. 58–83

Metz, Karl H., »The Survival of the Unfittest«: Die sozialdarwinistische Interpretation der britischen Sozialpolitik vor 1914, in: HZ 239 (1984), S. 565–601

Miller, T.B., The Egyptian Question and British Foreign Policy, 1892–1894, in: JMH (1960), S. 1–15

Ders., The Foreign Policy of the Gladstone and Rosebery Administrations 1892–95, unveröffentl. PhD. thesis, London 1954

Mock, W., Imperiale Herrschaft und nationales Interesse. »Constructive Imperialism« oder Freihandel in Großbritannien vor dem Ersten Weltkrieg, Stuttgart 1982
Mommsen, Wolfgang J., Das Britische Empire. Strukturanalyse eines imperialistischen Herrschaftsverbandes, in: HZ 233 (1981), S. 317–361
Ders., Der europäische Imperialismus. Aufsätze und Abhandlungen, Göttingen 1979
Ders. (Hrsg.), Der moderne Imperialismus, Stuttgart 1971
Ders., Imperialismustheorien. Ein Überblick über die neueren Imperialismusinterpretationen, 2. ergänzte Aufl. Göttingen 1980
Ders., Das Zeitalter des Imperialismus, Frankfurt 1969
Monger, George, The End of Isolation. British Foreign Policy 1900–1907, London 1963
Monnypenny, William F. und *Buckle, George E.*, The Life of Benjamin Disraeli, Earl of Beaconsfield, 6 Bde, London 1929
Moon Parker T., Imperialismus and World Politics, New York 1926, Neudr. 1966
Moore, David Cresap, The Politics of Deference. A Study of the mid-nineteenth century English Political System, Hassocks 1976
Moore, Robin James, Liberalism and Indian Politics 1872–1922, London 1966
Morley, John, Life of Cobden, 2 Bde, London 1881
Ders., The Life of William Ewart Gladstone, 2 Bde, London 1908
Ders., Recollections, 2 Bde, London 1917
Mowat, R. C., From Liberalism to Imperialism: The Case of Egypt 1875–87, in: HJ 16 (1973), S. 109–124

Neal, T. A., Democracy and Responsibility. British History 1880–1965, London 1969
Neil, Thomas P., The Rise and Decline of Liberalism, Milwaukee (Wisc.) 1953
Niedhart, Gottfried, Strukturwandel, Reformfähigkeit und Friedenswahrung: Probleme der englischen Geschichte im 19. und 20. Jahrhundert, in: *Ders.* (Hrsg.), Einführung in die englische Geschichte, München 1982, S. 138–186
Nish, Ian H., The Anglo-Japanese Alliance. The Diplomacy of two Island Empires 1894–1907, London 1966

O'Brien, Conor Cruise, Parnell and his Party 1880–90, Oxford 1957
Offer, Avner, Property and Politics 1870–1914: Landownership, Law, Ideology and Urban Development in England, Cambridge 1981
Ostrogorski, Moisei, Democracy and the Organization of Political Parties, Bd. 1, London 1902, Neudr. 1970

Parkin, George Robert, Imperial Federation. The Problem of National Unity, London 1892
Penrose, Ernest Francis (Hrsg.), European Imperialism and the Partition of Africa, London 1975
Penson, Lillian M., The new course in British Foreign Policy 1892–1902, in: Transactions of the Royal Historical Society, vierte Serie, Bd. 25, London 1943, S. 121–138
Perham, Margery, Lugard, 2 Bde, London 1956

Phillips, Gregory, D., The Whig Lords and Liberalism 1886–1893, in: HJ 24 (1981), S. 167–173
Ponsonby, Arthur, Democracy and Diplomacy. A plea for popular control of foreign policy, London 1915
Porter, Andrew N., The Origins of the South African War: Joseph Chamberlain and the Diplomacy of Imperialism 1895–1899, Manchester 1980
Porter, Bernard, Critics of Empire. British Radical Attitudes to Colonialism in Africa 1895–1914, London 1968
Ders., The Lion's Share. A Short History of British Imperialism 1850–1970, London 1976
Powell, David, The Liberal Ministries and Labour, 1892–1895, in: History 68 (1983), S. 408–426
Powell, J. Enoch, Joseph Chamberlain, London 1977
Ders., Kilmainham – The Treaty that never was, in: HJ 21 (1978), S. 949–959
Pribram, Alfred Francis, England and the International Policy of the European Great Powers, Oxford 1931
Pulzer, Peter, Political Representation and Elections in Britain, 3. Aufl., London 1975

Quinault, R. E., Lord Randolph Churchill and Tory Democracy 1880–1885, in: HJ 22 (1979), S. 141–166

Radbruch, Gustav, Der Geist des englischen Rechts, Heidelberg 1947
Ramm, Agatha, Sir Robert Morier. Enovy and Ambassador in the Age of Imperialism 1876–1893, Oxford 1973
Read, Donald, England 1868–1914, London 1979
Redlich, Josef, Recht und Technik des Englischen Parlamentarismus. Die Geschäftsordnung des House of Commons in ihrer geschichtlichen Entwicklung und gegenwärtigen Gestalt, Leipzig 1905
Reese, Trevor R., The History of the Royal Commonwealth Society 1868–1968, London 1968
Reid, Andrew (Hrsg.), The new Liberal Programme, contributed by Representatives of the Liberal Party, London 1886
Reid, T. Wemyss (Hrsg.), The Life of William Ewart Gladstone, London 1899
Rein, Adolf, Sir John Robert Seeley. Eine Studie über den Historiker, Langensalza 1912
Rhodes James, Robert, The British Revolution, Bd. 1: From Gladstone to Asquith 1880–1914, London 1976
Ders., Lord Randolph Churchill, London 1959
Richards, Peter C., Parliament and Foreign Affairs, London 1967
Ritter, Gerhard A. (Hrsg.), Vom Wohlfahrtsausschuß zum Wohlfahrtsstaat. Der Staat in der modernen Industriegesellschaft, Köln 1973
Roach, John, Liberalism and the Victorian Intelligentsia, in: Cambridge Historical Journal 13 (1957), S. 58–81
Robbins, Keith, Sir Edward Grey and the British Empire, in: JICH 1 (1972), S. 213–221
Robinson, Ronald und *Gallagher, John* with *A. Denny*, Africa and the Victorians. The Official Mind of Imperialism, London 1963

Rohe, Karl, The British Imperialist Intelligentsia and the Kaiserreich, in: *Paul M. Kennedy* und *Anthony Nicholls* (Hrsg.), Nationalist and Racialist Movements in Britain and Germany before 1914, Oxford 1981, S. 130–142

Ders., Großbritannien: Krise einer Zivilkultur?, in: *Peter Reichel* (Hrsg.), Politische Kultur in Westeuropa, Bonn 1984, S. 167–193

Ders., Ursachen und Bedingungen des modernen britischen Imperialismus vor 1914, in: *Wolfgang J. Mommsen* (Hrsg.), Der moderne Imperialismus, Stuttgart 1971, S. 60–84

Ders., Zur Typologie politischer Kulturen in westlichen Demokratien. Überlegungen am Beispiel Großbritanniens und Deutschlands, in: Weltpolitik, Europagedanke, Regionalismus. Festschrift für Heinz Gollwitzer zum 65. Geburtstag am 30. Januar 1982, hrsg. von *Heinz Dollinger* u. a., Münster 1982, S. 581–596

Rossum, Gerhard D. und *Böckenförde, Ernst-Wolfgang*, Organ, Organismus, Organisation, politischer Körper, in: Geschichtliche Grundbegriffe, hrsg. von *Otto Brunner* u. a., Bd. 4, Stuttgart 1978, S. 519–622

Salmon, Edward Toge, The Nemesis of Empire, London 1974

Sanderson, George Neville, England, Europe and the Upper Nile 1882–1899, Edinburgh 1965

Schieder, Theodor, Staatensystem als Vormacht der Welt 1848–1918 (Propyläen Geschichte Europas, Bd. 5), Frankfurt 1982

Ders., Wandlungen des Staats in der Neuzeit, in: HZ 216 (1973), S. 265–303

Schmidt, Gustav, Der europäische Imperialismus, München 1985

Ders., Politischer Liberalismus, »Landed Interests« und Organisierte Arbeiterschaft 1850–1880. Ein deutsch-englischer Vergleich, in: Sozialgeschichte Heute, Festschrift für Hans Rosenberg zum 70. Geburtstag, hrsg. von *Hans-Ulrich Wehler*, Göttingen 1974, S. 266–288

Schmitt, Carl, Die geistesgeschichtliche Lage des heutigen Parlamentarismus, München/Leipzig 1923, 4. Aufl. Berlin 1969

Schöllgen, Gregor, Imperialismus und Gleichgewicht, Deutschland, England und die orientalische Frage 1871–1914, München 1984

Schreuder, Deryck M., Gladstone and Kruger. Liberal Government and Colonial ›Home Rule‹ 1880–1885, London 1969

Ders., The Scramble for Southern Africa 1877–1895. The Politics of partition reappraised, Cambridge 1980

Schröder, Hans-Christoph, Imperialismus und antidemokratisches Denken. Alfred Milners Kritik am politischen System Englands, Wiesbaden 1978

Schröder, Karsten, Parlament und Außenpolitik in England 1911–1914, dargestellt an der englischen Deutschlandpolitik von der Agadirkrise bis zum Beginn des Ersten Weltkrieges, Göttingen 1974

Schuettinger, Robert L., Lord Acton. Historian of Liberty, La Salle (Ill.) 1976

Schulin, Ernst, Geistesgeschichte, Intellectual History und Histoire des Mentalités seit der Jahrhundertwende, in: *Ders.*, Traditionskritik und Rekonstruktionsversuch: Studien zur Entwicklung von Geschichtswissenschaft und historischem Denken, Göttingen 1979, S. 144–162

Searle, Geoffrey R., The Quest for National Efficiency. A Study in British Politics and Political Thought, 1899–1914, Oxford 1971

Seeley, John Robert, The Expansion of England (1883), hrsg. von *John Gross*, Chicago/London 1971
Semmel, Bernard, Democracy versus Empire. The Jamaica Riots of 1865 and the Governor Eyre Controversy, New York 1969
Ders., Imperialism and Social Reform. English Social-Imperial Thought 1895–1914, London 1960
Setzer, Hans, Wahlsystem und Parteienentwicklung in England. Wege zur Demokratisierung der Institutionen 1832–1948, Frankfurt 1973
Shannon, Richard T., The Crisis of Imperialism 1865–1915, St Albans 1976
Ders., Gladstone and the Bulgarian Agitation 1876, Edinburgh/London 1963
Ders., John Robert Seeley and the Idea of a National Church, in: Ideas and Institutions of Victorian Britain, hrsg. von *Robert Robson*, London 1967, S. 236–267
Shaw, George Bernard, Fabianism and Empire, London 1900
Smith, Goldwin, The Empire, London 1863
Sontag, Raymond James, Germany and England. Background of Conflict 1848–1894, New York 1938
Southgate, Donald, The Passing of the Whigs 1832–86, London 1962
Spender, J. A., The Life of the Right Hon. Sir Henry Campbell-Bannerman, 2 Bde, London 1923
Stansky, Peter, Ambitions and Strategies. The Struggle for Leadership of the Liberal Party in the 1890s, Oxford 1964
Ders., Gladstone. A Progress in Politics, London 1979
Ders. (Hrsg.), The Victorian Revolution. Government and Society in Victoria's Britain, New York 1973
Stokes, Eric, Milnerism, in: HJ 5 (1962), S. 47–60
Ders., The Political Ideas of English Imperialism, London 1960
Stürmer, Michael, Krise, Konflikt, Entscheidung. Die Suche nach dem neuen Cäsar als europäisches Verfassungsproblem, in: Der Bonapartismus. Historisches Phänomen und politischer Mythos, hrsg. von *Karl Hammer* und *Peter C. Hartmann*, München 1977, S. 102–118
Sturgis, James L., John Bright and the Empire, London 1969

Taylor, Alan John Percivale, Prelude to Fashoda: The Question of the Upper Nile 1894–95, in: EHR 65 (1950), S. 52–80
Ders., The Struggle for Mastery in Europe 1848–1918, Oxford 1954
Ders., The Trouble Makers. Dissent over Foreign Policy 1792–1939, London 1957, Neudr. 1964
Taylor, Arthur J., Laissez-faire and State Intervention in Nineteenth-Century Britain, London/Basingstoke 1972
Temperley, Harold W. V. und *Penson, Lillian M.*, A Century of Diplomatic Blue Books 1814–1914, Cambridge 1938, Neudr. 1966
Thiede, Paul Felix, Chamberlain, Irland und das Weltreich 1880–95, Frankfurt 1977
Thompson, George C., Public Opinion and Lord Beaconsfield 1875–1880, 2 Bde, London 1886
Thompson, Paul, Socialists, Liberals and Labour. The Struggle for London 1885–1914, London 1967
Thornton, Archibald Patton, Doctrines of Imperialism, New York 1965

Ders., The Habit of Authority. Paternalism in British History, London 1966
Ders., The Imperial Idea and its Enemies. A Study in British Power, London 1963
Thorold, Algar Labouchere, The Life of Henry Labouchere, London 1913
Tyler, John E., The Struggle for Imperial Unity 1868–1895, London 1938
Tylor, Robert Lord Salisbury, London 1975

Vincent, John, The Formation of the Liberal Party 1857–1868, 2. Aufl. London 1976

Waller, P.J., Town, City and Nation: England 1850–1914, Oxford 1983
Warwick, Peter (Hrsg.), The South African War: The Anglo-Boer War 1899–1902, London 1980
Watson, George, The English Ideology. Studies in the Language of Victorian Politics, London 1973
Wehler, Hans-Ulrich, Bismarck und der Imperialismus, Köln 1969
Ders. (Hrsg.), Imperialismus, Berlin 1970, 3. Aufl. Düsseldorf 1979
Weston, Corinne C., Salisbury and the Lords 1868–1895, in: HJ 25 (1982), S. 103–129
White, Arnold, Efficiency and Empire, London 1901, Neudr. 1973
Wilson, John, CB: A Life of Sir Henry Campbell-Bannerman, London 1973
Wilson, Keith M. (Hrsg.), Imperialism and Nationalism in the Middle East. The Anglo-Egyptian Experience 1882–1982, London 1983
Wolf, Lucien, Life of the first Marquess of Ripon, London 1921
Wormell, Deborah, Sir John Seeley and the Uses of History, Cambridge 1980
Wrench, John E., Alfred Lord Milner, London 1958

Young, George Malcolm, Victorian England. The Portrait of an Age, Oxford 1936, Neudr. hrsg. von *George K. Clark*, London 1977
Ders., Mr. Gladstone, Oxford 1944

Personenregister

Nicht in das Register aufgenommen wurden Lord Rosebery sowie Autoren von Sekundärliteratur

Veröffentlichungen des Deutschen Historischen Instituts London
Band 16

Kalter Krieg und Deutsche Frage

Deutschland im Widerstreit der Mächte 1945–1952

Sechzehn Beiträge

Herausgegeben von Josef Foschepoth

Mit einem Vorwort von Wolfgang J. Mommsen
1985. 388 Seiten, Leinen

Die Deutsche Frage wird hier nicht aus der Perspektive der Deutschen, sondern hauptsächlich als Gegenstand der internationalen Politik betrachtet. Behandelt werden die Deutschlandpolitik der Siegermächte, die Beziehungen der Alliierten untereinander, Probleme und Konflikte bei der Zusammenarbeit im gemeinsam besetzten Deutschland. In weiteren Beiträgen geht es um den Anteil der Deutschen – im Westen wie im Osten – an der Teilung Deutschlands und der Entstehung zweier deutscher Staaten. Es wird deutlich, daß die Frage, wer an der deutschen Teilung schuld war, sehr vorsichtig beantwortet werden muß. Der Weg zur Teilung Deutschlands und Europas war zwar in vieler Hinsicht von Anfang an vorgezeichnet, trotzdem war die Situation offener, als man in den politischen Auseinandersetzungen der Zeit zugab.

„Tatsächlich vermittelt der Band solide Informationen über die Haltung der alliierten Siegermächte des Zweiten Weltkrieges zum Problem der Deutschen Frage während einer entscheidenden Phase des Kalten Krieges ... und zugleich einen guten Einblick in den gegenwärtigen Stand der Forschung.“ *Historisches Jahrbuch*

Vandenhoeck & Ruprecht · Göttingen/Zürich